Griechische Götter- und Heldensagen

Die großen Sagen der Welt

Herbert Mark

GRIECHISCHE GÖTTER- UND HELDENSAGEN

Mit 36 Fotos

VERLAG
KREMAYR
& SCHERIAU
WIEN

Für den Bildteil dieses Buches haben uns die folgenden Stellen freundlicherweise Abdruckgenehmigungen erteilt: Josef Grossauer 274; Foto Hausmann 101, 205, 207 (2), 208; Neue Filmkunst Walter Kirchner 67; Nowotny 65, 66, 68, 102 (2), 103 (2), 104, 169, 170 (2), 171 (2), 172 (2), 274, 275 (2), 276 (2), 309, 310 (2), 311 (2), 312.

Die Neufassungen der meisten Sagenstoffe in diesem Buch basieren auf den »klassischen« Nacherzählungen von Gustav Schwab.

Schutzumschlag: Albert Zenner
Gesamtherstellung: Wiener Verlag, Wien
ISBN 3 218 00276 1

INHALT

META-
MORPHOSEN

Als die Götter
mit den Menschen
lebten

Die ältesten Sagen der Griechen berichten, daß die Götter des Olymps entscheidend in das Leben der Irdischen eingreifen. Sie nehmen Partei für die Menschen — oder sie senden Fluch und Verderbnis. Und unabänderlich ist der Wille der Götter. So werden die Schicksale eines Orpheus, Tantalos oder Sisyphos zu Beispielen menschlicher Bewährung.

PROMETHEUS ERSCHAFFT DIE MENSCHEN

Himmel und Erde waren erschaffen; das Meer wogte in seinen Ufern, und die Fische spielten darin; in den Lüften sangen die Vögel; die Erde wimmelte von Tieren. Aber noch fehlte das Geschöpf, dessen Leib so beschaffen war, daß der Geist in ihm Wohnung nehmen und von ihm aus die Welt beherrschen konnte. Da betrat Prometheus die Erde, ein Sprößling des alten Göttergeschlechts, das Zeus entthront hatte, ein Sohn des erdgeborenen Uranossohnes Japetos. Klug und findig, wie er war, wußte er wohl, daß im Erdboden der Same des Himmels schlummere; darum nahm er etwas Ton, befeuchtete ihn mit dem Wasser des Flusses, knetete ihn und formte daraus ein Gebilde nach dem Ebenbild der Götter, der Herren der Welt. Um seinen Erdklumpen zu beleben, entlehnte er von den Tierseelen gute und böse Eigenschaften und schloß sie in die Brust des Menschen ein. Unter den Himmlischen hatte er eine Freundin, Athene, die Göttin der Weisheit. Diese bewunderte die Schöpfung des Titanensohnes und blies dem halbbeseelten Bild den Geist, den göttlichen Atem ein.

So entstanden die ersten Menschen, und sie füllten bald die Erde. Lange aber wußten sie nicht, wie sie ihre edlen Glieder gebrauchen und den empfangenen Götterfunken nützen sollten. Sehend, waren sie dennoch blind, hörend, waren sie trotzdem taub; wie Träumende liefen sie umher und fanden sich in der Schöpfung nicht zurecht. Unbekannt war ihnen die Kunst, Steine auszugraben und zu behauen, aus Lehm Ziegel zu brennen, Balken aus dem gefällten Holz des Waldes zu zimmern und sich Häuser daraus zu erbauen. Unter der Erde, in sonnenlosen Höhlen, lebten sie wie die Ameisen: nicht den Winter, nicht den blühenden Frühling, nicht den früchtereifen Sommer konnten sie unterscheiden; planlos war alles, was sie verrichteten. Da nahm Prometheus sich seiner Geschöpfe an: er lehrte sie den Auf- und Niedergang der Gestirne beobachten, auch die Kunst zu zählen und die Buchstabenschrift; er lehrte sie, Tiere ins Joch zu spannen und zur Arbeit gebrauchen, die Rosse an Zügel und Wagen gewöhnen, und ließ sie Nachen und Segel für die Schiffahrt erfinden. Auch sonst half er den Menschen. Wenn früher einer krank wurde, kannte man kein Mittel gegen sein Leiden, wußte nicht, welche Speise und welcher Trank ihm zuträglich sei, man hatte kein Salböl, das die Wunden heilt. Darum zeigte ihnen Prometheus, wie man Arzneien bereitet, um damit Krankheiten zu vertreiben. Dann lehrte er sie die Wahrsagerkunst, deutete ihnen Vorzeichen und Träume, Vogelflug und Opferschau. Er ließ sie einen Blick unter die Erde tun und das Erz, das Eisen, das Silber und das Gold entdecken. Er lehrte sie alle Künste und Annehmlichkeiten des Lebens.

Im Himmel herrschte seit kurzem Zeus mit seinen Kindern. Er hatte seinen Vater Kronos entthront und das alte Göttergeschlecht, von dem auch Prometheus abstammte, gestürzt.

Jetzt richteten die neuen Götter ihren Blick auf das eben entstandene Menschenvolk. Sie verlangten von ihm Verehrung für den Schutz, den sie ihm gewähren wollten. Zu Mekone in Griechenland hielten Sterbliche und Unsterbliche einen Ratstag und bestimmten dort Rechte und Pflichten der Menschen. Bei dieser Versammlung war Prometheus der Anwalt der Menschen, die er geschaffen hatte. Er wollte dafür sorgen, daß die Götter für den übernommenen Schutz von den Sterblichen nicht allzu hohe Gegenleistungen verlangten. Da verführte Klugheit den Titanensohn, die Götter betrügen zu wollen. Er schlachtete im Namen seiner Geschöpfe einen großen Stier; die Himmlischen sollten wählen, was sie für sich davon verlangten. Er hatte aber nach der Zerstückelung des Opfertieres zwei Haufen gemacht; auf die eine Seite legte er das Fleisch und die Eingeweide mit reichlichem Speck, wickelte alles in die Haut des Stieres und deckte den Magen darauf; auf die andere Seite legte er die kahlen Knochen, künstlich in das Unschlitt des Schlachtopfers eingehüllt. Und dieser Haufen war der größere. Zeus, der Göttervater, der allwissende, durchschaute aber seinen Betrug und sprach: »Sohn des Japetos, edler König, guter Freund, wie ungleich hast du die Teile gemacht!« Prometheus glaubte jetzt erst recht, ihn betrügen zu können. Er lächelte insgeheim und sprach: »Erhabener Zeus, größter der ewigen Götter, wähle den Teil, den dir dein Herz empfiehlt zu wählen.« Zeus erzürnte im Herzen, aber trotzdem griff er mit beiden Händen in das weiße Unschlitt. Als er es auseinandergedrückt hatte und die bloßen Knochen gewahrte, tat er, als entdecke er erst jetzt den Betrug. Zornig sprach er: »Ich sehe wohl, Sohn des Japetos, daß du die Kunst des Trugs noch nicht verlernt hast!«

Zeus beschloß, sich an Prometheus für seinen Betrug zu rächen, und versagte den Sterblichen die letzte Gabe, derer sie noch bedurften, das Feuer. Doch auch da wußte der schlaue Sohn des Japetos Rat. Er nahm den langen Stengel des markigen Riesenfenchels, näherte sich damit dem vorüberfahrenden Sonnenwagen und setzte so den Stengel in Brand. Mit diesem Feuerzunder fuhr er nieder zur Erde, und bald loderte der erste Holzstoß zum Himmel. In tiefster Seele schmerzte es den Donnerer, als er den weithin leuchtenden Glanz des Feuers unter den Menschen emporsteigen sah. Da er das Feuer den Sterblichen nicht mehr nehmen konnte, bereitete er sogleich ein neues Übel für sie. Der wegen seiner Schmiedekunst berühmte Feuergott Hephaistos mußte ihm das Scheinbild einer schönen Jungfrau fertigen; Athene selbst, die einst auf Prometheus eifersüchtig war und seither ihm zürnte, warf dem Bild ein weißes, schillerndes Gewand über, ließ einen Schleier über das Gesicht der Jungfrau fallen, den das Mädchen mit den Händen teilte, bekränzte ihr Haupt mit frischen Blumen und umschlang es mit einem goldenen Band, das gleichfalls Hephaistos seinem Vater zulieb kunstreich verfertigt und mit bunten Tiergestalten herrlich verziert hatte. Hermes, der Götterbote, mußte dem holden Gebilde Sprache verleihen und Aphrodite es mit allem Liebreiz ausstatten. Also hatte Zeus unter der Gestalt des Guten ein Übel geschaffen, das das Auge blendete. Er nannte sie Pandora, das heißt die Allbeschenkte, denn jeder der Unsterblichen hatte dem Mädchen irgendein unheilbringendes Geschenk für die Menschen mitgegeben. Darauf führte er die Jungfrau zur Erde hinab, wo Sterbliche zusammen mit Göttern lustwandelten. Alle bewunderten die unvergleichliche Gestalt. Sie aber schritt auf Epimetheus zu, dem arglosen Bruder des Prometheus, ihm das Geschenk des Zeus zu bringen. Vergebens hatte Prometheus den Bruder gewarnt, niemals ein Geschenk vom olympischen Zeus anzunehmen, damit den Menschen daraus kein Leid erwachse. Er hatte ihm auch aufgetragen, es sofort zurückzusenden. Aber Epimetheus vergaß diese Warnung und nahm die schöne Jungfrau mit Freuden auf. Das Übel erkannte er erst, als er es schon besaß. Denn bisher lebten die Geschlechter der Menschen, dem Rat seines Bruders folgend, ohne irgendein Übel, ohne beschwerliche Arbeit, ohne quälende Krankheit. Das Weib aber trug in den Händen ihr Geschenk, ein großes Gefäß, mit einem Deckel versehen. Kaum war sie bei Epimetheus angekommen, schlug sie den Deckel zurück, und sogleich entwich dem Gefäß eine Unmenge von Übeln und verbreitete sich blitzschnell über die Erde. Nur ein Gutes war zuunterst in dem Gefäß verborgen, die Hoffnung; aber auf Rat des Göttervaters warf Pandora den Deckel wieder zu, ehe sie herausflattern konnte, und verschloß sie für immer in dem Gefäß. Das Elend erfüllte inzwischen in vielen Gestalten Erde, Luft und Meer. Krankheiten verbreiteten sich bei Tag und Nacht unter den Menschen, heimlich und lautlos, denn Zeus hatte ihnen keine Stimme gegeben; alle Arten von Fieber entstanden auf der Erde, und der Tod, der früher nur langsam auf die Sterblichen zukam, beschleunigte seinen Schritt.

Dann richtete sich die Rache des Zeus gegen Prometheus. Er übergab ihn dem Hephaistos und seinen Dienern, dem Kratos und der Bia, dem Zwang und der Gewalt. Diese mußten ihn in die skythischen Einöden schleppen und hier, über einem schauderhaften Abgrund, mit unauflöslichen Ketten an eine Felswand des Berges Kaukasus schmieden. Ungern vollzog Hephaistos den Auftrag seines Vaters; er liebte in dem Titanensohn den verwandten Abkömmling seines Urgroßvaters Uranos, den ebenbürtigen Göttersproß. Unter Worten des Mitleids und von den roheren Knechten gescholten, ließ er diese das grausame Werk vollbringen. So mußte nun Prometheus an der Klippe hängen, aufrecht, schlaflos, niemals imstande, das müde Knie zu beugen. »Viele vergebliche Klagen und Seufzer wirst du hören lassen«, sagte Hephaistos zu ihm, »denn das Urteil des Zeus ist unwiderruflich, und er ist hartherzig wie alle, die noch nicht lange die Herrschergewalt ausüben.« Wirklich sollte die Qual des Gefangenen ewig oder doch dreißigtausend Jahre dauern. Obwohl Prometheus laut klagte und Winde, Ströme, Quellen und Meereswellen, sogar die Allmutter Erde und den allschauenden Sonnenkreis zu Zeugen seiner Pein aufrief, blieb er doch standhaft. »Was das Schicksal beschlossen hat«, sprach er, »muß der geduldig tragen, der das Unabänderliche einsehen gelernt hat.« Auch ließ er sich durch keine Drohungen des Zeus bewegen, die dunkle Weissagung, daß dem Göttervater durch einen neuen Ehebund Verderben und Untergang bevorstehe, näher zu deuten. Zeus hielt sein Wort; er sandte dem Gefesselten einen Adler, der als täglicher Gast an seiner Leber zehren durfte, die sich immer wieder erneuerte.

Die Qual sollte nicht eher aufhören, bis ein anderer für Prometheus eintrete, der, freiwillig den Tod auf sich nehmend, gewissermaßen sein Stellvertreter würde.

Das aber geschah eher, als der Verurteilte nach dem Spruch des Göttervaters hoffen durfte. Als er viele Jahre, an dem Felsen hängend, gelitten hatte, kam Herakles vorbei, auf der Fahrt zu den Hesperiden. Wie er den Götterenkel am Kaukasus hängen sah, auf dessen guten Rat er hoffte, erbarmte er sich seiner, denn er sah, wie der Adler, auf den Knien des Prometheus sitzend, an der Leber des Unglücklichen fraß. Da legte er Keule und Löwenhaut ab, spannte den Bogen, sandte den Pfeil und schoß den grausamen Vogel von der Leber des Gequälten hinweg. Dann löste er seine Fesseln und führte den Befreiten mit sich davon. Damit aber des Götterkönigs Bedingung erfüllt würde, stellte er ihm als Ersatzmann den Kentauren Chiron, der bereit war, an Prometheus' Stelle zu sterben; denn vorher war Chiron unsterblich gewesen. Damit jedoch des Kroniden Urteil, das den Prometheus weit länger an den Felsen gebannt hatte, dennoch vollzogen würde, mußte Prometheus fortan einen eisernen Ring tragen, an dem sich ein Steinchen jenes Kaukasus-Felsens befand. So konnte Zeus sich rühmen, sein Feind sei noch immer an den Kaukasus geschmiedet.

LEIDEN UND TRIUMPH DER JUNGFRAU JO

Inachos, der uralte Stammesfürst und König der Pelasger, hatte eine schöne Tochter mit Namen Jo. Auf sie war der Blick des Zeus, des olympischen Herrschers, gefallen, als sie auf der Wiese von Lerna die Herden ihres Vaters hütete. Der Gott wurde von Liebe zu ihr entflammt. Er trat in Menschengestalt vor sie hin und begann sie mit verführerischen Schmeichelworten zu versuchen: »Jungfrau, glücklich ist, der dich besitzen wird! Doch ist kein Sterblicher deiner wert; du verdienst, des höchsten Gottes Braut zu sein! Wisse also, ich bin Zeus. Fliehe nicht vor mir! Die Hitze des Mittags brennt heiß. Komm mit mir in den Schatten des erhabenen Hains, der uns dort zur Linken in seine Kühle einlädt; was machst du dir in der Glut des Tages zu schaffen? Fürchte dich doch nicht, den dunklen Wald und die Schluchten, in denen das Wild haust, zu betreten. Bin ich doch da, dich zu schirmen, der Gott, der das Zepter des Himmels führt und die zackigen Blitze über die Erde schickt.« Aber die Jungfrau floh vor dem Versucher, und sie wäre ihm entkommen, hätte nicht der Gott seine Macht mißbraucht und das ganze Land in dichte Finsternis gehüllt. Plötzlich einfallender Nebel umhüllte die Fliehende, und bald waren ihre Schritte gehemmt von der Furcht, an einen Felsen zu stoßen oder in einen Fluß zu stürzen. So kam die unglückliche Jo in die Gewalt des Gottes. Hera, die Göttermutter, war längst an die Treulosigkeit ihres Gatten gewöhnt, der sich den Töchtern der Halbgötter und der Sterblichen zuwandte; dennoch vermochte sie ihren Zorn und ihre Eifersucht nicht zu bändigen. Mit stets wachem Mißtrauen beobachtete sie alle Schritte des Zeus auf der Erde. So schaute sie auch jetzt eben auf die Gegend hernieder, wo ihr Gemahl sich ohne ihr Wissen aufhielt. Zu ihrem großen Erstaunen bemerkte sie plötzlich, wie der heitere Tag an einer Stelle durch nächtlichen Nebel verdunkelt wurde und wie dieser Nebel weder einem Strom noch dem dunstigen Boden entstieg, noch sonst eine natürliche Ursache hatte. Da kam ihr der Verdacht, ihr Gatte könnte ihr wieder untreu sein; sie suchte ihn im Olymp und fand ihn nicht. »Entweder ich täusche mich«, sprach sie ergrimmt zu sich selbst, »oder ich werde von meinem Gatten schamlos gekränkt!« So fuhr sie auf einer Wolke zur Erde nieder und gebot dem Nebel, der den Entführer mit seiner Beute umschlossen hielt, zu weichen. Zeus hatte die Ankunft seiner Gemahlin geahnt. Um seine Geliebte ihrer Rache zu entziehen, verwandelte er die schöne Tochter des Inachos schnell in eine wohlgestalte schneeweiße Kuh. Aber auch so war sie schön anzuschauen. Hera, die die List ihres Gemahls schnell durchschaut hatte, lobte das stattliche Tier und fragte heuchlerisch, wem die Kuh gehöre, woher sie komme und welcher Zucht sie entstamme. In seiner Verlegenheit und um Hera von weiteren Fragen abzuschrecken, nahm Zeus seine Zuflucht zu einer Lüge und erzählte, die Kuh entstamme der Erde. Hera gab sich damit zufrieden, aber sie erbat sich das schöne Tier von ihrem Gemahl zum Geschenk. Was sollte der betrogene Betrüger machen? Gibt er die Kuh her, verliert er seine Geliebte; verweigert er sie, so erregt er erst recht den Verdacht seiner Gemahlin, die der Unglücklichen dann unverzüglich Verderben senden wird! So entschloß er sich, vorerst auf die Jungfrau zu verzichten, und schenkte die schimmernde Kuh, deren Geheimnis nur er zu kennen glaubte, seiner Gemahlin. Hera knüpfte, scheinbar beglückt durch die Gabe, dem schönen Tier ein Band um den Hals und führte die Unselige, unter deren Tiergestalt ein verzweifeltes Menschenherz schlug, im Triumph davon. Doch bereitete der Göttin dieser Diebstahl Angst, und sie ruhte nicht eher, bis sie ihre Nebenbuhlerin in sicherem Gewahrsam wußte. Daher suchte sie den Argos, den Sohn des Arestor auf, ein Ungetüm, das ihr für diesen Dienst besonders geeignet schien. Denn Argos hatte hundert Augen im Kopf, von denen jeweils nur ein Paar sich schloß und ausruhte, während die übrigen Augen, über Vorder- und Hinterhaupt wie funkelnde Sterne zerstreut, ihren Dienst taten. Dieses Untier gab Hera der armen Jo zum Wächter, damit ihr Gemahl Zeus die entrissene Geliebte nicht entführen könne. Unter seinen hundert Augen durfte Jo, die Kuh, tagsüber auf einer fetten Wiese weiden; Argos aber stand stets in ihrer Nähe; auch wenn er sich abwandte und ihr das Hinterhaupt zukehrte, hatte er sie im Blickfeld. Sobald die Sonne untergegangen war, schloß er sie ein und beschwerte den Hals der Unglücklichen mit Ketten; bittre Kräuter und Baumlaub waren ihre Speise, ihr Bett der harte, oft nicht einmal mit Gras bedeckte Boden, ihr Trank schlammiges Wasser aus Pfützen. Jo vergaß, daß sie kein Mensch mehr war; doch als sie, Mitleid erflehend, ihre Arme zu Argos erhob, wurde sie gewahr, daß sie keine Arme mehr hatte. Sie wollte ihn mit Worten rühren: da entfuhr ihrem Mund ein Brüllen, daß sie vor ihrer eigenen Stimme erschrak und sich schmerzlich erinnerte, wie sie durch ihres Räubers Selbstsucht in ein Tier verwandelt worden war. Doch blieb Argos mit ihr nicht an einer Stelle, denn so hatte es ihm Hera befohlen, die damit hoffte, dem Gemahl die Geliebte um so sicherer zu entziehen. Ihr Wächter zog daher mit ihr durchs Land, und so kam sie auch mit ihm in ihre alte Heimat, an das Ufer des Flusses, wo sie oft als Kind gespielt hatte. Da sah sie zum ersten Mal ihr Bild in der Flut; als das Tierhaupt mit den Hörnern ihr aus dem Wasser entgegenblickte, wich sie erschrocken zurück und floh vor sich selbst. Sehnsucht führte sie in die Nähe ihrer Schwester, zu ihrem Vater Inachos. Aber diese erkannten sie nicht; Inachos streichelte wohl das schöne Tier und reichte ihm Blätter, die er vom nächsten Strauch pflückte; Jo leckte dankbar seine Hand und benetzte sie mit Küssen und heimlichen menschlichen Tränen. Aber wen er liebkoste und von wem er umschmeichelt wurde, das ahnte der Greis nicht. Endlich kam der Armen, deren Geist unter der Verwandlung heil geblieben war, ein glücklicher Gedanke. Sie begann Schriftzeichen mit dem Fuß zu ziehen und erregte dadurch die Aufmerksamkeit des Vaters, der bald im Staub die Kunde las, daß er sein eigenes Kind vor sich habe. »Ich Unglücklicher«, rief der Greis verzweifelt aus, indem er sich an Horn und Nacken der stöhnenden Tochter hing, »muß ich dich so wiederfinden, die ich in allen Ländern gesucht habe! Du hast mir weniger Kummer gemacht, solange ich dich suchte, als jetzt, wo ich dich gefunden habe! Du schweigst? Du kannst mir kein tröstendes Wort sagen, mir nur mit Gebrüll antworten! Ich Dummkopf! Einsam dachte ich nach, wie ich dir einen würdigen Gatten zuführen könnte, dachte an Brautfackel und Vermählung. Nun bist du ein Kind der Herde!« Argos, der grausame Wächter, ließ den jammernden Vater nicht vollenden, er riß Jo grausam von seiner Seite und schleppte sie fort auf einsame Weiden. Er selbst kletterte einen Berggipfel empor und hielt von dort aus mit seinen hundert Augen Ausschau nach allen vier Windrichtungen.

Zeus konnte das Leid der Inachostochter nicht länger ertragen. Er rief seinen geliebten Sohn Hermes und befahl ihm, eine List zu brauchen und dem verhaßten Wächter das Augenlicht auszulöschen. Hermes beflügelte seine Füße, ergriff mit der mächtigen Hand seine einschläfernde Rute und setzte seinen Reisehut auf. So fuhr er von dem Palast seines Vaters zur Erde nieder. Dort legte er Hut und Schwingen ab und behielt nur den Stab; so sah er aus wie ein Hirt, lockte dazu noch Ziegen herbei und trieb sie auf die abgelegenen Fluren, wo Jo weidete und Argos Wache hielt. Dort angekommen, zog er ein Hirtenrohr, das man Syrinx nennt, hervor und begann darauf so anmutig und volltönend zu blasen, wie man es von irdischen Hirten nicht zu hören bekommt. Argos freute sich dieser seltsamen Melodie, erhob sich von seinem Felsensitz und rief herunter: »Wer du auch sein magst, du bist mir willkommen, Rohrbläser, und du könntest wohl bei mir auf diesem Felsen hier ausruhen. Nirgends wächst das Gras üppiger für das Vieh als hier, und du siehst, welch kühlen Schatten diese dicht gepflanzten Bäume dem Hirten spenden!« Hermes dankte dem Rufenden, stieg hinauf und setzte sich zu dem Wächter, mit dem er sogleich zu plaudern begann und mit ihm so eifrig ins Gespräch kam, daß der Tag sich neigte, ehe Argos es bemerkte. Da begannen ihm die Augen zu schläfern, und nun griff Hermes wieder zu seinem Rohr und versuchte, ihn mit seinem Spiel vollends in Schlummer zu wiegen. Aber

Argos, der an den Zorn seiner Herrin dachte, wenn er seine Gefangene unbeaufsichtigt ließ, kämpfte mit dem Schlaf, und wenn sich auch Schlummer über einen Teil seiner Augen legte, so wachte er doch stets mit dem anderen Teil. Da die Rohrpfeife erst kürzlich erfunden worden war, so fragte er den Hirten nach dem Ursprung dieses Instruments. »Das will ich dir gern erzählen«, sagte Hermes, »wenn du zu dieser späten Abendstunde noch genug Geduld und Aufmerksamkeit hast, mich anzuhören. In den Schneegebirgen Arkadiens wohnte eine berühmte Hamadryade, eine Baumnymphe, die hieß Syrinx. Die Waldgötter und Styrn, von ihrer Schönheit bezaubert, verfolgten sie schon lange mit ihrer Werbung, aber immer wieder wußte sie ihnen zu entschlüpfen. Denn sie scheute die Vermählung und wollte, gegürtet und jagdliebend wie Artemis, gleich dieser im jungfräulichen Stand verbleiben. Endlich erblickte auf seinen Streifzügen durch jene Wälder auch der mächtige Gott Pan die Nymphe. Er näherte sich ihr und warb um ihre Hand, drängend und im stolzen Bewußtsein seiner Göttlichkeit. Aber die Nymphe verschmähte auch sein Flehen und flüchtete vor ihm durch unwegsame Steppen, bis sie zuletzt an das Wasser des versandeten Flusses Ladon kam, dessen Wellen doch noch tief genug waren, die Jungfrau am Überqueren zu hindern. Da beschwor sie ihre Schutzgöttin Artemis, bevor sie in die Hand des Gottes fiele, sich ihrer Verehrerin zu erbarmen und sie zu verwandeln. Inzwischen kam der Gott herangeeilt und umfaßte die am Ufer Stehende; aber wie staunte er, als er, statt eine Nymphe zu umarmen, nur ein Schilfrohr in der Hand hielt. Da hauchte er seine schmerzlichen Seufzer in das Rohr, und als wohltönende Klage kamen sie ihm zurück. Der Zauber dieses Lautes tröstete den enttäuschten Gott. ›So sei also, verwandelte Nymphe, unsere Verbindung unauflöslich‹, rief er mit schmerzlicher Freude. Dann schnitt er sich von dem geliebten Schilf ungleiche Röhren, verknüpfte sie mit Wachs untereinander und benannte die lieblich tönende Flöte nach der holden Hamadryade. Seither heißt dieses Hirtenrohr Syrinx . . .« So berichtete Hermes, der dabei den hundertäugigen Wächter fortwährend im Auge behielt. Er war mit seiner Erzählung noch nicht zu Ende, als er sah, wie ein Auge um das andere sich schloß und endlich alle hundert im Schlaf erloschen waren. Nun dämpfte der Götterbote seine Stimme, berührte mit seinem Zauberstab nacheinander die hundert geschlossenen Augenlider, damit sie sich nicht öffnen konnten. Während nun der hundertäugige Argos in tiefem Schlaf lag, griff Hermes schnell zu dem Sichelschwert, das er unter seinem Hirtenrock verborgen trug, und hieb ihm den gesenkten Nacken durch und durch. Kopf und Rumpf stürzten nacheinander vom Felsen herab und färbten das Gestein mit einem Strom von Blut. Nun war Jo befreit, und obwohl noch in Kuhgestalt, rannte sie ohne Fesseln davon. Aber den durchdringenden Blicken Heras entging nicht, was da unten geschehen war. Sie ersann eine besondere Qual für ihre Nebenbuhlerin und sandte ihr eine Bremse, die das unglückliche Geschöpf durch ihren Stich zum Wahnsinn trieb. So jagte die Arme mit ihrem Stachel flüchtend über den ganzen Erdkreis, zu den Skythen, an den Kaukasus, zum Amazonenvolk, zum kimmerischen Isthmos und an die mäotische See; dann hinüber nach Asien und endlich, nach langem, verzweiflungsvollem Umherirren, nach Ägypten. Am Strand des Nilufers angelangt, sank Jo auf ihre Vorderhufe nieder und hob, den Hals rücklings gebogen, ihre stummen Augen zum Olymp empor, mit einem Blick voll Jammer gegen Zeus. Den rührte dieser Anblick; er eilte zu seiner Gemahlin Hera, umfing ihren Hals und flehte um Barmherzigkeit für das arme Mädchen, das schuldlos an seiner Verirrung war. Er schwor ihr beim Styx, dem Wasser der Unterwelt, bei dem die Götter schwören, von seiner Neigung ganz und für immer zu lassen. Hera hörte zugleich das flehentliche Brüllen der Kuh, das zum Olymp emporstieg. Da ließ sich die Göttermutter erweichen und gab ihrem Gemahl die Vollmacht, der Mißgestalten den menschlichen Leib zurückzugeben. Zeus eilte zur Erde hinunter und an den Nil. Hier strich er der Kuh mit der Hand über den Rücken. Da geschah etwas Wunderbares: die Zotteln fielen vom Leib des Tieres, das Gehörn schrumpfte zusammen, die Augen verengten sich, das Maul straffte sich zu Lippen, Schultern und Hände kehrten wieder, die Klauen verschwanden, nichts blieb von der Kuh zurück als die schöne weiße Farbe. In verwandelter Gestalt erhob sich Jo vom Boden und stand aufrecht, in menschlicher Schönheit leuchtend. Am Nilstrom gebar sie dem Zeus den Epaphos, und weil das Volk die wunderbar Verwandelte und Errettete wie eine Göttin ehrte, herrschte sie lange als Fürstin über jenes Land. Doch blieb sie auch jetzt nicht ganz von Heras Zorn verschont. Diese stiftete das wilde Volk der Kureten an, Jos Sohn Epaphos zu entführen, und nun trat sie erneut eine lange, vergebliche Wanderung an, den Geraubten zu suchen. Endlich, nachdem Zeus die Kureten mit dem Blitz erschlagen hatte, fand sie den entführten Sohn an der Grenze Äthiopiens wieder, kehrte mit ihm nach Ägypten zurück und ließ ihn an ihrer Seite herrschen. Er heiratete die Memphis, und diese gebar ihm Libya, von der das Land Libyen seinen Namen erhielt. Mutter und Sohn wurden nach ihrem Tod vom Nilvolk mit Tempeln verherrlicht und sie als Isis, er als Apis göttlich verehrt.

DER RAUB DER JUNGFRAU EUROPA

Im Land von Tyrus und Sidon wuchs die Jungfrau Europa, die Tochter des Königs Agenor, in der tiefen Abgeschiedenheit des väterlichen Palastes heran. Ihr wurde eines Nachmittags, wo untrügliche Träume die Sterblichen überkommen, ein seltsames Traumbild vom Himmel zuteil. Es war ihr, als erschienen zwei Weltteile in Frauengestalt, Asien und der andere, gegenüberliegende, und stritten um ihren Besitz. Die zweite der Frauen hatte die Gestalt einer Fremden; die erste — das war Asien — glich in Aussehen und Gebärden einer Einheimischen. Diese wehrte sich um ihren Besitz und wollte ihr Kind Europa behalten, das sie geboren und gesäugt hatte. Das fremde Weib aber umfaßte die geliebte Tochter, raubte sie mit gewaltigen Armen und zog sie mit sich fort, ohne daß Europa sich innerlich zu sträuben vermochte. »Komm nur mit, Liebchen«, sprach die Fremde, »ich bringe dich dem Ägiserschütterer Zeus; so ist es dir vom Schicksal bestimmt.« Mit klopfendem Herzen erwachte Europa und richtete sich vom Lager auf, denn das Traumgesicht war hell wie der Tag gewesen. Lange saß sie unbeweglich aufrecht im Bett und starrte vor sich hin; in ihren weit aufgerissenen Augen stand noch das Bild der beiden Frauen. Erst spät öffnete sich ihr Mund zum bangen Selbstgespräch. »Wer von den Himmlischen«, sprach sie, »hat mir diese Bilder geschickt? Welch wunderbare Träume haben mich aufgeschreckt, während ich im Vaterhaus süß und sicher schlummerte? Wer war die Fremde, die ich im Traum gesehen? Welch wunderbare Sehnsucht nach ihr erfüllt mein Herz? Wie kam sie mir so liebreich entgegen, und, als sie mich gewaltsam entführte, mit welchem Mutterblick lächelte sie mir da zu. Mögen die seligen Götter mir durch den Traum Gutes verkünden!«

Der Morgen war gekommen, und der helle Schein des Tages drängte den nächtlichen Glanz des Traums aus der Seele der Jungfrau. Europa erhob sich und widmete sich den Beschäftigungen und Freuden ihres jungfräulichen Lebens. Bald umringten sie ihre Altersgenossinnen und Gespielinnen, Töchter aus den besten Familien, welche sie zu Chortänzen, Opfern und Lustgängen zu begleiten pflegten. Auch diesmal waren sie gekommen, ihrer Herrin zu den blumenreichen Wiesen des Meeres zu folgen, wo die Mädchen der Gegend sich scharenweise zu versammeln und an der Pracht der Blumen wie am Rauschen des Meeres zu erfreuen pflegten. Alle Mädchen waren in hübsche, blumenbestickte Gewänder gekleidet; Europa selbst trug ein herrliches, goldbesticktes langes Kleid voll glänzender Bilder aus der Göttersage; das köstliche Gewand war ein Werk des Hephaistos, ein uraltes Göttergeschenk des Erderschütterers Poseidon, das dieser einst der Libya geschenkt hatte, als er um sie warb. Aus ihrem Besitz war es von Hand zu Hand gegangen und als Erbstück in das Haus des Agenor gekommen. Mit diesem Brautschmuck angetan, eilte die schöne Europa an der Spitze ihrer Gespielinnen den Wiesen zu, die voll bunter Blumen standen. Jubelnd stob die Schar der Mädchen auseinander, jede suchte Blumen, wie es ihr gefiel. Die eine pflückte die glänzende Narzisse, die andere wandte sich der duftenden Hyazinthe zu, eine dritte erwählte das sanfte Veilchen, anderen gefiel der würzige Quendel, wieder andere wählten den gelben Krokus. So eilten die Gespielinnen hin und her, Europa aber hatte bald gefunden, was sie suchte; wie die schaumgeborene Liebesgöttin stand sie da, alle ihre Genossinnen überragend, und hielt hoch in der Hand einen Strauß dunkelrot glühender Rosen.

Als sie genug Blumen gepflückt hatten, lagerten sich die Jungfrauen, ihre Fürstin in der Mitte, nichts ahnend auf den Rasen und begannen Kränze zu flechten, die sie, den Nymphen der Wiese zum Dank, an die grünenden Bäume hängen wollten. Aber nicht lange sollten sie sich an den Blumen erfreuen, denn unversehens griff das Schicksal ein, das im Traum der Europa geweissagt worden war. Zeus, der Kronide, war von den Geschoßen des Liebesgottes, die allein den sonst unbezwingbaren Göttervater besiegen konnten, getroffen und von der Schönheit der jungen Europa ergriffen worden. Weil er aber den Zorn der eifersüchtigen Hera fürchtete und auch nicht hoffen durfte, den unschuldigen Sinn der Jungfrau zu betören, ersann der verschlagene Gott eine neue List. Er veränderte seine Gestalt und wurde ein Stier. Aber welch ein Stier! Nicht, wie er auf gemeiner Wiese geht oder, unters Joch gebeugt, den schwer beladenen Wagen zieht; nein, groß, herrlich von Gestalt, mit schwellenden Muskeln am Hals und vollen Wampen am Bug; seine Hörner waren zierlich und klein, wie von Händen gedrechselt, und durchsichtiger als reine Diamanten; goldgelb war die Farbe seines Leibes, nur auf der Stirne schimmerte ein silberweißes Mal, dem gekrümmten Horn des zunehmenden Mondes ähnlich; bläuliche Augen funkelten begehrlich unter buschigen Brauen.

Ehe Zeus diese Verwandlung an sich vornahm, rief er den Hermes zu sich auf den Olymp und sprach, ohne ihm seine Absichten zu verraten: »Eile, lieber Sohn, treuer Vollbringer meiner Befehle! Siehst du dort links unten das Land? Es ist Phönikien. Dort geh hin und treibe mir das Vieh des Königs Agenor, das du auf den Bergwiesen weiden siehst, zum Meeresufer hinab.« In wenigen Augenblicken war der geflügelte Gott, dem Wink seines Vaters gehorsam, auf der sidonischen Bergweide angekommen und trieb die Herde des Königs, zu der sich, ohne daß Hermes es geahnt hätte, der in einen Stier verwandelte Zeus gesellt hatte, vom Berg hinab zum Strand, unweit jener Wiesen, wo die Tochter Agenors, von tyrischen Jungfrauen umringt, sorglos mit Blumen spielte. Die übrige Herde zerstreute sich über die Wiesen, nur der schöne Stier, in dessen Gestalt sich der Gott verbarg, näherte sich dem Rasenhügel, wo Europa mit ihren Gespielinnen saß. Stolz schritt er durch das Gras einher, seine Stirn hatte nichts Drohendes, sein funkelndes Auge flößte keine Furcht ein: sein ganzes Aussehen verriet Sanftmut. Europa und die Jungfrauen bewunderten die edle Gestalt des Tieres und seine friedlichen Gebärden, ja sie bekamen Lust, ihn aus der Nähe zu besehen und ihm den schimmernden Rücken zu streicheln. Der Stier schien dies zu merken, denn er kam immer näher und blieb endlich dicht vor Europa stehen. Diese sprang auf und wich zuerst einige Schritte zurück; als aber das Tier zahm stehenblieb, faßte sie Mut, näherte sich ihm wieder und hielt ihm ihren Blumenstrauß vor das schäumende Maul, aus dem sie ambrosischer Atem anwehte. Der Stier leckte schmeichelnd die dargebotenen Blumen und die zarte Hand, die ihm den Schaum abwischte und ihn liebreich zu streicheln begann. Immer schöner erschien der herrliche Stier der Jungfrau, sie wagte es sogar und drückte einen Kuß auf seine glänzende Stirn. Da ließ das Tier ein freudiges Brüllen hören, nicht wie andere, gemeine Stiere brüllen, sondern es tönte wie eine lydische Flöte in einem

Bergtal. Dann kauerte er sich zu den Füßen der schönen Fürstin nieder, blickte sie sehnsüchtig an, wandte ihr den Nacken zu und zeigte ihr den breiten Rücken. Da sprach Europa zu ihren Freundinnen: »Kommt doch auch näher, liebe Gespielinnen, wir wollen uns auf den Rücken dieses schönen Stieres setzen und uns darauf vergnügen: ich glaube, er könnte unser vier aufnehmen, wie ein geräumiges Schiff. Er ist so sanftmütig und so zutraulich, er gleicht so gar nicht anderen Stieren. Ich glaube, er hat Verstand wie ein Mensch, es fehlt ihm nur die Sprache!« Mit diesen Worten nahm sie ihren Gespielinnen die Kränze, einen nach dem andern, aus den Händen und behängte damit die gesenkten Hörner des Stiers; dann schwang sie sich lächelnd auf seinen Rücken, während die Freundinnen ihr zögernd und unschlüssig zusahen.

Der Stier aber, als er Europa auf seinem Rücken wußte, sprang vom Boden auf. Anfangs ging er ganz sacht mit der Jungfrau davon, doch so, daß ihre Genossinnen nicht mit ihm Schritt halten konnten. Als er aber die Wiesen hinter sich gelassen und den kahlen Strand vor sich hatte, verdoppelte er seinen Lauf und glich nun nicht mehr einem trabenden Stier, sondern einem fliegenden Roß. Und ehe sich Europa besinnen konnte, war er mit einem Satz ins Meer gesprungen und schwamm mit seiner Beute dahin. Die Jungfrau hielt mit der Rechten eines seiner Hörner umklammert, mit der Linken stützte sie sich auf den Rücken; ihre Gewänder blähte der Wind wie ein Segel; ängstlich blickte sie zur verlassenen Küste zurück und rief vergeblich die Gespielinnen; das Wasser umrauschte den rudernden Stier, seine aufschäumenden Wellen scheuend, zog Europa furchtsam die Fersen hinauf. Aber das Tier schwamm dahin wie ein Schiff; bald war das Ufer verschwunden, die Sonne untergegangen, und im Helldunkel der Nacht sah die unglückliche Jungfrau nichts um sich als Wasser und Sterne. So ging es fort, bis der Morgen kam; noch den ganzen folgenden Tag schwamm sie durch die unendliche Flut auf dem Rücken des Tieres dahin; doch wußte dieses so geschickt die Wellen zu teilen, daß kein Tropfen seine geliebte Beute benetzte. Endlich gegen Abend erreichten sie ein fernes Ufer. Der Stier schwang sich an Land, ließ die Jungfrau unter einem breitästigen Baum sanft von seinem Rücken gleiten und entschwand ihren Blicken. An seine Stelle trat ein herrlicher, göttergleicher Mann, der ihr erklärte, er sei der Beherrscher der Insel Kreta und werde sie schützen, wenn sie sich ihm schenke. In ihrer trostlosen

Verlassenheit reichte Europa ihm die Hand zum Zeichen ihrer Einwilligung: Zeus war am Ziel seiner Wünsche. Aber auch er verschwand, wie er gekommen war. Aus langer Betäubung erwachte Europa, als schon die Morgensonne am Himmel stand. Verwirrt sah sie umher, als suchte sie die Heimat. »Vater, Vater!«, schrie sie schmerzlich erschrokken, dann aber besann sie sich und rief: »Wie darf ich, verworfene Tochter, den Vaternamen nur aussprechen? Welcher Wahnsinn ließ mich die Kindesliebe vergessen!« Dann sah sie wieder suchend umher und fragte sich: »Woher, wohin bin ich gekommen? — Zu milde straft der Tod die Schuld der Jungfrau! Aber bin ich denn wirklich wach? Beweine ich eine wirkliche Schande? Nein, gewiß bin ich unschuldig, und nur ein nichtiges Traumbild, das der Morgenschlaf wieder entführen wird, narrt meinen Geist. Wie wäre es auch möglich, daß ich mich hätte entschlossen, auf dem Rücken eines Untiers durch endlose Fluten zu schwimmen, anstatt in unbekümmerter Sicherheit frische Blumen zu pflücken!« — So sprach sie und fuhr mit der flachen Hand über die Augen, als wollte sie den verhaßten Traum wegwischen. Als sie aber um sich blickte, standen die fremden Gegenstände noch immer unverrückt vor ihren Augen; unbekannte Bäume und Felsen umgaben sie, und eine starke Brandung schlug, an steilen Klippen sich brechend, empor an einer fremden Küste. »Würde mir jetzt der verwünschte Stier begegnen«, rief sie verzweifelnd, »wie wollte ich ihn züchtigen; nicht eher wollte ich ruhen, bis ich die Hörner des Ungeheuers zerbrochen, das mir jüngst noch so liebenswürdig erschien! Vergeblicher Wunsch! Da ich schamlos die Heimat verlassen habe, was bleibt mir noch übrig, als zu sterben? Wenn nicht alle Götter mich verlassen haben, so sendet mir, ihr Himmlischen, einen Löwen, einen Tiger! Vielleicht verkürzt er mein Sein, und ich muß nicht warten, bis Hunger an diesen blühenden Wangen zehrt.« Aber kein wildes Tier erschien; lächelnd und frierend lag die fremde Gegend vor ihr, und vom klaren Himmel leuchtete die Sonne. Wie von Furien gehetzt, sprang die verlassene Jungfrau auf. »Elende Europa«, rief sie in verzweifelter Selbstanklage, »hörst du nicht die Stimme deines fernen Vaters, der dich verflucht, wenn du deinem schimpflichen Leben nicht ein Ende machst? Zeigt er dir nicht jene Esche, du sollst dich dort mit deinem Gürtel erhängen? Deutet er nicht auf jenes schroffe Felsgestein, damit ein Sprung in die Brandung dich zerschmettere? Oder willst du lieber die Nebenfrau eines Barbarenfürsten werden und als Sklavin Tag für

Tag die zugeteilte Wolle abspinnen, du, eines edlen Königs Tochter?« So quälte sich das unglückliche, verlassene Mädchen mit Todesgedanken und hatte doch nicht den Mut, zu sterben. Da hörte sie plötzlich hinter sich ein heimliches, spottendes Geflüster. Sie glaubte sich belauscht und sah sich erschrocken um. In überirdischem Glanz erblickte sie da die Göttin Aphrodite, ihr zur Seite den kleinen Sohn, den Liebesgott, mit gesenktem Bogen. Noch schwebte ein Lächeln auf den Lippen der Göttin, da sprach sie: »Laß deinen Zorn und Hader, schönes Mädchen! Der verhaßte Stier wird kommen und dir die Hörner zum Zerbrechen darbieten; ich war es, die dir im väterlichen Haus jenen Traum schickte. Tröste dich, Europa! Es war Zeus, der dich geraubt; du bist nun die irdische Gattin des unbesiegbaren Gottes. Unsterblich wird dein Name sein: denn der fremde Erdteil, der dich aufgenommen hat, wird künftig Europa heißen.«

DER GÖTTERLIEBLING PERSEUS

Perseus, der Sohn des Zeus, wurde mit seiner Mutter Danae von seinem Großvater Akrisios, König von Argos, dem ein Orakelspruch gesagt hatte, daß ein Enkel ihm Thron und Leben rauben würde, in einen Kasten eingeschlossen und ins Meer geworfen. Doch Zeus behütete die beiden in den Stürmen des Meeres, und sie trieben bei der Insel Serphos an Land. Dort herrschten zwei Brüder, Diktys und Polydektes. Diktys fischte eben, als der Kasten angeschwommen kam, und zog ihn ans Ufer. Beide Brüder nahmen sich der Verlassenen liebreich an; Polydektes machte die Mutter zu seiner Gemahlin, und den Sohn des Zeus, Perseus, erzog er sorgfältig.

Als Perseus herangewachsen war, überredete ihn sein Stiefvater, auf Abenteuer auszuziehen und Großes zu vollbringen. Der mutige Jüngling war dazu bereit, und bald hatten sie beschlossen, Perseus sollte der Medusa ihr furchtbares Haupt abschlagen und dem König nach Serphos bringen. Perseus zog aus, und die Götter führten ihn in jene ferne Gegend, wo Phorkys, der Vater vieler entsetzlicher Ungeheuer, hauste. Hier begegnete Perseus zuerst drei seiner Töchter, die

Graien oder Grauen; diese waren grauhaarig von Geburt an, und alle drei hatten miteinander nur ein Auge und einen Zahn, die sie einander jeweils zum Gebrauch liehen. Perseus nahm ihnen beides weg, und als sie ihn flehentlich baten, das Unentbehrlichste ihnen doch wieder zurückzugeben, wollte er dies nur unter der Bedingung tun, daß sie ihm den Weg zu den Nymphen zeigten. Diese waren andere Wundergeschöpfe, die Flügelschuhe, einen Schubsack als Tasche und einen Helm aus Hundefell besaßen. Wer sich damit bekleidete, konnte fliegen, wohin er wollte, sah, wen er wollte, und wurde von niemandem gesehen. Die Töchter des Phorkys zeigten dem Perseus den Weg zu den Nymphen und erhielten dafür Zahn und Auge von ihm zurück. Bei den Nymphen fand und nahm Perseus, was er wollte, warf den Schubsack um, schnallte die Flügelschuhe an seine Knöchel und setzte den Helm aufs Haupt. Dazu erhielt er von Hermes eine eherne Sichel, und so ausgerüstet, flog er zu dem Ozean, wo die drei anderen Töchter des Phorkys, die Gorgonen, hausten. Doch nur die dritte, die Medusa hieß, war sterblich; darum war auch Perseus ausgesandt worden, ihr Haupt zu holen. Er fand die Ungeheuer schlafend; ihre Häupter waren mit Drachenschuppen übersät, mit Schlangen statt Haaren bedeckt, sie hatten große Hauer wie die Schweine, eherne Hände und goldene Flügel, mit denen sie flogen. Jeden, der sie ansah, verwandelte dieser Anblick in Stein. Das wußte Perseus. Mit abgewandtem Gesicht stellte er sich daher vor die Schlafenden und fing ihr dreifaches Bild nur in einem ehernen, glänzenden Schild auf. So fand er die Gorgo Medusa heraus. Athene führte ihm sodann die Hand, und er schnitt dem schlafenden Ungeheuer ungefährdet das Haupt ab. Kaum war dies vollbracht, da entsprang dem Rumpf ein geflügeltes Roß, der Pegasus, und ein Riese, Chrysaor. Beide waren Geschöpfe des Poseidon. Perseus schob nun das Haupt der Medusa in den Schubsack und entfernte sich rücklings, wie er gekommen war. Inzwischen hatten sich die Schwestern Medusas vom Lager erhoben. Sie erblickten den Rumpf der getöteten Schwester und erhoben sich auf ihren Flügeln, den Räuber zu verfolgen. Diesen aber verbarg der Nymphenhelm vor ihren Augen, und sie konnten ihn nirgends entdecken. In der Luft fliegend, faßten inzwischen den Perseus die Winde und schleuderten ihn wie Regenwolken bald da-, bald dorthin. Als er über den Sandwüsten Libyens schwebte, fielen blutige Tropfen vom Medusenhaupt auf die Erde, wo sie sogleich zu bunten Schlangen wurden. Seitdem ist jenes Gebiet so reich an bösen

Nattern. Perseus flog nun weiter westwärts und ging endlich im Reich des Königs Atlas nieder, um ein wenig zu rasten. Dieser hütete einen Hain voll goldener Früchte, die ein gewaltiger Drache bewachte. Vergeblich bat der Besieger der Gorgo ihn um ein Obdach. Um sein goldenes Besitztum bangend, vertrieb ihn Atlas unbarmherzig von seinem Palast. Da wurde Perseus zornig und sprach: »Du willst mir nichts gönnen, so empfange du wenigstens ein Geschenk von mir!« Er holte die Gorgo aus seinem Schubsack hervor, wandte sich ab und streckte sie dem König Atlas entgegen. Groß wie der König war, wurde er augenblicklich zu Stein und in einen Berg verwandelt. Bart und Haupthaare dehnten sich zu Wäldern, Schultern, Hände und Gebein wurden Felsrücken, sein Haupt wuchs als hoher Gipfel in die Wolken. Perseus nahm wieder seine Flügel und schnallte sie an die Sohlen, hängte den Schubsack um, setzte den Helm auf und schwang sich in die Lüfte. Auf seinem Flug kam er an die Küste Äthiopiens, wo König Kepheus regierte. Hier sah er an einer vorspringenden Klippe eine Jungfrau angebunden. Hätte nicht ein Lüftchen ihr Haupthaar bewegt und wären nicht in ihren Augen Tränen gestanden, er hätte sie für ein Marmorbild gehalten. Beinahe vergaß er, in der Luft die Flügel zu bewegen, so bezaubert war er von ihrer Schönheit. »Sprich, schöne Jungfrau«, redete er sie an, »die du ganz andere Geschmeide verdienst, warum bist du hier in Fesseln? Nenne mir doch den Namen deines Landes, nenne mir deinen eigenen Namen!« Das gefesselte Mädchen schwieg verschämt; sie scheute sich, den fremden Mann anzureden, und hätte gern ihr Gesicht mit den Händen verdeckt, hätte sie sich regen können. So aber konnte sie nur ihre Augen mit dicken Tränen füllen. Endlich, damit der Fremdling nicht glaube, sie habe eigene Schuld vor ihm zu verbergen, erwiderte sie: »Ich bin eine Tochter des Kepheus, des Königs der Äthiopier, und heiße Andromeda. Meine Mutter hatte vor den Töchtern des Nereus, den Meernymphen, geprahlt, schöner zu sein als sie alle. Das erboste die Neidischen, und ihr Freund, der Meeresgott, ließ eine Überschwemmung und einen alles verschlingenden Haifisch über das Land kommen. Ein Orakelspruch versprach Befreiung von der Plage, wenn ich, die Tochter der Königin, dem Fisch zum Fraß hingeworfen würde. Das Volk drängte meinen Vater, dieses Opfer zu bringen, und die allgemeine Not zwang ihn, mich an diesen Felsen zu binden.«

Sie hatte die letzten Worte noch nicht ausgesprochen, als die Wogen aufrauschten und aus der Tiefe des Meeres ein Scheusal emportauchte, das mit seiner breiten Brust die ganze Wasserfläche füllte. Das Mädchen jammerte laut auf; zugleich sah man Vater und Mutter herbeieilen, beide trostlos und schuldbewußt zugleich. Die Mutter umarmte die gefesselte Tochter, aber sie konnte ihr mit ihren Tränen und Klagen nicht helfen. Da sprach der Fremdling: »Zum Jammern wird euch noch Zeit genug bleiben, nun gilt es, die Stunde zu nützen. Ich bin Perseus, der Sproß des Zeus und der Danae, ich habe die Gorgo besiegt, und wunderbare Flügel tragen mich durch die Luft. Selbst wenn die Jungfrau frei wäre und zu wählen hätte, wäre ich kein unwürdiger Freier! Jetzt werbe ich um sie mit dem Angebot, sie zu retten. Nehmt ihr meine Bedingungen an?« Wer hätte in solcher Lage gezögert? Die Eltern versprachen ihm voll Hoffnung nicht nur die Tochter, sondern auch ihr eigenes Königreich als Mitgift.

Während sie so sprachen, war das Untier wie ein schnelles Schiff herangeschwommen und nur noch einen Schleuderwurf vom Felsen entfernt. Da schwang sich plötzlich der Jüngling hoch empor in die Wolken. Das Tier sah den Schatten des Mannes auf dem Wasser. Während es tobend auf diesen losging und einen Feind zu sehen glaubte, der ihm die Beute entreißen wollte, fuhr Perseus aus der Luft wie ein Adler auf ihn herunter, landete auf dem Rücken des Tieres und stieß das Schwert, mit dem er die Meduse getötet hatte, dem Haifisch knapp hinter dem Kopf tief in den Leib. Kaum hatte er die Waffe wieder herausgezogen, sprang der Fisch bald hoch in die Lüfte, bald tauchte er wieder ins Meer, bald schlug er nach allen Seiten aus, wie ein von Hunden gehetzter Eber. Perseus brachte ihm viele Wunden bei, bis ein dunkler Blutstrom aus seinem Rachen floß. Mittlerweile waren die Flügel des Halbgottes naß und schwer geworden, und Perseus wagte nicht länger, in der Luft zu bleiben. Glücklicherweise erblickte er ein Felsriff, das aus dem Meer ragte. Darauf stützte er sich mit der Linken und stieß das Eisen mehrmals in das Gekröse des Ungetüms. Das Meer schwemmte die Leiche des Ungeheuers fort, und bald war sie in den Fluten verschwunden. Perseus hatte unterdessen den Felsen erklommen und die Jungfrau, die ihn mit Blicken des Dankes und der Liebe begrüßte, von den Fesseln befreit. Er brachte sie den glücklichen Eltern, und bald betrat er als Bräutigam den goldenen Palast. Das Hochzeitsmahl war noch nicht erkaltet, und Vater, Mutter und Bräutigam feierten mit der geretteten Braut, als die Vorhöfe der Königsburg plötzlich von dumpf brausendem Waffenlärm widerhallten. Phineus, der Bruder des Königs Kepheus, der früher um seine Nichte Andromeda geworben, aber in der Not sie verlassen hatte, war mit seinen Kriegern gekommen und erneuerte seine Ansprüche. Den Speer schwingend, trat er in den Hochzeitssaal und rief dem erstaunten Perseus zu: »Sieh her, ich bin gekommen, die mir bestimmte Gattin zu rächen; weder deine Flügel noch dein Vater Zeus sollen dich vor mir erretten!« So rief er und holte zum Speerwurf aus. Da erhob sich Kepheus, der König, vom Mahl. »Rasender Bruder«, rief er, »was treibt dich zu solcher Untat? Nicht Perseus raubte dir die Geliebte; sie ging dir schon damals verloren, als wir sie dem Tod preisgaben, als du zusahst, wie sie gefesselt wurde, und weder als Oheim noch als Geliebter ihr zu Hilfe kamst. Warum hast du nicht selbst dir den Preis vom Felsen geholt, an den er geschmiedet war? So laß wenigstens den in Frieden, der ihn errungen hat, der mich im Alter durch die Rettung meiner Tochter getröstet hat.« Phineus antwortete ihm nicht, er betrachtete nur abwechselnd bald seinen Bruder, bald seinen Nebenbuhler mit grimmigem Blick, als überlegte er, auf wen er zuerst zielen sollte. Endlich schwang er mit aller Kraft, die der Zorn ihm verlieh, den Speer gegen Perseus; aber er verfehlte das Ziel, und die Waffe blieb im Polster hängen. Da fuhr nun Perseus vom Lager empor und schleuderte seinen Spieß nach der Tür, durch welche Phineus eingedrungen war; er hätte gewiß die Brust seines Todfeindes durchbohrt, wäre dieser nicht mit einem Sprung hinter den Hausaltar geflüchtet. Das Geschoß hatte die Stirn eines seiner Begleiter getroffen, da entbrannte zwischen den Eindringlingen und den von der Tafel aufgestörten Gästen ein wildes Handgemenge. Lang und mörderisch war der Kampf; aber die Eindringlinge waren in der Überzahl. Zuletzt wurde Perseus, an dessen Seite sich vergeblich die Schwiegereltern und die Braut schutzflehend stellten, von Phineus und seinen Leuten umringt. Die Pfeile umschwirrten sie von allen Seiten wie Hagelkörner im Sturm. Perseus hatte sich an einen Pfeiler gelehnt und war so im Rücken gedeckt. So hielt er dem Ansturm der Feinde stand und streckte einen nach dem andern nieder. Erst als er sah, daß seine Tapferkeit gegen die Übermacht nichts ausrichtete, entschloß er sich, die letzte, aber unfehlbare Waffe, die ihm zu Gebote stand, zu gebrauchen. »Weil ihr mich dazu zwingt«, sprach er, »will ich mir Hilfe bei meinem alten Feind holen! Wende sein Antlitz ab, wer noch mein Freund ist!« Mit diesen Worten zog er aus der Tasche, die immer an der Seite hing, das Gorgonenhaupt und streckte es dem ersten Angreifer entgegen, der auf ihn eindrang. »Mich kannst du mit diesem Mirakel nicht erschüttern«, rief dieser verächtlich. Aber als er seine Hand erheben wollte, um den Wurfspieß zu schleudern, erstarrte er mitten in dieser Bewegung zur steinernen Bildsäule. Und so erging es einem nach dem andern. Zuletzt waren nur noch zweihundert übrig. Da hob Perseus das Gorgonenhaupt hoch in die Luft empor, daß alle es sehen konnten, und verwandelte die zweihundert auf einmal in starres Gestein. Jetzt erst bereute Phineus den ungerechten Krieg, den er vom Zaun gebrochen hatte. Rechts und links erblickte er nichts als Steinbilder in den verschiedensten Stellungen. Er rief seine Freunde mit Namen, er berührte ungläubig die Körper der Nächststehenden: alles war Marmor. Entsetzen packte ihn, und sein Übermut verwandelte sich in demütiges Flehen. »Laß mir nur das Leben, das Reich und die Braut seien dein!« rief er und wandte sein verzagendes Antlitz zur Seite. Aber Perseus, über den Tod seiner neuen Freunde erbittert, kannte kein Erbarmen. »Verräter«, schrie er zornig, »ich will dir für alle Ewigkeit ein Denkmal in meines Schwiegervaters Haus errichten!« Und sosehr Phineus trachtete, dem Anblick zu entgehen, so traf doch bald das ausgestreckte Schreckensbild sein Auge: sein Hals erstarrte, sein glänzendes Auge wurde zu Stein. So blieb er stehen mit furchtsamer Miene, die Arme gesenkt, in knechtischer, demütiger Stellung. Jetzt erst konnte Perseus seine Andromeda ungehindert heimführen. Er verlebte viele glückliche Tage und fand auch seine Mutter Danae wieder. Doch sollte er an seinem Großvater Akrisios ein verhängnisvolles Schicksal vollziehen. Dieser war aus Furcht vor dem Orakelspruch zu einem fremden König ins Pelasgerland geflohen. Hier nahm er an Kampfspielen teil, als Perseus eintraf, der sich auf der Fahrt nach Argos befand, wo er seinen Großvater begrüßen wollte. Ein unglücklicher Wurf mit der Scheibe traf den Großvater von des Enkels Hand, ohne daß dieser jenen kannte oder treffen wollte. Bald erfuhr er, was er getan hatte. In tiefer Trauer begrub er den Akrisios außerhalb der Stadt und tauschte das Königreich, das ihm durch des Großvaters Tod zugefallen war. Doch verfolgte ihn das neidische Schicksal nicht länger. Andromeda gebar ihm viele herrliche Söhne, und der Ruhm des Vaters lebte in ihnen fort.

DÄDALOS UND IKAROS

Dädalos aus Athen war ein Erechthide, ein Sohn des Methion und ein Urenkel des Erechtheus. Er war der kunstreichste Mann seiner Zeit, war Baumeister, Bildhauer und formte den Stein. In aller Welt bewunderte man die Werke seiner Kunst, und von seinen Bildsäulen sagte man, daß sie lebten, sich bewegten und sehen könnten; sie seien kein Bild, sondern ein beseeltes Wesen. Denn während die Statuen früherer Meister die Augen geschlossen hielten und die Arme, mit dem Körper eins, ausdruckslos nach unten wiesen, war Dädalos der erste, der seinen Gestalten offene Augen gab, sie die Arme ausstrecken ließ und schreitende Füße formte. Aber so kunstreich Dädalos war, so eitel und eifersüchtig war er, und diese Untugend verführte ihn zum Verbrechen und trieb ihn ins Elend. Er hatte einen Schwestersohn, namens Talos, den er in seiner Kunst unterrichtete und der noch herrlichere Anlagen zeigte als sein Oheim und Meister. Schon als Knabe hatte Talos die Töpferscheibe erfunden, die Kinnlade einer Schlange, die er irgendwo gefunden hatte, gebrauchte er als Säge und durchschnitt mit den gezackten Zähnen ein kleines Brettchen; dann bildete er dieses Werkzeug in Eisen nach, in dessen scharfe Kante er eine Reihe von Zähnen einschnitt: so wurde er zum Erfinder der Säge. Ebenso erfand er das Drechseleisen, indem er zuerst zwei eiserne Arme verband, von welchen der eine still stand, während der andere sich drehte. Auch andere Werkzeuge erdachte er, alle ohne die Hilfe seines Lehrers, und er erwarb sich damit hohen Ruhm. Dädalos begann zu befürchten, der Schüler könnte berühmter werden als der Meister; der Neid übermannte ihn, und hinterlistig tötete er den Knaben, indem er ihn von Athenes Burg herabstürzte. Während Dädalos eben dabei war, ihn heimlich zu begraben, wurde er überrascht; er gab vor, eine Schlange zu verscharren. Dennoch wurde er vor dem Gericht des Aeropags auf Mord verklagt und schuldig befunden. Er floh und irrte anfangs heimatlos in Attika umher, bis er auf die Insel Kreta kam. Hier fand er bei König Minos eine Freistatt, wurde dessen Freund und als berühmter Künstler geehrt. Er erhielt von ihm den Auftrag, dem Minotauros, einem grausigen Ungeheuer und Doppelwesen, das vom Kopf bis zu den Schultern ein Stier war, sonst aber einem Menschen glich, ein Haus zu bauen, wo es den Augen der Menschen entzogen wäre. Der erfinderische Geist des Dädalos schuf das Labyrinth, eine Unzahl von Gängen, die jedermann verwirrten. Die Wege schlangen sich ineinander wie der verworrene Lauf des phrygischen Flusses Mäander, der bald vorwärts, bald rückwärts fließt und oft seinem eigenen Lauf begegnet. Als der Bau vollendet war und Dädalos ihn überprüfte, gelangte er selbst nur mit Mühe zum Ausgang zurück, ein so trügerisches Irrsal hatte er erfunden. In der Tiefe dieses Labyrinths wurde der Minotauros untergebracht; seine Speise waren sieben Jünglinge und sieben Jungfrauen, die, einer alten Vereinbarung zufolge, von der Stadt Athen alle neun Jahre dem König Kretas ausgeliefert werden mußten.

Mittlerweile begann Dädalos unter der langen Verbannung aus seiner geliebten Heimat zu leiden; es quälte ihn der Gedanke, sein ganzes Leben bei einem tyrannischen und selbst gegen Freunde mißtrauischen König, auf einer vom Meer eingeschlossenen Insel verbringen zu müssen. Sein erfinderischer Geist sann auf Rettung. Nach langem Nachdenken rief er endlich freudig aus: »Ich weiß, wie ich mich rette! Mag König Minos mir die Flucht zu Land und zu Wasser verwehren, der Luftweg bleibt mir doch offen; so viel Minos auch beherrscht, über sie hat er keine Gewalt. Durch die Luft will ich entkommen!« Sogleich ging er ans Werk. Dädalos gedachte, mit seinem Erfindergeist die Natur zu überlisten. Er begann Vogelfedern verschiedener Größe so nebeneinanderzulegen, daß er mit der kleinsten begann und an die kürzere Feder stets eine längere fügte, so daß man glauben konnte, sie seien so ansteigend gewachsen. Diese Federn verknüpfte er in der Mitte mit Leinfäden, unten verband er sie mit Wachs. Dem so entstandenen Gebilde gab er eine kaum merkliche Krümmung, so daß sie aussahen wie Flügeln. Dädalos hatte einen Sohn namens Ikaros. Dieser stand neben ihm, und seine kindlichen Hände halfen dem Vater bei seiner Arbeit: bald griff er nach dem Gefieder, dessen Flaum vom Luftzug bewegt wurde, bald knetete er mit Daumen und Zeigefinger das Wachs, dessen der Künstler bedurfte. Der Vater ließ alles geschehen und lächelte nachsichtig über das unbeholfene Bemühen seines Kindes. Nachdem Dädalos seine Arbeit vollendet hatte, paßte er sich selbst die Flügel an den Körper, brachte sich damit ins Gleichgewicht und schwebte, leicht wie ein Vogel, empor in die Luft. Nachdem er wieder zur Erde zurückgekehrt war, belehrte er auch seinen jungen Sohn Ikaros, für den er ein kleineres Flügelpaar vorbereitet hatte. »Wenn du fliegst, lieber Sohn«, sprach er, »halte immer die Mitte, damit die Fittiche nicht die Wasseroberfläche streifen, Feuchtigkeit aufnehmen und dich dann in die Tiefe ziehen; steigst du jedoch zu hoch und kommt dein Gefieder der Sonne zu nahe, so könnte es Feuer fangen. Zwischen Wasser und Sonne fliege also dahin, immer nur meiner Bahn folgend.« Unter solchen Ermahnungen knüpfte Dädalos auch dem Sohn das Flügelpaar an die Schultern, doch zitterte die Hand des Greises, während er dies tat, und eine bange Träne tropfte ihm auf die Hand. Zuletzt umarmte er den Knaben und gab ihm einen Kuß. Dann erhoben sich beide mit ihren Flügeln. Der Vater flog voraus, besorgt wie ein Vogel, damit der Sohn es ihm nachmache; von Zeit zu Zeit blickte er zurück, um zu sehen, ob er es richtig mache. Anfangs ging alles gut. Bald hatten sie die Insel Samos zur Linken, bald die Inseln Delos und Paros überflogen. Da verließ der Knabe Ikaros, durch den glücklichen Flug leichtsinnig geworden, seinen väterlichen Führer und steuerte voll Übermut in höhere Regionen. Die Strafe blieb nicht aus. Die Nähe der Sonne erweichte mit allzu kräftigen Strahlen das Wachs, das die Fittiche zusammenhielt, und ehe Ikaros es bemerkte, waren die Flügel aufgelöst und von seinen Schultern gefallen. Noch ruderte der unglückliche Jüngling und schwang seine nackten Arme; dann aber stürzte er rettungslos in die Tiefe. Bevor er seinen Vater um Hilfe rufen konnte, hatte ihn schon das Meer verschlungen. Das alles war so schnell geschehen, daß Dädalos von alledem nichts wahrnahm. »Ikaros, Ikaros!« rief er trostlos durch den leeren Luftraum, »wo soll ich dich suchen?« Endlich richtete er seine ängstlich forschenden Blicke in die Tiefe. Da sah er im Wasser die Federn schwimmen. Er ging zu Boden, legte die Flügel ab und wartete trostlos am Ufer, bis die Wellen den Leichnam seines unglücklichen Kindes an Land spülten. Jetzt war der ermordete Talos gerächt. Der verzweifelte Vater begrub seinen Sohn. Es war eine Insel, wo er gelandet und der Leichnam ans Ufer gespült worden war. Zum ewigen Gedenken an das jammervolle Ereignis erhielt die Insel den Namen Ikaria.

Als Dädalos seinen Sohn begraben hatte, flog er weiter zur großen Insel Sizilien. Hier herrschte der König Kokalos. Wie einst bei Minos auf Kreta, fand er auch hier gastliche Aufnahme. Seine Kunst setzte die Einwohner in Erstaunen, und noch lange zeigte man da einen künstlichen See, den Dädalos gegraben und aus dem ein breiter Fluß sich in das nahe Meer ergoß; auf dem steilsten Felsen, der uneinnehmbar war und wo kaum Bäume Platz hatten, baute er eine wehrhafte Stadt und führte zu ihr einen so engen und künstlich gewundenen Weg empor, daß drei oder vier Männer genügten, die Feste zu verteidigen. Diese unbezwingbare Burg wählte König Kokalos zur Aufbewahrung seiner Schätze. Das dritte Werk des Dädalos auf der Insel Sizilien war eine tiefe Höhle. Hier fing er den Dampf unterirdischen Feuers so geschickt auf, daß der Aufenthalt in einer Grotte, die sonst feucht war, so angenehm wurde wie in einem mäßig geheizten Zimmer und der Körper allmählich in einen wohltätigen Schweiß geriet, ohne unter der Hitze zu leiden. Auch den Aphroditentempel auf dem Vorgebirge Eryx erweiterte er und weihte der Göttin eine goldene Honigzelle, die höchst kunstvoll ausgearbeitet war und einer wirklichen Honigwabe täuschend ähnlich sah.

Nun erfuhr aber König Minos, dessen Insel der Baumeister heimlich verlassen hatte, daß Dädalos nach Sizilien geflüchtet sei. Er beschloß, ihn mit einem gewaltigen Kriegsheer zu verfolgen, und rüstete eine starke Flotte aus. Damit fuhr er von Kreta nach Agrigent. Hier schiffte er seine Landtruppen aus und schickte Boten zu König Kokalos, welche die Auslieferung des Flüchtlings verlangen sollten. Aber Kokalos war über den kriegerischen Einfall des fremden Tyrannen entrüstet und suchte Mittel und Wege, ihn zu verderben. Er stellte sich an, als ginge er auf die Wünsche des Kreters ein, und lud ihn schließlich zu einer Zusammenkunft ein. Minos kam und wurde von Kokalos mit großer Gastfreundschaft aufgenommen. Ein warmes Bad sollte ihn vor der Ermüdung der langen Fahrt befreien. Als er aber in der Wanne saß, ließ Kokalos diese so lange heizen, bis Minos im siedenden Wasser erstickte. Die Leiche übergab der König von Sizilien den Kretern, die mit ihm gekommen waren, und erzählte ihnen, der König sei im Bad ausgeglitten und in das heiße Wasser gestürzt. Hierauf wurde Minos von seinen Kriegern mit großer Pracht bei Agrigent bestattet und über seinem Grabmal ein offener Aphroditentempel erbaut. Dädalos bewahrte sich die Gunst des Königs Kokalos, er erzog viele und berühmte Künstler auf Sizilien. Glücklich aber war er seit dem Absturz seines Sohnes Ikaros nie mehr. Während er dem Land, das ihm Zuflucht gewährt hatte, durch die Werke seiner Hand ein heiteres und lachendes Aussehen verlieh, durchlebte er selbst ein kummervolles und trübes Alter. Er starb auf der Insel Sizilien und wurde dort begraben.

DIE QUALEN DES TANTALOS

Tantalos, ein Sohn des Zeus, herrschte zu Sipylos in Phrygien und war außerordentlich reich und berühmt. Wenn die olympischen Götter je einen sterblichen Mann geehrt haben, so war es dieser. Seiner hohen Abstammung wegen erfreute er sich ihrer vertrauten Freundschaft; zuletzt durfte er an der Tafel des Zeus speisen und alles mit anhören, was die Unsterblichen unter sich besprachen. Aber sein eitler Menschensinn vermochte das überirdische Glück nicht zu ertragen, und er begann auf viele Weise gegen die Götter zu freveln. So verriet er den Sterblichen Geheimnisse der Himmlischen; er entwendete von ihrer Tafel Nektar und Ambrosia und verteilte das Geraubte unter seine irdischen Gefährten. Endlich lud er in frevlerischem Übermut die Götter zu Gast, und um ihre Allwissenheit auf die Probe zu setzen, ließ er ihnen seinen eigenen Sohn Pelops schlachten und zurichten. Nur Demeter, in kummervolle Gedanken an ihre geraubte Tochter Persephone versunken, verzehrte von dem gräßlichen Gericht ein Schulterblatt, die übrigen Götter merkten den Greuel, warfen die zerstückelten Glieder des Knaben in einen Kessel, und die Parze Klotho zog ihn in neuer Schönheit daraus hervor. Anstatt der fehlenden Schulter wurde eine elfenbeinerne eingesetzt.

Jetzt war für Tantalos das Maß seiner Frevel voll, und die Götter stießen ihn in die Hölle. Dort wurde er von grausamen Leiden gepeinigt. Er stand mitten in einem Teich, und die Wasser spielten um sein Kinn, dennoch litt er brennenden Durst und konnte den Trunk, der ihm so nahe war, niemals erreichen. Sooft er sich bückte und den Mund gierig dem Wasser näherte, wich es vor ihm zurück, versiegte, und der dunkle Boden erschien zu seinen Füßen; ein Dämon schien den See ausgetrocknet zu haben. Dabei litt er auch entsetzlichen Hunger. Hinter ihm, am Ufer des Teichs, wuchsen herrliche Obstbäume und wölbten ihre Äste über seinem Haupt. Wenn er sich aufrichtete, lachten ihm saftige Birnen, rotwangige Äpfel, glühende Granatäpfel, süße Feigen und grüne Oliven entgegen; sobald er aber hinauflangte, sie mit seiner Hand zu fassen, riß ein plötzlicher Sturmwind die Zweige hoch hinauf zu den Wolken. Zu dieser Höllenpein kam eine beständige Todesangst; denn ein großes Felsenstück hing über seinem Haupt und drohte ständig, auf ihn herabzustürzen. So wurde dem Verächter der Götter, dem Tantalos, dreifache Qual zuteil, die niemals endete.

NIOBE UND IHRE KINDER

Niobe, die Königin von Theben, hatte manchen Grund, stolz zu sein. Amphion, ihr Gemahl, hatte von den Musen die herrlichste Leier erhalten, deren Spiel bewirkte, daß sich die Steine der thebischen Stadtmauern von selbst zusammenfügten; ihr Vater war Tantalos, der Gast der Götter; sie gebot über ein gewaltiges Reich und war selbst voll Hoheit des Geistes und von majestätischer Schönheit; aber nichts von allem schmeichelte ihr so sehr als die stattliche Zahl ihrer vierzehn blühenden Kinder, die zur einen Hälfte Söhne und zur anderen Töchter waren. Unter allen Müttern nannte man Niobe die glücklichste und sie wäre es auch gewesen, hätte sie sich nur nicht selbst dafür gehalten; so aber wurde ihr das Bewußtsein ihres Glücks zum Verderben.

Einst rief die Seherin Manto, die Tochter des Wahrsagers Teiresias, von göttlicher Eingebung getrieben, in den Straßen Thebens die Frauen zur Verehrung Latonas und ihrer Zwillingskinder, Apollons und der Artemis, auf; sie hieß sie, ihre Haare mit Lorbeer zu bekränzen und unter Weihrauchopfern fromme Gebete darzubringen. Als nun die Thebanerinnen zusammenströmten, kam plötzlich Niobe, mit einem golddurchwirkten Gewand bekleidet, inmitten ihres königlichen Gefolges, prunkend daher. Sie strahlte vor Schönheit. So stand sie inmitten der Frauen, die mit dem Opfer beschäftigt waren, zornig ließ sie die Augen auf den Versammelten ruhen und rief: »Seid ihr denn wahnsinnig, Götter zu ehren, von denen man euch nur fabelt, während die wahren Günstlinge des Himmels mitten unter euch weilen? Wenn ihr der Latona Altäre errichtet, warum bleibt mein göttlicher Name ohne Weihrauch? Ist doch mein Vater Tantalos der einzige Sterbliche, der am Tisch der Himmlischen gesessen hat, meine Mutter Dione die Schwester der Plejaden, die als leuchtendes Gestirn am Himmel glänzen; einer meiner Ahnen ist Atlas, der Gewaltige, der das Gewölbe des Himmels auf seinem Nacken trägt; mein Vatersvater Zeus, der Vater der Götter; selbst Phrygiens Völker gehorchen mir, und meinem Gatten ist die Stadt des Kadmos, sind die Mauern untertan, die sich dem Saitenspiel Amphions gefügt haben; jeder Teil meines Palastes birgt unvergleichliche Schätze; seht mein Antlitz, es ist einer Göttin wert, dazu die Kinderschar, wie keine Mutter sie aufweisen kann: sieben blühende Töchter, sieben starke Söhne, bald ebenso viele Schwiegersöhne und Schwiegertöchter. Wer von euch fragt noch, ob ich auch Grund habe, stolz zu sein! Wer wagt es noch, mir Latona, die unbekannte Titanentochter, vorzuziehen, der einst die weite Erde keinen Raum gegönnt hat, wo sie dem Zeus gebären konnte, bis die schwimmende Insel Delos der Heimatlosen aus Mitleid eine schwankende Zuflucht bot. Dort wurde sie Mutter zweier Kinder, die Armselige. Das ist nur der siebente Teil meiner Mutterfreuden! Wer leugnet, daß ich glücklich bin, wer zweifelt, daß ich glücklich bleibe? Die Schicksalsgöttin hätte viel zu tun, wollte sie meinen Besitz ernstlich gefährden! Nähme sie mir das eine oder andere aus der Schar meiner Geborenen, wann würde je ihre Zahl zu der armseligen Kinderzahl Latonens absinken? Darum fort mit den Opfern, nehmt den Lorbeer aus euren Haaren! Geht heim in eure Häuser, und laßt euch nie wieder bei so törichtem Tun überraschen!«

Erschrocken nahmen die Frauen die Kränze vom Haupt, ließen die Opfer unvollendet und schlichen nach Hause, mit stillen Gebeten die gekränkte Gottheit verehrend.

Auf dem Gipfel des delischen Berges Kynthos stand mit ihren Zwillingen Latona und schaute mit ihrem Götterauge, was in dem fernen Theben geschah. »Seht, Kinder, wie eure Mutter, die auf euch so stolz ist, die keiner Göttin außer Hera weicht, von einer frechen Sterblichen geschmäht wird. Ich werde von den alten heiligen Altären verstoßen, wenn ihr mir nicht beisteht! Auch ihr werdet von Niobe beschimpft, werdet ihrem Kinderhaufen hintangestellt!« Latona wollte ihrer Rede noch Bitten hinzufügen, aber Phöbos unterbrach sie und sprach: »Laß die Klage, Mutter, sie verzögert nur die Strafe!« Auch die Schwester des Phöbus stimmte ihm bei: beide hüllten sich in eine dichte Wolke, und mit einem raschen Schwung durch die Lüfte hatten sie die Stadt und Burg des Kadmos erreicht. Hier erstreckte sich vor den Mauern ein weites Blachfeld, das nicht für die Aussaat bestimmt war, sondern den Wettläufern und Übungen zu Roß und Wagen diente. Eben belustigten sich die sieben Söhne Amphions: die einen bestiegen feurige Rosse, die anderen erfreuten sich am Ringspiel. Der älteste, Ismenos, trieb eben sein Tier im Vierteltrab sicher im Kreis, das schäumende Maul ihm bändigend, als er plötzlich einen Wehruf ausstieß, der Zaum seinen erschlaffenden Händen entglitt und, einen Pfeil mitten im Herzen, langsam vom Roß sank. Sein Bruder Siphylos, der ihm zunächst sich tummelte, hatte das Rasseln des Köchers in den Lüften gehört und floh mit verhängtem Zügel, wie ein Steuermann vor dem Unwetter in den Hafen flüchtet. Dennoch holte ihn ein herbeischwirrender

Pfeil ein: zitternd haftete ihm der Schaft hoch im Genick, und das nackte Eisen ragte ihm zum Hals heraus. Über die Mähne des galoppierenden Pferdes herab glitt der tödlich Getroffene zu Boden und benetzte die Erde mit seinem Blut. Zwei andere — der eine hieß wie sein Großvater Tantalos, der andere Phaidiomos — lagen, miteinander ringend, in fester Umschlingung Brust an Brust verschränkt. Da tönte wieder der Bogen, und wie sie vereinigt waren, so durchbohrte die beiden ein Pfeil. Sie seufzten zugleich auf, krümmten die schmerzdurchzuckten Glieder auf dem Boden, verdrehten die erlöschenden Augen und hauchten im Staub mit einem Atem ihre Seele aus. Ein fünfter Sohn, Alphenor, sah seine Brüder fallen: verzweifelt eilte er herbei und wollte die erkalteten Glieder der Gefallenen durch seine Umarmungen wieder beleben, aber während er dies tat, sank auch er dahin, denn Phöbos Apollon sandte ihm das tödliche Eisen tief in die Herzkammer hinein, und als er es wieder herauszog, quoll mit dem Atem das Blut und die Eingeweide des Sterblichen hervor. Damasichthon, den sechsten, einen zarten Jüngling mit langen Locken, traf ein Pfeil in das Kniegelenk, und während er sich rückwärts bog, das unerwartete Geschoß mit der Hand herauszuziehen, drang ihm ein anderer Pfeil bis ans Gefieder durch den offenen Mund hinab in den Hals, und ein Blutstrahl schoß wie ein Springbrunnen hoch aus dem Mund empor. Der letzte und jüngste Sohn, der Knabe Ilioneus, der dies alles mit angesehen hatte, warf sich auf die Knie, breitete die Arme aus und begann zu flehen: »Ihr Götter, verschont mich!« Sogar der furchtbare Bogenschütze empfand Rührung, aber der Pfeil war nicht mehr zurückzurufen. Der Knabe sank zusammen. Doch starb er an der leichtesten Wunde, die kaum das Herz erreicht hatte.

Die Nachricht von dem Unglück verbreitete sich bald in der Stadt. Als Amphion, der Vater, die Schreckenskunde hörte, durchbohrte er sich die Brust mit dem Stahl. Der laute Jammer seiner Diener und des Volkes drang bald auch in die Frauengemächer. Niobe konnte lange das Schreckliche nicht fassen; sie wollte nicht glauben, daß die Himmlischen solche Macht hätten, daß sie solches wagten. Aber bald konnte sie nicht mehr zweifeln. Wie unähnlich war jetzt die Niobe jener früheren, die eben noch das Volk von den Altären der mächtigen Göttin verscheucht hat und hochmütig durch die Straßen der Stadt geschritten war! Damals erschien sie auch ihren liebsten Freunden beneidenswert, jetzt bemitleideten sie sogar ihre Feinde. Sie kam herausgestürzt auf das Feld, warf sich auf die erkalteten Leichname und küßte zum letztenmal ihre Söhne, bald diesen, bald jenen. Dann hob sie die Arme zum Himmel und rief: »Weide dich nur an meinem Jammer, sättige dein grimmiges Herz, du grausame Latona, der Tod dieser Sieben bringt auch mich ins Grab; triumphiere, siegreiche Feindin!«

Jetzt waren auch ihre sieben Töchter, schon in Trauergewänder gekleidet, herbeigekommen und umstanden mit wirren Haaren die gefallenen Brüder. Schadenfreude zuckte bei ihrem Anblick über Niobes blasses Gesicht. Sie vergaß sich, warf einen spottenden Blick zum Himmel und sagte: »Siegerin? Nein! Auch in meinem Unglück bleibt mir noch mehr als dir in deinem Glück. Trotz so vieler Leichen bin ich noch die Überwinderin!« Kaum hatte sie so gesprochen, als der Laut einer Sehne ertönte, wie von einem straff gespannten Bogen. Alle erschraken, nur Niobe bebte nicht. Das Unglück hatte ihr Mut verliehen. Da griff plötzlich eine der Schwestern ans Herz; sie zog einen Pfeil heraus, der tief haftete. Sie sank zu Boden und neigte ihr sterbendes Antlitz über den nahen Bruder. Eine andere Schwester eilte auf die unglückliche Mutter zu, sie zu trösten; aber von einer verborgenen Wunde verletzt, verstummte sie plötzlich. Eine dritte sank im Fliehen zu Boden, andere fielen, über die sterbende Schwester gebeugt. Nur die letzte war noch übrig. Sie hatte sich in den Schoß der Mutter geflüchtet und, von ihrem faltigen Gewand zugedeckt, sich kindlich an sie geschmiegt. »Nur diese letzte laß mir«, schrie Niobe klagend zum Himmel, »nur die Jüngste von so vielen!« Aber während sie noch flehte, stürzte schon das Kind aus ihrem Schoß zu Boden, und einsam saß Niobe zwischen ihres Gatten, ihrer Söhne und ihrer Töchter Leichen. Da erstarrte sie vor Gram; kein Lüftchen bewegte das Haar ihres Hauptes; aus dem Gesicht wich das Blut; die Augen standen unbewegt in den tiefen Höhlen; alles Leben war aus ihr gewichen; das Blut stockte mitten im Pulsschlag, nichts bewegte sich mehr; auch das Innere ihres Körpers war kalter Fels geworden. Nichts lebte mehr an ihr als die Tränen; diese flossen unaufhörlich aus den steinernen Augen. Da faßte den Stein ein gewaltiger Windstoß, führte ihn fort durch die Lüfte und über das Meer und setzte ihn erst in der alten Heimat Niobes, in Lydien, im öden Gebirge, unter den Steinklippen des Sipylos ab. Hier blieb Niobe als Marmorfels am Gipfel des Berges, und noch jetzt weint der Marmor bittere Tränen.

DER FREVLER SISYPHOS

Das Schicksal des Sisyphos, der auf einer schmalen Landenge zwischen zwei Ländern die herrliche Stadt Korinth erbaut hatte und als deren erster König herrschte, war mit einer Tat des Zeus verknüpft. Der Götterkönig hatte Ägina, die schönste von den zwanzig Töchtern des Flußgottes Asopos, aus Liebe geraubt und in Adlergestalt auf jene Insel gebracht, die seither nach der Nymphe Ägina genannt wird.

Asopos zog aus und suchte überall seine entführte Tochter. So kam er auch nach Korinth; dessen Burg besaß damals noch keinen eigenen Brunnen, man mußte das Wasser eine Strecke weit herholen. König Sisyphos, den Asopos nach dem Verbleib seines Kindes fragte und der zufällig gesehen hatte, wohin der göttliche Adler mit seiner lieblichen Beute geflogen war, versprach dem Flußgott, ihm Äginas Versteck zu verraten, wenn er ihm dafür aus dem Burgfelsen eine Quelle schlüge. Asopos willigte ein, schlug aus dem Berg die berühmte Quelle Peirene und begab sich hierauf zu der ihm von Sisyphos bezeichneten Insel, um seine Tochter aus der Gewalt des Göttervaters zu befreien.

Sisyphos hatte nicht aus Entrüstung über den Raub der Nymphe oder aus Mitgefühl für die betrogene Zeusgattin Hera so gehandelt, sondern aus Eigennutz. Dafür wollte Zeus ihn strafen. Er schickte ihm Thanatos, den Todesengel, aber Sisyphos überwältigte den dunklen Boten und fesselte ihn mit starken Banden. Das bewirkte, daß niemand auf Erden sterben konnte. Endlich schwang sich Ares, der Kriegsgott, vom Olymp herab und befreite Thanatos. Dieser entfaltete seine düsteren Schwingen und trug Sisyphos in die Unterwelt. Doch der schlaue König, einer der listigsten der Sterblichen jener Zeit, hatte seiner Gemahlin befohlen, ihm kein Totenopfer zu bringen. Nun, ins Schattenreich gebannt, trat er vor Hades' und Persephones Thron und bat die beiden, ihn für kurze Zeit in die Oberwelt zu entlassen, damit er seine säumige Gattin mahnen könne.

Der Betrug gelang, und Sisyphos entkam. Im süßen Licht des Tages dachte er nicht daran, in die Unterwelt zurückzukehren, sondern ließ es sich in Korinth bei Schmaus und Umtrunk recht wohl ergehen. Aber bald darauf rauschte Thanatos in den Saal der Burg und schleppte den Flüchtigen von der üppig bestellten Tafel unerbittlich hinweg, hinunter in den Hades. Zur Strafe für seinen Betrug muß Sisyphos seitdem einen schweren Marmorstein einen Berg hinaufwälzen. Mit Händen und

Füßen angestemmt, vollbringt er das mühselige Werk, und stets, wenn er glaubt, den Block endlich auf den Gipfel geschafft zu haben, entgleitet ihm die Last, und der tückische Stein poltert wieder in die Tiefe hinab.

So muß der Gepeinigte immer wieder von neuem das Felsstück emporwälzen; Angstschweiß bedeckt seinen Körper, und nur ein Gott weiß, wann der Stein auf dem Gipfel ruhen und Sisyphos von seiner Qual erlöst sein wird.

Die Menschen aber, die von dieser Höllenstrafe hörten, nannten und nennen seit damals eine Mühe, deren Frucht immer wieder zunichte gemacht wird, eine Sisyphosarbeit.

ORPHEUS UND EURYDIKE

Lange ehe der große griechische Dichter Homer die Menschen mit seinem Gesang entzückte, erfreute Orpheus mit seinem göttlichen Lied die Welt. Sein Vater war der Flußgott Öagros, der damals als König über die Landschaft Thrakien gebot; seine Mutter war Kalliope, die Muse des Heldengedichts. Weil aber die himmlische Musik des Apollon, die die Schöpfung durchklingt und sie in ihrer Vielfalt ordnet und belebt, schon aus dem Mund des Knaben tönte, nannte man ihn einen Sohn des Lichtgottes und erzählte sich allgemein, Orpheus habe seine goldene Leier aus Apollons Händen empfangen.

Wenn er sang, flogen die Vögel aus Wald und Feld herbei, nahten friedlich die wildesten Tiere und legten sich ihm zu Füßen, floß das Wasser der Bäche herzu und brachte die Fische vor ihn, ja Felsen und Bäume wanderten, wie mit Füßen begabt, und kamen, seinem Lied zu lauschen.

Orpheus' Gemahlin war Eurydike, eine Nymphe von großem Liebreiz. In keinem Bergquell spiegelte sich das Licht der Sonne so rein, so ungetrübt wie in Eurydikes Augen, wie auf Eurydikes holdem Antlitz. Innige Liebe verband die Gatten, doch eines Tages wurden sie durch ein grausames Schicksal getrennt. Eurydike wandelte mit ihren Gespielinnen, lieblichen Baum- und Quellnymphen, über eine

Wiese; plötzlich schoß eine giftige Natter aus dem Gras hervor und biß Eurydike in die rosige Ferse. Mit einem Seufzer sank Eurydike zu Boden, ihre erschrockenen Freundinnen bemühten sich um sie, aber es war zu spät: ihre Seele weilte bereits im Reich der Schatten.

Orpheus war untröstlich. Was war das Klagen und Weinen der Nymphen, die in Tälern und auf Bergen um Eurydike trauerten, verglichen mit den Schmerzenstönen, die aus der Brust des Sängers kamen. Aber nicht wilde Schreie oder irres Gestammel strömten über seine Lippen, sondern Lieder der Wehmut, denen Stein und Pflanze und Getier ebenso teilnahmsvoll lauschten wie einst seinen Freudengesängen, seinen Liebesliedern und den Hymnen auf Götter und Helden. Die Vögel in den Wipfeln und das Reh kamen herzu und trauerten mit ihm, Löwe und Tiger weinten beim Klang seiner Leier, Steine zersprangen, und der Wasserfall erstarrte vor Weh, als hätte der Frost ihn gebannt.

Doch vergeblich durchirrte Orpheus Thrakiens Berge und Täler, vergeblich rührte er die ganze Natur mit seinem Klagelied — die Geliebte kehrte nicht wieder. Da entschloß er sich, lebend ins Reich der Schatten hinabzusteigen und Eurydike freizubitten. Er wanderte also nach Lakonien zum Berg Tainaros, wo sich einer der Eingänge in die Unterwelt befand, und stieg mutig hinab. Der Hall seines Schritts erstarb, Finsternis umgab ihn, graue Schatten umschwebten ihn, es war ihm, als sei er selbst schon einer von ihnen. Aber die Toten erkannten ihn sogleich als einen, der noch der Oberwelt angehörte, und umdrängten ihn sehnsüchtig: seine goldene Leier, Apollons Geschenk, leuchtete wie die Sonne und wärmte die Frierenden.

Mitten durch die Schrecknisse des Tartaros schritt Orpheus auf den Doppelthron zu, auf dem Hades und Persephone saßen, denen die Seelen der Abgeschiedenen untertan waren. Vor dem düsteren Herscherpaar angelangt, griff der kühne Thrakier in die heiligen Saiten und sang von seinem Leid.

Da lauschten und weinten selbst die Toten, und wer eine grausame Strafe abzubüßen hatte, hielt in seinem qualvollen Tun inne, solange Orpheus sang, und träumte für eine kurze Weile vom Licht der Oberwelt und den Wonnen der Liebe. Sogar Hades und Persephone wurden von Mitleid gerührt und riefen Eurydikes Schatten herbei. »Führe sie mit dir fort«, sagten sie, »zu neuem Erdenleben wird sie erblühen, sobald du sie über die Schwelle des Totenreiches geleitet hast. Doch wisse: Sie ist dir auf immer verloren, blickst du dich vorher auch nur ein einziges Mal nach ihr um. Nun wende dich hinan, Eurydike wird dir getreulich folgen.«

Mit raschen, lautlosen Schritten eilten die beiden Glücklichen der Oberwelt entgegen. Tiefes Schweigen umfing den Lebenden wie auch Eurydike, deren Schatten ihm mit gekreuzten Armen schwebend folgte. Schon näherten sie sich der Schwelle, schon vernahmen sie das Knurren des Höllenhundes, den des Orpheus goldene Leier in Bann hielt, schon begann es über ihren Häuptern zu grauen — da übermannte den Sänger die Sehnsucht nach seinem geliebten Weib, und er blickte sich um, nicht länger, als ein Augenblick währt, aber es genügte, um all sein Glück aufs neue zu zerstören. Mit einem schmerzlichen »Leb wohl, Geliebter«, sank Eurydikes Schatten in die graue Tiefe zurück. Ein schmerzlicher Blick noch, und sie war entschwunden.

Beinahe rasend vor Schmerz, wollte Orpheus noch einmal in den Tartaros vor Hades' Thron, aber diesmal weigerte sich Charon, der rauhe Totenfährmann, ihn über den Styx zu rudern. Sieben Tage und sieben Nächte wartete Orpheus verzweifelt am Ufer des Flusses, Klagerufe und Bitten über das schwarze Wasser sendend, aber es kam ihm weder Echo noch Antwort. Ein zweites Mal ließen sich die unterirdischen Götter nicht rühren.

Allein kehrte Orpheus ans Tageslicht zurück, einsam durchstreifte er die Fluren und Wälder Thrakiens, drei Jahre lang. Er mied den Menschen, besonders die Frauen, denn wie sollte er, dessen Herz nur Eurydike gehörte, sich je einer anderen vermählen? Wohl begann er wieder zu singen zur Freude von Stein, Pflanze und Tier, aber es waren Lieder der Wehmut, und alle kündeten von seiner Sehnsucht nach dem Tod, der ihn mit Eurydike vereinen würde.

So saß er eines Tages auf einem Hügel, rührte die Saiten und sang. Da hörte ihn ein Schwarm weintrunkener Bacchantinnen, die dem Gott Dionysos tanzend und johlend opferten. Sie stürmten herzu, und als sie den einsamen Sänger erblickten, gerieten sie in Raserei. »Seht, dort sitzt er, der uns vergaß, und singt ein Totenlied, er, der die Liebe verachtet und dem Gott des Weinstocks nicht huldigt! Verhöhnt er nicht Dionysos, unseren Gebieter? Erschlagt ihn, den Frauenfeind!« Und sie erklommen keuchend den Hügel und erschlugen den friedlichen Sänger mit Steinen und mit ihren Thyrsosstäben. Dann zerrissen sie seine Glieder und verstreuten sie in der Gegend.

Als die Mörderinnen sich entfernten, kamen die Vögel und Rehe, die Hirsche und die Wildschweine, die Löwen und Tiger, sogar der Wald und die Felsen herbei und begruben gemeinsam mit den trauernden Nymphen der Bäume und Bäche ihren geliebten Sänger. Ihre Tränen benetzten die blutenden, verstümmelten Glieder, ehe sie diese in die Erde senkten; das Haupt und die Leier aber nahm der Flußgott Hebros an sich und trug sie auf seinen Wellen ins Meer, das die beiden Kleinode an die Küste der Insel Lesbos brachte, die Heimat der großen griechischen Dichterin Sappho. Diese Insel galt fortan als Grabstätte des Orpheus, dessen Seele im Hades weilt, mit Eurydikes geliebtem Schatten auf ewig vereint.

DIE ARGONAUTEN

Der Streit um das Goldene Vlies

In früher Zeit breiteten sich viele griechische Stämme auch im Osten aus. An den Küsten des Schwarzen Meeres führten sie Kämpfe gegen die dort ansässige Bevölkerung und nahmen Land in Besitz. In den Sagen über die Argonauten haben diese historischen Ereignisse ihren Niederschlag gefunden: die Besiedlung der Fremde war zum nationalen Anliegen geworden.

JASON UND PELIAS

Von Aison, dem Sohn des Kretheus, stammte Jason ab. Sein Großvater hatte in einer Bucht des Landes Thessalien die Stadt und das Königreich Jolkos gegründet und es seinem Sohn Aison hinterlassen. Aber der jüngste Sohn, Pelias, bemächtigte sich des Throns; Aison starb, und Jason, sein Kind, war zu Chiron dem Kentauren, dem Erzieher vieler großer Helden, gebracht worden, wo er in guter Heldenzucht aufwuchs.

Als Pelias schon alt war, wurde er durch einen dunklen Orakelspruch geängstigt, der ihn warnte, er solle sich vor dem Einschuhigen hüten. Jason, der jetzt zwanzig Jahre den Unterricht und die Erziehung des Chiron genossen hatte, machte sich heimlich auf, um in seine Heimat Jolkos zu wandern, wo er von seinem Oheim Pelias den Thron fordern wollte, den dieser seinem Vater entrissen hatte. Nach der Art der alten Helden war er mit zwei Speeren, dem einen zum Werfen, dem anderen zum Stoßen, ausgerüstet; er trug ein Reisekleid und darüber die Haut von einem Panther, den er erwürgt hatte; sein ungeschorenes Haar hing lang über die Schultern herab. Unterwegs kam er zu einem breiten Fluß, an dem er eine alte Frau stehen sah, die ihn flehentlich bat, ihr hinüber zu helfen. Es war die Göttermutter Hera, die Feindin von König Pelias.

Jason erkannte sie in ihrer Verwandlung nicht, er nahm sie mitleidig auf die Arme und watete mit ihr durch den Fluß. Auf diesem Weg blieb ihm der eine Schuh im Schlamm stecken. Dennoch wanderte er weiter und kam nach Jolkos, als Oheim Pelias gerade mitten unter dem Volk auf dem Marktplatz der Stadt dem Meergott Poseidon ein feierliches Opfer darbrachte. Alles Volk verwunderte sich über die Schönheit des Fremdlings und seinen majestätischen Wuchs. Sie meinten, Apollon oder Ares sei plötzlich in ihre Mitte getreten. Jetzt fielen auch die Blicke des opfernden Königs auf den Ankömmling, und mit Entsetzen bemerkte er, daß nur der eine Fuß desselben beschuht war.

Als die heilige Handlung vorüber war, trat Pelias dem Fremdling entgegen und fragte ihn bestürzt nach seinem Namen und seiner Heimat. Jason antwortete mutig, er sei Aisons Sohn, sei in Chirons Höhle erzogen worden und komme jetzt, das Haus seines Vaters zu schauen. Der kluge Pelias empfing ihn auf diese Mitteilung hin freundlich und ohne seinen Schrecken merken zu lassen. Er hieß ihn überall im Palast herumführen, und Jason weidete seine Augen mit Sehnsucht an dieser ersten Wohnstätte seiner Jugend. Fünf Tage lang feierte er hierauf das Wiedersehen mit seinen Vettern und Verwandten in fröhlichen Festen.

Am sechsten Tag verließen sie die Zelte, die für die Gäste aufgeschlagen waren, und traten miteinander vor den König Pelias. Sanft und bescheiden sprach Jason zu seinem Oheim: »Du weißt, o König, daß ich der Sohn des rechtmäßigen Königs bin und alles, was du besitzt, mein Eigentum ist. Dennoch lasse ich dir die Schaf- und Rinderherden und alles Feld, das du meinen Eltern entrissen hast; ich verlange nichts von dir zurück als das Königszepter und den Thron, auf welchem einst mein Vater saß.«

Pelias war besonnen, er erwiderte freundlich: »Ich bin bereit, deine Forderung zu erfüllen, dafür sollst aber auch du mir eine Bitte gewähren und eine Tat für mich vollbringen, die deiner Jugend wohl ansteht und deren mein Greisenalter nicht mehr fähig ist. Denn mir erscheint seit langem in nächtlichen Träumen der Schatten des Phrixos und verlangt von mir, ich solle seine Seele zufriedenstellen, nach Kolchis zum König Aietes reisen und von da seine Gebeine und das Vlies des goldenen Widders zurückholen. Den Ruhm dieser Unternehmung habe ich dir zugedacht: wenn du mit der herrlichen Beute zurückkehrst, sollst du Reich und Zepter in Besitz nehmen.«

Mit dem Goldenen Vlies aber verhielt es sich so: Phrixos, ein Sohn des böotischen Königs Athamas, hatte viel von der Nebengattin seines Vaters, der bösen Stiefmutter Ino, zu dulden. Um ihn vor ihren Nachstellungen zu bewahren, raubte ihn, mit Hilfe seiner Schwester Helle, die eigene Mutter Nephele. Sie setzte die Kinder auf einen geflügelten Widder, dessen Vlies oder Fell von gediegenem Gold war und welchen sie von dem Gott Hermes zum Geschenk erhalten hatte. Auf diesem Wundertier ritten Bruder und Schwester durch die Luft, über Land und

Meer. Unterwegs wurde das Mädchen vom Schwindel überwältigt. Sie fiel in die Tiefe und fand den Tod in dem Meer, das nach ihr den Namen Helles Meer oder Hellespontos erhielt. Phrixos kam glücklich in das Land der Kolcher, an der Küste des Schwarzen Meeres.

Hier wurde er von König Aietes gastfreundlich aufgenommen, der ihm eine seiner Töchter, Chalkiope, zur Gattin gab. Den Widder opferte Phrixos dem Zeus, dem Helfer bei der Flucht; sein Vlies gab er dem König Aietes zum Geschenk. Dieser weihte es dem Ares und befestigte es mit Nägeln in einem Hain, der diesem Gott geweiht war. Zur Bewachung des Goldenen Vlieses bestellte Aietes einen ungeheuren Drachen; denn ein Schicksalsspruch hatte sein Leben vom Besitz dieses Widderfells abhängig gemacht. Das Vlies wurde in der ganzen Welt als ein großer Schatz betrachtet, und lange sprach man auch in Griechenland davon. Manche Helden und Fürsten gelüstete es danach; so hatte Pelias richtig gerechnet, als er hoffte, seinen Neffen Jason durch die Aussicht auf eine so herrliche Beute zu reizen.

Jason ließ sich auch bereitwillig darauf ein; er durchschaute nicht die Absicht seines Oheims, ihn bei diesem gefährlichen Unternehmen untergehen zu lassen, und verpflichtete sich feierlich, das Abenteuer zu bestehen. Die berühmtesten Helden Griechenlands wurden zu dem kühnen Unternehmen aufgerufen. Am Fuß des Berges Pelion wurde unter Athenes Leitung, von dem geschicktesten Baumeister Griechenlands, aus einer Holzart, die im Meer nicht fault, ein herrliches Schiff mit fünfzig Rudern erbaut und nach seinem Erbauer Argos, dem Sohn des Arestor, Argo genannt. Es war das erste lange Schiff, auf welchem Griechen sich auf offene See wagten. Die Göttin Athene hatte dazu das weissagende Brett von einer redenden Eiche des Orakels zu Dodona gestiftet, das einen Platz im Takelwerk bekam. Das Schiff war außen mit vielen geschnitzten Arbeiten geziert und dennoch so leicht, daß die Helden es zwölf Tagereisen weit auf der Achsel tragen konnten.

Als das Fahrzeug fertig und die Helden versammelt waren, wurden die Plätze der Argoschiffer, der Argonauten, verlost. Jason war Befehlshaber des ganzen Zuges; Tiphys war der Steuermann; Lynkeus, der Scharfblickende, machte den Lotsen. Im Vorderteil des Schiffes saß der herrliche Held Herakles, im Hinterteil Peleus, der Vater Achilleus, und Telamon, der Vater des Ajax. Im inneren Raum fanden sich unter anderen Kastor und Pollux, die Zeussöhne, Neleus, der Vater Nestors, Admetos, der Gemahl der frommen Alkestis, Meleager, der Besieger des kalydonischen Ebers, Orpheus, der wundervolle Sänger, Menötios, der Vater des Patrokolos, Theseus, der spätere König von Athen, und sein Freund Peirithoos, Hylas, der junge Gefährte des Herakles, Poseidons Sohn Euphemos, und Oileus, der Vater des kleineren Ajax. Jason hatte sein Schiff dem Poseidon gewidmet, und vor der Abfahrt wurde ihm und allen Meergöttern ein feierliches Opfer mit Gebeten dargebracht.

Als alle im Schiff Platz genommen hatten, wurden die Anker gelichtet, die fünfzig Ruder begannen ihren regelmäßigen Takt, ein günstiger Wind schwellte die Segel, und bald hatte das Schiff den Hafen von Jolkos hinter sich gelassen. Orpheus, mit lieblichen Harfentönen und begeisterndem Gesang, stärkte den Mut der Argoschiffer: lustig fuhren sie an Vorgebirgen und Inseln vorbei.

DIE FAHRT INS KOLCHERLAND

Nach mancherlei Abenteuern auf Lemnos und im Land der friedliebenden Dolionen warfen die Helden Anker vor der Stadt Kios in einem Meerbusen Bithyniens. Hier widerfuhr dem Herakles ein arges Mißgeschick, das ihn von den Argonauten trennte. Der Held war mit seinem Ruder unzufrieden und wollte sich ein besseres schnitzen. Also ging er, während die Freunde am Ufer ein Mahl verzehrten, in den Wald und suchte nach einer schlanken, festen Tanne, aus der er sich das Gerät anfertigen wollte. Er hatte auch bald eine gefunden, streifte sein Löwenfell ab, legte Bogen und Keule nieder und riß den Baum samt Wurzeln aus der Erde.

Inzwischen hatte sich Hylas, ein Waisenknabe, den er sich zum Diener und Freund erzogen hatte, mit einem Krug von den Schiffern entfernt, um Wasser für seinen Herrn zu holen. Es war Abend, der Vollmond schien. Und als sich der schöne Knabe über die Quelle beugte, um zu schöpfen, erblickte ihn die Quellnymphe und zog ihn, von seiner Schönheit betört, zu sich hinab in die kristallene Tiefe, von wo keiner mehr zurückkehrt.

Einer der Argonauten, der unweit der Quelle im Wald, auf einem

Felsstück sitzend, die Rückkehr des Herakles erwartete, hörte den Hilfeschrei des Knaben. Er stürzte zur Quelle hin, aber da stand nur noch der mit eiskaltem Wasser gefüllte Krug. Von dem schönen Knaben war nichts mehr zu sehen. Als bald darauf Herakles daher kam, trat ihm der Gefährte verzweifelt entgegen und rief: »Weh mir, muß ich der erste sein, der dir die unselige Kunde bringt? Dein Hylas ist zur Quelle Wasser holen gegangen und nicht mehr zurückgekehrt. Ob ihn Räuber entführt oder wilde Tiere zerrissen haben, ich weiß es nicht. Ich hörte noch seinen Hilferuf, doch fand ich nichts mehr von ihm, nur den Krug.« Da warf Herakles die Tanne zu Boden und rannte wie ein Stier, den eine Bremse gestochen hat, mit durchdringenden Rufen ins Dickicht zurück, den geliebten Knaben zu suchen.

Die Freunde sahen den Helden nie wieder. Ruhelos trieb ihn sein Schmerz immer tiefer in die Schluchten des wilden Gebirges hinein.

Untröstlich verharrten die Argonauten, stumm und tatenlos saß selbst Jason im Schiff. Da schäumte plötzlich das Meer auf, und aus den Wogen tauchte Glaukos, ein Meergott. »Ihr Helden«, rief er, »was grämt ihr euch? Was sitzt ihr so untätig, indes die blaue Nacht verrinnt und der nahende Sonnenwagen schon wieder die Wellen vergoldet? Den Hylas hat eine liebende Nymphe in den Quell gezogen, er kehrt nicht wieder. Laßt Herakles seiner Wege gehen, Zeus hat ihm ein anderes Schicksal zugedacht als euch, darum wartet nicht länger auf ihn, sondern setzt die Fahrt zum Goldenen Vlies ohne ihn fort!«

So sprach der Meergott und verschwand. Jason gehorchte, befahl den Genossen, die Segel zu hissen, die Ruder zu ergreifen und die Taue zu lösen, worauf ein starker Morgenwind die herrliche »Argo« aus der Bucht hinaustrug.

Dem bithynischen Land gegenüber lag die Küste eines Reiches, über welches der König Phineus herrschte. Er hatte die Gabe der Weissagung, die ihm Apollon verliehen, frevlerisch mißbraucht und war darum im hohen Alter vom Gott mit Blindheit geschlagen worden. Außerdem ließen ihn die Harpyien, das sind gräßlich stinkende Vögel mit menschlichen Gesichtern, keine Speise ruhig genießen. Was man dem König auch auftischte, die gefiederten eklen Sturmgöttinnen brausten sogleich herzu und raubten das meiste mit ihren Adlerkrallen. Was sie zurückließen, besudelten sie mit dem Unrat, der beständig von ihren ausgemergelten Leibern troff, so daß niemand mehr davon essen, ja nicht einmal die Nähe solcher Speisen ertragen konnte.

Als man Phineus die Ankunft des Schiffes meldete, verließ er sogleich sein Gemach und ging den Ankömmlingen entgegen; er erhoffte von jedermann Hilfe. Abgemagert bis auf die Knochen, glich er eher einem Schatten als einem Menschen. Seine Glieder zitterten vor Altersschwäche, auf seinen Stock gestützt, wankte er heran und sank vor den Argonauten zu Boden.

Die Helden umringten den Greis und entsetzten sich über sein Aussehen. Alsbald erhob der Unglückliche die Hände und brach in flehentliche Bitten aus: »Helft mir, ihr Helden! Ich bin für euch kein Fremdling, bin ein Grieche wie ihr. Phineus bin ich, Agenors Sohn. Daß mir die Rachegöttinnen das Augenlicht geraubt, ertrüge ich klaglos als gerechte Strafe; aber daß sie mir die Harpyien senden, bringt mich dem Wahnsinn nahe!«

Auf der Stelle rüsteten die Argonauten dem Gepeinigten ein Mahl, das sollte, so dachten sie, für die räuberischen Vögel das letzte sein. Kaum hatte der König die Speise berührt, als die Harpyien aus den Wolken herabstürzten und sich flügelschlagend auf das Mahl setzten. Laut schrien die Helden auf, aber das störte die dämonischen Wesen nicht. Sie verzehrten alles, dann schwangen sie sich in die Lüfte und ließen einen unerträglichen Geruch zurück.

Sie flogen mannshoch über dem Boden hin, und ein Teil der Argonauten folgte ihnen mit gezücktem Schwert. Sie hätten sie auch sicherlich erlegt, so nahe kamen sie ihnen; aber da schwebte plötzlich Iris, die Götterbotin, aus dem Äther herab und hemmte den Sturmschritt der Helden mit ernstem Wort: »Senkt die Waffen! Es ist nicht erlaubt, die Jagdhunde des großen Zeus mit dem Schwert zu töten! Nehmt dafür meinen Göttereid, daß die Raubvögel hinfort den Sohn des Agenor nicht mehr belästigen werden.«

Da kehrten die Helden um, indes sich die Harpyien höher emporschwangen und in die Wolken tauchten.

Nun wuschen und salbten sie des Königs Leib, veranstalteten ein Opfermahl und luden den gequälten Greis dazu ein. Heißhungrig labte er sich an den reinen, reichlichen Speisen. Die Helfer belohnte er mit einer Weissagung. »Ihr reiset nach Kolchis«, sprach er, »da werdet ihr in einer Meerenge den Symplegaden begegnen, zwei steilragenden Felsen, die nicht im Meeresboden wurzeln, sondern in der See schwimmen. Immer wieder treiben sie gegeneinander, dann schwillt die Flut zwischen ihnen mit fürchterlichem Toben an. Wollt ihr nicht mit Mann und Maus zerquetscht werden, dann rudert so schnell, wie eine Taube fliegt, zwischen ihnen hindurch. Habt ihr dies Abenteuer heil überstanden, so werdet ihr an manchen Vorgebirgen, Flußmündungen und Küsten vorüberkommen, auch an den Frauenstädten der Amazonen und dem Land der Chalyber, die im Schweiß ihres Angesichts Eisenerz aus der Erde graben, und endlich werdet ihr an die kolchische Küste gelangen. Wo der Strom Phasis mit breitem Strudel sich ins Meer ergießt, werdet ihr die hochgetürmte Burg des König Aietes erblicken und den mächtigen Eichenhain des Ares. Hier hütet der schlaflose Drache das Goldvlies, das im Wipfel eines wuchtigen Eichenbaums hängt. Möchtet ihr es doch gewinnen, euch und allen zum Heil! Lange genug war das Vlies fern von uns, im finsteren Barbarenland. Wer es gewinnt, den schreckt kein Tod, kein Hades mehr — das Licht der Götter wohnt in seiner Brust, er tafelt mit den Unsterblichen, und sein Volk ist durch seine Tat gesegnet. Ewiger Heldenruhm ist sein Teil!«

So sprach der erlöste Phineus. Dann nahm er dankbar Abschied von seinen Rettern und segnete sie: »Um euretwillen hat mir Apollon einen Teil meiner Schuld verziehen und die Harpyien von meinem Tisch genommen, möge sein Schutz euch geleiten!«

Die Argonauten fuhren neuen Abenteuern entgegen. Sie steuerten mit gutem Wind nordostwärts und freuten sich der raschen Fahrt. Viele Tage lang sahen sie nur Himmel und Salzflut. Endlich aber tauchte vor ihnen die Insel Areteia auf, und sie hielten darauf zu, um dort zu rasten und frisches Wasser zu laden. Sie landeten und zogen das Schiff auf den Sand. Kaum aber hatten sie die ersten Schritte am Ufer getan, da kamen ihnen vier Jünglinge entgegen, die hatten nur noch Fetzen am Leib und waren vom Hunger arg entkräftet. »Wer ihr auch seid, gute Männer«, riefen sie den Argonauten zu, »helft uns armen Schiffbrüchigen! Gebt uns Kleider für unsere Blöße und ein wenig Speise, damit wir unseren Hunger stillen!«

Jason redete freundlich mit ihnen, versprach ihnen alle Hilfe und fragte sie nach Namen und Geschlecht. Da antwortete einer der Jünglinge: »Habt ihr in eurer Heimat von Phrixos gehört, der das Goldene Vlies nach Kolchis brachte? König Aietes gab ihm seine älteste Tochter zur Frau, und wir sind seine Söhne. Ich heiße Argos. Phrixos, unser Vater, ist vor kurzem gestorben. Seinen letzten Willen zu erfüllen, haben wir uns auf Schiff begeben, um Schätze zu holen, die er einst in einer fernen Stadt zurückgelassen hatte. Ein Sturm zerschlug uns

Kiel und Mast; auf ein paar Brettern schwammen wir zu dieser Insel. Doch sagt, was führt euch hier vorbei?«

Da erzählte Jason den vornehmen Jünglingen, mit welcher Absicht er nach Kolchis aufgebrochen sei. »Wollt ihr nicht an unserem Abenteuer teilnehmen?«

Entsetzt abwehrend hoben die Jünglinge die Hände. »Ihr habt Schreckliches vor«, sagten sie, »hütet euch! Unser Großvater Aietes ist ein grausamer Mann. Man munkelt, er sei ein Sohn des Sonnengottes und von diesem mit übermenschlicher Macht begabt worden. Zahllos sind die Kolcherstämme, die er unter sein Zepter gebeugt hat, und das Goldene Vlies bewacht ein grauenhafter Drache.«

Bei diesem Bericht erbleichten manche der Helden, Peleus aber trat auf die Jünglinge zu und sprach: »Auch wir sind Göttersöhne, darum fürchten wir uns nicht vor dem Kolcherkönig. Gibt er uns das Vlies nicht gutwillig, so werden wir es ihm entreißen!«

Jason bewirtete Argos und dessen Brüder beim Schiff auf das beste, unter mancherlei Gesprächen vergingen ihnen die Nachtstunden rasch. Am anderen Morgen bestiegen alle das herrliche Fahrzeug und setzten die Reise gemeinsam fort. Sie ruderten einen Tag und eine Nacht, da sahen sie endlich die Spitzen des Kaukasusgebirges, und als es schon wieder dunkelte und sie näher herangekommen waren, hörten sie es über ihren Köpfen rauschen: das war der Adler des Prometheus, der hoch über das Schiff hinwegstrich, seinem Fraß entgegen. Es war ein Riesenvogel, der mit seinen Flügeln die Luft schlug wie mit gewaltigen Segeln. So stark war ihr Schlag, daß sich das Segel der »Argo« prall wie im Sturm füllte und die Bugwelle jäh aufschäumte von der schnellen Fahrt des Schiffes. Bald darauf vernahmen sie aus der Ferne das tiefe Stöhnen des Prometheus, in dessen Leber der Vogel schon wühlte. Nach einiger Zeit verhallten die Seufzer, still lag das kahle, schneebedeckte Gebirge da, und die Argonauten sahen den Adler durch die Lüfte zurückfliegen.

Noch in derselben Nacht gelangten sie ans Ziel, in die Mündung des Flusses Phasis. Freudig takelten sie das Schiff ab und trieben es mit starken Ruderschlägen in das breite Bett des Stroms, dessen Wellen sich vor dem gewaltigen Fahrzeug zurückzuziehen schienen. Zur Linken hatten die Helden den hohen Kaukasus und Kytaia, die Hauptstadt von Kolchis, im Vordergrund, zur Rechten, breitete sich das Feld und der heilige Hain des Ares aus; dort hing in den Zweigen der stärksten

Eiche das Vlies, von einem entsetzlichen Drachen bewacht, dessen scharfe, schlaflose Augen Tag und Nacht an dem schimmernden Widderfell hingen.

Jason erhob sich von seinem Sitz, ließ sich einen goldenen Becher mit Wein füllen und schritt damit an den Bug des Schiffes. Dort hob er den Becher hoch und brachte dem Flußgott, der Mutter Erde und allen Göttern des unbekannten Landes ein Trankopfer dar: »Die ihr waltet in Wasser, Fels und Baum, unter der Erde und über den Wolken, seid uns Argoschiffern hilfreich nahe! Segnet die Taue, mit denen wir unser gutes Schiff am Ufer dieses fremden Landes festbinden werden, und schenkt uns eine glückliche Heimkehr!«

BEI KÖNIG AIETES

Die Nacht verstrich. Am anderen Morgen, der sich golden über Land und Meer erhob, trat Argos vor Jason hin und sprach: »Wenn du meinem Rat traust, edler Fürst, so laß deine Männer hier im Schiff, die blanke Waffe in der Hand, und begib dich mit meinen Brüdern und mir, nur begleitet von zwei deiner Gefährten, in den Palast des Königs. Ich werde ihn bitten, euch das Vlies in Güte zu überlassen. Er wird unsere Bitte zwar abweisen, denn er ist stolz und stark, aber wir werden doch aus seinem eigenen Mund erfahren, wie er über die Sache denkt und wie wir uns weiter verhalten müssen.«

Jason fand diesen Rat klug und beschloß, ihn zu befolgen. Er ließ sich einen goldenen Stab reichen, an welchem sich zwei Schlangen, aus dem gleichen Metall gebildet und mit Rubinen und Smaragden verziert, emporwanden; dieser glich dem Stab des Götterboten Hermes, und wer ihn trug, der gab damit zu verstehen, daß er in friedlicher Absicht kam. Nun rief Jason seine Genossen Telamon und Augias, den König von Elis, zu sich und verließ mit ihnen und den Söhnen des Phrixos das Flußufer, um sich zu König Aietes zu begeben.

Die Helden wurden von Chalkiope, der Mutter des Argos und Witwe des Phrixos, mit großer Freude, ja mit Jubel empfangen; doch auf keinen machten Jasons königliche Gestalt und sein strahlendes Wesen so tiefen Eindruck wie auf Medea, die jüngere Tochter des König Aietes. Medea war sonst selten im Haus zu sehen, sie verbrachte die meiste Zeit im Tempel der dreigestaltigen Hekate, deren Priesterin sie war. Jetzt aber hatte Hera, die Schutzgöttin der Griechenhelden, sie auf geheimnisvolle Weise bewogen, im Palast des Vaters zu sein.

Als Medea Jason erblickte und ihm ins Auge sah, tat sie einen lauten Schrei. Von allen Anwesenden unbemerkt, hatte sich der Liebesgott hinter Jason niedergekauert und von seinem goldenen Bogen einen schmerzbringenden Pfeil auf die Königstochter abgeschnellt, der sie unter der linken Brust getroffen hatte und dort wie eine Flamme brannte. Schwer atmete sie nun, und sooft sie einen Blick auf Jason warf, wechselten Blässe und Purpurröte auf ihrem Antlitz. Sie vergaß alles und alle um sich her, nur noch ein einziger, süßer Gedanke beherrschte sie: Jason.

Wortkarg empfing König Aietes die Fremdlinge, und mißtrauisch blickte er beim Mahl von einem zum anderen. »Wer sind die Männer«, fragte er heimlich seinen Enkel Argos, der neben ihm an der Tafel saß, »und was wollen sie hier im Kolcherland?«

»Sie sind gekommen, dich um das Goldene Vlies unseres Vaters Phrixos zu bitten«, flüsterte Argos ihm zu. »Ein griechischer König, der sie gern aus dem Vaterland entfernen und ins Verderben schicken wollte, hat ihnen diesen Auftrag erteilt. Pallas Athene hat ihnen geholfen, ein prächtiges Schiff zu bauen, das allen Stürmen trotzt. Unaufhörlich sitzen die Helden an den Rudern, solange es auf See ist. Ihr vornehmster ist Jason, ein Königssohn aus Jolkos — du siehst ihn dort. Die beiden anderen sind Telamon und Augias, zwei seiner Gefährten, und beim Schiff unten sind noch Orpheus, der Sänger, und Peleus, ein Enkel des weisen Kentauren Cheiron, und manch anderer herrlicher Griechensohn.« Und er nannte dem Großvater die Namen fast aller Argonauten und meldete ihm deren Abkunft und Taten.

Aietes erschrak tief in seinem Herzen, als er dies hörte, und zürnte seinem Enkel, weil er glaubte, Argos habe die Fremdlinge in tückischer Absicht an seinen Hof gebracht. Seine Augen brannten unter den finsteren buschigen Brauen, als er die Argonauten plötzlich anfuhr: »Verlaßt mein Haus, ihr Frevler, und kehrt mit eurem verfluchten Schiff heim! Bleibt mir mit euren Ränken vom Leib! Nicht um das Vlies zu holen seid ihr gekommen, sondern um mir Zepter und Krone zu entreißen! Säßet ihr nicht als Gäste an meinem Tisch, längst hätte ich euch die Zungen ausreißen und die Hände abhauen lassen und euch nur die Füße geschenkt, damit ihr davonlaufen könnt!«

Jason aber ließ sich vom Zorn des Königs nicht anstecken. Sanft und freundlich entgegnete er: »Fasse dich, König Aietes. Nicht heimliche Räuber bewirtest du in deinem Palast — wer wollte ein so weites, so gefährliches Meer befahren, nur um sich fremdes Gut zu holen? Nein, das Schicksal und der grausame Befehl eines bösen Fürsten führt mich ins Kolcherland. Und so bitte ich dich, verleihe uns das Vlies als eine Gnade: ganz Griechenland wird dich dafür wie einen Gott verehren!«

So sprach der Held. Aietes aber wälzte dunkle Pläne in seinem Herzen. Er schwankte, ob er die Fremdlinge nicht am besten gleich alle umbringen lassen oder ob er zuvor noch ihre Kräfte auf die Probe stellen sollte. Nach einigem Zögern entschloß er sich für die Probe und sprach: »Wozu die ängstlichen Worte und Bitten? Seid ihr Göttersöhne und nicht schlechter als ich, so mögt ihr das Goldene Vlies mitnehmen; tapferen Männern gönne ich alles. Doch müßt ihr mir zuvor eine Probe eurer Kraft geben und eine Arbeit verrichten, die ich selbst bisweilen zu tun pflege, so gefährlich ist sie. Auf dem Feld des Ares, das ihr saht, weiden zwei Stiere mit ehernen Füßen und flammenspeienden Nüstern. Mit ihnen durchpflüge ich das rauhe Feld. Ist alles umgeackert, so säe ich nicht Demeters goldenes Korn in die Furchen, sondern gräßliche Drachenzähne, aus denen sogleich gewaltige Männer hervorwachsen, die mich von allen Seiten umringen. Ich erlege sie alle mit meiner Lanze. Am Morgen schirre ich die Stiere an, am späten Abend ruhe ich mich von der Ernte aus. Vollbringst du das gleiche, Held Jason, der du diese Männer anführst, so magst du das Vlies noch am selben Tag von der Eiche herabholen und mit dir nehmen in deines Königs Haus; doch eher nicht.«

Stumm und unschlüssig verharrte Jason. Ein furchtbares Werk war ihm da aufgetragen, und er wagte nicht sofort, es keck zu übernehmen. So sagte er nach einer Weile: »Die Aufgabe, die du mir stellst, o König, ist groß; dennoch will ich versuchen, sie zu bestehen, und wenn ich dabei umkommen sollte. Schlimmeres als der Tod kann einen Sterblichen nicht erwarten, und der Tod ist jedes Helden Gefährte. So gehorche ich dem Schicksal, das mich hierher geführt hat.«

Hierauf verließ er mit seinen Gefährten den Palast des Aietes und begab sich mit ihnen zum Schiff zurück, wo ihn die anderen voll Bangen erwarteten. Argos begleitete ihn.

Beim Schiff angekommen, berichtete Jason, was der König von ihm verlange und was er ihm versprochen habe. Schweigend hörten es die Genossen, und schweigend blickten sie einander an. Endlich erhob sich Held Peleus und sagte ernst: »Jason, wenn du glaubst, es bestehen zu können, so rüste dich. Hast du aber nicht volle Zuversicht, so bleibe dem schrecklichen Abenteuer fern und sieh dich auch nach keinem von uns um — denn was hätten wir anderes zu erwarten als den Tod, wo selbst du verzagst?«

Da trat Argos, der Jüngling, vor und beruhigte die Helden. Er sprach: »Ich kenne eine Jungfrau, die weiß mit Zaubertränken umzugehen. Es ist Medea, die Schwester unserer Mutter und der Hekate Priesterin. Laßt mich zur Mutter gehen, damit diese sie überrede, euch zu helfen; nicht eher soll Jason das Abenteuer wagen, zu welchem er sich erboten hat.«

Kaum hatte Argos so gesprochen, als ein Zeichen geschah. Aus den Lüften schoß eine Taube herab, die ein Habicht verfolgte. Die Taube flüchtete sich in Jasons Schoß, der Raubvogel aber stürzte auf den Boden des Hinterschiffes nieder und verendete dort. Die Helden deuteten das Zeichen günstig und stimmten darum dem Rat des Argos bei, der sich sogleich zu seiner Mutter Chalkiope begab. Diese fühlte Mitleid mit Jason. Sie ging zu ihrer Schwester Medea und bat sie: »Um meiner Kinder willen hilf dem fremden Schiffshelden mit irgendeinem Trug, damit er den fürchterlichen Kampf bestehe, den ihm unser Vater aufgetragen. Bedenke, er hat mir die Söhne vor dem Verhungern gerettet und heil über das Meer zurückgebracht, wie dürfen wir ihm das mit dem Tod lohnen?«

Es bedurfte keiner weiteren Worte der Schwester. Tief saß der Pfeil des Liebesgottes im Herzen Medeas. Sie errötete vor Freude über Chalkiopes Bitte, Schwindel erfaßte sie und umhüllte ihr funkelndes Auge, als sie sprach: »Morgen in aller Frühe werde ich aus dem Tempel der Hekate das Zaubermittel holen, das die Stiere besänftigt und zahm in die Hände des Helden liefert.«

Schnell trat Chalkiope aus Medeas Gemach, vor welchem ihre Söhne harrten, und meldete ihnen den Entschluß der Priesterin. Sogleich eilte Argos aus dem Palast hinab an das Ufer, um Jason die Botschaft zu überbringen.

MEDEAS LIEBE

Die ganze folgende Nacht lag Medea in schwerem Kampf mit sich selbst. »Habe ich nicht zuviel versprochen?« fragte sie sich. »Darf ich so viel für den Fremdling tun, ich, die Priesterin? Wird Hekate sich an mir rächen, weil mein Herz nun nicht mehr ihr allein gehört, sondern jenem Helden, der von fern kam, um das Kostbarste zu rauben, was das Kolcherreich birgt, das Vlies? Und dennoch will ich ihn retten, ihn, dessen Anblick mein Herz zum erstenmal mit Liebeswonne erfüllt hat! Er bestehe den Kampf und gehe dann in Freiheit, wohin es ihn treibt – ich aber will Gift nehmen und mich selbst Hekate opfern, der Göttin der Nacht, als Sühne dafür, daß ich zugunsten des Fremdlings mißbrauchte, was ich im Dienst des Tempels gelernt.«

So wälzte sie sich ruhelos auf ihrem Lager hin und her, und als die Sterne zu erblassen begannen und sie endlich in Schlaf sank, schreckten sie böse Träume, in denen sie selbst den Kampf mit den Stieren des Vaters bestehen sollte. Mit gellendem Schrei erwachte sie. Ihre Liebe zu Jason trieb sie rasch vom Lager fort.

Sie band ihr blondes Haar auf, wischte die Tränen von den Wangen, salbte sich den Leib mit köstlichem Nektaröl und zog ein herrliches Gewand an, das schön gekrümmte Goldnadeln zusammenhielten. Einen weißen Schleier zog sie über ihr Haupt, dann eilte sie aus dem Hause und bestieg den Wagen mit den Maultieren, der sie zum Heiligtum bringen sollte. Alle Schmerzen, aller Kummer der Nacht waren vergessen. In der Hand trug sie eine goldene Kapsel voll Prometheusöl – wer damit seinen Leib salbte, den konnte an jenem Tag kein Schwertstreich verwunden, kein Feuer versengen, kein Gegner überwältigen, er blieb jedem überlegen.

Wohin der Wagen mit der Königstochter und ihren Dienerinnen kam, wich das Volk ehrerbietig aus dem Weg. Als sie auf dem freien Feld vor dem Tempel ankam, sprang Medea leichtfüßig vom Wagen und schritt ihren Mägden voran in das Heiligtum. Als sie mit ihnen allein und ungesehen war, sprach sie listig und geheimnisvoll: »Ich habe gesündigt, da der Fremde mein Herz bezauberte. Nun verlangt gar meine Schwester, ich solle ihm helfen, die Stiere zu bändigen, und ihn unverwundbar machen. Zum Schein stimmte ich zu und bestellte Jason hierher, wo ich allein mit ihm sprechen kann. Bringt er mir Geschenke, so will ich sie nehmen und unter euch verteilen – ich jedenfalls gebe ihm eine Arznei, an der er zugrunde gehen soll. Freundinnen, sobald der verhaßte Fremdling naht, entfernt euch, damit ich allein bin mit ihm, wie ich es versprach.«

Den Mädchen gefiel der schlaue Plan ihrer Priesterin, und als Jason bald darauf den Tempel betrat, verbargen sie sich in entfernten Gemächern.

Schön wie der Sirius-Stern, wenn er dem Ozean entsteigt, schritt Jason einher, hoch und strahlend. Da war es Medea, als fiele ihr das Herz aus der Brust. Dunkel umfing ihre Augen, ihre Wangen bedeckte heißes Rot. Schweigend standen der Held und die Königstochter einander gegenüber.

»Warum blickst du so scheu, nun, da wir allein sind?« fragte Jason. »Als Schutzflehender nahe ich, der Fremdling, dir, der edlen Priesterin, und bitte dich um das Heilmittel, das du deiner Schwester für mich versprochen.«

Medea senkte das Haupt mit einem süßen Lächeln. Sie hätte dem Helden gerne erwidert, doch drängten zu viele Worte aus ihrer Brust, das machte sie sprachlos. So wickelte sie nur die duftende Binde von der goldenen Kapsel ab und übergab ihm diese. Da senkte auch Jason den Blick, und so verharrten sie lange in verschämtem Schweigen.

Mit Mühe hob die Jungfrau endlich an: »Höre, Jason! Wenn dir mein Vater die Drachenzähne für die Saat übergeben hat, dann bade dich einsam im Wasser des Flusses, bekleide dich mit schwarzen Gewändern und grabe am Ufer eine kreisförmige Grube. In dieser errichte einen Scheiterhaufen, schlachte ein weibliches Lamm und verbrenne es ganz darin. Sodann spende Hekate ein Trankopfer süßen Honigs aus silberner Schale und entferne dich. Folgen dir Fußtritte oder bellende Hunde, darfst du dich nicht umwenden, sonst ist das Opfer vergebens. Am anderen Morgen salbe dich dann mit dem Zaubermittel, das ich dir gab, und du wirst nicht nur Männern, sondern selbst den Unsterblichen gewachsen sein, so unermeßliche Kraft wohnt darin. Salbe auch Lanze, Schwert und Schild, so wird kein Eisen in Menschenhand und keine Flamme aus den Nüstern der Stiere dir schaden oder widerstehen. Und noch eins: Wenn die Drachensaat aufgeht und die rasenden Gesellen dich umringen, so wirf einen mächtigen Stein unter sie; da werden sie um den Stein kämpfen wie Hunde um ein Stück Brot, und du kannst dich auf sie stürzen und sie alle niedermachen mit der Schärfe deines Schwertes. Dann magst du das Goldene Vlies aus Kolchis mit dir nehmen — und gehen, wohin es dir beliebt. Aber kommst du nach Hause, so vergiß Medeas Namen nicht, wie auch ich immer deiner in der Ferne gedenken will. Sage mir, wo ist dein Vaterland, wohin du mit deinem schönen Schiff zurückkehren wirst? Ich kenne es nicht.«

Bei dieser Rede der Jungfrau bemächtigte sich auch des Helden eine unwiderstehliche Neigung, und er sagte: »Glaube mir, hohe Fürstin, daß, wenn ich dem Tod entrinne, keine Stunde bei Tag und bei Nacht ich dich vergessen werde! Meine Heimat ist Jolkos in Thessalien, wo man euer Land nicht einmal mit Namen kennt, nur wenige wissen von ihm. Doch kämst du mit mir zu Schiff und in mein Vaterland, wie würden meine Landsleute dich verehren, weil der Zug der Argonauten durch deinen Rat und deine Hilfe ein glückliches Ende genommen hat. Du würdest dann ganz mir gehören, und nichts soll uns trennen, nur der Tod.«

So sprach er. Medeas Seele war voll Glück, als sie solche Worte hörte. Eine wunderbare Gewalt bannte beide, so daß sie kaum voneinander zu scheiden vermochten.

JASON PFLÜGT DEN ACKER

Jason befolgte genau, was Medea ihm aufgetragen hatte. Er empfing von Aietes' Boten einen Helm voll spitzer Drachenzähne, badete im Fluß, opferte der Göttin und salbte Leib und Waffen mit dem Zauberöl. Da fühlte er gewaltige Kräfte seine Glieder durchrinnen, in seine Hände strömte Stärke, sein Herz klopfte vor Kampfbegier. König Aisons Sohn reckte sich im Hochgefühl seiner Streitkraft, waffenklirrend sprang er in sein Schiff und ließ sich über den Fluß hinüberrudern zum Aresfeld.

Dort lagerten bereits König Aietes und sein Volk, jener am Ufer, dieses auf den Klippenvorsprüngen des Kaukasus. Den Helm mit den Drachenzähnen unter dem Arm, sprang Jason ans Land. Herrlich wie Ares oder Apollon schritt er zur Mitte des Blachfeldes und blickte um sich. Da sah er die ehernen Joche der Stiere auf dem Boden liegen, daneben den Pflug mit der gewaltigen Pflugschar, alles aus schwerem Eisen gehämmert. Er legte den Helm mit den Drachenzähnen nieder, packte die Lanze fester und schritt, von seinem Schild gedeckt, weiter, nach den Fußstapfen der Tiere forschend. Diese aber brachen von einer anderen Seite unvermutet aus einem unterirdischen Gewölbe hervor, wo sie ihren Stall hatten.

Flammenschnaubend und in dicken Rauch gehüllt, stürmten die beiden Stiere heran. Jasons Freunde erschraken beim Anblick der Ungeheuer bis ins Innerste, er aber stand mit gespreizten Beinen ruhig da und erwartete, den Schild vor der Brust, ihren Ansturm, wie ein Fels den Ansturm der Flut erwartet. Mit gesenkten Hörnern rasten sie heran, aber ihr furchtbarer Stoß konnte ihn nicht erschüttern, so fest stand er. Brüllend und wie Schmiedebälge schnaubend, wiederholten die Stiere ihren Anlauf; von der Glut ihrer Flammen wie von Blitzstrahlen umzuckt, hielt Jason ihren vereinten Stößen stand, sie brachten ihn nicht von der Stelle, so herrlich beschützte ihn Medeas Zauber.

Endlich ergriff er den Stier zur Rechten beim Horn, zog ihn mit aller Kraft bis zu der Stelle, wo das Joch lag, und versetzte ihm dort einen Tritt gegen die erzenen Beine. Das Tier brach in die Knie und ließ sich willig das Joch auflegen. Auch den zweiten Stier bezwang er so. Dann warf er seinen Schild von sich, hob die eiserne Deichsel des Pfluges hoch und fügte sie in den Ring des Joches. Er nahm seinen Schild wieder auf, hängte ihn sich am Riemen über den Rücken, ergriff den Helm mit dem schaurigen Saatgut und trieb die zornigen Stiere mit Lanzenstichen vorwärts.

So pflügte der Held den Acker des Kriegsgottes. Tief riß die Kraft der göttlichen Stiere den Boden auf, Furche um Furche wurde in die berstenden Erdschollen gezogen. Jason folgte mit festem Tritt und säte die Zähne aus, wie ein Bauer sonst goldenes Brotkorn auf den Acker streut. Vorsichtig spähte er immer wieder, ob sich die aufkeimende Riesensaat etwa schon gegen ihn erhebe, indes die Tiere sich mit ihren ehernen Hufen weiterarbeiteten.

Als noch der dritte Teil des Tages übrig war, am hellen Nachmittag, hatte Jason das riesige Feld umgeackert. Er löste die Stiere aus dem Joch und schreckte sie mit seinen Waffen, daß sie über das offene Feld in ihre unterirdischen Ställe flohen. Hierauf blickte er um sich, und da in den Furchen sich noch nichts regte, kehrte er zum Schiff zurück.

Mit lautem Jubel umringten ihn die Gefährten. Er aber sprach kein Wort, sondern füllte seinen Helm mit Flußwasser und löschte damit seinen brennenden Durst. Dann prüfte er die Gelenke seiner Knie und erfüllte sein Herz mit neuer Streitlust, denn schon wimmelte es rings auf dem Acker von erdgeborenen Riesen. Der ganze Areshain starrte von Helmen, Schildern und spitzen Lanzen, deren Glanz zum Himmel emporblitzte. Da gedachte Jason der Mahnung Medeas, hob einen großen runden Feldstein auf, den vier kräftige Männer kaum hätten heben können, und schleuderte ihn weit, mitten unter die gewappneten Riesen. Er selbst warf sich auf die Knie und duckte sich, kühn und vorsichtig zugleich, unter seinem Schild.

Die Kolcher schrien laut auf vor Entzücken über den kraftvollen Wurf des Helden, selbst Aietes erhob sich und blickte dem fliegenden Stein nach. Kaum war dieser donnernd zu Boden gefallen, als die erdgeborenen Krieger plötzlich aufgeregt umhersprangen, sich alsbald wie wild gewordene Hunde um den Stein balgten und einander mit dumpfem Knirschen umzubringen begannen. Augenblicklich stürzte sich Jason unter sie, riß sein Schwert aus der Scheide und teilte so wuchtige Hiebe aus, daß das Blut in Strömen aus den Wunden der Riesen floß. Wer stand oder rannte, den erschlug er, und die erst bis zu den Schultern aus dem Boden herausgewachsen waren, mähte er ab wie der Bauer das Gras oder spaltete ihnen die Köpfe. Das weite Feld war mit Leichen bedeckt, und in den Furchen strömten Bäche von Blut.

Der Tag ging zur Neige. Endlich ruhte Jason, von seinen Freunden beglückwünscht und liebevoll gepflegt, in seinem Schiff aus.

DAS VLIES WIRD GERAUBT

An König Aietes' Seele fraß Ärger. Er hatte sich nach Jasons Sieg wortlos abgewendet und war finster blickend in die Stadt zurückgekehrt. Dort saß er nun in seinem Palast und dachte mit den Vornehmsten seines Volkes darüber nach, wie er den fremden Helden überlisten und die Argonauten um den Gewinn des Goldenen Vlieses bringen konnte. Er ahnte wohl, daß bei dem Gelingen von Jasons furchtbarem Abenteuer seine Tochter Medea die Hand im Spiel gehabt hatte.

Hera, die Göttin, erkannte die Gefahr, in welcher Jason schwebte. Also erfüllte sie das Herz Medeas, die schlaflos in ihrem Bett saß, mit bebender Furcht. Sie zitterte wie ein Reh, das der Jagdhunde Gebell im tiefen Wald aufgeschreckt hat und das nun aus Angst vor den Verfolgern entfliehen möchte, aber noch nicht weiß, wohin.

»Wie, wenn meine Mägde das Gespräch im Tempel belauscht haben?« fragte sie sich. »Wie, wenn sie aus Zorn über meinen Betrug dem Vater sagen, daß ich Jason liebe?«

So jammerte sie, und ihre Augen brannten vor Tränen. Sie war entschlossen, zu fliehen. Noch einmal berührte sie mit streichelnden Händen die Wände des Gemachs, dann schnitt sie sich eine Haarlocke ab und legte sie zum Andenken für ihre Mutter aufs Bett. »Leb wohl, geliebte Mutter«, sprach sie, »leb wohl, Schwester Chalkiope, leb wohl, du liebvertrautes Haus, das meiner Kindheit Schritte behütete, des Mädchens Träume umschloß und die nächtlichen Gesichte der Priesterin — leb wohl, leb wohl! O Fremdling, hätte dich doch das Meer verschlungen, ehe du nach Kolchis fandest! Nun ist dir Medea verfallen.«

So verließ die Unglückliche das Haus, wie eine Gefangene dem bitteren Kerker entflieht oder eine Sklavin dem allzu grausamen Herrn. Sie eilte hinab zum Schiff der Argonauten und rief schon von ferne: »Es ist alles verraten! Rettet mich und euch vor meinem Vater!« Sie weckte Jason aus süßem Schlummer und sprach zu ihm: »Fremdling, laß uns fliehen, bevor Aietes mit den Seinen die schnellen Rosse besteigt und hierher an den Fluß kommt. Das Goldene Vlies will ich euch bringen, den Drachen schläfere ich ein — doch du, Jason, schwöre mir zuerst bei den Göttern deines und meines Volkes hier vor den Genossen, daß du die Verwaiste in der Fremde nicht beschimpfen wirst.«

So sprach sie atemlos und erfreute damit Jasons liebendes Herz. Er hob die Kniende sanft vom Boden auf, umfaßte sie und sagte mit fester Stimme: »Geliebte! Zeus und Hera, die Beschirmerin der Ehe, sie seien meine Zeugen, daß ich, wenn mir die Götter glückliche Heimkehr gewähren, dich als meine rechtmäßige Gattin in mein Haus führen will. Du sollst in Jolkos, in meiner Väter Land, geehrt sein wie kein anderes Weib neben dir!« So schwur er und legte seine Hand in die Medeas.

Die zauberkundige Priesterin hieß die Helden noch in derselben Nacht das Schiff zum heiligen Hain rudern, sie wollte gemeinsam mit Jason das Vlies rauben. Während die Gefährten das Fahrzeug in eine abgelegene Bucht brachten, schritt die Jungfrau an Jasons Seite über einen Wiesenpfad dem Hain zu. Sie fanden den hohen Eichbaum, an welchem das Widderfell hing; gleich einer Morgenwolke, die von der aufgehenden Sonne beschienen wird, strahlte es durch die Nacht, die

ΡΜΗΣ

Auf der vorhergehenden Seite eine Originalbronze aus dem 5. Jahrhundert v. Chr., die den Meeresgott Poseidon oder aber den Göttervater Zeus darstellt. — Die Sage über Orpheus und Eurydike blieb bis in unsere Zeit lebendig: links ein griechisches Marmorrelief, oben eine Szene aus der Filmdichtung »Orphée« von Jean Cocteau mit Jean Marais, unten eine Szene aus dem Film »Orfeo negro« von Marcel Camus.

Perseus tötet die Meduse – ein Relief von einem Tempel in Selinunt/Sizilien.

belaubten Zweige der Eiche und die benachbarten Wipfel wunderbar erleuchtend.

Dem Baum gegenüber jedoch reckte der schlaflose Drache mit den scharfen, fernblickenden Augen seinen langen Hals den Herannahenden entgegen. Er zischte so fürchterlich, daß der große Hain mit den uralten Bäumen und das Ufer des Flusses davon widerhallten. Wie sich die Flammen über einen brennenden Wald hinwälzten, so rollte das Untier seinen leuchtenden Schuppenkamm in unzähligen Krümmungen. Die Jungfrau aber ging ihm mutig entgegen und rief mit süßer Stimme Hypnos an, den ewigen Gott des Schlafes: »Der du mächtiger bist als alle anderen Götter, du Sohn der Nacht und Zwillingsbruder des Todes, schläfere mir das Untier ein!« Sodann flehte sie zu Hekate und rief: »Die du mit Persephone, der Königin der Unterwelt, den Thron teilst, segne mein Tun in dieser Stunde!«

Nicht ohne Bangen folgte ihr Jason. Aber durch den Zaubergesang Medeas benommen, senkte der Drache schon den gezackten Rücken, und sein geringelter Leib streckte sich der Länge nach aus. Nur sein gräßlicher Kopf ragte noch empor, und sein weiter Rachen drohte die beiden zu verschlingen. Da sprengte ihm Medea mit einem Wacholderstengel unter beschwörenden Sprüchen ein Zauberöl in die Augen, dessen Duft ihn mit Schlummer übergoß. Der Rachen schloß sich, schlafend streckte sich das Untier auf dem Waldboden aus.

»Nun steig hinauf und hole das Vlies herab«, flüsterte die Jungfrau, während ihre Hand unaufhörlich den Kopf des Drachen mit dem Zauberöl besprengte. Jason kletterte in die Krone der Eiche und löste das Wunderfell von den starken Ästen. Als er wieder auf dem Erdboden angelangt war, verließ er mit Medea eilig den dunkelnden Hain des Ares. Voll Freude betrachtete er das Widdervlies, von dessen Widerschein seine Stirn und sein blondes Haar golden erglänzten; auch beleuchtete das Fell weithin die nächtlichen Pfade. Er trug es auf der linken Schulter, und die goldene Last hing ihm vom Hals bis zu den Füßen herab.

Mit der Morgenröte traten Jason und Medea aus dem Hain an das Schiff, das fahrbereit in der Bucht lag. Die Genossen umringten ihren Führer und bestaunten das Vlies. Jeder wollte es mit den Händen betasten, aber Jason erlaubte es nicht, sondern warf einen großen, neuen Mantel darüber. Dann bestieg er mit Medea das Schiff, wies der Jungfrau auf dem Hinterdeck einen Platz an und sprach zu den Freunden, die sich schon an die Ruderbänke begaben und das Segel am Mast hochzogen: »Jetzt, ihr Lieben, laßt uns eilig ins Vaterland zurückkehren! Durch dieser Jungfrau Rat wurde vollbracht, was wir uns zum Ziel gesetzt. Dafür will ich sie als Gemahlin nach Hause führen. Freunde, helft mir, sie jetzt beschirmen, der ganz Griechenland tiefen Dank schuldet! Denn ich zweifle nicht daran, daß Aietes bald da sein und mit all seinem Volk unsere Ausfahrt aus dem Fluß wird verhindern wollen!« Dabei hieb er die Haltetaue entzwei, und die Argo glitt unter dem Schlag der Ruder dem offenen Meer zu.

FLUCHT UND VERFOLGUNG

König Aietes und sein Volk hatten inzwischen die Flucht der Argonauten und den Raub des Goldenen Vlieses entdeckt. Sofort lief eine schnelle Flotte mit den tapfersten Kolchern unter der Führung des Absyrtos aus. Absyrtos war ein Sohn des Aietes und ein Bruder der Medea. Seine Schiffe erreichten die Argonauten vor der Mündung des Isterflusses mit seinen vielen Inseln. Auf eine von diesen flüchteten sich die Griechen vor der Übermacht der Kolcher. Diese folgten ihnen, und es sollte zum Kampf kommen. In ihrer Bedrängnis baten die Griechen um gütlichen Vergleich. Man kam überein, daß das Goldene Vlies den Argonauten bleiben sollte, weil König Aietes dem Jason das heilige Widderfell versprochen hatte, falls er das Abenteuer auf dem Feld des Ares bestand. Medea hingegen sollte durch ihren Bruder dem Vater zurückgegeben werden.

Die Jungfrau aber wußte, daß die Rückkehr ins Kolcherland für sie nur schimpflichen Tod bedeuten konnte; man würde die treulose Priesterin qualvoll vor allem Volk hinrichten. So vertraute sie sich Jason an und beschwor ihn bei seiner Liebe, ihr zu helfen. Jason lockte nun den jungen Kolcherfürsten auf eine abgelegene Insel, wohin er ihn zu einem Gastmahl lud. Absyrtos, durch feierliche Versprechungen seiner Schwester betrogen, segelte wirklich allein in dunkler Nacht zur Insel hinüber, auf dem ein der Artemis geweihter Tempel stand. Kaum aber war er dort mit Medea allein, die ihn erwartet hatte, als Jason aus dem Hinterhalt hervorbrach und den Jüngling vor den Augen der Schwester mit dem blanken Schwert überfiel. Medea wandte sich ab und bedeckte ihr Haupt mit dem Schleier, um den Mord nicht mit ansehen zu müssen. Wie ein Opfertier stürzte Absyrtos wortlos unter den Streichen Jasons zu Boden, Medeas Gewand und Schleier mit seinem Bruderblut bespritzend. Die Rachegöttin aber, der nichts entgeht, starrte aus ihrem Versteck mit finsteren Augen auf die gräßliche Tat, die hier begangen wurde. Fortan lastete der Schatten des Unheils über Jasons und Medeas Liebe.

Jason reinigte sich vom Blut und begrub den Leichnam. Dann gab Medea den Argonauten mit einer Fackel ein verabredetes Zeichen. Sie landeten auf der Insel, wo die ahnungslosen Kolcher vor Anker lagen und friedlich schliefen. Sie überfielen sie wie Habichte eine schutzlose Taubenschar. Nicht einer entkam.

Nun erst konnten die Argonauten die Heimfahrt ungestört antreten. Ein günstiger Wind schwellte das Segel ihres herrlichen Schiffes, und während Orpheus ihre Irrfahrten und Abenteuer zu den Klängen seiner göttlichen Harfe besang, kamen die Helden im Hafen Jolkos an. Die Ehe Jasons mit Medea aber endete nicht glücklich. Obwohl der Held das Goldene Vlies in die Heimat gebracht hatte, verweigerte ihm sein Oheim Pelias den Thron von Jolkos. Jason mußte ihn seinem Vetter Akastos überlassen und mit Medea nach Korinth flüchten. Hier lebte er mit seiner jungen Gemahlin zehn Jahre lang. Während dieser Zeit gebar Medea zwei Söhne. Sie wurde von allen wegen ihrer Schönheit und ihres edlen Sinnes geliebt und verehrt, auch von Jason, der sie niemals fühlen ließ, daß sie eine Barbarin aus einem finsteren Land war und keine Griechin. Als aber ihre Reize verblühten, ließ sich Jason von Glauke, der schönen Tochter des Korintherkönigs Kreon, betören und bat Medea, ihn freizugeben. »Siehe«, sagte er zu ihr, »wir sind hier in Korinth Flüchtlinge, Fremdlinge. Heirate ich aber mit deiner Einwilligung dieses Mädchen, so bin ich mit dem Königshaus verwandt, und unsere Kinder werden es besser haben.«

Trotz Medeas entrüsteter Weigerung vermählte sich Jason mit der schönen jungen Glauke. Aber Medea, die wie eine Irre Tag und Nacht den Palast durchstreifte und den Zorn der Götter auf den treulosen Gatten, dem sie Heimat und Würde geopfert hatte, herabbeschwor, rächte sich furchtbar an ihm. Sie schickte der Braut herrliche goldene Gewänder, deren Gewebe jedoch vergiftet war und das Mädchen unter furchtbaren Qualen verbrannte; dann ermordete sie ihre beiden Knaben, zündete den Palast an und schwang sich auf einen mit Drachen bespannten Wagen, den ihre Zauberkunst herbeigerufen hatte, und eilte durch die Lüfte davon, Jason in tiefster Verzweiflung und Einsamkeit zurücklassend.

Stöhnend wie ein weidwundes Tier schlich Jason bei Nacht und Nebel aus Korinth fort an den Isthmos, wo die Argo, das heilige Schiff, mit welchem er einst seine Ruhmesfahrt begonnen und vollendet hatte, aufgebockt am Strand lag. Jason hatte es nach seiner Rückkehr dem Gott Poseidon geweiht. In seinem Schatten saß er nun oft und blickte lebensmatt und zu Tode traurig über das Meer hinaus, bis das morsche Schiff eines Tages plötzlich zusammenstürzte und den Unglücklichen unter seinen Trümmern begrub. Als auch der letzte Span der Argo zu Staub zerfallen war, wurde das wunderbare Fahrzeug von den Göttern in den Himmel entrückt, wo es als leuchtendes Gestirn noch heute am südlichen Firmament erglänzt.

HERAKLES

*Der Unsterbliche
auf dem Weg
der Tugend*

Herakles, der strahlende, ruhmreiche Sieger in allen Kämpfen, ist schon früh zum Lieblingsheld des antiken Griechenlands geworden. Die Phantasie der Hellenen machte ihn zum Urbild des Mannes, der sich durch ein Leben voll Arbeit und Heldentaten im Dienst der Menschheit die Aufnahme in den Olymp und die Unsterblichkeit verdient.

STREIT UM DEN KNABEN

Herakles war der Sohn des Zeus und der Alkmene, Alkmene eine Enkelin des Perseus. Der Stiefvater des Herakles hieß Amphitryon. Auch er war ein Enkel des Perseus und König von Tiryns, hatte jedoch diese Stadt verlassen, um in Theben zu wohnen. Hera, die Gemahlin des Zeus, haßte ihre Nebenbuhlerin Alkmene und gönnte ihr den Sohn nicht, über dessen Herkunft Zeus den Göttern Großes verkündet hatte.

Als Alkmene den Herakles geboren hatte, glaubte sie ihn deshalb vor der Göttermutter im Palast nicht sicher und setzte ihn an einem Platz aus, der noch in späteren Zeiten das Heraklesfeld hieß. Hier wäre das Kind verschmachtet, hätte nicht ein wunderbarer Zufall seine Feindin Hera selbst, von Athene begleitet, des Weges geführt. Athene betrachtete verwundert die schöne Gestalt des Kindes, erbarmte sich seiner Hilflosigkeit und bewog ihre Begleiterin, dem Kind ihre göttliche Brust zu reichen. Aber der Knabe sog viel kräftiger an der Brust, als sein Alter erwarten ließ, und Hera empfand Schmerzen. Da warf sie das Kind unwillig zu Boden. Athene hob es voll Mitleid wieder auf, trug es in die nahe Stadt und brachte es der Königin mit der Bitte, das arme Findelkind aus Barmherzigkeit aufzuziehen.

So war die leibliche Mutter, aus Angst vor der Stiefmutter, bereit gewesen, ihre natürliche Liebe zu verleugnen und ihr Kind umkommen zu lassen, während die Stiefmutter, von natürlichem Hasse gegen das Kind erfüllt, es ohne ihr Wissen vom Tod errettete. Sie tat sogar noch mehr: Herakles hatte zwar nur ein paar Züge an Heras Brust getan, aber diese wenigen Tropfen Göttermilch genügten, ihm Unsterblichkeit zu verleihen.

Alkmene hatte indessen ihr Kind auf den ersten Blick erkannt und es freudig in die Wiege gelegt. Aber auch der Göttin blieb nicht verborgen, wer an ihrer Brust gelegen und wie leichtsinnig sie den Augenblick der Rache versäumt hatte. Sogleich schickte sie zwei entsetzliche Schlangen aus, die das Kind töten sollten. Durch die offenen Türen schlichen sie in Alkmenes Schlafgemach, und ehe die schlummernde Mutter und deren Dienerinnen es gewahrten, ringelten sie sich an der Wiege empor und begannen den Hals des Knaben zu würgen.

Der Knabe erwachte mit einem Schrei und hob seinen Kopf. Nun gab er die erste Probe seiner Götterkraft: Er ergriff mit jeder Hand eine Schlange am Genick und erstickte beide mit einem einzigen Druck seiner Finger. Die Wärterinnen hatten die Schlangen jetzt wohl bemerkt, aber übergroße Furcht hielt sie zurück.

Alkmene war durch den Schrei ihres Kindes erwacht. Sie stürzte nach Hilfe rufend hinzu. Jetzt traten auch die Fürsten der Thebaner, durch den Hilferuf aufgeschreckt, bewaffnet in das Schlafgemach. Auch König Amphitryon, der den Stiefsohn als ein Geschenk des Zeus betrachtete und liebte, eilte erschrocken herbei, das bloße Schwert in der Hand. Da stand er vor der Wiege, sah und hörte, was geschehen war. Lust, mit Entsetzen vermischt, durchbebte ihn angesichts der unerhörten Kraft des kaum geborenen Sohnes. Er betrachtete die Tat als ein großes Wunderzeichen und rief den Propheten des großen Zeus, den Wahrsager Teiresias, herbei. Dieser weissagte allen Anwesenden den Lebenslauf des Knaben, wie viele Ungeheuer auf Erden, wie viele Ungetüme des Meeres er besiegen, wie er mit den Giganten kämpfen und sie bezwingen werde und daß ihn am Ende seines mühevollen Erdenlebens das ewige Leben bei den Unsterblichen und Hebe, die Göttin der ewigen Jugend, als himmlische Gemahlin erwarte.

Als Amphitryon diese Weissagung aus dem Mund des Sehers vernahm, beschloß er, dem Knaben eine würdige Erziehung zu geben. Helden aus den verschiedensten Gegenden versammelten sich, den jungen Herakles in allen Wissenschaften zu unterrichten. Sein Vater selbst unterwies ihn in der Kunst, einen Wagen zu lenken. Den Bogen spannen und mit Pfeilen zielen lehrte ihn Eurytos, die Künste der Ringer und Faustkämpfer Harpalykos. Komolkos unterrichtete ihn im Gesang und im Spiel der Leier. Kastor, der Zeuszwilling, unterwies ihn in der Kunst, schwerbewaffnet im Feld zu fechten, Linos aber, der greise Sohn Apollons, lehrte ihn die Buchstabenschrift.

Herakles zeigte sich als gelehriger Schüler. Nur Härte konnte er nicht ertragen. Der alte Linos war ein grämlicher Lehrer. Als er ihn einst mit ungerechten Schlägen zurechtwies, griff der Knabe nach seiner

Zither und warf sie dem Hofmeister an den Kopf, daß dieser tot zu Boden fiel. Herakles, den seine Tat reute, wurde deshalb vor Gericht gestellt. Aber der berühmte und gerechte Richter Rhadamanthys sprach ihn frei und erließ ein Gesetz, das verfügte, daß bei einem Totschlag als Folge einer Selbstverteidigung der Täter nicht mit seinem Leben zu sühnen hatte. Doch fürchtete Amphitryon, sein kraftstrotzender Sohn könnte sich wieder ähnliches zuschulden kommen lassen. Er schickte ihn deshalb aufs Land zu seinen Ochsenherden. Dort wuchs Herakles auf und tat sich durch seine Größe und Stärke vor allen hervor. Er war vier Ellen lang, und feurig glänzten seine Augen. Nie verfehlte sein Pfeil das Ziel, keiner warf wie er den Spieß. Als er achtzehn Jahre alt geworden war, war er der schönste und stärkste Mann Griechenlands. Nun sollte sich entscheiden, ob er seine Kraft zum Guten oder zum Bösen gebrauchen werde.

HERAKLES AM SCHEIDEWEG

Herakles verließ bald Hirt und Herde und ging in eine einsame Gegend. Dort überlegte er, welchen Lebensweg er einschlagen sollte. Als er so sinnend dasaß, sah er plötzlich zwei Frauen von hohem Wuchs auf sich zukommen. Die eine zeigte ihrem ganzen Wesen nach Anstand und Adel, ihren Leib schmückte Sauberkeit, ihr Blick war bescheiden, ihre Haltung sittsam, fleckenlos weiß ihr Gewand. Die andere war üppig und von schwellender Fülle, das natürliche Weiß und Rot ihrer Haut durch Schminke betont, ihre Haltung herausfordernd, ihr Auge war weit geöffnet und ihr Kleid so gewählt, daß es ihre Reize kaum verhüllte. Sie betrachtete sich selbstgefällig, sah dann umher, ob nicht auch andere sie bewunderten.

Als beide näher kamen, ging die erste ruhig ihres Weges, die andere aber wollte ihr zuvorkommen und lief auf den Jüngling zu und redete ihn an: »Herakles! Ich sehe, daß du unschlüssig bist, welchen Weg du im Leben einschlagen sollst. Nimmst du mich zur Freundin, so werde ich dich die angenehmste und bequemste Straße führen: keine Lust sollst du ungekostet lassen, jede Unannehmlichkeit soll dir erspart bleiben. Um Kriege und Geschäfte brauchst du dich nicht zu kümmern, darfst nur darauf bedacht sein, deinen Gaumen mit den köstlichsten Speisen und Getränken zu laben, deine Augen, Ohren und übrigen Sinne durch die angenehmsten Empfindungen zu beglücken, auf einem weichen Lager zu schlafen und alle diese Dinge mühelos und ohne Anstrengungen zu genießen.«

Als Herakles dieses lockende Angebot hörte, sprach er verwundert: »Weib, wie ist dein Name?«

»Meine Freunde«, antwortete sie, »nennen mich die Glückseligkeit; meine Feinde aber, die mich kränken wollen, nennen mich Liederlichkeit.«

Mittlerweile war auch die andere Frau herzugetreten. »Auch ich«, sagte sie, »komme zu dir, Herakles, denn ich kenne deine Eltern, deine Anlagen und deine Erziehung. Dies alles läßt mich hoffen, du wirst, wenn du meinen Weg wählst, ein Meister in allem Guten und Großen werden. Doch will ich dir keine Genüsse versprechen, ich will dir sagen, wie es die Götter gewollt haben. Wisse also, daß bei allem, was gut und wünschenswert ist, die Götter den Menschen nichts ohne Arbeit und Mühe gewähren. Willst du, daß die Götter dir gnädig sind, so mußt du sie ehren; willst du, daß deine Freunde dich lieben, so mußt du ihnen nützlich sein; strebst du, von einem Staat geehrt zu werden, so mußt du ihm Dienste leisten; willst du, daß ganz Griechenland dich um deiner Tugend willen bewundert, so mußt du Griechenlands Wohltäter werden; willst du ernten, so mußt du säen; willst du Krieg führen und siegen, so mußt du die Kriegskunst erlernen; willst du deinen Körper in der Gewalt haben, so mußt du ihn durch Arbeit und Schweiß abhärten.«

Hier fiel ihr die Liederlichkeit in die Rede: »Siehst du wohl, Herakles«, sprach sie, »was für einen langen, mühseligen Weg zur Zufriedenheit dich dieses Weib führen will? Ich hingegen werde dich auf dem kürzesten und bequemsten Pfad zur Seligkeit leiten.«

»Elende«, erwiderte die Tugend, »wie kannst du etwas Gutes versprechen? Welches Vergnügen willst du geben, du, die du jeder Lust durch Sättigung zuvorkommst? Du ißt, ehe dich hungert, und trinkst, ehe dich dürstet. Um die Eßlust zu reizen, suchst du Meisterköche auf, um mit Lust zu trinken, beschaffst du dir seltene Weine, und im Sommer gehst du umher und suchst nach Schnee; kein Bett ist dir weich genug, deine Freunde läßt du Nächte hindurch prassen und dann den besten Teil des Tages verschlafen. Darum hüpfen sie auch sorglos und geputzt in ihrer Jugend dahin und schleppen sich mühselig und verlottert durch das Alter, beschämt über das, was sie getan haben, und fast erdrückt unter der Last dessen, was sie tun müssen. Und du selbst, obwohl unsterblich, bist dennoch von den Göttern verstoßen und wirst von guten Menschen verachtet. Was dem Ohr am lieblichsten klingt, dein eigenes Lob, hast du nie gehört; was das Auge mehr als alles andere erfreut, ein selbst getanes gutes Werk, hast du nie gesehen. – Ich hingegen bin den Göttern und allen guten Menschen nahe. An mir haben die Künstler eine willkommene Gehilfin, die Hausväter eine treue Wächterin, an mir hat das Gesinde einen liebreichen Beistand. Ich bin eine redliche Partnerin in den Geschäften des Friedens, eine zuverlässige Mitstreiterin im Krieg, die treueste Gefährtin der Freundschaft. Speise, Trank und Schlaf schmecken meinen Freunden besser als den Trägen. Die Jüngeren freuen sich des Beifalls der Alten, die Älteren der Ehrerbietung der Jungen; mit Genugtuung erinnern sie sich ihrer früheren Taten und fühlen sich bei ihrem jetzigen Tun glücklich; durch mich werden sie geliebt von den Göttern, geliebt von den Freunden, geachtet vom Vaterland. Und kommt das Ende, so geraten sie nicht ruhmlos in Vergessenheit, sondern werden von der Nachwelt gefeiert und leben fort in der Erinnerung der Menschen. Entschließt du dich zu einem solchen Leben, Herakles, dann liegt vor dir das seligste Los.«

RUHMREICHE TATEN

Die Gestalten waren verschwunden, und Herakles war wieder allein. Er war entschlossen, den Weg der Tugend zu gehen. Auch fand er bald Gelegenheit, Gutes zu tun. Griechenland war damals noch von Wäldern und Sümpfen bedeckt, grimmige Löwen, wütende Eber und andere Ungeheuer durchstreiften das Land. Es von diesen Untieren zu säubern und von den Räubern zu befreien, die dem Wanderer in der Einöde auflauerten, war der alten Helden größtes Verdienst. Auch Herakles war dazu berufen. Zu den Seinigen zurückgekehrt, hörte er, daß auf dem Berg Kithairon, an dessen Fuß die Herden des Königs Amphitryon weideten, ein entsetzlicher Löwe hause. Der junge Held war schnell entschlossen und zögerte nicht. Bewaffnet stieg er hinauf ins wilde Waldgebirge, bezwang den Löwen, nahm seine Haut um die Schultern und setzte den Rachen als Helm auf.

Während er von dieser Jagd heimkehrte, begegneten ihm Herolde des Minyerkönigs Erginos, welche einen schimpflichen und ungerechten Jahrestribut von den Thebanern einfordern sollten. Herakles, der sich zum Anwalt aller Unterdrückten berufen fühlte, war mit den Boten, die sich zahlreiche Mißhandlungen hatten zuschulden kommen lassen, bald fertig und schickte sie, mit Stricken um den Hals, verstümmelt zu ihrem König zurück. Erginos verlangte die Auslieferung des Täters, und Kreon, der König der Thebaner, war aus Furcht vor der drohenden Gefahr geneigt, diesem Verlangen zu entsprechen. So sammelte Herakles viele mutige Jünglinge, um gemeinsam dem Feind entgegenzugehen. Nun gab es aber in keinem Bürgerhaus eine Waffe, denn die Minyer hatten den Thebanern alle Waffen abgenommen, damit sie ja nicht auf den Gedanken kämen, einen Aufstand zu machen.

Da rief Athene Herakles in ihren Tempel und rüstete ihn mit ihren eigenen Waffen aus. Die Jünglinge aber nahmen die im Tempel aufgehängten Waffenrüstungen, welche die Vorfahren erbeutet und den Göttern geweiht hatten. So ausgerüstet, zog der Held mit seiner kleinen Schar den herannahenden Minyern bis zu einem Engpaß entgegen. Hier konnte dem Feind die Größe seiner Kriegsmacht nichts nützen. Erginos selbst fiel in der Schlacht, und fast sein ganzes Heer wurde aufgerieben. Aber in dem Gefecht war auch Amphitryon, Herakles' Stiefvater, der wacker mitgekämpft hatte, umgekommen. Herakles rückte nach der Schlacht schnell gegen Orchomenos, die Hauptstadt der Minyer, vor, drang dort ein, verbrannte ihre Königsburg und zerstörte die Stadt.

Ganz Griechenland bewunderte die außerordentliche Tat, und der Thebanerkönig Kreon, der das Verdienst des Jünglings ehren wollte, gab ihm seine Tochter Megara zur Ehe, die dem Helden drei Söhne gebar. Seine Mutter Alkmene aber vermählte sich zum zweitenmal mit dem Richter Rhadamanthys. Die Götter selbst beschenkten den siegreichen Halbgott: Hermes gab ihm ein Schwert, Apoll Pfeile, Hephaistos einen goldenen Köcher, Athene einen Waffenrock.

Der Held fand bald eine Gelegenheit, den Göttern für so große Auszeichnungen überreichen Dank abzustatten. Die Giganten, Riesen mit schrecklichen Gesichtern, langen Haaren und Bärten, geschuppten

Drachenschwänzen statt der Füße, Ungeheuer, welche Gaia, die Erde, Uranos, dem Himmel, geboren hatte, wurden von ihrer Mutter gegen Zeus, den neuen Weltbeherrscher, aufgewiegelt, weil dieser ihre älteren Söhne, die Titanen, in den Tartaros verstoßen hatte. Sie brachen aus dem Erbos, der Unterwelt, auf dem weiten Feld von Phlegra in Thessalien hervor. Aus Furcht von ihrem Anblick erblaßten die Gestirne, und Phöbos drehte den Sonnenwagen um. »Geht hin und rächt mich und die alten Götterkinder«, sprach die Mutter Erde, »an Prometheus frißt der Adler, an Tityos zehren die Geier, Atlas muß den Himmel tragen, die Titanen liegen in Banden. Geht, rächt, rettet sie! Braucht meine eigenen Glieder, die Berge, zu Stufen, zu Waffen! Du, Alkyoneus, reiß dem Gewaltherrscher Zepter und Blitz aus der Hand; Enkelados, du bemächtige dich des Meeres und verjage Poseidon! Thötos soll dem Sonnengott die Zügel entreißen, Porphyrion das Orakel zu Delphi erobern.«

Die Riesen jubelten bei diesen Worten auf, als hätten sie den Sieg schon errungen, als schleppten sie schon Poseidon oder den Ares im Triumph daher und zerrten den Apollon an seinem herrlichen Lockenhaar; der eine nannte schon Aphrodite sein Weib, ein anderer wollte Artemis, ein dritter Athene freien. So zogen sie den thessalischen Bergen entgegen, um von dort aus den Himmel zu stürmen.

Indessen rief Iris, die Götterbotin, alle Himmlischen zusammen, alle Götter, die in Wasser und Flüssen wohnen; selbst die Manen aus der Unterwelt beschwor sie herauf; Persephone verließ ihr schattiges Reich, und ihr Gemahl, der König der Schweigenden, fuhr mit seinen lichtscheuen Rossen zum strahlenden Olympos empor. Wie in einer belagerten Stadt die Bewohner von allen Seiten zusammenlaufen, ihre Burg zu schützen, so kamen die vielgestalten Gottheiten am Vaterherd zusammen.

»Versammelte Götter«, sprach Zeus zu ihnen, »ihr seht, wie die Mutter Erde mit einer neuen Brut sich gegen uns verschworen hat. Auf, sendet ihr so viele Leichen hinunter, als sie uns Söhne heraufschickt!« Als der Göttervater geredet hatte, ertönte die Wetterposaune vom Himmel, und Gaia drunten antwortete mit einem donnernden Erdbeben. Die Natur geriet in Verwirrung wie am Tag der Schöpfung, denn die Giganten rissen einen Berg nach dem anderen aus seinen Wurzeln, schleppten den Ossa, den Pelion, den Ötha, den Athos herbei, brachen den Rhodope mit der Hälfte des Hebrosquelles ab, und auf dieser

Leiter von Gebirgen zum Göttersitz emporgekommen, begannen sie mit Feuerbränden von Eichen und ungeheuren Felsenstücken den Olymp zu stürmen.

Nun war den Göttern ein Orakelspruch zuteil worden, daß die Himmlischen keinen der Giganten vernichten könnten und diese nur dann sterben würden, wenn ein Sterblicher mitkämpfe. Gaia hatte dies in Erfahrung gebracht und suchte deshalb nach einer Arznei, die ihre Söhne auch Sterblichen gegenüber unverletzlich machte. Und es gab tatsächlich ein solches Kraut, aber Zeus kam ihr zuvor. Er verbot der Morgenröte, dem Mond und der Sonne zu scheinen, und während Gaia in der Finsternis suchte, schnitt er selbst eilig die Arzneikräuter ab und ließ seinen Sohn Herakles durch Athene zur Teilnahme am Kampf auffordern.

Auf dem Olympos war inzwischen der Kampf entbrannt. Ares hatte seinen Kriegswagen mit den wiehernden Rossen mitten in die dichteste Schar der heranstürzenden Feinde gelenkt. Sein goldener Schild brannte heller als Feuer, schimmernd flatterte die Mähne seines Helms. Im Kampfgetümmel durchbohrte er den Giganten Peloros, dessen Füße zwei lebende Schlangen waren. Dann fuhr er über die sich krümmenden Glieder des Gefallenen zermalmend mit seinem Wagen hinweg; aber erst beim Anblick des sterblichen Herakles, der eben die letzte Stufe des Olymps erstiegen hatte, hauchte das Ungeheuer seine drei Seelen aus. Herakles sah sich auf dem Schlachtfeld um und wählte sich ein Ziel für seinen Bogen; sein Pfeilschuß streckte den Alkyoneus nieder, der sogleich in die Tiefe stürzte, aber, als er seinen Heimatboden berührt hatte, mit erneuter Lebenskraft sich wieder erhob. Auf den Rat der Athene hin stieg auch Herakles hinab und schleppte ihn über die Grenzen seines Heimatlandes hinaus. Sowie der Riese die fremde Erde berührte, entwich ihm der Atem.

Jetzt bedrohte der Gigant Porphyrion Herakles und Hera zugleich, um einzeln mit ihnen zu kämpfen. Aber Zeus flößte ihm schnell ein Verlangen ein, das himmlische Antlitz der Göttin zu schauen, und während er an Heras Schleier zerrte, traf ihn Zeus mit dem Donner, und Herakles tötete ihn vollends mit seinem Pfeil. Bald brach aus der Schlachtenreihe der Giganten Ephialtes mit funkelnden Riesenaugen hervor. »Das sind helle Zielscheiben für unsere Pfeile!« sprach lachend Herakles zu dem neben ihm kämpfenden Phöbos Apollon, und nun schoß ihm der Gott das linke und der Halbgott das rechte Auge aus dem Kopf. Den Rhötos schlug Dionysos (Bakchos) mit seinem Thyrsosstab nieder; ein Hagel glühender Eisenschlacken aus des Hephaistos Hand warf den Klytios zu Boden; auf den fliehenden Enkelados schleuderte Pallas Athene die Insel Sizilien; der Riese Polybotes, von Poseidon über das Meer hinweg verfolgt, flüchtete sich nach Kos, aber der Meergott riß ein Stück dieser Insel ab und zermalmte ihn damit; Hermes, den unsichtbar machenden Helm des Pluton auf dem Kopf, erschlug Hippolytos, zwei andere trafen der Parzen eherne Keulen. Die übrigen schmetterte Zeus mit seinem Donner zu Boden, und Herakles erschoß sie mit seinen Pfeilen.

Für diese Tat wurde dem Halbgott hohe Gunst von den Himmlischen zuteil. Zeus nannte jene unter den Göttern, die den Kampf mit entschieden hatten, Olympier, um durch diesen Ehrentitel die Tapferen von den Feigen zu unterscheiden. Diesen ehrenden Namen verlieh er nun auch zwei Söhnen sterblicher Frauen: dem Dionysos und dem Herakles.

DIE DREI ERSTEN ARBEITEN

Zeus hatte vor der Geburt des Herakles im Rat der Götter erklärt, der erste Enkel des Perseus, der geboren würde, sollte über alle späteren Nachkommen des Perseus herrschen. Diese Ehre war seinem und Alkmenes Sohn zugedacht. Aber Heras Hinterlist, welche dieses Glück dem Sohn der Nebenbuhlerin nicht gönnte, kam ihm zuvor und ließ den Eurystheus, der auch ein Enkel des Perseus war, obwohl er später als Herakles zur Welt kommen sollte, früher geboren werden. Dadurch wurde Eurystheus König von Mykene im Argiverland und der später geborene Herakles ihm untertan. Der König sah mit Besorgnis den steigenden Ruhm seines jungen Verwandten und berief ihn zu sich, um ihm verschiedene Arbeiten aufzutragen.

Da Herakles nicht gehorchte, befahl Zeus selbst, der seinen Beschluß nicht widerrufen wollte, seinem Sohn, dem Argiverkönig zu dienen. Aber der Halbgott entschloß sich nur schwer, Diener eines Sterblichen zu sein. Er ging deshalb nach Delphi und befragte das Orakel. Dieses gab ihm kund: die von Eurystheus erschlichene Oberherrschaft sei von den Göttern so gewollt, daß Herakles zehn Arbeiten, welche jener ihm auferlegen werde, zu vollbringen habe. Wenn dieses geschehen sei, sollte er der Unsterblichkeit teilhaftig werden.

Herakles fiel hierüber in tiefe Schwermut: einem Geringeren zu dienen widerstrebte seinem Stolz und schien ihm unter seiner Würde; aber Zeus, dem Vater, nicht zu gehorchen, erschien ihm unheilbringend und undenkbar zugleich. Diesen Augenblick benützte Hera, aus deren Seele die Verdienste des Herakles um die Götter den Haß nicht zu tilgen vermocht hatten, und verwandelte seinen düsteren Unmut in wilde Raserei. Er kam so von Sinnen, daß er seinen geliebten Neffen Jolaos ermorden wollte, und als dieser entfloh, erschoß er seine eigenen Kinder, die ihm Megara geboren hatte, weil er wähnte, sein Bogen ziele auf Giganten. Es dauerte lange, bis er von diesem Wahnsinn wieder frei wurde. Als er seinen Irrtum erkannte, kränkte er sich bitter über sein schweres Unglück. Er schloß sich in sein Haus ein und mied allen Umgang mit Menschen. Als endlich die Zeit seinen Kummer linderte, entschloß er sich, die Aufträge des Eurystheus auszuführen, und eilte zu ihm nach Tiryns, das auch zu dessen Königreich gehörte.

Die erste Arbeit, die der König ihm auferlegte, bestand darin, daß Herakles ihm das Fell des Nemeischen Löwen bringen sollte. Dieses Ungeheuer hauste auf dem Peloponnes, in den Wäldern zwischen Kleonai und Memea in der Landschaft Argolis. Der Löwe war mit keiner menschlichen Waffe zu verwunden. Die einen sagten, er sei ein Sohn des Riesen Typhon und der Schlange Echidna, die anderen meinten, er sei vom Mond auf die Erde herabgefallen.

Also zog Herakles gegen den Löwen aus, den Köcher auf dem Rücken, den Bogen in der einen Hand, in der anderen eine Keule aus dem Stamm eines wilden Ölbaums, den er selbst auf dem Helikon entdeckt und mitsamt den Wurzeln ausgerissen hatte. Als Herakles in den Wald von Nemea kam, spähte er nach allen Seiten, um das reißende Tier zu entdecken, bevor er von ihm gesehen wurde.

Es war Mittag, und nirgends konnte er die Spur des Löwen finden, nirgends den Pfad zu seinem Lager erkunden; denn keinen Menschen traf er auf dem Feld bei den Stieren oder im Wald bei den Bäumen an; alle blieben aus Furcht in ihren fernen Gehöften. Den ganzen Nachmittag durchstreifte Herakles den dichtbelaubten Hain, entschlossen, seine Kraft zu erproben, sobald er dem Ungeheuer begegnen würde. Endlich, gegen Abend, kam der Löwe auf einem Waldweg gelaufen, um vom Fang in seinen Erdspalt zurückzukehren. Er war von Fleisch und Blut gesättigt, Kopf, Mähne und Brust verrieten Mordlust, mit der Zunge leckte er sich das Kinn.

Der Held, der ihn von fern kommen sah, versteckte sich in einem dichten Gebüsch und wartete, bis der Löwe näher kam, dann schoß er ihm einen Pfeil in die Flanken zwischen Rippen und Hüfte. Aber das Geschoß drang nicht ins Fleisch, es prallte wie an einer Mauer ab und flog auf den moosigen Waldboden. Das Tier hob seinen zur Seite gekehrten blutigen Kopf empor, ließ die Augen forschend nach allen Seiten rollen und im aufgesperrten Rachen die entsetzlichen Zähne sehen. So streckte es dem Halbgott die Brust entgegen, und dieser sandte schnell einen zweiten Pfeil ab, um ihn mitten in den Sitz des Atems zu treffen; aber auch diesmal drang das Geschoß nicht bis unter die Haut, sondern prallte von der Brust ab und fiel zu Füßen des Ungetüms nieder.

Herakles griff eben zum dritten Pfeil, als der Löwe, die Augen seitwärts drehend, ihn erblickte. Er zog seinen langen Schweif ein, bis zu den hinteren Kniekehlen, sein ganzer Nacken schwoll vor Zorn auf, unter Knurren sträubte sich seine Mähne, sein Rücken wurde krumm wie ein Bogen. Kampfbereit sprang er seinen Feind an, Herakles aber warf seine Pfeile von sich und seine eigene Löwenhaut vom Rücken, mit der Rechten schwang er über dem Haupt des Tiers die Keule und versetzte ihm einen Schlag auf den Nacken, daß es mitten im Sprung zu Boden stürzte und zitternd zu stehen kam. Ehe es wieder angreifen konnte, kam ihm Herakles zuvor. Er warf auch noch Bogen und Köcher zur Seite, um nicht behindert zu sein. Von hinten nahte er dem Untier, schlang die Arme um seinen Nacken und preßte ihm die Kehle zu, bis es erstickte und seine grauenvolle Seele zum Hades fuhr.

Lange mühte er sich vergebens, die Haut des toten Löwen abzuziehen, aber sie wich keinem Eisen, keinem Stein. Endlich kam ihm der Gedanke, sie mit den Klauen des Tieres selbst abzuweiden, was ihm auch sogleich gelang. Später machte er sich aus diesem herrlichen Löwenfell einen Panzer und aus dem Rachen einen neuen Helm. Zunächst aber nahm er Kleid und Waffen, in denen er gekommen war, wieder an sich und machte sich, das Fell des Nemeischen Löwen über den Arm gehängt, auf den Rückweg nach Tiryns. Als der König Eurystheus ihn mit der Haut des gräßlichen Tieres daherkommen sah, geriet er über die göttliche Kraft des Helden in solche Angst, daß er in einen ehernen Topf kroch. Auch ließ er fortan den Herakles nicht mehr in seine Nähe, sondern erteilte ihm seine Befehle nur außerhalb der Mauern durch Kopreus, einen Sohn des Pelops.

Die zweite Arbeit des Helden war, die Hydra zu erlegen, die ebenfalls eine Tochter des Typhon und der Echidna war. Diese war in Argolis, im Sumpf von Lerna, aufgewachsen. Wenn Sie hervorkam, zerriß sie Herdentiere und verwüstete das Feld. Sie war unmäßig groß, eine Schlange mit neun Häuptern, von denen acht sterblich, das mittlere aber unsterblich war. Herakles ging auch diesem Kampf mutig entgegen. Er bestieg sofort einen Wagen, sein geliebter Neffe Jolaos, der Sohn seines Stiefbruders Iphikles, der lange Zeit sein unzertrennlicher Gefährte blieb, setzte sich als Roßlenker ihm zur Seite, und so eilten sie nach Lerna. Endlich sahen sie die Hydra auf einem Hügel bei den Quellen der Amymone, wo sie ihre Höhle hatte. Hier ließ Jolaos die Pferde halten. Herakles sprang vom Wagen und zwang durch Schüsse mit brennenden Pfeilen die vielköpfige Schlange, ihren Schlupfwinkel zu verlassen. Sie kam zischend hervor, und ihre neun aufgereckten Hälse schwankten auf dem Leib wie Äste eines Baumes im Sturm. Herakles ging ihr unerschrocken entgegen, packte sie kräftig und hielt sie fest. Sie aber umschlang einen seiner Füße, ohne sich weiter zu wehren. Nun begann Herakles, mit einer Keule ihr die Köpfe zu zerschmettern. Aber er kam nicht zum Ziel, hatte er ein Haupt abgeschlagen, so wuchsen sogleich zwei weitere nach. Überdies kam der Hydra ein Riesenkrebs zu Hilfe, der den Helden empfindlich am Fuß zwickte. Ihn tötete Herakles mit seiner Keule und rief dann den Jolas zu Hilfe. Dieser hielt schon eine Fackel bereit, zündete damit einen Teil des nahen Waldes an, und mit dem Feuer versengte er die neu wachsenden Häupter der Schlange, sobald sie sich zeigten, und hinderte sie so, hervorzukommen. So wurde der Held der emporwachsenden Köpfe Herr und schlug nun der Hydra auch das unsterbliche Haupt ab. Dieses begrub er am Weg und wälzte einen schweren Stein darüber. Den Rumpf der Hydra spaltete er in zwei Teile, seine Pfeile tauchte er in ihr giftiges Blut. Seither riß des Helden Pfeil unheilbare Wunden.

Der dritte Auftrag des Eurystheus verlangte von Herakles, die Hirschkuh Kerynitis lebendig zu fangen. Sie war ein herrliches Tier, hatte goldene Geweihe und eherne Füße und weidete auf einem Hügel Arkadiens. Sie war eines der fünf Tiere gewesen, an welchen die Göttin Artemis ihre erste Jagdprobe abgelegt hatte. Als einzige von den fünfen hatte sie die Hirschkuh wieder in die Wälder laufen lassen, weil es vom Schicksal beschlossen war, daß Herakles sich einmal daran müde jagen sollte. Ein ganzes Jahr verfolgte er sie. Er kam auf dieser Jagd zu den Hyperboreern und an die Quellen des Isterflusses und holte die Hindin endlich am Fluß Ladon ein, unweit der Stadt Önoe, am artemisischen Berg. Doch konnte er das Tier nicht anders bändigen, als daß er es durch einen Pfeilschuß lähmte und dann auf seinen Schultern durch Arkadien trug. Hier begegnete ihm die Göttin Artemis mit Apollon. Sie rügte ihn, daß er das Tier, das ihr geweiht war, habe töten wollen, und schickte sich an, ihm die Beute zu entreißen. »Nicht Übermut hat mich bewogen, große Göttin«, rechtfertigte sich Herakles, »ich war gezwungen, es zu tun: wie könnte ich sonst vor Eurystheus bestehen?« So besänftigte er den Zorn der Göttin und brachte das Tier lebend nach Mykene.

DIE VIERTE, FÜNFTE UND SECHSTE ARBEIT

Sogleich übernahm er seinen vierten Auftrag. Er bestand darin, diesmal den erymanthischen Eber, der die Gegend des Erymanthos verwüstete und gleichfalls der Artemis geweiht war, lebendig nach Mykene zu bringen.

Auf seiner Suche nach dem Tier kehrte Herakles unterwegs bei Pholos, dem Sohn des Silenos, ein. Dieser war, wie alle Kentauren, halb Mensch, halb Roß. Er empfing seinen Gast sehr freundlich und setzte ihm gebratenes Fleisch vor, während er selbst rohes aß. Aber Herakles begehrte zu der kräftigen Mahlzeit auch einen guten Trunk.

»Lieber Gast«, sprach Pholos, »es liegt wohl ein Faß in meinem Keller, aber das gehört allen Kentauren gemeinsam, und ich habe Bedenken, es öffnen zu lassen, weil ich weiß, wie wenig die Kentauren von Gästen halten.«

»Öffne es nur«, ermunterte ihn Herakles, »ich verspreche dir, dich gegen alle ihre Angriffe zu verteidigen. Ich habe Durst.«

Aber Bakchos selbst, der Gott des Weines, hatte dieses Faß einem

Kentauren mit dem Befehl übergeben, es nicht eher zu öffnen, als bis nach vier Menschenaltern Herakles in diesem Haus einkehren würde. So ging also Pholos in den Keller. Kaum aber hatte er das Faß eröffnet, da rochen die anderen Kentauren den Duft des starken alten Weins und umringten in großer Zahl, mit Felsstücken und Fichtenstämmen bewaffnet, die Höhle des Pholos. Die ersten, die es wagten einzudringen, jagte Herakles mit Feuerbränden zurück. Die anderen verfolgte er mit Pfeilschüssen bis nach Malea, wo der gute Kentaur Chiron, ein alter Freund des Herakles, wohnte. Zu ihm flüchteten seine Stammesbrüder. Aber Herakles hatte, als sie eben dort eintrafen, den Bogen gespannt und einen Pfeil abgeschossen, der den Arm eines anderen Kentauren durchbohrte und unglücklicherweise in das Knie des Chiron fuhr und dort stecken blieb.

Jetzt erst erkannte Herakles den Freund seiner früheren Tage. Er lief bekümmert hinzu, zog den Pfeil heraus und legte ein Heilmittel auf, das der arzneikundige Chiron ihm selbst gegeben hatte. Aber die Wunde, vom Gift der Hydra berührt, war unheilbar. Der Kentaur ließ sich in seine Höhle bringen und wünschte, in den Armen seines Freundes zu sterben. Sein Wunsch war vergeblich! Der Arme hatte nicht daran gedacht, daß er unsterblich war. Herakles nahm von dem Gequälten unter Tränen Abschied und versprach, ihm den Tod, den Erlöser, zu senden. Wir wissen, daß er Wort gehalten hat. Als Herakles von der Verfolgung der übrigen Kentauren in seines Freundes Höhle zurückkehrte, fand er Pholos, seinen liebreichen Wirt, ebenfalls tot. Dieser hatte aus einem Kentaurenleichnam den Todespfeil gezogen. Während er sich wunderte, wie ein so kleines Ding so große Geschöpfe erlegen könne, entglitt das vergiftete Geschoß seiner Hand, fuhr ihm in den Fuß und tötete ihn auf der Stelle. Herakles war sehr betrübt. Er bestattete ihn ehrenvoll, indem er ihn unter den Berg legte, der seither Pholoe genannt wurde. Dann ging er weiter, den Eber zu jagen. Er trieb ihn mit Geschrei aus dem Dickicht des Waldes, verfolgte ihn bis ins tiefe Schneefeld, fing hier das erschöpfte Tier mit einem Strick und brachte es, wie ihm befohlen war, lebend nach Mykene.

Darauf schickte ihn der König Eurystheus zur fünften Arbeit fort, die eines Helden würdig war. Er sollte den Stall des Augias an einem einzigen Tag ausmisten. Augias war König in Elis und hatte große Viehherden. Sein Vieh stand nach Art der Alten in einer großen Verzäunung vor dem Palast. Dreitausend Rinder hatten da gestanden, und so hatte sich in vielen Jahren eine ungeheure Menge Mist angehäuft, den nun Herakles zur Schmach und, was unmöglich schien, an einem einzigen Tag hinausschaffen sollte.

Als der Held vor den König Augias trat und, ohne etwas von dem Auftrag des Eurystheus zu erwähnen, sich zu dieser Arbeit anbot, maß dieser die herrliche Gestalt in der Löwenhaut und konnte kaum das Lachen unterdrücken, wenn er dachte, daß einen so edlen Krieger nach so gemeinem Knechtdienst gelüsten könne. Doch dachte er bei sich: der Eigennutz hat schon so manchen wackren Mann verführt. Vielleicht will er sich an mir bereichern? Das wird ihm kaum gelingen. Ich kann ihm leichten Herzens einen großen Lohn versprechen, wenn er mir den ganzen Stall ausmistet, denn er wird an einem Tag wenig genug hinaustragen. Darum sprach er: »Höre, Fremdling, wenn du das kannst und mir an einem Tag all den Mist hinausschaffst, so will ich dir den zehnten Teil meines ganzen Viehbestands als Belohnung überlassen.«

Herakles ging auf die Bedingung ein, und der König dachte, dieser würde jetzt zu schaufeln beginnen. Herakles aber, nachdem er zuvor den Sohn des Augias, Phyleus, zum Zeugen jenes Vertrags bestellt hatte, riß den Boden des Viehstalls auf einer Seite auf, leitete die nahe vorbeifließenden Ströme Alpheios und Peneios durch einen Kanal herzu und ließ sie den Mist wegspülen und schließlich durch eine andere Öffnung wieder ausströmen. So erfüllte er einen schmachvollen Auftrag, ohne sich zu einer Handlung zu erniedrigen, die eines Unsterblichen unwürdig gewesen wäre. Als Augias erfuhr, daß Herakles im Auftrag des Eurysteus gehandelt hatte, verweigerte er den Lohn und leugnete auch noch, einen solchen versprochen zu haben. Er erklärte sich jedoch bereit, die Streitsache einem richterlichen Spruch anheimzustellen. Als die Richter beisammensaßen, das Urteil zu fällen, trat Phyleus, von Herakles aufgefordert, vor und zeugte gegen seinen eigenen Vater. Er erklärte, dieser habe tatsächlich einen Lohn mit Herakles vereinbart. Augias wartete den Spruch nicht ab. Ergrimmt befahl er dem Sohn wie dem Fremdling, sein Reich auf der Stelle zu verlassen.

Herakles kehrte nun zu Eurystheus zurück. Dieser aber wollte die eben geleistete Arbeit nicht gelten lassen, weil Herakles Lohn dafür gefordert habe. Dennoch schickte er ihn sogleich aus, sein sechstes Abenteuer zu vollbringen. Er trug ihm auf, die Stymphaliden zu verjagen. Das waren ungeheure Raubvögel, so groß wie Kraniche, mit eisernen Flügeln, Schnäbeln und Klauen. Sie hausten um den See

Stymphalos in Arkadien und konnten ihre Federn wie Pfeile abdrücken und mit ihren Schnäbeln sogar eherne Panzer durchbrechen. Sie richteten in der Umgebung unter Menschen und Vieh große Verwüstung an. Herakles erreichte nach kurzer Reise den See, der von einem dichten Gehölz umwachsen war. In seinen Zweigen hatte sich eben eine unübersehbare Schar jener Vögel geflüchtet, weil sie fürchteten, von den Wölfen gerissen zu werden. Herakles stand ratlos da, als er die Menge der Tiere erblickte, er wußte nicht, wie er so viele Feinde bezwingen sollte. Auf einmal fühlte er einen leichten Schlag auf der Schulter. Als er sich umblickte, sah er Athene, die ihm zwei mächtige eherne Klappern in die Hand gab, welche Hephaistos ihr verfertigt hatte. Sie deutete Herakles, diese gegen die Stymphaliden anzuwenden, und verschwand wieder. Herakles bestieg nun eine Anhöhe in der Nähe des Sees und schreckte die Vögel, indem er die Klappern zusammenschlug. Diese hielten das gellende Getöse nicht aus und flogen aufgeschreckt aus dem Wald hervor. Darauf ergriff Herakles den Bogen, legte Pfeil um Pfeil auf und traf viele im Flug. Die anderen verließen die Gegend und kamen nicht wieder.

DIE SIEBENTE, ACHTE UND NEUNTE ARBEIT

König Minos in Kreta hatte dem Gott Poseidon versprochen, ihm zu opfern, was zuerst aus dem Meer auftauchen würde. Minos hatte nämlich behauptet, er besitze kein Tier, das würdig sei, als Opfer dargebracht zu werden. Darum ließ der Gott einen ausnehmend schönen Stier aus dem Meer aufsteigen. Den König aber verleitete die herrliche Gestalt des Tieres, es heimlich unter seine Herde zu stecken und dem Poseidon einen anderen Stier als Opfer zu unterschieben. Erzürnt über diesen Betrug, hatte der Meergott zur Strafe den Stier rasend werden lassen, und dieser richtete nun auf der Insel Kreta große Verwüstungen an. Ihn zu bändigen und vor Eurystheus zu bringen, wurde dem Herakles als siebente Arbeit aufgetragen.

Als Herakles mit seinem Angebot nach Kreta zu König Minos kam, war dieser hocherfreut über die Aussicht, den Verderber der Insel loszuwerden. Er selbst half Herakles das wütende Tier einzufangen. Die Heldenkraft des Herakles bändigte den rasenden Stier so gründlich, daß, um ihn nach Peloponnes zu schaffen, er sich von ihm auf dem ganzen Weg über die See wie von einem Schiff tragen ließ. Mit dieser Arbeit war Eurystheus zufrieden, ließ jedoch das Tier, nachdem er es eine Weile mit Wohlgefallen betrachtet hatte, sofort wieder frei.

Als der Stier nicht mehr im Bann des Herakles war, kehrte seine alte Raserei zurück. Er durchirrte ganz Lakonien und Arkadien, streifte über den Isthmus nach Marathon in Attika und verheerte hier das Land wie einst die Insel Kreta. Erst Theseus gelang es später, ihn noch einmal zu bändigen.

Als achte Arbeit trug nun König Eurystheus dem Helden Herakles auf, die Stuten des Thrakiers Diomedes nach Mykene zu bringen. Dieser war ein Sohn des Ares und König der Bistonen, eines sehr kriegerischen Volkes. Er besaß Stuten, die so wild und stark waren, daß man sie an eherne Krippen mit eisernen Ketten band. Ihr Futter bestand nicht aus Hafer, sondern man warf ihnen Fremdlinge zum Fraß vor, die das Unglück hatten, in die Stadt des Königs zu kommen. Ihr Fleisch diente den Rossen zur Nahrung. Als Herakles ankam, war seine erste Tat, den unmenschlichen König selbst zu fassen und ihn seinen eigenen Stuten vorzuwerfen, nachdem er die Wächter der Tiere übermannt hatte. Durch diese Speise wurden die Stuten zahm, und er trieb sie nun an den Strand des Meeres. Aber die Bistonen kamen bewaffnet hinter ihm her, so daß Herakles sich umwenden und gegen sie kämpfen mußte. Er übergab die Tiere seinem Liebling und Begleiter Abderos, dem Sohn des Hermes, damit er sie bewache.

Kaum war Herakles fort, überkam die Stuten wieder Appetit auf Menschenfleisch, und als Herakles die Bistonen in die Flucht geschlagen hatte und zurückgekehrt war, fand er seinen Freund von den Rossen zerrissen. Er betrauerte den Getöteten und gründete ihm zu Ehren die Stadt Abdera. Dann bändigte er die Stuten wieder und gelangte glücklich mit ihnen zu Eurystheus. Dieser weihte die Pferde der Hera. Ihre Nachkommen dienten noch lange den Menschen, sogar Alexander von Makedonien ritt noch auf einem ihrer Abkömmlinge. Nachdem Herakles diese Arbeit ausgeführt hatte, schiffte er sich mit den Gefährten des Jason, der das Goldene Vlies holen sollte, nach Kolchis ein.

Von langer Irrfahrt zurückgekehrt, unternahm der Held die Heerfahrt gegen die Amazonen, um das neunte Abenteuer zu bestehen und dem König Eurystheus das Wehrgehenk der Amazone Hippolyta zu bringen. Die Amazonen bewohnten die Gegend um den Fluß Thermodon in Pontus und waren ein großes Frauenvolk, das nur Männerhandwerk trieb. Von ihren Kindern erzogen sie nur jene, die weiblichen Geschlechts waren. In Scharen zogen sie zu Kriegen aus. Hippolyta, ihre Königin, trug als Zeichen ihrer Herrscherwürde den genannten Gürtel, den sie vom Kriegsgott selbst zum Geschenk erhalten hatte.

Herakles sammelte für seinen Zug freiwillige Kampfgenossen und erreichte mit ihnen nach mancherlei Zwischenfällen das Schwarze Meer und lief endlich in die Mündung des Flusses Thermodon und in den Hafen der Amazonenstadt Thermiskyra ein. Hier kam ihm die Königin der Amazonen entgegen. Das herrliche Aussehen des Helden beeindruckte sie, und als sie erfuhr, warum er gekommen sei, versprach sie ihm das Wehrgehenk. Aber Hera, die unversöhnliche Feindin des Herakles, nahm die Gestalt einer Amazone an, mischte sich unter die Menge und verbreitete das Gerücht, ein Fremder wolle ihre Königin entführen. Sogleich schwangen sich alle Amazonen aufs Pferd und griffen den Halbgott in seinem Lager an, das er vor der Stadt aufgeschlagen hatte. Das Fußvolk der Amazonen fochte mit den Kriegern des Helden, die vornehmsten aber stellten sich dem Herakles und lieferten ihm einen schweren Kampf.

Die erste, die mit ihm die Waffen kreuzte, hieß ihrer Schnelligkeit wegen Aälla, die Windsbraut, aber sie fand an Herakles einen noch schnelleren Gegner, mußte weichen und wurde auf windschneller Flucht von ihm eingeholt und niedergemacht. Eine zweite fiel schon beim ersten Angriff, dann Prothoe, die dritte, die siebenmal im Zweikampf gesiegt hatte. Nach ihr erlagen acht andere den Pfeilen des Herakles, darunter drei Jagdgefährtinnen der Artemis, die sonst immer so unfehlbar den Wurfspieß geschleudert hatten und diesmal ihr Ziel verfehlten. Auch Alkippe fiel, die geschworen hatte, ihr Leben lang unvermählt zu bleiben. Den Schwur hielt sie, aber am Leben blieb sie nicht. Nachdem auch Melanippe, die tapfere Fürstin der Amazonen, gefangen war, flohen alle in wilder Flucht, und Hippolyta, die Königin, gab das Wehrgehenk heraus, wie sie es bereits vor der Schlacht versprochen hatte. Herakles nahm es als Lösegeld an und gab dafür Melanippe frei.

Auf der Rückfahrt bestand der Held ein anderes Abenteuer an der trojanischen Küste. Hier war Hesione, Laomedons Tochter, an einen

Felsen gebunden und einem Ungeheuer zum Fraß ausgesetzt. Ihrem Vater hatte Poseidon die Mauern von Troja erbaut und keinen Lohn dafür erhalten; deshalb verwüstete ein Seeuntier Trojas Gebiet, bis der verzweifelte Laomedon ihm seine eigene Tochter preisgab. Als Herakles vorüberfuhr, rief ihn der jammernde Vater zu Hilfe und versprach, ihm für die Rettung der Tochter die herrlichsten Rosse zu geben, die sein Vater von Zeus zum Geschenk bekommen hatte. Herakles legte an und erwartete das Ungetüm. Als es kam und den Rachen aufsperrte, die Jungfrau zu verschlingen, sprang er selbst in sein Inneres, zerschnitt ihm alle Eingeweide und stieg aus dem getöteten Untier hervor wie aus einer Mördergrube. Aber Laomedon brach auch diesmal sein Wort, und Herakles fuhr unter Drohungen davon.

DIE DREI LETZTEN ARBEITEN

Als der Held das Wehrgehenk der Königin Hippolyta zu Eurystheus' Füßen niedergelegt hatte, gönnte dieser ihm keine Rast, sondern schickte ihn sogleich wieder aus, die Rinder des Riesen Geryones herbeizuschaffen. Dieser besaß auf der Insel Erythia eine Herde schöner braunroter Rinder, die ein anderer Riese und ein zweiköpfiger Hund hüteten. Geryones selbst war ungeheuer groß, hatte drei Leiber, drei Köpfe, sechs Arme und sechs Füße. Kein Erdensohn hatte sich je an ihn herangewagt. Herakles sah wohl, wie viele Vorbereitungen ein solch beschwerliches Unternehmen erfordere. Es war ihm bekannt, daß des Geryones Vater, Chrysaor, der den Namen »Goldschwert« von seinem Reichtum hatte, König von ganz Iberien war. Herakles wußte auch, daß außer Geryones noch drei tapfere und riesige Söhne für ihn stritten und jeder Sohn ein starkes Heer streitbarer Männer unter seinem Befehl hatte.

Eben darum hatte Eurystheus dem Herakles jene Arbeit aufgetragen, denn er hoffte, auf einem solchen Kriegszug werde er endlich sein verhaßtes Leben lassen müssen. Doch Herakles ging den neuen Gefahren ebenso mutig entgegen wie allen seinen früheren Taten. Er sammelte seine Streiter auf der Insel Kreta, die er von wilden Tieren befreit hatte, und landete zuerst in Libyen. Hier rang er mit dem Riesen Antaios, der neue Kräfte erhielt, sooft er die Mutter Erde berührte; aber Herakles hielt ihn in die Luft empor und drückte ihn da zu Tode. Auch befreite er Libyen von den Raubtieren, denn er haßte wilde Tiere und ruchlose Menschen, weil er in ihnen das Bild des übermütigen und ungerechten Herrschers erblickte, dem er schon so lange dienstbar war.

Nach einer langen Wanderung durch wasserlose Gegenden kam er endlich in ein fruchtbares, von Flüssen durchströmtes Gebiet. Hier gründete er eine Stadt von ungeheurer Größe und nannte sie Hekatompylos. Zuletzt gelangte er an den Atlantischen Ozean, gegenüber von Gadira; hier errichtete er auch die beiden berühmten Heraklessäulen. Die Sonne brannte entsetzlich auf ihn herab. Herakles ertrug es nicht länger: Er richtete seine Augen zum Himmel und drohte mit erhobenem Bogen, den Sonnengott herunterzuschießen. Dieser bewunderte seinen Mut und lieh ihm für seinen weiteren Weg die goldene Schale, in welcher der Sonnengott selbst seinen nächtlichen Lauf vom Niedergang bis zum Aufgang zurücklegte. Auf dieser Schale fuhr Herakles mit seiner Flotte nach Iberien hinüber. Hier fand er die drei Söhne des Chrysaor mit drei großen Heeren, nicht weit voneinander gelagert. Herakles tötete die Anführer im Zweikampf und eroberte das Land.

Dann kam er zur Insel Erythia, wo Geryones mit seinen Herden hauste. Sobald der doppelköpfige Hund die Ankunft des Herakles wahrnahm, fuhr er auf ihn los. Doch der Held empfing ihn mit dem Knüttel, erschlug ihn und auch den riesigen Rinderhirten, der dem Hund zu Hilfe gekommen war. Dann eilte er mit den Rindern davon. Aber Geryones holte ihn ein, und es kam zu einem schweren Kampf. Hera selbst erschien, um dem Riesen beizustehen. Doch Herakles schoß ihr einen Pfeil tief in die Brust, daß die Göttin verwundet fliehen mußte. Auch der dreifache Leib des Riesen, der in der Gegend des Magens zusammenlief, empfing hier den tödlichen Pfeil. Glorreiche Taten vollbrachte Herakles noch auf seinem Rückweg, als er zu Land die Rinder durch Iberien und Italien trieb. Bei Rhegium in Unteritalien entlief ihm einer seiner Ochsen, setzte über die Meerenge und kam so nach Sizilien. Sogleich trieb Herakles auch die anderen Ochsen ins Wasser und schwamm, indem er einen Stier am Horn faßte, nach Sizilien hinüber. Endlich kam der Held glücklich über Italien, Illyrien und Thrakien zurück nach Griechenland und auf den Isthmus.

Jetzt hatte Herakles zehn Arbeiten vollbracht. Weil aber Eurystheus zwei nicht gelten ließ, so mußte er sich bequemen, noch zwei weitere zu verrichten.

Bei der feierlichen Vermählung des Zeus mit Hera, als alle Götter dem erhabenen Paar ihre Hochzeitsgeschenke darbrachten, wollte einst auch Gaia, die Erde, nicht zurückstehen. Sie ließ am Westufer des großen Weltmeeres einen breitästigen Baum voll goldener Äpfel wachsen. Vier Jungfrauen, Hesperiden genannt, Töchter der Nacht, waren die Wächterinnen dieses heiligen Gartens, den außerdem noch ein hundertköpfiger Drache beschützte, Ladon, ein Sprößling des Phorkys, des berühmten Vaters so vieler Ungeheuer, und der erdgeborenen Keto. Kein Schlaf schloß je die Augen des Drachen, und ein fürchterliches Gezisch verkündete seine Nähe, denn jede seiner hundert Kehlen hatte eine andere Stimme.

Diesem Ungeheuer, so lautete der Befehl des Eurystheus, sollte Herakles die goldenen Äpfel der Hesperiden entreißen. Der Halbgott machte sich auf den langen und abenteuervollen Weg, wo er sich dem Zufall überließ, denn er wußte nicht, wo die Hesperiden wohnten. Zuerst kam er nach Thessalien. Hier hauste der Riese Termeros, der alle Reisenden, denen er begegnete, mit seinem harten Hirnkasten zu Tode rannte. Aber an des göttlichen Herakles Schädel zersplitterte das Haupt des Riesen.

Später, am Fluß Echedoros, trat dem Helden ein anderes Ungetüm in den Weg: Kyknos, der Sohn des Ares und der Pyrene. Vom Halbgott nach den Gärten der Hesperiden befragt, forderte dieser statt einer Antwort den Wanderer zum Zweikampf heraus und wurde von Herakles erschlagen. Da erschien Ares, der Kriegsgott, den getöteten Sohn selbst zu rächen, und Herakles sah sich gezwungen, mit ihm zu kämpfen. Aber Zeus wollte nicht, daß seine Söhne einander mordeten, und er schleuderte zwischen beide einen Blitz, der die Kämpfer trennte.

Herakles schritt nun weiter durchs illyrische Land, eilte über den Fluß Eridanos und kam zu den Nymphen, den Töchtern des Zeus und der Themis, die an den Ufern dieses Stromes wohnten. Auch an sie richtete der Held seine Frage.

»Geh zu dem alten Stromgott Nereus«, war ihre Antwort, »der ist ein Wahrsager und weiß alle Dinge. Überfalle ihn im Schlaf und binde ihn, so wirst du ihn zwingen, dir den rechten Weg zu weisen.«

Herakles befolgte diesen Rat und bemächtigte sich des Flußgottes, obgleich dieser sich in allerlei Gestalten verwandelte. Er ließ ihn nicht eher los, bis er erfahren hatte, in welcher Weltgegend er die goldenen Äpfel der Hesperiden finden werde. Dann durchzog er weiter Libyen und Ägypten. Über das letztere Land herrschte Busiris, der Sohn des Poseidon und der Lysianassa. Ihm war durch einen Wahrsager aus Cypern das grausame Orakel erstellt worden, daß die Unfruchtbarkeit seines Landes ein Ende haben werde, wenn jährlich ein fremder Mann geschlachtet und dem Zeus geopfert würde. Zum Dank dafür machte Busiris den Anfang mit dem Wahrsager selbst. Allmählich fand der Barbare Gefallen an dieser Gewohnheit und schlachtete alle Fremdlinge, die nach Ägypten kamen. So wurde auch Herakles ergriffen und zu den Altären des Zeus geschleppt. Er aber sprengte die Bande, die ihn fesselten, und erschlug den Busiris mitsamt seinem Sohn und dem priesterlichen Herold.

Dann zog der Held weiter, befreite den an den Kaukasus geschmiedeten Titanen Prometheus und gelangte endlich in das Land, wo Atlas die Last des Himmels trug und in dessen Nähe der Baum mit den goldenen Äpfeln stand, den die Hesperiden hüteten. Prometheus hatte dem Halbgott geraten, nicht selbst die goldenen Früchte zu rauben, sondern den Atlas dazu auszuschicken. Herakles selbst erbot sich, an seiner Statt so lange das Himmelsgewölbe zu tragen. Atlas zeigte sich willig, und Herakles stemmte seine mächtigen Schultern unter das Himmelsgewölbe. Jener dagegen machte sich auf, schläferte den um den Baum geringelten Drachen ein, tötete ihn, überlistete die Hüterinnen und kam mit drei Äpfeln, die er gepflückt hatte, glücklich zu Herakles zurück.

»Höre«, sprach nun Atlas, »meine Schultern haben nun empfunden, wie wohl es tut, wenn der eherne Himmel nicht auf ihnen lastet. Ich mag ihn künftig nicht mehr tragen.« Und er warf die Äpfel vor dem Halbgott auf den Rasen und ließ ihn mit der ihm ungewohnten, unerträglichen Last stehen.

Herakles mußte auf eine List sinnen, um loszukommen. »Laß mich«, sprach er zu dem Himmelsträger, »nur einen Bausch von Stricken um den Kopf winden, damit mir die entsetzliche Last nicht das Gehirn zersprengt.«

Atlas fand die Forderung berechtigt und stellte sich, nach seiner Meinung nur für wenige Augenblicke, unter den Himmel. Aber er konnte lange warten, bis Herakles ihn wieder ablöste, und der Betrüger wurde zum Betrogenen. Denn jener hob die Früchte vom Rasen auf und ging davon. Er brachte sie dem Eurystheus, der sie, da er sein Ziel, den Herakles aus dem Weg zu räumen, wieder nicht erreicht hatte, dem Helden wieder als Geschenk zurückgab. Dieser legte sie auf den Altar Athenes. Die Göttin aber wußte, daß es der heiligen Bestimmung dieser göttlichen Früchte widersprach, irgendwo aufgehoben zu werden, deshalb trug sie die Äpfel wieder in den Garten der Hesperiden zurück.

Statt den verhaßten Nebenbuhler zu vernichten, hatten die vom Eurystheus ihm bisher aufgetragenen Arbeiten dem Herakles nur Ruhm gebracht, wie es ihm vom Schicksal zugedacht war. Er galt als heldenhafter Streiter und als ein Wohltäter der Sterblichen.

Das letzte Abenteuer sollte Herakles wieder glorreich bestehen, obwohl der arglistige König diesmal zuversichtlich hoffte, seine Heldenkraft werde ihn dabei verlassen. Jetzt stand dem Herakles ein Kampf mit den finsteren Mächten der Unterwelt bevor. Er sollte Kerberos, den Höllenhund, aus dem Hades heraufbringen. Dieses Untier hatte drei Hundsköpfe, aus deren gräßlichen Rachen unaufhörlich giftiger Geifer tropfte. Sein Leib endete in einen Drachenschwanz, und das Haar auf den Köpfen und auf dem Rücken waren zischende Schlangen.

Um sich für diese grausige Fahrt zu rüsten, ging Herakles in die Stadt Eleusis in Attika, wo kundige Priester eine Geheimlehre über göttliche Dinge der Ober- und Unterwelt hüteten. Er ließ sich vom Priester Eumolpos in diese Geheimnisse einweihen, nachdem er an heiliger Stätte vom Mord an den Kentauren entsühnt worden war. Mit geheimer Kraft gerüstet und gegen die Schrecken der Unterwelt gefeit, wanderte er in den Peloponnes und zur lakonischen Stadt Tänaros, wo sich der Eingang zur Unterwelt befand. Hier stieg er, von Hermes, dem Führer der Seelen, geleitet, die tiefe Erdspalte hinab und kam in die Unterwelt, vor die Stadt des Königs Pluton.

Die Schatten, die vor den Toren der Hadesstadt traurig wandelten, ergriffen die Flucht, als sie Fleisch und Blut in lebendiger Menschengestalt erblickten. Nur die Gorgo Medusa und der Geist Meleagers zeigten keine Furcht. Herakles wollte gegen Medusa sein Schwert erheben, aber Hermes fiel ihm in den Arm und belehrte ihn, daß die Seelen der Abgeschiedenen nur Schattenbilder und nicht verwundbar seien. Mit der Seele Meleagers dagegen unterhielt sich der Halbgott freundlich und empfing von ihm sehnsüchtige Grüße für seine geliebte Schwester Deianira in der Oberwelt.

Ganz nahe an die Pforten des Hades gekommen, erblickte er seine Freund Theseus und Peirithoos; der letztere hatte sich in der Unterwelt als Freier der Persephone eingefunden, und beide waren wegen dieses frechen Unterfangens von Pluton an den Stein, auf dem sich die Ermüdeten niedergelassen hatten, gefesselt worden. Als beide den befreundeten Halbgott erblickten, streckten sie flehend die Hände nach ihm aus und zitterten vor Hoffnung, durch seine Kraft wieder in die Oberwelt zurückkehren zu können.

Herakles ergriff Theseus auch wirklich bei der Hand, befreite ihn von seinen Banden und löste ihn von der Steinbank, an die er gefesselt gewesen war. Ein zweiter Versuch, auch den Peirithoos zu befreien, mißlang, denn die Erde begann unter seinen Füßen zu beben.

Voranschreitend erkannte Herakles dann Askalaphos, der einst verraten hatte, daß Persephone von den Rückkehr verwehrenden Granatäpfeln des Hades gegessen; er wälzte den Stein weg, den Demeter aus Verzweiflung über den Verlust ihrer Tochter auf den Verräter gewälzt hatte. Dann brach er in die Herden des Pluton ein, schlachtete eines der Rinder, um die Seelen mit Blut zu tränken; dies wollte der Hirte dieser Herde, Menötios, nicht zulassen und forderte daher den Helden zum Ringkampf auf. Herakles aber faßte ihn um den Leib, zerbrach ihm die Rippen und gab ihn erst frei, als die Fürstin der Unterwelt, Persephone, ihn darum bat.

Vor dem Tor der Totenstadt stand König Pluton und verwehrte dem Herakles den Zutritt. Doch der Pfeil des Helden durchbohrte den Gott an der Schulter, daß er Qualen der Sterblichen empfand. Als Herakles nun von ihm den Höllenhund erbat, widersetzte sich Pluton nicht länger. Doch stellte er die Bedingung, Herakles müsse sich seiner bemächtigen, ohne die Waffen zu gebrauchen.

Nur mit seinem Brustharnisch bedeckt und die Löwenhaut um die Schulter geworfen, zog also der Held aus, das Untier zu fangen. Er fand es an der Mündung des Acheron hingekauert. Ohne auf das Bellen des Dreikopfes zu achten, das wie ein dumpfer Donner vielfach widerhallte, umschlang er den Hals des Höllenhundes mit seinen Armen und ließ nicht los, obgleich der Schwanz des Tieres, der eine böse Schlange war, sich aufbäumte und der Drache ihn in die Weiche biß. Er hielt das Ungetüm so lange fest, bis er es in seine Gewalt gebracht hatte. Dann hob er es auf, und durch eine andere Öffnung des Hades bei Trözen im argivischen Land kehrte er glücklich wieder zur Oberwelt zurück.

Als der Höllenhund das Tageslicht erblickte, empörte er sich und begann seinen Geifer auszuspeien. Davon wuchs der giftige Eisenhut aus dem Boden hervor. Herakles brachte das gefesselte Ungeheuer sogleich dem staunenden Eurystheus, der seinen Augen nicht traute.

Jetzt glaubte der König nicht mehr daran, sich jemals des verhaßten Zeussohnes entledigen zu können. Er ergab sich in sein Schicksal und entließ den Helden, der den Höllenhund seinem Eigentümer zurück in die Unterwelt brachte.

DAS IRDISCHE ENDE

Nach all diesen Mühsalen war Herakles endlich vom Dienst für Eurystheus befreit. Er kehrte nun nach Theben zurück. Mit seiner Gattin Megara, deren Kinder er im Wahnsinn getötet hatte, mochte er aber nicht mehr leben. Er überließ sie seinem geliebten Freund Jolaos als Gemahlin, jenem Jüngling, der ihm bei der Tötung der Hydra mit der brennenden Fackel zu Hilfe geeilt war. Er selbst sah sich nach neuem Liebesglück um.

Da führte ihn sein Weg nach Aitolien zu König Öneus, der eine wunderschöne Tochter namens Deianira hatte. Als Herakles bei ihrem Vater als Freier erschien, war sie bereits dem Flußgott Acheloos verlobt. Herakles kämpfte mit ihm um die Braut, aber der Flußgott wechselte dreimal blitzschnell seine Gestalt: bald erschien er als Stier, bald als schillernde Schlange, bald als Mensch mit einem Stierhaupt. In dieser letzten Gestalt besiegte ihn Herakles. Er packte das Zwitterwesen bei einem seiner Hörner und warf es mit solcher Wucht zu Boden, daß das Horn abbrach. Da gab sich der Gott geschlagen und überließ Deianira dem Helden.

Die Ehe, die Herakles mit der schönen Königstochter schloß, konnte jedoch sein Leben wenig verändern. Nach wie vor eilte er von Abenteuer zu Abenteuer, bis ihn eines Tages das Verhängnis ereilte, sein irdisches Leben endete und er zu den Sternen entrückt wurde.

Auf der Reise durch die Landschaft Trachis kam Herakles nämlich eines Tages an den Fluß Euenos. Dort traf er den Kentauren Nessos, der die Reisenden gegen Entlohnung auf seinen Händen über das

Wasser trug. Herakles brauchte seine Dienste nicht, er durchschritt den Fluß ohne fremde Hilfe, aber er bat Nessos, seine Gattin Deianira, die ihn begleitete, ans andere Ufer zu bringen. Der Kentaur nahm die Frau auf die Arme und watete mit ihr in den Fluß. Mitten in der Furt wurde er jedoch vom Anblick ihrer Schönheit dermaßen überwältigt, daß er sie zu küssen versuchte.

Deianira schrie laut um Hilfe und wehrte sich verzweifelt gegen die Liebe des rauhhaarigen Halbmenschen. Herakles, der vom anderen Ufer aus sah, was vorging, riß seinen Bogen von der Schulter, legte einen seiner vergifteten Pfeile auf und schoß ihn dem Kentauren durch Rücken und Brust. Mit letzter Kraft drückte Nessos, der gerade noch das Ufer erreicht hatte, die schöne Frau an sich und flüsterte ihr zu: »Fange das Blut, das aus meiner Todeswunde quillt, in dem steinernen Fläschchen auf, das du am Gürtel trägst — es wird dir Glück bringen. Wenn du mit diesem meinem Blut ein Hemd deines Gatten färbst, so wird er niemals eine andere Frau lieben als dich, und wenn Aphrodite selber seinen Weg kreuzte!«

Nach diesen tückischen Worten ließ er seine schöne Beute fahren, stürzte zu Boden und streckte seine beiden Arme und seine vier Hufe im Gras von sich. Stöhnend verließ seine finstere Seele den rauhen Leib. Deianira aber gehorchte dem verderblichen Rat des Nessos, ließ etwas von dem Blut in ihr Fläschchen rinnen und verbarg dieses schnell im Gewand.

Bald nach diesem Ereignis unternahm Herakles einen Feldzug nach Euboia gegen den König Eurytos, der ihm einst seine Tochter verweigert hatte. Er besiegte ihn in seiner Hauptstadt Öchalia, schleifte die Burg, tötete alle Bewohner und vernichtete auch die Sippe des Königs bis auf dessen schöne Tochter Jole, die er als Gefangene mit den Siegesboten nach Theben zu Deianira schickte.

Unter diesen Boten befand sich auch Lichas, ein treuer Diener des Herakles und Vertrauter Deianiras. Als dieser nun mit den Sendboten bei der Fürstin eintrat und seiner Herrin die schöne fremde Königstochter, die sich sogleich vor Deianira niederwarf, als Sklavin übergab, sprach er: »Heil dir, Gemahlin meines Herrn! Die Götter haben die gute Sache des Herakles gesegnet und ihm Sieg verliehen. Doch läßt dir dein Gatte sagen, du mögest diese arme Gefangene schonen, deren Anverwandte Herakles für ihr hochfahrendes Wesen schrecklich mit dem Tod bestraft hat.«

Den Argonauten-Sagenstoff hat unter anderen der österreichische Dichter Franz Grillparzer für das Theater gestaltet. Hier eine Szene aus »Medea« mit Heidemarie Hatheyer.

Die Taten des Herakles wurden in der Antike oftmals dargestellt: links oben Herakles und der kretische Stier (Relief vom Zeus-Tempel in Olympia), links unten Herakles im Kampf mit Geryon (Malerei auf einer Amphora), oben Herakles mit Kerberos (Vasenbild), rechts eine Darstellung des siegreichen Herakles auf einem Kelchkrater.

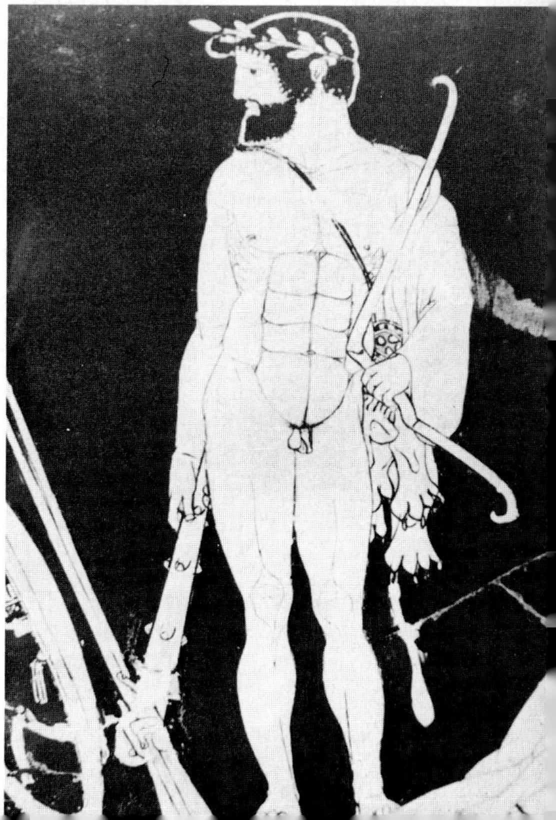

Hades, der mitleidlose Gott der Unterwelt, auf diesem Relief dargestellt mit seiner Gemahlin Persephone.

Als Deianira fragte, wer denn das schöne Mädchen sei, wollte Lichas nicht antworten. Hierauf schickte ihn die Fürstin mit der edlen Sklavin, deren Anblick ihr Mitleid erregte, ins Haus. Kaum aber war Lichas mit dem Mädchen verschwunden, als ein anderer Bote vortrat und Deianira zuflüsterte: »O Herrin, traue dem Lichas nicht! Ich weiß es aus dem eigenen Mund deines Gatten, daß Herakles diesen Feldzug nur um dieser Jungfrau willen unternahm. Es ist Jole, König Eurytos' Tochter, und nicht als Sklavin ward sie ins Haus geschickt, sondern als Nebenbuhlerin!«

Nun befahl die Fürstin den treuen Lichas zu sich und drang so lange in ihn, bis auch er alles bekannte. Da brach sie in lautes Wehklagen aus, doch faßte sie sich bald wieder und beschloß, es die fremde Jungfrau nicht entgelten zu lassen, daß Herakles — wie sie und auch die Diener meinten — eine zweite Frau liebe und mit ihr die Ehe brechen wolle.

Fern von Feuer und Licht, an einem verborgenen Ort, hatte Deianira die Salbe, zu welcher das Blut jenes Kentauren geworden war, aufbewahrt. Mit diesem Zaubermittel wollte sie nun, den Worten des Sterbenden vertrauend, die Liebe ihres Gatten, die sie verloren glaubte, wiedergewinnen. Sie holte das Fläschchen aus dem Versteck, schloß sich in ein abseitiges Gemach ein und tränkte eine Flocke weißer Lammwolle mit der blutroten Salbe. Mit dieser Wollflocke färbte sie dann ein kostbares, für Herakles bestimmtes Unterkleid, verpackte es sorgfältig und übergab es dem getreuen Lichas mit den Worten: »Bring das meinem Gemahl. Es ist ein schöngewebtes Leibgewand, ein Werk meiner Hände, und niemand soll es tragen außer ihm. Möge er darin ein Zeichen meiner Freude über seinen Sieg sehen. Zum Beweis aber, daß diese Gabe von mir stammt, sollst du ihm gleichzeitig diesen Siegelring übergeben. Eile!«

Lichas versprach, alles wohl zu besorgen, und ritt auf dem schnellsten Pferd nach Euböa, um seinen Herrn nicht länger ohne Nachricht aus der Heimat zu lassen.

Einige Tage vergingen. Hyllos, der älteste Sohn des Herakles und der Deianira, fuhr seinem Vater entgegen, um ihn zu rascher Heimkehr zu bewegen. Doch während er fern in Euböa weilte, kam der Fürstin eine erschreckende Erkenntnis. Von bösen Ahnungen getrieben, war sie im Haus umhergeirrt und dabei in jenes Gemach geraten, in welchem sie das Unterkleid für Herakles gefärbt hatte. Die Wollflocke, mit der sie die Zaubersalbe aufgetragen hatte, lag, achtlos hingeworfen, auf dem Boden, und als Deianira eintrat, traf eben ein Sonnenstrahl die Wolle. Da zerfiel sie zu einem Häufchen Staub und Späne, und ein giftiger Schaum zischte daraus hervor. Mit einem Schrei des Entsetzens stürzte Deianira aus dem Palast. Auf den Stufen trat ihr Hyllos entgegen, er war allein. Die Fürstin erschrak. »Du kommst allein?« rief sie angstvoll.

»Das fragst du, die den herrlichen Herakles, meinen liebsten Vater, vernichtet hat?« entgegnete ihr Hyllos voll Abscheu. »O Mutter, ich wünschte, du hättest nie gelebt!«

Deianira wurde totenblaß. »Was ist geschehen?« fragte sie zitternd. »Wer darf mich eines so schrecklichen Verbrechens beschuldigen?«

»Ich!« schrie der Jüngling aufschluchzend. »Ich darf das! Mit meinen eigenen Augen habe ich gesehen, was du angerichtet hast! Ich kam zum Vorgebirge Kenaion, wo die vielen Altäre stehen. Mein Vater war gerade dabei, ein großes Opfer für Zeus, den Überwinder der Titanen, zu bereiten, als Lichas eintraf, dein schneller Bote, und Herakles deine Gabe überreichte, das verfluchte Hemd. Voll Freude öffnete Vater das Bündel, freudig legte er das schmucke Unterkleid an, und heiter stiegen seine Gebete zum Himmel, während er mit der Opferung der zwölf Stiere begann. Als aber die Feuer von den Steinen lohten, da brach plötzlich Schweiß in Strömen aus seiner Haut. Das Purpurhemd klebte an seinem Leib, ein Zucken lief durch sein Gebein, als fräße eine Natter daran. Machtlos schrie der Gequälte auf und rief nach dem Sendboten, der ihm das vergiftete Gewand überbracht hatte. Lichas eilte herbei, wiederholte ohne Argwohn seinen Auftrag — es waren deine Worte, Mutter, entsetzliches Geschick! Da ergriff der Vater den Unschuldigen und warf ihn vom hohen Gebirge hinab, daß er an den Klippen zerschellte. Jammernd starrte alles Volk auf die Schreckenstat des Wahnsinnigen, doch wagte ihm keiner zu nahen, keiner ihm in den Arm zu fallen, es wäre für jeden sein sicherer Tod gewesen. Herakles wälzte die göttlichen Glieder im Staub, sprang wieder auf und brüllte, daß Fels und Wald schaurig davon widerhallten. Er verfluchte dich und euren Ehebund, aus dem ihm solche Todesnot erwuchs; dann bat er mich mit erhobenen Händen: ›O lieber Sohn! Wenn du Mitleid mit deinem Vater empfindest, so bringe mich auf ein Schiff und segle mit mir, so schnell du kannst, der Heimat zu, damit ich nicht in fremdem Land sterbe!‹ — Mir brach fast das Herz bei diesen Worten, ich tat, was ich konnte, schonte auch die Ruderknechte nicht, und so brachten wir ihn hierher. Gleich wird er vor dir erscheinen, mehr tot als lebendig; möchte dir dann das Herz bei seinem Anblick brechen, Mörderin!«

Regungslos hatte Deianira den furchtbaren Worten ihres Sohnes gelauscht. Jetzt kehrte sie ihm schweigend den Rücken und ging in den Palast zurück. Dort versammelte sie ihr Gesinde um sich und vertraute ihm das Geheimnis des Kentaurenblutes an. »Was ich für Liebeszauber hielt, ist ein Todeszauber gewesen. So bin ich unschuldig das Rachewerkzeug eines heimtückischen Halbmenschen geworden. Geht hinaus und erzählt meinem Sohn Hyllos, was ihr gehört habt!«

Als der Jüngling, vom Gesinde belehrt, erkannte, wie furchtbar unrecht er seiner Mutter getan hatte, stürzte er ihr mit einem Aufschrei in den Palast nach.

Aber er kam bereits zu spät: Im Schlafgemach fand er die Mutter auf dem Bett des Herakles hingestreckt, die Brust von einem Schwert durchbohrt.

Da sank er stöhnend an der Leiche nieder und umarmte sie in wildem Jammer.

Die Ankunft des Vaters riß ihn aus seinem Schmerzenstaumel. Er lief hinunter in die Vorhalle. Da trugen Männer den Helden auf einer Bahre ins Haus.

»Mein Sohn«, schrie Herakles dem Hyllos entgegen, »zieh dein Schwert und durchbohre mich damit, auf daß die Wut erlösche, die mich angesichts der gottlosen Tat deiner Mutter verzehrt, und dann durchbohre sie, die Ungetreue!« Aber Hyllos regte sich nicht, um dem Befehl zu gehorchen. Er blickte den Helden nur stumm an.

Da richtete sich Herakles mühsam auf und wandte sich verzweifelt den Umstehenden zu: »Erkennt ihr diese Glieder noch? Das Feuer des Hemdes hat ihnen alles Mark und alle Kraft genommen! Kein Speer, kein reißendes Tier, kein Held und kein Gigantenheer konnten mich überwältigen — nun hat mich die verruchte Hand des Weibes vernichtet. Darum töte mich, mein Sohn, und bestrafe die Mutter mit schauriger Hadesfahrt!«

Doch als Herakles von Hyllos erfuhr, daß die Mutter ohne Schuld an dem Unglück gewesen sei und sich selbst den Tod gegeben habe, verwandelte sich sein Zorn in tiefe Wehmut.

»Bringt Jole herbei, die mir zeit meines Lebens lieb gewesen ist!« sagte er. »Nicht zu finsterem Ehebruch habe ich sie in mein Haus gebracht, in aller Reinheit sollte mein Herz ihr zugetan bleiben. Nun vermähle ich sie dir, mein Sohn Hyllos. Hüte das Mädchen wohl und halte es wert. Möge dich in ihrer Liebe auch die Liebe deines Vaters umfangen.«

Und so geschah es. Die beiden jungen Menschen legten ihre Hände ineinander, und Herakles segnete ihren Bund.

Da kamen Pilger aus Delphi in Theben an. Sie eilten in den Palast und verkündeten einen wichtigen Befehl des Orakels.

»Höre, Herakles«, riefen sie, »der heilige Spruch des Gottes will, daß du auf dem Gipfel des Berges Öta im Gebiet von Trachis dein Leben beschließt!«

Nun kannte Herakles keine Ruhe mehr. Er befahl, daß man ihn trotz seiner Schmerzen unverzüglich auf jenen Berg hinauftrage und ihm auf dem Gipfel den Scheiterhaufen errichte.

Wehklagend gehorchten die Freunde.

Als der gewaltige Holzstoß aufgetürmt war, erstieg ihn der Held mit der letzten Kraft seiner entfleischten Glieder und legte sich darauf. »Nun entzündet das Holz!« rief er hinab.

Doch niemand wollte es tun.

Da bat Herakles seinen Freund Philoketes inständig, ihm diesen letzten Dienst doch zu erweisen, und reichte ihm dafür seinen Bogen und seine Pfeile hinab.

Schweren Herzens entschloß sich der Freund, zu gehorchen. Voll trauer verhüllte er sein Haupt, ergriff die Fackel und hielt die Flamme an den Stoß.

Als der Scheiterhaufen brannte, fuhren plötzlich rote Blitze vom Himmel nieder und hüllten alles in grelle Flammen. Zugleich senkte sich eine dichte Wolke auf die brennenden Scheiter, und unter gewaltigen Donnerschlägen wurde der Leib des Unsterblichen von unsichtbaren Händen empor zum Olymp getragen.

Der Holzstoß brannte herab.

Aber die Helden, die sich ihm näherten und in der Asche nach den Gebeinen des Herakles suchten, fanden auch nicht den kleinsten Rest. Da wußten sie, daß Herakles, der Halbgott, wirklich zu den Himmlischen entrückt worden war, und brachten ihm die Totenopfer dar, die Helden gebühren.

Im Himmel empfing den Verklärten Pallas Athene, und selbst Hera, seine Feindin, versöhnte sich mit ihm, der sein sterbliches Geschick vollendet hatte. Sie gab ihm Hebe, die Göttin der ewigen Jugend, zur Gemahlin, und diese gebar ihm im Olymp unsterbliche Kinder.

Auf Erden aber verehrte man den Helden bald als Gott. Die Priester entzündeten ihm Opferfeuer auf allen Altären Griechenlands, und die tapfersten Jünglinge strebten danach, ihm gleich zu werden.

THESEUS

Held und König von Athen

Als die Stadt Athen Bedeutung erlangte und sich in Attika ein Staat bildete, schrieb man einem Heros das Verdienst des Aufstiegs zu: Theseus. Er wurde kultisch verehrt, ihm errichtete man monumentale Denkmale, nach ihm benannten sich die Athener voll Stolz als Theseiden. Die Sage hat den Nationalheros so geformt, wie ihn seine Bewunderer sehen wollten.

GEBURT UND JUGEND

Theseus war ein Sohn des Aigeus und der Aithra, der Tochter des Königs Pittheus von Troizen. Seine väterliche Abkunft leitete von dem alten König Erechtheus und jenen Athenern her, die, nach der Sage des Landes, dem heimatlichen Boden unmittelbar entstammten. Mütterlicherseits war Pelops, durch die Zahl seiner Kinder der mächtigste unter den Königen des Peloponnes, sein Ahnherr. Bei einem von dessen Söhnen, Pittheus, dem Gründer der kleinen Stadt Troizen, kehrte der kinderlose König Aigeus von Athen, der dort zwanzig Jahre vor Jasons Argonautenzug herrschte, ein, weil er sein Gastfreund war.

Dieser Aigeus, der älteste der vier Söhne des Königs Pandion, war sehr bekümmert, daß seiner Ehe keine Nachkommenschaft geschenkt war. Er fürchtete nämlich die fünfzig Söhne seines Bruders Pallas, welche feindliche Absichten gegen ihn hegten und den Kinderlosen verachteten. So kam er auf den Gedanken, sich heimlich und ohne Wissen seiner Gemahlin noch einmal zu vermählen in der Hoffnung, er werde so einen Sohn erhalten, welcher die Stütze seines Alters und seines Reiches werden könnte.

Er vertraute sich seinem Gastfreund Pittheus an, und das Glück wollte es, daß gerade diesem ein seltsames Orakel zuteil geworden war, das ihm kündete, seine Tochter werde kein rühmliches Ehebündnis eingehen, aber einen berühmten Sohn gebären. Dies machte den König von Troizen geneigt, dem Mann, der schon zu Hause eine Gattin hatte, seine Tochter Aithra heimlich zu vermählen.

Als dieses geschehen war, blieb Aigeus nur noch wenige Tage in Troizen und reiste dann wieder nach Athen zurück. Als er am Meeresufer Abschied von seiner neuvermählten Gattin nahm, legte er Schwert und Sandalen unter ein Felsstück und sprach: »Wenn die Götter unserem Bund, den ich nicht aus Leichtsinn geschlossen habe, sondern um meinem Haus und Land eine Stütze zu geben, hold sind und dir einen Sohn gewähren, so ziehe ihn heimlich auf und sage keinem Menschen, wer sein Vater ist. Ist er dann herangewachsen und besitzt er die Kraft, das Felsstück wegzuwälzen, so führe ihn an diese Stelle, laß ihn Schwert und Schuhe hervorholen und sende ihn damit zu mir nach Athen.«

Aithra gebar auch wirklich einen Sohn, nannte ihn Theseus und ließ ihn unter der Fürsorge seines Großvaters Pittheus aufwachsen; den wahren Vater des Kindes verheimlichte sie, dem Befehl ihres Gatten gemäß, und der Großvater verbreitete die Sage, daß er ein Sohn des Poseidon sei. Diesem Gott erwiesen nämlich die Troizenier besondere Ehre als dem Schutzgott ihrer Stadt, sie brachten ihm die Erstlinge ihrer Früchte zum Opfer, und sein Dreizack war das Wahrzeichen von Troizen.

Als aber der Jüngling nicht bloß zu herrlicher Körperstärke heranwuchs, sondern auch Kühnheit, Einsicht und festen Sinn zeigte, führte ihn seine Mutter Aithra zu dem Stein, unterrichtete ihn über seine wahre Herkunft und forderte ihn auf, die Erkennungszeichen seines Vaters Aigeus hervorzuholen und nach Athen zu segeln. Theseus stemmte sich gegen den Stein und schob ihn mit Leichtigkeit zurück; er band sich die Sohlen unter die Füße und das Schwert an die Seite. Zur See zu reisen aber weigerte er sich, obgleich Großvater und Mutter ihn inständig darum baten. Der Landweg über den Isthmus nach Athen war nämlich damals sehr gefährlich, weil einsamen Wanderern Räuber und Bösewichte auflauerten. Deshalb beschrieb sein Großvater dem jungen Theseus genau jeden dieser Räuber und Mörder und ihre Grausamkeiten gegenüber den Fremden.

Aber Theseus hatte sich längst den Herakles und seine Tapferkeit zum Vorbild genommen. Als er sieben Jahre alt war, hatte dieser Held seinen Großvater Pittheus besucht, und während dieser mit dem König zu Tisch saß und schmauste, durfte unter anderen Knaben der Troizenier auch der kleine Theseus zuschauen. Herakles hatte bei dem Mahl seine Löwenhaut abgelegt. Die übrigen Knaben flüchteten, als sie die Haut erblickten, Theseus aber ging ohne Furcht hinaus, nahm einem Diener eine Axt aus der Hand und rannte damit auf die Haut los, die er für einen wirklichen Löwen hielt.

Seit diesem Besuch des Herakles träumte Theseus nachts von dessen Taten, und am Tag dachte er nach, wie er dereinst ähnliches vollbringen könnte. Auch waren die beiden blutsverwandt, denn ihre Mütter waren

Kinder von Geschwistern. So konnte Theseus den Gedanken nicht ertragen, daß er allen Kämpfen ausweichen sollte, während sein Vetter allerorten die Frevler aufstöberte und Land und Meer von ihnen befreite. »Was würde«, sprach er unwillig, »der Gott, den man meinen Vater nennt, von dieser feigen Reise im sicheren Schutz seiner Gewässer denken, was würde mein wahrer Vater sagen, wenn ich ihm als Erkennungszeichen Schuhe ohne Staub und ein Schwert ohne Blut brächte?«

Diese Worte gefielen Pittheus, der einst auch ein tapferer Held gewesen war. Die Mutter gab Theseus schließlich ihren Segen, und er ging davon.

DER WEG ZUM VATER

Der erste, der ihm in den Weg trat, war der Straßenräuber Periphetes. Seine Waffe war eine mit Eisen beschlagene Keule, mit der er die Wanderer zu Boden schmetterte. Er führte deshalb den Beinamen Keulenschwinger.

Als Theseus in die Gegend von Epidauros kam, stürzte dieser Bösewicht aus einem finsteren Wald hervor und versperrte ihm den Weg. Der Jüngling aber rief ihm zu: »Elender! Du kommst mir sehr gelegen. Deine Keule paßt für den, der als ein zweiter Herakles in die Welt hinausziehen will!« Mit diesem Ausruf warf er sich auf den Räuber, erschlug ihn nach kurzem Kampf und nahm seine Keule als Siegeszeichen und Waffe mit.

Einem anderen Frevler begegnete er auf der Landenge von Korinth. Es war Sinnis, der Fichtenbeuger, so genannt, weil er, hatte er einen Wanderer in seine Gewalt bekommen, mit seinen riesenstarken Händen zwei Fichtenwipfel herunterzubeugen pflegte. An diese band er seinen Gefangenen und ließ ihn von den zurückschnellenden Bäumen zerreißen. Mit dem Sieg über dieses Ungeheuer weihte Theseus seine Keule ein. Sinnis hatte eine sehr schöne, schlanke Tochter, Perigune genannt, die Theseus bei der Ermordung ihres Vaters erschrocken hatte fliehen sehen. Sie suchte er nun überall. Das Mädchen hatte sich an einen dicht mit Gartengewächsen bepflanzten Ort versteckt und flehte die Sträucher an, indem sie ihnen gelobte, sie niemals zu verletzen oder zu verbrennen, sie zu verdecken und zu retten. Da aber Theseus sie zurückrief mit der Versicherung, ihr nichts zuleide zu tun, sondern bestens für sie sorgen zu wollen, kam sie hervor und blieb seitdem unter seinem Schutz. Er gab sie später dem Deioneus, dem Sohn des Königs Eurytos von Öchalia, zur Gattin. Ihre ganze Nachkommenschaft hielt den Schwur und verbrannte nie eines von den Gewächsen, welche die Ahnfrau beschützt hatten.

Aber nicht nur von bösen Menschen befreite Theseus den Weg, den er nahm, auch gegen schädliche Tiere glaubte er, es dem Herakles gleichtun zu müssen und sie zu bekämpfen. So erlegte er unter anderen die Phaia: so hieß das krommyonische Schwein, welches kein gewöhnliches Tier, sondern streitbar und schwer zu besiegen war. Nach solchen Taten kam er an die Grenze von Megara und begegnete dort dem Skiron, dem dritten berüchtigten Straßenräuber, der sich auf den hohen Felsen zwischen dem Megarerland und Attika aufhielt. Dieser pflegte, frech und mutwillig, den Fremden seine Füße vorzuhalten und befahl ihnen, sie zu waschen. Während sie dies taten, stürzte er sie mit einem Tritt ins Meer. Dieselbe Todesstrafe vollzog nun Theseus an ihm selbst.

Schon auf attischem Gebiet, nahe der Stadt Eleusis, begegnete Theseus dem Wegelagerer Kerkyon. Dieser forderte alle Vorbeireisenden zum Ringkampf auf. Hatte er gesiegt, brachte er sie um. Theseus nahm seine Herausforderung an, überwand ihn und befreite die Welt von dem Bösewicht. Nachdem er eine kleine Strecke zurückgelegt hatte, traf er auf den letzten und grausamsten aller Straßenräuber, den Damastes, den jedermann nur unter dem Beinamen Prokrustes, das heißt der Gliederausstrecker, kannte.

Dieser hatte zwei Bettstellen, eine sehr kurze und eine sehr lange. Kam nun ein Fremder in sein Gebiet, der sehr klein war, so führte er ihn beim Schlafengehen zur langen Bettstelle. »Wie du siehst«, sprach er dann, »ist meine Lagerstatt für dich viel zu groß. Laß dir das Bett anpassen, Freund!« Damit zerrte er ihm die Glieder so lange auseinander, bis er den Geist aufgab. Kam aber ein großer Gast, so brachte er ihn zur kurzen Bettstelle. Zu diesem sagte er: »Es tut mir leid, Guter, daß mein Lager nicht für dich gemacht und viel zu klein ist. Doch dem soll bald geholfen sein!« Dann hieb er ihm die Füße ab, soweit sie aus dem Bett hervorragten. Diesen Unhold, der ein Riese war, warf Theseus in das kleine Bett und kürzte ihm den langen Leib mit dem

Schwert, daß er jämmerlich umkam. So widerfuhr den meisten dieser Verbrecher von der Hand des Theseus Gerechtigkeit, je nach Art ihrer eigenen Grausamkeit.

Auf seiner bisherigen Reise war dem Helden nichts Erfreuliches begegnet. Endlich, als er zum Fluß Kephissos kam, traf er einige Männer aus dem Geschlecht der Phytaliden, die ihm gastfreundlich Aufnahme gewährten. Vor allem reinigten sie ihn, als er darum bat, nach gewohnter Art von dem vergossenen Blut und bewirteten ihn in ihrem Haus. Nachdem er den guten Leuten herzlich gedankt hatte, lenkte er seine Schritte zur Stadt seines Vaters.

In Athen fand der junge Held aber nicht den Frieden und die Freude, die er erwartet hatte. Unter den Bürgern gab es Verwirrung und Zwietracht, und im Haus seines Vaters Aigeus herrschte eine fremde Frau. Medea, die auf ihrem Drachenwagen Korinth und den verzweifelten Jason verlassen hatte, war nach Athen gekommen, hatte sich in die Gunst des alten Aigeus eingeschlichen und versprochen, durch Zaubermittel ihm die Kraft seiner Jugend zurückzugeben. Durch ihren Zauber hatte das furchtbare Weib Kunde von der Ankunft des Theseus erhalten, und nun überredete sie Aigeus, den der Parteienzwist seiner Brüder mit Argwohn erfüllte, den Fremdling, den sie ihm als einen gefährlichen Späher schilderte, wie einen Gast zu bewirten und dann mit Gift aus dem Weg zu räumen.

Theseus erschien unerkannt beim Frühmahl und freute sich, den Vater selbst entdecken zu lassen, wen er vor sich habe. Schon war ihm der Giftbecher vorgesetzt, und Medea erwartete mit Ungeduld den Augenblick, da der Ankömmling, von dem sie fürchtete, er werde sie aus dem Haus vertreiben, die ersten Züge daraus tun werde, die ihm den sicheren Tod bringen sollten.

Theseus aber, den mehr nach der Umarmung seines Vaters als nach dem Becher verlangte, tat, als wollte er das vorgelegte Fleisch zerschneiden, und zog das Schwert, das sein Vater für ihn unter dem Felsblock hinterlegt hatte, damit Aigeus es sehe und den Sohn in ihm erkenne.

Kaum sah der Vater die wohlbekannte Waffe blinken, stieß er den Giftbecher beiseite. Nachdem er sich durch einige Fragen vollends überzeugt hatte, daß er den vom Schicksal ersehnten Sohn in junger Heldenblüte vor sich habe, schloß er Theseus in seine Arme. Sogleich stellte der Vater ihn der Versammlung des Volkes vor, der Theseus die Abenteuer seiner Reise erzählen mußte. Man feierte den früh erprobten Helden mit freudigem Jauchzen. König Aigeus verabscheute von da an die falsche Medea, er jagte die mordlustige Zauberin aus dem Land.

THESEUS BEI MINOS

Die erste Tat, die Theseus vollbrachte, seit er als Königssohn und Erbe des attischen Throns an der Seite seines Vaters lebte, war die Vernichtung der fünfzig Söhne seines Oheims Pallas, welche früher gehofft hatten, den Thron zu erlangen, wenn Aigeus ohne Kinder stürbe. Sie waren nun ergrimmt, daß nun ein hergelaufener Fremdling die Herrschaft über sie und das Land übernehmen sollte. Sie griffen daher zu den Waffen und bereiteten dem Ankömmling einen Hinterhalt.

Aber der Herold, den sie mit sich führten und der ein Fremdling war, verriet diesen Plan dem Theseus, der nun plötzlich ihr Versteck überfiel und alle fünfzig niedermachte. Um nach dieser blutigen Notwehr die Gemüter des Volkes zu besänftigen, wagte Theseus nun ein anderes Abenteuer: er bezwang den marathonischen Stier, der den Bewohnern vier attischer Gemeinden viel Not verursacht hatte, führte ihn durch die Straßen Athens und opferte ihn endlich dem Apollon.

Damals kamen von der Insel Kreta zum drittenmal Gesandte des Königs Minos, um den üblichen Tribut zu holen. Damit verhielt es sich so: Der Sohn des Minos, Androgeos, war, der Sage nach, im attischen Gebirge hinterlistig ermordet worden. Dafür hatte sein Vater die Einwohner mit einem schrecklichen Krieg bestraft, und die Götter selbst schickten dem Land Dürre und Seuchen.

Da verkündete das Orakel Apollon, der Zorn der Götter und die Leiden der Athener würden enden, wenn sie den Minos besänftigen und seine Verzeihung erlangen könnten. Hierauf wandten sich die Athener bittend an ihn und erhielten Frieden unter der Bedingung, daß sie alle neun Jahre sieben Jünglinge und sieben Jungfrauen als Tribut nach Kreta schickten. Diese seien von Minos in sein berühmtes Labyrinth eingeschlossen worden, und dort habe sie, so erzählt man, der gräßliche Minotaurus, ein zwitterhaftes Geschöpf, das halb Mensch und halb Stier war, getötet, oder man habe sie verschmachten lassen.

Als nun die Zeit der dritten Tributleistung gekommen war und die Väter unverheirateter Söhne und Töchter sich diesem entsetzlichen Los unterwerfen mußten, entbrannte erneut der Unwille der Bürger gegen Aigeus, und sie begannen darüber zu murren, daß er, der Urheber des Unheils, gleichgültig zusehe, wie ihnen ihre rechtmäßigen Kinder entrissen würden.

Theseus, der bereits gelernt hatte, das Geschick seiner Mitbürger als das seine zu betrachten, schmerzten diese Klagen. Er stand in der Volksversammlung auf und erklärte, sich selbst ohne Los hingeben zu wollen. Alles Volk bewunderte seinen Edelmut und aufopfernden Sinn. Er blieb bei seinem Entschluß, obgleich sein Vater ihn bestürmte, ihn des unerwarteten Glückes, einen Sohn und Erben zu besitzen, nicht so bald wieder zu berauben. Theseus beruhigte seinen Vater mit der Versicherung, daß er mit den ausgelosten Jünglingen und Jungfrauen nicht in das Verderben gehe, sondern den Minotaurus bezwingen werde.

Bisher hatte das Schiff, das die unglücklichen Opfer nach Kreta brachte, zum Zeichen ihrer Rettungslosigkeit ein schwarzes Segel erhalten. Jetzt aber, als Aigeus seinen Sohn so sprechen hörte, rüstete er das Schiff zwar ebenso aus, doch gab er dem Steuermann ein anderes, weißes Segel mit und befahl ihm, wenn Theseus gerettet zurückkehre, dieses zu hissen. Andernfalls möge er mit dem schwarzen Segel zurückkehren und so das Unglück melden.

Als nun das Los gezogen war, führte der junge Theseus die Knaben und Mädchen, die es getroffen hatte, zuerst in den Tempel des Apollon und brachte dem Gott in ihrem Namen den mit weißer Wolle umwundenen Ölzweig, das Weihegeschenk der Schutzflehenden, dar. Nachdem das feierliche Gebet gesprochen war, ging er, vom Volk begleitet, mit den ausgewählten Jünglingen und Jungfrauen ans Meeresufer und bestieg das Trauerschiff.

Das Orakel zu Delphi hatte ihm geraten, er solle die Göttin der Liebe zur Führerin wählen und ihr Geleit erbitten. Theseus verstand zwar diesen Spruch nicht, er brachte aber dennoch der Aphrodite ein Opfer dar. Die Weissagung des Orakels wurde ihm erst später offenbar. Denn als Theseus auf Kreta gelandet und vor dem König Minos erschienen war, zog seine Schönheit und seine Jugend die Augen der lieblichen Königstochter Ariadne auf sich. In einer geheimen Unterredung gestand sie ihm ihre Zuneigung und übergab ihm ein Knäuel Faden, dessen Ende er am Eingang des Labyrinths festknüpfen und den er auf seinem Weg durch die Irrgänge abrollen sollte, bis er die Stelle gefunden hatte, wo der Minotauros seine gräßliche Wache hielt. Zugleich übergab sie ihm ein gefeites Schwert, womit er dieses Ungeheuer töten könnte.

Theseus wurde mit allen seinen Gefährten von Minos in das Labyrinth geschickt, erlegte dort mit seiner Zauberwaffe den Minotauros und kam mit allen, die bei ihm waren, anhand des abgespulten Zwirns aus den Höhlengängen des Labyrinths glücklich wieder heraus. Darauf entfloh Theseus mit seinen Gefährten durch die Hilfe Ariadnes, die der junge Held als lieblichen Kampfpreis, den er unerwartet errungen hatte, mit sich führte. Auf ihren Rat hin hatte er auch den Boden der kretischen Schiffe zerhauen und so ihrem Vater die Verfolgung unmöglich gemacht.

Schon glaubte er seine holde Beute ganz in Sicherheit und kehrte mit Ariadne sorglos auf der Insel Dia ein, die später Naxos genannt wurde. Da erschien ihm der Gott Bakchos im Traum und erklärte, Ariadne sei die ihm selbst vom Schicksal bestimmte Braut und verhieß ihm alles Unheil, wenn Theseus ihm die Geliebte nicht überlasse.

Theseus war von seinem Großvater in Götterfurcht erzogen worden. Deshalb scheute er den Zorn des Gottes und ließ die wehklagende Königstochter auf der einsamen Insel zurück. In der Nacht erschien Ariadnes rechtmäßiger Bräutigam, Bakchos, und entführte sie auf den Berg Drios; dort verschwand zuerst der Gott, bald darauf wurde auch Ariadne unsichtbar.

Theseus und seine Gefährten waren über den Verlust der Jungfrau sehr betrübt. In ihrer Traurigkeit übersahen sie, daß ihr Schiff noch die schwarzen Segel gesetzt hatte, mit denen es von der attischen Küste abgefahren war. Sie vergaßen, dem Befehl des Aigeus zu folgen und die weißen Tücher aufzuspannen. So flog das Schiff in seiner schwarzen Trauertracht der Heimatküste entgegen. Aigeus befand sich eben an der Küste und genoß von einem Felsvorsprung die Aussicht auf die offene See, als das Schiff herangesegelt kam. Aus der schwarzen Farbe seiner Segel schloß er, daß sein Sohn tot sei. Da erhob er sich von dem Felsen, auf dem er saß, und stürzte sich voll Schmerz in die Tiefe.

Indessen war Theseus gelandet. Nachdem er im Hafen die Opfer dargebracht hatte, die er bei der Abfahrt den Göttern gelobt hatte, schickte er einen Herold in die Stadt, die Rettung der sieben Jünglinge und Jungfrauen und seine eigene zu verkünden. Der Bote wußte nicht, was er von dem Empfang denken sollte, der ihm in der Stadt zuteil wurde. Während die einen ihn voll Freude willkommen hießen und ihn als den Überbringer einer frohen Botschaft bekränzten, fand er andere in tiefer Trauer versenkt, die seine fröhlichen Worte nicht hören mochten.

Endlich löste sich ihm das Rätsel, als er vom Tod des König Aigeus erfuhr. Der Herold nahm nun zwar die Kränze in Empfang, schmückte aber damit nicht seine Stirn, sondern nur den Heroldstab und kehrte so zum Strand zurück. Theseus war noch im Tempel, sein Dankopfer darzubringen. Der Bote blieb daher vor der Tür des Tempels stehen, damit die heilige Handlung nicht durch die Trauernachricht gestört werde. Erst als das Brandopfer ausgegossen war, meldete er des Aigeus Ende. Theseus warf sich, vom Schmerz getroffen, zur Erde, und als er sich wieder aufgerafft hatte, eilten alle, anstatt unter Freude und Jubel, mit Wehgeschrei und Klageruf in die Stadt.

KÖNIG VON ATHEN

Nachdem Theseus seinen Vater bestattet hatte, weihte er dem Apollon, was er ihm gelobt hatte. Das Schiff, in dem er mit den attischen Jünglingen und Jungfrauen gerettet zurückgekehrt war, ein Fahrzeug mit dreißig Rudern, wurde als ein ewiges Andenken aufbewahrt, indem man das morsche Holz immer wieder durch neues ersetzte. So konnte man dieses ehrwürdige Erinnerungsstück an alte Heldentage noch lange Zeit nach Alexander dem Großen den Freunden des Altertums zeigen.

Theseus, der jetzt König geworden war, bewies bald, daß er nicht nur ein Held im Kampf und Streit war, sondern auch einen Staat einzurichten und ein Volk in Frieden zu regieren wußte. Darin übertraf er selbst sein Vorbild Herakles. Er schuf ein großes und bewunderungswürdiges Werk. Vor seiner Regierungszeit wohnten die meisten Einwohner Attikas auf einzelnen Bauernhöfen und in weilerartigen Dörfern verstreut. Es war daher schwierig, sie zur Beratung öffentlicher Angelegenheiten zusammenzubringen. Bisweilen gerieten sie in Streit über kleinliche Fragen der Nachbarschaft und des Besitzes. Theseus gelang es, alle Bürger des attischen Gebiets in eine Stadt zu vereinigen und aus den zerstreuten Gemeinden einen gemeinsamen Staat zu bilden. Dieses große Werk schaffte er ohne Gewalt und Zwang, indem er selbst die einzelnen Gemeinden bereiste und ihre freiwillige Zustimmung errang.

Bei den Armen und Kleinen bedurfte es keiner langen Ermahnungen: sie konnten durch ein Zusammenleben mit den Vermögenderen nur gewinnen; den Mächtigen und Reichen aber versprach er Beschränkung der bisher unbegrenzten Königsgewalt und eine freie Verfassung. »Ich selbst«, sprach er, »will nur euer Anführer im Krieg und Hüter der Gesetze sein, ansonsten soll allen Bürgern gleiches Recht eingeräumt werden.« Dieser Vorschlag fand die Billigung vieler vornehmer Männer; andere, denen die Veränderungen in der Staatsform weniger willkommen war, fürchteten König Theseus' Beliebtheit beim Volk, seine große Macht und seinen kühnen Mut. Sie wollten daher nur den Argumenten dessen weichen, der sie zu zwingen wußte.

Theseus schloß alle örtlichen Rathäuser und enthob die gemeindeeigenen Obrigkeiten und gründete ein allen gemeinsames Rathaus mitten in der Stadt. Er beschloß ein Fest für alle Staatsbürger, das er die Panathenäen, das heißt das All-Athenerfest, nannte. Erst jetzt wurde Athen eine richtige Stadt und auch ihr Name wurde allen geläufig. Vorher war Athen nur eine Königsburg gewesen, von ihrem Gründer »Kekropsburg« benannt, mit nur wenigen Häusern im Umkreis. Um diese neue Stadt noch weiter zu vergrößern, rief er mit der Zusicherung gleicher Bürgerrechte aus allen Gegenden neue Ansiedler herbei, denn er wollte in Athen eine Völkersiedlung gründen. Damit aber diese Zuwanderer nicht Unordnung in den jungen Staat brächten, teilte er das Volk in Edle, Landbauern und Handwerker und wies jedem Stand seine besonderen Rechte und Pflichten zu, so daß die Edlen durch ihr Ansehen als Träger von Ämtern, die Landbauern durch ihre Nützlichkeit, die Handwerker durch ihre zahlenmäßige Stärke den Vorrang zu haben schienen. Seine eigene Gewalt als König beschränkte er, wie versprochen, und machte sie vom Rat der Edlen und der Versammlung des Volkes abhängig.

Während Theseus bestrebt war, die Ordnung im Staat durch Götterfurcht zu festigen, die Athene zur Schutzgöttin des Landes erhob, den Poseidon verehrte, dessen besonderer Schützling er war und als dessen Sohn er lange gegolten hatte, die heiligen Kampfspiele auf dem Isthmus von Korinth einführte oder erneuerte, wurde Athen von einem seltsamen und ungewöhnlichen Krieg heimgesucht. Theseus war nämlich in jüngeren Jahren auf einer seiner kriegerischen Fahrten an der Küste der Amazonen gelandet, und diese, keineswegs männerscheu, machten dem stattlichen Helden kostbare Gastgeschenke.

Theseus aber gefielen nicht nur die Gaben, sondern auch die schöne Amazone, die diese überbrachte. Sie hieß Hippolyta, und der Held lud sie ein, sein Schiff zu besuchen. Kaum hatte sie dieses bestiegen, fuhr er mit seinem Raub davon. In Athen angekommen, vermählte er sich mit Hippolyta. Diese war nicht ungern die Gemahlin eines Helden und eines so herrlichen Königs. Aber das streitbare Weibervolk der Amazonen war über den frechen Raub entrüstet, und als die Untat längst vergessen schien, sannen sie noch immer auf Rache. Eines Tages, als der Staat der Athener unbewacht schien, landeten sie plötzlich mit ihren Schiffen, besetzten die Küste und umzingelten die Stadt, in die sie bald darauf eindrangen. Sie schlugen mitten in Athen ein Lager auf, nachdem die erschrockenen Einwohner sich auf die Burg zurückgezogen hatten.

Beide Seiten standen einander abwartend gegenüber. Endlich begann Theseus den Kampf von der Burg herab. Zuvor hatte er dem Orakel gehorchend dem Gott des Schreckens ein Opfer dargebracht. Anfangs wichen die athenischen Männer vor den fremden Mannweibern zurück und wurden bis zum Tempel der Erinnyen abgedrängt. Dann aber entbrannte der Kampf von der Flanke her; dabei wurde der rechte Flügel der Amazonen bis zu ihrem Lager zurückgetrieben, viele wurden getötet. Von der Königin Hippolyta heißt es, sie habe in dieser Schlacht, ihren Ursprung verleugnend, an der Seite ihres Gemahls gegen die Amazonen gekämpft. Dabei traf sie ein Wurfspieß und streckte sie tödlich verwundet zu Boden. Ihr zum Gedächtnis wurde später eine Säule in Athen errichtet. Den Krieg beendete ein Friedensschluß. Daraufhin verließen die Amazonen Athen und kehrten in ihr Vaterland zurück.

DIE HERAUSFORDERUNG

Theseus galt als außerordentlich stark und tapfer. Da überkam den Peirithoos, der einer der berühmtesten Helden des Altertums und ein Sohn Ixions war, Lust, ihn auf die Probe zu stellen: er trieb Rinder, die dem Theseus gehörten, von Marathon fort. Als man ihm sagte, daß Theseus, die Waffe in der Hand, ihn verfolge, hatte er erreicht, was er wollte. Er floh nicht, sondern wandte sich um, um ihm entgegenzutreten.

Als die beiden Helden einander gegenüberstanden und einer den anderen maß, erfaßte jeden von beiden Bewunderung für die schöne Gestalt und die Kühnheit des anderen. Ergriffen eilten sie wie auf ein gegebenes Zeichen aufeinander zu und warfen die Waffen zu Boden. Peirithoos streckte dem Theseus die Rechte entgegen und forderte ihn auf, über den Raub der Rinder zu richten. Was Theseus verfügen werde, wolle er freiwillig tun.

»Die einzige Genugtuung, die ich verlange«, erwiderte Theseus mit leuchtendem Blick, »ist, daß du mein Freund und Kampfgenosse wirst!« Da umarmten sich die beiden Helden und gelobten einander treue Freundschaft.

Als bald darauf Peirithoos die thessalische Fürstentochter Hippodameia, aus dem Geschlecht der Lapithen, zur Gemahlin nahm, lud er auch seinen Waffenbruder Theseus zur Hochzeit. Die Lapithen, in deren Kreis die Festlichkeit gefeiert wurde, waren ein berühmter Stamm Thessaliens, rohe, zur Tiergestalt neigende Bergmenschen, die ersten Sterblichen, die Pferde bändigen lernten.

Die Braut aber, die diesem Geschlecht entstammte, hatte nichts mit den Männern dieses Stammes gemein. Sie war lieblich von Gestalt, hatte ein feines, jungfräuliches Antlitz und war insgesamt so schön, daß den Freier Peirithoos alle Gäste glücklich priesen.

Alle Fürsten Thessaliens waren zum Fest erschienen, aber auch die Verwandten des Peirithoos, die Kentauren, fanden sich ein, jene Halbmenschen, die von dem Ungeheuer abstammten, das die Wolke, welche Ixion, der Vater des Peirithoos, anstatt der Hera umarmt hatte, diesem geboren hatte, weshalb sie alle die Wolkensöhne hießen. Sie waren die Erbfeinde der Lapithen.

Diesmal aber hatte die Verwandtschaft mit dem Bräutigam die Kentauren bewogen, den alten Groll zu vergessen und zum Freudenfest zu kommen. Die festlich geschmückte Burg des Peirithoos war erfüllt von frohem Trubel; Brautlieder wurden gesungen, von Glut, Wein und Speisen dampften die Gemächer. Der Palast konnte nicht alle Gäste fassen: Lapithen und Kentauren, bunt durcheinandergewürfelt, saßen an langen Tischen in baumbeschatteten Grotten beim Mahl.

Zunächst verlief das Fest in ungestörter Fröhlichkeit. Bis vom übermäßigen Genuß des Weins das Herz des wildesten unter den Kentauren, des Eurytion, zu rasen begann und der Anblick der schönen Jungfrau Hippodameia ihn zu dem tollen Gedanken verleitete, dem Bräutigam seine Braut zu rauben.

Niemand wußte, wie es gekommen war, niemand hatte den Beginn der unsinnigen Tat bemerkt, da sahen plötzlich die Gäste den wütenden Eurytion, wie er die sich sträubende und um Hilfe rufende Hippodameia an den Haaren gewaltsam auf dem Boden schleifte. Seine Untat war für die weinerhitzte Schar der Kentauren ein Anstoß, Gleiches zu wagen. Ehe die fremden Helden und die Lapithen sich von ihren Sitzen erhoben hatten, hielt schon jeder der Kentauren eins der thessalischen Mädchen, die am Hof des Königs dienten oder als Gäste bei der Hochzeit waren, als Beute in seinen rohen Händen. Die Burg und die Gärten glichen bald einer eroberten Stadt.

Schnell sprangen Freunde und Verwandte der Braut von ihren Sitzen empor. »Welche Verblendung treibt dich, Eurytion«, rief Theseus, »den Peirithoos zu reizen, der mein Freund ist, und so zwei Helden zugleich zu kränken?«

Mit diesen Worten drang er auf den Rasenden ein und entriß dem wütenden Räuber seine Beute. Eurytion sagte kein Wort, denn er konnte seine Tat nicht rechtfertigen, sondern erhob seine Hand gegen Theseus und versetzte ihm einen Schlag auf die Brust. Da ergriff Theseus — der keine Waffe zur Hand hatte — einen ehernen Krug, der zufällig neben ihm stand. Diesen schmetterte er dem Gegner so wuchtig ins Antlitz, daß er rücklings in den Sand fiel und Gehirn und Blut zugleich aus der Kopfwunde traten.

»Zu den Waffen!« scholl es jetzt an den Kentaurentischen. Zuerst flogen Becher, Flaschen und Näpfe, dann packte ein tempelschänderisches Untier die Weihgeschenke in den benachbarten heiligen Stätten, ein anderer riß die Kerzenleuchte herab, die über der Festtafel hing, ein anderer wieder focht mit einem Hirschgeweih, das die Wände der Grotte als Weihgeschenk schmückte.

Ein grauenhaftes Gemetzel wurde unter den Lapithen angerichtet. Rhötos, der schlimmste nach Eurytion, riß die größte Brandfackel vom Altar und bohrte sie einem schon verwundeten Lapithen wie ein Schwert in die klaffende Wunde, daß das Blut zischte wie Eisen in der Esse. Gegen ihn erhob der tapfere Lapithe Dryas einen im Feuer geglühten Pfahl und durchbohrte den Feind zwischen Nacken und Schulter.

Der Fall dieses Kentauren tat dem Morden seiner rasenden Gesellen Einhalt, und Dryas rächte seine Freunde, indem er fünf Kentauren hintereinander niederstreckte. Jetzt flog auch der Speer des Helden Peirithoos durch die Luft und durchbohrte einen riesigen Kentauren, den Petraios, wie er gerade einen Eichstamm aus der Erde reißen wollte, um damit zu kämpfen; so wie er den Stamm eben umklammert hielt, heftete der Speer seine schweratmende Brust ans knorrige Eichenholz.

Ein anderer Kentaur, Diktys, fiel unter den Streichen des griechischen Helden und knickte im Fallen eine mächtige Esche. Ein nächster wollte diesen rächen, wurde aber von Theseus mit einem Eichpfahl zermalmt. Der schönste und jugendlichste unter den Kentauren war Kyllaros: goldfarben sein langes Lockenhaar und sein Bart, sein Antlitz freundlich, Nacken, Schultern, Hände und Brust wie vom Künstler geformt, auch der untere Teil seines Körpers, der Roßleib, war ohne Fehl, der Rücken bequem zum Sitzen, die Brust hochgewölbt und pechschwarz, nur Beine und Schweif von heller Farbe. Er war mit seiner Geliebten, der schönen Kentaurin Hylonome, beim Fest erschienen, die sich beim Mahl liebkosend an ihn lehnte und auch jetzt mit ihm vereint im wütenden Kampf an seiner Seite focht. Kyllaros empfing von unbekannter Hand eine leichte Wunde ins Herz, daß er sterbend seiner Geliebten in die Arme sank. Hylonome koste seine sterbenden Glieder, küßte ihn und versuchte den entfliehenden Atem aufzuhalten. Als sie den Geliebten sterben sah, zog sie ihm den Wurfpfeil aus dem Herzen und stürzte sich hinein.

Noch lange wütete der Kampf zwischen den Lapithen und den Kentauren, bis die letzteren vollends besiegt waren und nur Flucht und Nacht sie vor der Vernichtung bewahrten. Jetzt machte keiner mehr Peirithoos seine Braut streitig, und Theseus verabschiedete sich am anderen Morgen von seinem Freund. Der gemeinsame Kampf hatte das junge Band ihrer Bruderschaft zu einem unauflöslichen Knoten geknüpft.

THESEUS' ENDE

Lange Zeit schon regierte Theseus, da kam es immer wieder zu Empörung und Aufstand gegen ihn, die stets Menestheus anführte, hinter dem die Partei der Edlen stand, die immer noch sich nach Pallas, seinem Oheim, und dessen besiegten und erschlagenen Söhnen, Pallantiden nannten. Die den Theseus früher gehaßt hatten, vergaßen allmählich die Furcht vor ihm, und das gemeine Volk war von Menestheus so verwöhnt worden, daß es, anstatt zu gehorchen, sich nur zu gerne von ihm schmeicheln ließ.

Anfangs versuchte es Theseus mit Härte. Als aber aufwieglerische Umtriebe und offener Widerstand alle seine Bemühungen vereitelten, beschloß der glücklose König, seine unbotmäßige Stadt freiwillig zu verlassen, nachdem er schon vorher seine Söhne Akamas und Demophoon heimlich nach Euböa zu dem Fürsten Elephenor gebracht hatte. In Gargettos, einem kleinen attischen Dorf, stieß er feierliche Verwünschungen gegen die Athener aus, noch lange nachher zeigte man hier das Verwünschungsfeld. Dann schüttelte Theseus den Staub von seinen Füßen und schiffte sich nach Skyros ein, wo er meinte, besonders gute Freunde zu haben, denn er besaß dort ansehnliche Güter, die er von seinem Vater geerbt hatte.

Damals war Lykomedes Herrscher auf Skyros. Zu diesem ging Theseus und erbat von ihm seine Güter, um sich dort niederzulassen. Aber das Schicksal hatte ihn einen schlimmen Weg geführt. Lykomedes, sei es, daß er den Ruhm des Königs fürchtete, sei es, daß er mit Menestheus paktierte, trachtete nur danach, den in seine Hände gegebenen Gast möglichst ohne Aufsehen aus dem Weg zu räumen. Also führte er ihn auf den höchsten Felsengipfel der Insel, der schroff zur Ebene abfiel. Er gab vor, dem Gast die schönen Güter zeigen zu wollen, die sein Vater hier besessen hatte. Oben angekommen, ließ Theseus seinen Blick freudig über das herrliche Land schweifen. Da gab ihm der treulose Fürst von hinten einen Stoß, daß er über die Felsen hinabstürzte und sein zerschmetterter Leichnam in der Tiefe liegen blieb.

Das undankbare Volk von Athen hatte Theseus bald vergessen, und Menestheus regierte, als hätte er den Thron von seinen Ahnen ererbt. Die Söhne des Theseus zogen mit dem Helden Elephenor als einfache Krieger gegen Troja. Erst als dort Menestheus gefallen war, kehrten sie zurück nach Athen und brachten das königliche Zepter wieder an sich. Viele Jahrhunderte später geschah es, daß die Athener Theseus als ihren Held und Retter verehrten; als sie nämlich bei Marathon gegen die zehnmal so starken Perser kämpfen mußten, entstieg der Geist des großen Helden der Erde und führte die Nachkommen seiner undankbaren Untertanen zum Sieg. Darum befahl das Orakel zu Delphi den Athenern, nach Beendigung jener glorreichen Kriege gegen die Perser die Gebeine des Theseus heimzuholen und ehrenvoll zu bestatten. Wo aber sollten sie diese suchen? Und sollten sie auf der Insel Skyros das Grab auch gefunden haben, wie konnten sie seine Überreste den rohen Barbaren entreißen?

Da fügte es das Schicksal, daß der berühmte Athener Kimon, der Sohn des Miltiades, auf einem seiner Feldzüge die Insel Skyros eroberte. Während er nun mit großem Eifer das Grab des Nationalhelden suchte, sah er plötzlich über einem Hügel einen Adler schweben. Er verweilte an dieser Stelle und sah bald, wie der Vogel herabschoß und die Erde des Grabhügels mit seinen Krallen aufscharrte. Kimon erkannte in diesem Zeichen eine göttliche Fügung, ließ nachgraben und fand tief in der Erde den Sarg und darin einen großen Leichnam, daneben eine eherne Lanze und ein Schwert. Weder er noch seine Begleiter zweifelten daran, des Theseus Grab gefunden zu haben.

Die ehrwürdigen Überreste wurden von Kimon auf ein schönes Kriegsschiff mit drei Ruderbänken geschafft und nach Athen gebracht, wo man das Schiff mit Jubel, Umzügen und Opferfeiern empfing. Es war, als sei Theseus selbst in die Stadt zurückgekehrt. So beglichen Jahrhunderte später die Nachkommen dem Begründer der Freiheit und Bürgerverfassung Athens den Dank, den ihm eine schnöde Welt schuldig geblieben war.

SIEBEN GEGEN THEBEN

Verfolgt vom Zorn der Götter

Politische Ereignisse und kriegerische Auseinandersetzungen voll männlicher Tapferkeit waren wohl die historische Anregung für diese Sage. Doch der Dichter Aischylos hat in seiner Tragödie »Sieben gegen Theben« eine Frau in den Mittelpunkt gestellt – und gewann mit dieser Gestaltung der Sage den ersten Preis beim Tragikerwettkampf des Jahres 467 v. Chr.

DIE FLÜCHTLINGE

Adrastos, der Sohn des Talaos, war König von Argos. Er hatte fünf Kinder, darunter zwei schöne Töchter, Argia und Deipyle. Über deren Schicksal war ihm ein seltsamer Orakelspruch zuteil geworden: er werde sie dereinst einem Löwen und einem Eber zu Gemahlinnen geben. Vergebens grübelte der König nach, welchen Sinn diese dunklen Worte haben könnten, und als die Mädchen herangewachsen waren, beschloß er, sie so zu vermählen, daß die Vorhersage nicht erfüllt werden könnte.

Aber das Götterwort ließ sich nicht umgehen. Aus zwei verschiedenen Richtungen kamen zwei Flüchtlinge durch die Tore von Argos. Aus Theben war Polyneikes von seinem Bruder Eteokles verjagt worden; Tydeus wiederum, des Öneus Sohn, war aus Kalydon geflohen, wo er auf der Jagd, ohne es zu wollen, einen Verwandtenmord verübt hatte. Beide Flüchtlinge trafen einander vor dem Königspalast von Argos. In der Dunkelheit der Nacht hielten sie einander für Feinde und gerieten in ein Handgemenge. König Adrastos hörte den Waffenlärm unter seiner Burg, stieg bei Fackelschein herab und trennte die Streitenden.

Als er nun zwischen den beiden Helden stand, die noch eben miteinander gekämpft hatten, überkam es den König plötzlich wie eine Erleuchtung: denn vom Schild des Polyneikes blickte ihm ein Löwenhaupt, von dem des Tydeus starrte ihm ein Eberkopf entgegen. Der erste trug das Bild auf dem Schild zu Ehren des Herakles, der andere hatte sich das Wappentier zum Andenken an die Jagd des kalydonischen Ebers und Meleagers gewählt. Adrastos begriff jetzt den Sinn jenes dunklen Orakels, und aus den Flüchtlingen wurden ihm Schwiegersöhne. Polyneikes erhielt die Hand der älteren Tochter Argia; die jüngere Tochter Deipyle wurde dem Tydeus zuteil. Beiden gab er zugleich das Versprechen, sie in ihre väterlichen Reiche, aus denen sie vertrieben worden waren, wieder heimzuführen.

Zuerst wurde der Feldzug gegen Theben beschlossen, und Adrastos sammelte seine Helden, sieben Fürsten, ihn selbst mitgezählt, mit sieben Heerscharen. Die Namen der Fürsten waren Adrastos, Polyneikes, Tydeus; sodann Amphiaraos und Kapaneus, der erste ein Schwestergemahl des Adrastos, der andere sein Schwestersohn; endlich seine zwei Brüder Hippomedon und Parthenopaios. Aber Amphiaraos, der Schwager des Königs, der früher lange sein Feind gewesen, war ein Prophet, und deshalb sah er den unglücklichen Ausgang des Feldzuges voraus. Nachdem er sich vergebens bemüht hatte, den Adrastos und die übrigen Helden von ihrem Vorhaben abzubringen, suchte er einen Schlupfwinkel auf, den nur seine Gemahlin Eriphyle, die Schwester des Königs, kannte, dort verbarg er sich. Lange suchten ihn die Helden vergebens, denn ohne ihn wollte Adrastos den Feldzug nicht wagen.

Nun hatte Polyneikes, als er aus Theben flüchten mußte, das Halsband und den Schleier mitgenommen, die unglückbringenden Geschenke, die einst Aphrodite der Harmonia anläßlich ihrer Verbindung mit Kadmos, dem Gründer Thebens, verehrt hatte, und die jedem, der sie trug, Verderben brachten. Diese Gaben hatten auch wirklich der Harmonia selbst, der Semele, der Mutter des Bakchos, und der Jokaste den Untergang gebracht. Zuletzt hatte sie Argia, die Gemahlin des Polyneikes, die auch unglücklich werden sollte, besessen; jetzt beschloß ihr Gemahl, mit dem Halsband die Eriphyle zu bestechen, daß sie ihm und seinen Kampfgenossen den Aufenthalt ihres Gatten verrate.

Als das Weib, das längst die Nichte um den herrlichen Schmuck, den ihr der Fremdling gebracht, beneidet hatte, die funkelnden Edelsteine und Goldspangen an dem Halsband sah, konnte sie der Lockung nicht widerstehen: sie hieß den Polyneikes ihr folgen und zog Amphiaraos aus seinem Versteck hervor.

Jetzt konnte sich dieser der Teilnahme am Feldzug um so weniger entziehen, als er schon früher, da er sich mit Adrastos ausgesöhnt und von ihm die Schwester zur Ehe erhalten hatte, das Versprechen gegeben, bei jeder künftigen Streitigkeit mit dem Schwager die Entscheidung seiner Gattin zu überlassen. Er legte seine Rüstung an und sammelte seine Krieger. Bevor er jedoch auszog, rief er seinen Sohn Alkmaion zu sich und nahm ihm einen heiligen Schwur ab, ihn nach seinem Tod an der treulosen Mutter zu rächen.

DIE HELDEN VOR THEBEN

Auch die übrigen Helden rüsteten sich, und bald hatte Adrastos ein gewaltiges Heer um sich versammelt, das, in sieben Haufen geteilt und von sieben Helden befehligt, unter dem Schall der Zinken und Trompeten jauchzend und voll Hoffnung die Stadt Argos verließ. Bald war Theben erreicht.

In dieser Stadt hatte Eteokles mit seinem Oheim Kreon alles zu einer langen Verteidigung vorbereitet. Er sprach zu den versammelten Bürgern: »Männer, seid eingedenk, was ihr eurer Vaterstadt schuldet! Wehrt euch um ihretwillen, kämpft für die Altäre der heimischen Götter, für Väter, Weiber und Kinder und um euren freien Boden! Der Vogelschauer meldet mir, daß in der nächsten Nacht das Argiverheer sich sammeln und einen Angriff auf die Stadt unternehmen wird. Darum besetzt die Türme mit euren Waffen, bewacht jeden Ausgang, und fürchtet euch nicht vor der Zahl der Feinde!«

Während Eteokles so zu seinen Reitern sprach, stand auf der höchsten Zinne des Palastes, zusammen mit einem greisen Waffenträger ihres Großvaters Laios, die Jungfrau Antigone. Sie war nach dem Tod ihres Vaters Ödipus nicht lange unter dem liebevollen Schutz des Königs Theseus in Athen geblieben, sondern hatte mit ihrer Schwester Ismene in ihre Heimat zurückverlangt. Eine unbestimmte Hoffnung, ihrem Bruder Polyneikes nützlich sein zu können, trieb sie heim, und auch die Liebe zu ihrer Vaterstadt hatte sie dazu veranlaßt, deren Belagerung durch den Bruder sie nicht billigen konnte und deren Schicksal sie teilen wollte. Dort war sie von dem Fürsten Kreon und ihrem Bruder Eteokles mit offenen Armen aufgenommen worden, denn sie betrachteten die Jungfrau als eine freiwillige Geisel und eine willkommene Vermittlerin.

Antigone war jetzt die alte Zederntreppe des Palastes emporgestiegen und stand auf einer Plattform, wo der Greis ihr die Aufstellung des feindlichen Heeres erklärte. Ringsum auf den Wiesen um die Stadt, die Ufer des Ismenos entlang und um die berühmte Quelle Dirke war das mächtige Heer gelagert. Es hatte sich eben in Bewegung gesetzt, und die Scharen teilten sich. Das ganze Feld schimmerte vom Erz der Waffen wie ein wogendes Meer. Fußvolk und Reiterei drängte sich bedrohlich vor den Toren der belagerten Stadt.

Die Jungfrau erschrak bei diesem Anblick, der Greis jedoch tröstete sie: »Unsere Mauern sind hoch und fest, unsere Eichentore liegen in schweren, eisernen Riegeln. Das Innere der Stadt ist vor den Feinden sicher und voll von mutigen, kampffreudigen Kriegern.«

Dann beantwortete er die Fragen des Mädchens nach den Namen der besten Führer: »Jener dort im leuchtenden Helm, der seinen blanken Schild spielerisch schwingend einer Heerschar voranzieht, das ist Fürst Hippomedon. Er wohnt rund um die Gewässer Lernas in Mykene. Hoch ist sein Wuchs, wie der eines erdentsprossenen Giganten. Weiter rechts dort, der Mann am Dirkequell, der fremde Waffentracht trägt, das ist deines Bruders Schwager, Tydeus, des Öneus Sohn; er und seine Ätoler sind Schildträger und die besten Lanzenwerfer; ich kenne ihn an seinem Wappenschild, denn ich wurde einst als Unterhändler in das feindliche Lager geschickt.«

»Wer ist der jugendliche Held dort drüben, der mit wildem Blick an jenem Heldengrabmal vorüberschreitet und dem Heer langsam nachfolgt?« wollte nun das Mädchen wissen.

»Das ist Parthenopaios«, belehrte sie der Alte, »der Sohn Atlantes, der Freundin der Artemis. Aber siehst du dort die zwei Helden am Grab der Niobetöchter? Der ältere ist Adrastos, der Führer des ganzen Zuges; kennst du vielleicht den jüngeren?«

»Ich sehe«, rief Antigone schmerzlich bewegt, »nur die Brust und den Umriß seines Leibes – und doch erkenne ich ihn: es ist mein Bruder Polyneikes! Könnte ich doch mit den Wolken zu ihm fliegen und meinen Arm um den Hals des lieben Flüchtlings schlingen! Wie funkelt seine goldene Rüstung im Licht der Sonne! – Doch wer ist jener dort, der, mit fester Hand die Rosse zügelnd, einen weißen Wagen lenkt und die Geißel so ruhig und besonnen schwingt?«

»Das ist der Seher Amphiaraos!« sprach der Greis zu Antigone.

»Aber siehst du dort jenen Mann, der die Mauern entlang geht, sie abmißt und zugleich die Stellen erkundet, wo die Basteien dem Sturm zugänglich sind?«

»Das ist der übermütige Kapaneus, der unsere Stadt so schrecklich verhöhnt und dich, zarte Jungfrau, in die Knechtschaft führen will!«

Antigone erblaßte und verlangte umzukehren. Der Greis reichte ihr die Hand und geleitete sie hinunter.

MENÖKEUS

Inzwischen hielten Kreon und Eteokles Kriegsrat. Sie beschlossen, jedes der sieben Tore Thebens mit einem Führer zu besetzen und so dem Feind die gleiche Zahl von Kriegern gegenüberzustellen. Doch wollten sie, ehe der Kampf um die Stadt ausbrach, zuvor wissen, was die Vogelschau ihnen über den Ausgang des Kampfes verrate. Nun lebte unter den Thebanern, wie bereits die Ödipus-Sage berichtete, der Seher Teiresias, der Sohn des Eures und der Nymphe Chariklo; dieser hatte als Jüngling die Göttin Athene bei seiner Mutter überrascht und geschaut, was er nicht schauen sollte. Dafür war er von der Göttin mit Blindheit geschlagen worden. Seine Mutter Chariklo hatte zwar flehentlich gebeten, ihm das Augenlicht wiederzugeben, aber Athene vermochte dies nicht mehr; dennoch erbarmte sie sich seiner und schärfte ihm dafür sein Gehör, daß er von da an alle Stimmen der Vögel verstehen konnte. So war er von Stund an der Vogelschauer der Stadt.

Zu diesem schon greisen Seher schickte Kreon seinen jungen Sohn Menökeus, daß er ihn in den Königspalast bringe. Mit wankendem Knie, von seiner Tochter Manto und dem Knaben gestützt, erschien auch bald darauf der Alte vor Kreon. Dieser drang in ihn, er möge sagen, was der Vögel Flug über das Schicksal der Stadt verkünde. Teiresias schwieg lange: Endlich sprach er die traurigen Worte: »Die Söhne des Ödipus haben sich an ihrem Vater schwer versündigt, sie bringen ins Thebanerland bittere Trübsal. Argiver und Kadmeer werden einander morden, die Söhne einer durch die Hand des anderen fallen. Nur eine Rettung weiß ich für die Stadt; aber sie ist für die Geretteten selbst zu bitter, als daß mein Mund sie offenbaren wollte. Lebt wohl!« Er wandte sich und wollte gehen, aber Kreon flehte so lange, bis er blieb.

»Du willst es also wissen«, sprach der Seher streng, »so höre! Aber sage mir zuvor, wo ist dein Sohn Menökeus, der mich hierher geleitete?«

»Er steht neben dir!« erwiderte Kreon.

»Er fliehe, so weit er kann, hinweg von meinem Götterspruch!« sagte der Greis.

»Weshalb?« forschte Kreon. »Menökeus ist seines Vaters Kind; er kann schweigen, wenn er soll, und wird sich freuen, wenn er erfährt, was uns retten kann!«

»So vernimm denn, was ich aus dem Flug der Vögel gelesen habe«, sprach Teiresias. »Es kommt das Heil, aber über eine harte Schwelle.

Der jüngste der Drachenzähnesaat muß fallen. Nur unter dieser Bedingung wird dir der Sieg zuteil!«

»Wehe mir«, rief Kreon, »was bedeutet dieses Wort, o Greis?«

»Daß der jüngste Enkel des Kadmos sterben muß, soll die Stadt gerettet sein!«

»Du verlangst den Tod meines geliebten Kindes, meines Sohnes Menökeus?« fuhr der Fürst entrüstet auf, »packe dich fort! Ich bedarf deines Seherspruchs nicht!«

»Ist die Wahrheit nichts wert, weil sie dir Leid bringt?« fragte Teiresias ernst. Da warf sich Kreon ihm zu Füßen, umfaßte seine Knie, flehte den blinden Propheten an, den Spruch zurückzunehmen.

Aber der Seher blieb unerbittlich. »Die Forderung ist unabwendbar«, sprach er. »Am Dirkequell, wo einst der Lindwurm hauste, muß er sein Blut im Opfertod vergießen; dann wirst du die Erde zur Freundin haben, wenn sie für das Menschenblut, das sie einst dem Kadmos aus den Drachenzähnen emporsandte, wieder Menschenblut, und zwar verwandtes, empfangen hat. Wenn dieser Jüngling hier sich für seine Stadt opfert, so wird er im Tod ihr Erretter sein, und für Adrastos und sein Heer wird die Heimkehr grauenvoll werden! Wähle nun, Kreon, welches Los von den zweien du willst.«

Also sprach der Seher und entfernte sich an der Hand seiner Tochter. Kreon stand schweigend da, in Gedanken versunken. Endlich rief er verzweifelt: »Wie gern wollte ich selbst für mein Vaterland sterben! Aber dich, Kind, soll ich opfern? Fliehe, mein Sohn, fliehe, so weit dich deine Füße tragen, aus diesem Land, das zu schlimm ist für deine Unschuld. Gehe über Delphi, Ätolien, Thesprotia zum Heiligtum Dodonas: dort begib dich in des Orakels Schutz!«

»Gerne«, sprach Menökeus mit leuchtendem Blick. »Gib mir das nötigste auf die Reise mit, und sei getrost, Vater, ich werde den rechten Weg gewiß nicht verfehlen.«

Als Kreon beruhigt auf seinen Posten zurückgekehrt und der Knabe allein war, warf er sich auf die Erde nieder und betete inbrünstig zu den Göttern: »Verzeiht mir, ihr Himmlischen, wenn ich gelogen habe und damit meinem alten Vater die unwürdige Furcht genommen habe. Daß er, der Greis, sich fürchtet, ist verzeihlich. Aber wie feige wäre ich, wenn ich das Vaterland im Stich ließe, dem ich das Leben verdanke. Hört darum meinen Schwur, ihr Götter, und nehmt ihn gnädig auf: Ich gehe, mein Vaterland durch meinen Tod zu retten. Flucht wäre Schande. Auf die Zinnen will ich treten, mich selbst in den Rachen des Drachen stürzen und so das Land erlösen.«

Freudig sprang der Knabe auf, eilte hinauf und tat, wie er gesagt hatte. Er stellte sich auf die höchste Zinne der Burgmauer, überschaute mit einem Blick die Schlachtreihen der Feinde und sprach einen kurzen, feierlichen Fluch über sie; dann zog er den Dolch hervor, den er unter dem Gewand versteckt hatte, durchbohrte sich den Hals mit einem einzigen Stoß und stürzte von der Höhe herab. Zerschmettert blieb er am Ufer der Dirkequelle liegen.

DER STURM AUF DIE STADT

Der Orakelspruch war erfüllt. Kreon bezähmte seinen Jammer, Eteokles teilte indessen den sieben Torhütern sieben Scharen zu, und wo er diese weggenommen hatte, stellte er dahinter Reiter auf, dazu leichtes Fußvolk hinter die Schildträger, um überall, wo die Mauern durch den Feind gefährdet sein sollten, sie mit Heeresmacht schirmen zu können. Auch das Heer der Argiver setzte sich jetzt in Bewegung, und der Sturm auf den Wall begann. Der Kriegsgesang erscholl, und vom feindlichen Heer wie von den Mauern der Thebaner herab schmetterten zur gleichen Zeit die Trompeten.

Zuerst führte Parthenopaios, der Sohn der Jägerin Atlante, seine Streiter, Schild an Schild gedrängt, wider eines der Tore. Sein Schild zeigte das Bildnis seiner Mutter, wie sie einen ätolischen Eber mit fliegendem Pfeil erlegte. Opfertiere auf seinem Wagen, zog der priesterliche Seher Amphiaraos auf das zweite Tor los; er trug schmucklose Waffen ohne Wappenschild oder sonstigen Prunk. Auf das dritte Tor rückte Hippomedon vor; sein Schild schmückte der hundertäugige Argos, wie er die von Zeus in eine Kuh verwandelte Jo bewachte. Zum vierten Tor lenkte Tydeus seine Scharen, der eine struppige Löwenhaut im Schild führte und mit wilder Gebärde in der Rechten eine Brandfackel schwang. Der vertriebene König Polyneikes befehligte den Sturm auf das fünfte Tor; sein Schild stellte ein sich wütend bäumendes Roßgespann vor. Zum sechsten Tor führte Kapaneus seine Kriegerschar, der sich zutraute, mit dem Gott Ares kämpfen zu können; auf dem Eisenrücken seines

Schildes war ein Gigant zu sehen, der eine ganze Stadt auf den Schultern trug, ein Schicksal, das dieser Schildträger der Stadt Theben zugedacht hatte. Zum siebenten und letzten Tor endlich rückte Adrastos, der Argiverkönig, vor. Auf seinem Schild waren hundert Schlangen abgebildet, die in ihren Mäulern thebanische Kinder davontrugen.

Als alle nahe genug an die Tore herangekommen waren, wurde der Kampf zuerst mit Schleudern, dann mit Bogen und Speeren eröffnet. Aber den ersten Angriff wehrten die Thebaner siegreich ab, so daß die Scharen der Argiver zurückweichen mußten. Da riefen Tydeus und Polyneikos: »Ihr Brüder, warum brecht ihr nicht, ehe die Geschosse euch niederwerfen, mit vereinigter Macht die Tore auf, Fußvolk, Reiter, Wagenlenker, alle miteinander?«

Dieser Ruf entfachte den Mut der Argiver aufs neue. Alle faßten Mut, und der Sturm begann mit verstärkter Macht, aber ebenso glücklos wie zuvor. Mit blutigen Köpfen sanken die Stürmenden zu den Füßen der Verteidiger nieder, und reihenweise verhauchten unter den Mauern die Krieger ihr Leben, so daß der dürre Boden vor der Stadt von Blutbächen benetzt wurde.

Da stürzte sich der Arkadier Parthenopaios wie ein Sturmwind auf sein Tor und rief nach Feuer und Äxten, um es zu zerhauen. Ein thebanischer Held, der auf der Mauer unweit davon auf Posten stand, Periklymenos, beobachtete diese Anstrengungen und riß, als es höchste Zeit war, ein Stück der steinernen Brustwehr los, so groß, daß es eine ganze Wagenladung ausgemacht hätte. Dieser Wurf zermalmte dem Stürmenden sein blondgelocktes Haupt, zerschmetterte die Knochen, daß er tot zu Boden stürzte.

Sobald Eteokles dieses Tor in Sicherheit wußte, eilte er den andern Kämpfern zu Hilfe. Am vierten Tor traf er den Tydeus, der wie ein Drache wütete, den die Sonne sticht; er selbst schwang mit der Rechten die Lanze hoch nach der Mauer, und seine Schildträger umgaben ihn, die einen Hagel von Speeren auf den höchsten Burgsaum aufwärtsschleuderten, so daß die Thebaner vom Rand der Brustwehr fliehen mußten. In diesem Augenblick erschien Eteokles, sammelte sie, wie ein Jäger zerstreute Hunde sammelt, und führte sie auf die Mauerzinne zurück. Dann eilte er weiter von Tor zu Tor. Da stieß er auch auf den tobenden Kapaneus, der eine vielsprossige Sturmleiter herantrug und prahlte, nicht einmal des Götterkönigs Blitz könne ihn daran hindern, die Stadt zu erobern. Unter solch trotzigen Worten legte er die Leiter an und kletterte unter seinem Schild, umsaust von Steinen, die glatten Sprossen empor. Aber seinen Frevelmut zu züchtigen, blieb nicht den Thebanern vorbehalten; Zeus selbst übernahm dieses Werk und traf ihn, als er schon den Mauerkranz überstieg, mit seinem Donnerkeil. Es war ein Schlag, daß die Erde dröhnte; seine zerrissenen Gliedmaßen flogen weit umher, sein brennendes Haar flatterte zum Himmel, sein Blut floß zur Erde; Hände und Füße rollten im Kreis wie ein Rad; sein Rumpf stürzte endlich auf den Boden nieder.

König Adrastos erkannte aus diesem Zeichen, daß der Göttervater seinem Vorhaben feindlich gesinnt sei; er führte seine Scharen aus dem Stadtgraben heraus und wich mit ihnen zurück. Die Thebaner dagegen erkannten das glückbringende Zeichen, das ihnen Zeus gesandt hatte, sie brachen zu Fuß und zu Wagen aus der Stadt hervor; ihr Fußvolk stürzte mitten unter die argivische Heerschar, Wagen prallte gegen Wagen, Leichname türmten sich zuhauf; der Sieg blieb den Thebanern, und erst nachdem sie die Feinde eine gute Strecke von der Stadt zurückgeworfen, kehrten sie in diese zurück.

DER BRÜDER ZWEIKAMPF

So endete der Sturm auf die Stadt Theben. Als Kreon und Eteokles mit ihren Scharen in die Mauern zurückgekehrt waren, ordnete sich das Heer der geschlagenen Argiver, und bald war es wieder bereit, gegen die Stadt der Thebaner anzurennen. Als das die Thebaner merkten und weil ihre Hoffnung, ein zweites Mal dem Feind zu widerstehen, nicht sehr groß war, faßte König Eteokles einen Entschluß. Er sandte seinen Herold zur Stadt hinaus zum Argiverheer, das wieder dicht vor den Mauern Thebens lagerte, und bat um Ruhe für den König. Dann rief dieser, auf der obersten Zinne der Burg stehend, seinen eigenen Leuten und den die Stadt umringenden Argivern mit lauter Stimme zu: »Ihr Danaer und Argiver, die ihr gekommen seid, und auch ihr Völker Thebens, schont euer Leben, und laßt nun mich selbst den Kampf entscheiden und allein im Zweikampf mich mit meinem Bruder Polyneikes messen. Töte ich ihn, so laßt mich allein herrschen; falle ich von seiner Hand, so gehöre ihm das Zepter. Argiver, senkt dann die Waffen und kehrt in euer Heimatland zurück, ohne vor diesen Mauern euer Leben nutzlos zu vergeuden.«

Aus den Reihen der Argiver sprang sogleich Polyneikes hervor und rief zur Burg empor, daß er bereit sei, den Vorschlag seines Bruders anzunehmen. Beide Seiten waren längst des blutigen Krieges müde, der nur einem von zwei Männern zugute kommen sollte. Daher klatschten beide Heere dem gerechten Gedanken Beifall. Es wurde ein Vertrag geschlossen, und der Eid der Führer bekräftigte ihn.

Jetzt hüllten sich die Söhne des Ödipus in ihre Waffenrüstungen; den Beherrscher Thebens schmückten die edelsten Thebaner, den vertriebenen Polyneikes die Führer der Argiver. So standen beide im Stahl gewandet da, stark und festen Blickes. »Bedenke«, riefen die Freunde dem Polyneikes zu, »daß Zeus von dir ein Siegesdenkmal in Argos erwartet!«

Die Thebaner aber ermunterten ihren Fürsten Eteokles: »Du kämpfst für die Vaterstadt und für das Zepter; dieser Gedanke verleihe dir den Sieg!«

Ehe der verhängnisvolle Kampf begann, opferten auch noch die Seher der beiden Heere, um aus der Opferflamme den Ausgang des Streits zu erkennen. Das Zeichen war zweideutig, es schien Sieg oder Untergang beiden zugleich zu verkünden. Als das Opfer vollzogen war, erhob Polyneikes flehend seine Arme, wendete sein Antlitz dem Argiverland zu und betete: »Hera, Beherrscherin von Argos, aus deinem Land habe ich mein Weib genommen, in deinem Land wohne ich; laß deinen Diener im Gefecht siegen, laß ihn seine Rechte färben mit des Gegners Blut!«

Auf der anderen Seite kehrte sich Eteokles zum Tempel der Athene in Theben und flehte: »Gib, o Tochter des Zeus, daß ich die Lanze siegreich zum Ziel schleudere, in die Brust dessen, der kam, mein Vaterland zu verwüsten!«

Seine letzten Worte begleitete schmetternder Trompetenklang, das Zeichen, daß der blutige Kampf begann. Schon stürzten die Brüder aufeinander los wie zwei Eber, deren Hauer grimmig aufeinander zielen. Die Lanzen sausten durch die Luft und prallten beide von den Schilden ab; nun zielten die feindlichen Brüder mit den Speeren einander nach dem Gesicht, nach den Augen, aber die schnell vorgehaltenen Schildränder vereitelten auch diesen Stoß. Sogar den Zuschauern floß der Schweiß in Bächen vom Leib, beim Anblick des erbitterten Kampfes. Endlich vergaß sich Eteokles, und während er mit dem rechten Fuß einen Stein, der ihm im Weg lag, beiseite stoßen wollte, streckte er das Bein unvorsichtig unter dem Schild hervor; da stürzte Polyneikes mit dem Speer heran und durchbohrte ihm das Schienbein. Das ganze Argiverheer jubelte bei diesem Stoß und sah darin schon den entscheidenden Sieg.

Aber während des Stoßes hatte der Verwundete, der keinen Augenblick seine Besinnung verlor, die eine Schulter seines Gegners entblößt gesehen und warf seinen Wurfspieß, der auch traf und in der Schulter stecken blieb, doch so, daß seine Spitze abbrach. Die Thebaner ließen nur einen halben Laut der Freude hören. Eteokles wich zurück, ergriff einen Marmorstein und brach damit die Lanze seines Gegners in zwei Hälften.

Der Kampf stand jetzt unentschieden, da beide Gegner sich ihres Wurfgeschosses beraubt sahen. Nun faßten sie rasch die Griffe ihrer Schwerter und rückten einander nahe auf den Leib; Schild schlug gegen Schild, daß es weithin hallte. Da besann sich Eteokles auf einen Kunstgriff, den er im thessalischen Land gelernt hatte. Er wechselte plötzlich seine Stellung, zog sich nach hinten auf seinen linken Fuß zurück, deckte seinen Unterleib mit Sorgfalt, setzte dann den rechten Fuß voran und stach den Bruder, der auf eine so veränderte Haltung des Gegners nicht gefaßt war und den unteren Teil seines Körpers nicht gedeckt hatte, mitten durch den Leib über den Hüften. Stöhnend neigte sich Polyneikes auf die Seite und brach bald blutüberströmt zusammen. Eteokles, seines Sieges gewiß, schleuderte sein Schwert von sich und warf sich über den Sterbenden, ihn zu berauben.

Dies aber war sein Verderben: denn Polyneikes hatte im Sturz sein Schwert noch fest umklammert, und, so schwach er auch atmete, er hatte noch Kraft genug, es dem über ihn gebeugten Eteokles tief in den Leib zu stoßen. Dieser sank neben dem sterbenden Bruder zu Boden.

Nun öffneten sich die Tore Thebens; die Frauen, die Diener stürzten heraus, die Leiche ihres Herrschers zu bejammern. Antigone aber warf sich über ihren geliebten Bruder Polyneikes, um seine letzten Worte von den Lippen abzulesen. Mit Eteokles war es schneller zu Ende gegangen als mit diesem; nur noch ein tiefer Seufzer aus röchelnder Brust, und er war verschieden. Polyneikes aber atmete noch. Er richtete sein brechendes Auge auf die Schwester und sprach: »Wie beklage ich dein Los, Schwester, ebenso das Schicksal des toten Bruders, der mein Feind geworden ist. Jetzt erst, im Tod, fühle ich, daß ich ihn geliebt habe! Du aber, Schwester, begrabe mich in meiner Heimat und versöhne die zürnende Vaterstadt, daß sie mir, obwohl ich der Herrschaft beraubt wurde, wenigstens dieses gewähre. Nun drücke mir die Augen zu, denn schon breitet die Nacht des Todes ihre Schatten über mich.«

So starb er in der Schwester Arme. Da erhob sich lauter Streit auf beiden Seiten der Menge. Die Thebaner schrieben ihrem Herrn Eteokles den Sieg zu, die Feinde dem Polyneikes. Derselbe Hader herrschte unter den Anführern und den Freunden der Gefallenen. »Polyneikes führte den ersten Lanzenstoß!« hieß es da. »Aber er war auch der erste, der unterlegen ist!« scholl es von der anderen Seite entgegen. So griff man zu den Waffen. Glücklicherweise waren die Thebaner darauf vorbereitet. Sie hatten sich geordnet und in voller Waffenrüstung teils vor dem Zweikampf, teils während desselben eingefunden, während die Argiver die Waffen abgelegt und, des Sieges gewiß, sorglos zugeschaut hatten. Die Thebaner warfen sich also plötzlich auf das Argiverheer, ehe dieses sich rüsten konnte.

Sie fanden keinen Widerstand. Die waffenlosen Feinde irrten in ungeregelter Flucht über das Feld, das Blut floß in Strömen, denn der Wurf der Lanzen streckte die Fliehenden zu Hunderten nieder. Auf dieser Flucht geschah es auch, daß der thebanische Held Periklymenos den Seher Amphiaraos bis zum Strand des Flusses Ismenos verfolgte. Hier hemmte den mit Roß und Wagen Fliehenden das Wasser. Der Thebaner war ihm knapp auf den Fersen. In seiner Verzweiflung befahl der Seher seinem Wagenlenker, die Pferde durch die tiefe Furt zu lenken; aber ehe er im Wasser war, hatte der Feind das Ufer erreicht, und sein Speer bedrohte seinen Nacken. Da spaltete Zeus, der seinen Seher nicht auf unrühmlicher Flucht umkommen lassen wollte, mit einem Blitz den Boden, daß er sich auftat und die Rosse, die den Übergang suchten, mitsamt dem Wagen, dem Seher und seinen Genossen verschlang.

Bald war die Umgebung Thebens von Feinden befreit. Auch der kühne Held Hippomedon und der gewaltige Tydeus waren gefallen. Von allen Seiten brachten nun die Thebaner die Schilde der toten Feinde und allerlei Beute herbei und trugen sie triumphierend in ihre Stadt.

ANTIGONES TAT

Hierauf bereitete man die Bestattung der Toten vor. Die Königswürde von Theben war nach dem Tod der beiden gefallenen Brüder an ihren Oheim Kreon übergegangen. Dieser hatte nun die Aufgabe, das Begräbnis seiner beiden Neffen zu richten. Unverzüglich ließ er den Eteokles, der für die Verteidigung der Stadt gefallen war, mit königlichen Ehren feierlich bestatten; alle Bewohner der Stadt folgten dem Leichenzug, während Polyneikes unbegraben und geschändet dalag. Dann ließ Kreon vom Herold der ganzen Stadt verkünden, er gedenke den Feind des Vaterlands, der gekommen sei, die Stadt zu zerstören, weder zu beklagen noch ihm ein Grab zu gönnen, sondern den Leichnam des Verfluchten unbegraben den Vögeln und Hunden zum Fraß zu überlassen. Zugleich gebot er den Bürgern, selbst darüber zu wachen, daß sein königlicher Wille erfüllt würde. Er stellte noch eigene Späher zu dem Leichnam, die dafür zu sorgen hatten, daß niemand käme, ihn zu stehlen oder zu begraben. Wer dies dennoch wagte, sollte des Todes sein und auf offener Straße gesteinigt werden.

Von dieser grausamen Verfügung hatte auch Antigone, die fromme Schwester, gehört. Sie gedachte jedoch ihres Versprechens, das sie dem Sterbenden gegeben hatte. Deshalb wandte sie sich schweren Herzens an ihre jüngere Schwester Ismene und wollte diese überreden, mit ihr zusammen das Wagnis zu unternehmen, den Leib des Bruders seinen Feinden zu entreißen. Aber Ismene war ein schwaches Mädchen und solcher Heldenmut nicht ihre Sache. »Hast du denn, Schwester«, sagte sie weinend, »den grauenhaften Untergang unseres Vaters und unserer Mutter vergessen, ist dir das Verderben unserer Brüder schon aus dem Gedächtnis entschwunden, daß du nun auch uns Zurückgebliebene noch hineinziehen willst?«

Antigone wandte sich enttäuscht von ihrer furchtsamen Schwester ab. »Ich will dich gar nicht zur Helferin«, sagte sie, »ich gehe hin, den Bruder allein zu begraben. Wenn ich dies getan habe, sterbe ich mit Freuden und lege mich nieder neben dem, den ich im Leben geliebt habe!«

Bald darauf kam einer der Wächter furchtsam und zögernden Schrittes zu König Kreon. »Der Leichnam, den du uns zu bewachen aufgetragen hast, ist begraben«, rief er dem Herrscher entgegen, »und der unbekannte Täter ist uns entkommen. Wir wissen auch nicht, wie es geschehen ist. Als der erste Tagwächter uns davon berichtete, waren wir alle bekümmert. Nur eine dünne Staubschicht lag auf dem Toten — gerade so viel als notwendig ist, daß ein Begräbnis vor den Göttern der Unterwelt gilt. Kein Hieb, kein Schaufelwurf waren zu sehen, keine Wagenspuren furchten den Boden. Unter uns Wächtern entstand Streit darüber, jeder beschuldigte den andern, und am Ende gab es sogar Schläge. Zuletzt jedoch kam man überein, dir, o König, den Vorgang auf der Stelle zu melden, und mich traf dies unglückselige Los!«

Kreon geriet darüber in großen Zorn; er drohte den Wächtern, sie lebend aufhängen zu lassen, wenn sie ihm den Täter nicht unverzüglich in die Hände lieferten. Sie mußten auch auf seinen Befehl den Leichnam wieder von aller Erde entblößen und nach wie vor Wache halten. So saßen sie vom Morgen bis zum Mittag im heißen Sonnenschein.

Da erhob sich plötzlich ein Sturm, und die Luft füllte sich mit Staub. Die Wächter wunderten sich noch über das unerwartete Zeichen, als sie eine Jungfrau herankommen sahen, die so ergreifend klagte wie ein Vogel, der sein Nest ausgeraubt vorfindet. Sie hatte in der Hand eine eherne Kanne, die sie schnell mit Staub füllte. Dann näherte sie sich vorsichtig der Leiche — denn die Wächter, um vom Geruch des verwesenden Leichnams nicht belästigt zu werden, saßen ziemlich weitab auf einem Hügel — und spendete dem Toten, anstatt ihn zu begraben, einen dreifachen Aufguß von Erde. Da zögerten die Wächter nicht länger: Sie eilten herbei, ergriffen sie und schleppten die auf der Tat Ertappte vor den zürnenden Herrscher. Kreon erkannte in der Täterin seine Nichte Antigone. »Törin«, rief er ihr entgegen, »die du zu Boden blickst, gestehst du, oder leugnest du dies Werk?«

»Ich gestehe es«, erwiderte die Jungfrau und erhob ihr Haupt.

»Und kennst du auch«, fragte der König weiter, »das Gesetz, das du so leichtfertig übertratest?«

»Wohl kenne ich es«, sprach Antigone fest und ruhig, »aber von keinem der unsterblichen Götter stammt dieses Gebot. Auch kenne ich andere Gesetze, die nicht von gestern und heute sind, die in Ewigkeit gelten und von denen niemand weiß, woher sie kommen. Kein Sterblicher darf diese übertreten, ohne dem Zorn der Götter anheimzufallen; ein solches Gesetz hat mir befohlen, den toten Sohn meiner Mutter nicht unbegraben zu lassen. Erscheint dir diese Handlung töricht, so ist ein Tor, der mich der Torheit beschuldigt.«

»Meinst du«, sprach Kreon, noch mehr erbittert durch den Widerspruch der Jungfrau, »deine starre Sinnesart sei nicht zu beugen? Zerspringt doch auch der sprödeste Stahl am ehesten. Wer in eines andern Gewalt ist, der soll nicht trotzen!«

Darauf antwortete Antigone: »Du kannst mir doch nicht mehr antun als den Tod; wozu der Aufschub? Mein Name wird nicht ruhmlos dadurch werden, daß ich sterbe; auch weiß ich, daß deinen Bürgern hier nur die Furcht den Mund verschließt und daß alle meine Tat im Herzen billigen; denn den Bruder zu begraben ist erste Schwesternpflicht.«

»Nun, so liebe denn im Hades«, rief der König immer erbitterter, »wenn du schon lieben mußt!« Und schon befahl er den Dienern, sie zu ergreifen, als Ismene, die von der Schwester Schicksal gehört hatte, hereingestürmt kam. Sie schien ihre weibliche Schwäche und ihre Menschenfurcht ganz abgeschüttelt zu haben. Mutig trat sie vor den grausamen Oheim, bekannte sich als Mitwisserin und verlangte, mit der Schwester in den Tod zu gehen. Zugleich erinnerte sie den König daran, daß Antigone nicht nur seiner Schwester Tochter, daß sie auch die Verlobte seines eigenen Sohns Haimon sei und er durch ihren Tod seinem eigenen Sprößling die Gattin morde. Statt einer Antwort ließ Kreon auch Ismene fassen und beide Schwestern in das Innere des Palastes führen.

KREONS BESCHLUSS

Als Kreon seinen Sohn herbeieilen sah, glaubte er zunächst, das gegen seine Braut gefällte Urteil müsse diesen gegen seinen Vater empören. Haimon setzte jedoch seinen mißtrauischen Fragen Worte voll kindlichen Gehorsams entgegen, und erst nachdem er den Vater von seiner Ergebenheit überzeugt hatte, wagte er es, für seine geliebte Braut zu bitten. »Du weißt nicht, Vater«, sprach er, »was das Volk spricht, was es tadelt. Dein Auge schreckt jeden Bürgersmann, irgend etwas zu sagen, das deinem Ohr nicht willkommen ist; ich hingegen bekomme auch derlei Dinge zu hören. So laß mich dir sagen, daß diese Jungfrau von der ganzen Stadt bejammert, daß ihre Handlung von allen Bürgern als rühmlich gepriesen wird, daß niemand glauben will, die fromme Schwester, die ihren Bruder nicht von Hunden und Vögeln zerfleischen ließ, habe den Tod als Lohn verdient! Darum, geliebter Vater, höre auf die

Stimme des Volkes! Tu es den Bäumen gleich, die, am Ufer des reißenden Waldstroms gepflanzt, sich ihm nicht entgegenstemmen, sondern der Gewalt des Wassers weichen und unbeschadet bleiben, während die anderen Bäume, die es wagen, Widerstand zu leisten, von den Wellen entwurzelt werden.«

»Will der Knabe mich Verstand lehren?« rief Kreon verächtlich aus, »mir scheint, du kämpfst im Bund mit dem Weib!«

»Ja, wenn du ein Weib bist!« antwortete der Jüngling schnell und lebhaft, »denn nur zu deinem Besten ist dies gesagt!«

»Ich merke wohl«, endete der Vater entrüstet, »blinde Liebe zu der Verbrecherin hält deine Sinne gefangen; aber lebendig wirst du diese nicht freien. Denn wisse: fern, wo keines Menschen Schritt erklingt, soll sie bei lebendigem Leib in ein Felsengrab eingeschlossen werden. Nur wenig Speise wird ihr mitgegeben, so viel, wie nötig ist, die Stadt vor der Befleckung zu bewahren, die der Greuel eines unmittelbaren Mordes ihr bringen würde. Mag sie dann von dem Gott der Unterwelt, den sie doch allein ehrt, sich Befreiung erflehen; zu spät wird sie erkennen, daß es klüger ist, den Lebenden mehr zu gehorchen als den Toten.«

Zornig wandte sich Kreon von seinem Sohn ab, und bald waren alle Anstalten getroffen, den gräßlichen Beschluß des Tyrannen auszuführen. Vor allen Bürgern Thebens wurde Antigone in das gewölbte Grab geführt, das ihrer wartete; sie stieg unter Anrufung der Götter und der Geliebten, mit welcher sie vereinigt zu werden hoffte, unerschrocken hinab.

Noch immer lag der verwesende Leichnam des erschlagenen Polyneikes unbegraben da. Die Hunde und Vögel nährten sich von ihm und befleckten die Stadt, indem sie die Überreste des Toten da und dorthin trugen. Da erschien der greise Seher Teiresias vor dem König Kreon, wie er einst vor Ödipus erschienen war, und verkündete jenem aus dem Vogelflug und der Opferschau Unheil. Übersättigter Vögel Gekrächz hatte er vernommen, das Opfertier auf dem Altar, anstatt hell in Flammen zu verlodern, war unter trübem Rauch verkohlt. »Offenbar zürnen uns die Götter«, endete er seinen Bericht, »wegen der Mißhandlung des erschlagenen Königssohnes. Sei darum nicht halsstarrig, Herrscher! Welcher Ruhm ist es, Tote noch einmal zu töten! Laß ab davon; im guten rate ich es dir!«

Aber Kreon wies, wie damals Ödipus, den Wahrsager mit kränkenden Worten zurück, schalt ihn geldgierig und beschuldigte ihn der Lüge.

Da entbrannte der Zorn des Sehers, und schonungslos zog er vor den Augen des Königs den Schleier weg, der die Zukunft verhüllte. »Wisse«, sprach er, »daß die Sonne nicht untergehen wird, ehe du aus deinem eigenen Blut für einen Leichnam zwei Leichen zum Ersatz bringst. Doppelten Frevel begehst du, indem du den Toten der Unterwelt vorenthältst, der ihr gebührt, und die Lebende, die der Oberwelt angehört, nicht herauflässt zu ihr! Führe mich schnell hinweg, Knabe! Überlassen wir diesen Mann seinem Unglück!« So ging er an der Hand seines Führers, auf seinen Seherstab gestützt, davon. Der König blickte dem zürnenden Wahrsager bebend nach. Er berief die Ältesten der Stadt zu sich und fragte sie, was zu tun sei. »Entlaß die Jungfrau aus der Höhle, bestatte den Leib des Jünglings!« lautete ihr einstimmiger Rat.

Schwer kam es den unbeugsamen Herrscher an, nachzugeben. Aber sein Hochmut war gebrochen. So willigte er ein, den einzigen Ausweg zu gehen, der das verheißene Verderben von seinem Haus abwenden könne. Er selbst ging mit Dienern und Gefolge zuerst auf das Feld hinaus, wo Polyneikes lag, und dann zu dem Grabgewölbe, in welches man Antigone eingeschlossen hatte. Im Palast blieb seine Gemahlin Eurydike allein zurück. Diese vernahm bald darauf in den Straßen ein Klagegeschrei, und als sie ihre Gemächer verließ und in den Vorhof ihres Palastes heraustrat, kam ihr ein Bote entgegen, der ihrem Gemahl als Führer zum hohen Blachfeld gedient hatte, wo der Leib seines Neffen, erbarmungslos zerrissen, unbestattet lag.

»Wir beteten zu den Göttern der Unterwelt«, erzählte der Bote, »badeten den Toten im heiligen Bad und verbrannten dann die Überreste seines bejammernswürdigen Leichnams. Nachdem wir ihm aus Heimaterde einen Grabhügel aufgetürmt hatten, gingen wir zum steinernen Gewölbe, in das die Jungfrau hinabgestiegen war, ihr Leben dort im elenden Hungertod zu enden. Hier vernahm ein vorangeeilter Diener schon aus der Ferne lautes Jammern vom Tor des grauenvollen Gemachs herauf. Er eilte zu unserem Herrn zurück, ihm dies zu berichten. Aber auch an sein Ohr war jener Klagelaut schon gedrungen, und er hatte sogleich die Stimme des Sohns erkannt. Wir Diener eilten auf sein Geheiß heran und blickten durch den Felsenspalt. Wehe uns, was mußten wir hier schauen! Tief im Hintergrund der Höhle sahen wir die Jungfrau Antigone in den Schlingen ihres Schleiers aufgeknüpft und schon entseelt. Vor ihr lag, ihren Leib umschlingend, dein Sohn Haimon, laut die entrissene Braut bejammernd und des Vaters Untat verfluchend. Inzwischen war dieser vor der Kluft angekommen und schritt seufzend durch die offene Tür herein. »Unseliger Knabe«, rief er, »woran denkst du? Was droht uns dein irrer Blick? Komm heraus zu deinem Vater! Flehend auf den Knien liegend, beschwöre ich dich!« Doch der Sohn starrte ihn in Verzweiflung an und riß wortlos sein zweischneidiges Schwert aus der Scheide; der Vater stürzte aus dem Gewölbe hinaus und entkam dem Stoß. Hierauf bückte der unglückliche Haimon sich über den Stahl und trieb ihn tief durch seinen Leib. Er sank zu Boden, aber noch sinkend schlang er seinen Arm fest um die Leiche der Braut und liegt jetzt tot in der Grabeshöhle.«

Eurydike hörte diese Botschaft schweigend an und enteilte dann, ohne ein gutes oder böses Wort zu sprechen. Dem verzweifelten König, der, von Dienern begleitet, welche die Leiche seines einzigen Sohns trugen, jammernd in den Palast zurückkehrte, brachte man die Nachricht entgegen, daß im Innern des Hauses seine Gemahlin entseelt in ihrem Blut liege, mit einer tiefen Schwertwunde im Herzen.

DAS ENDE EINES GESCHLECHTS

Vom Stamm des Ödipus war jetzt, außer den zwei Söhnen der gefallenen Brüder, nur noch Ismene übrig. Von ihr erzählt die Sage nichts; sie starb unvermählt oder kinderlos, und mit ihrem Tod erlosch das unselige Geschlecht. Von den sieben Helden, die gegen Theben ausgezogen waren, entkamen dem glücklosen Ansturm und der letzten Schlacht allein König Adrastos, den sein unsterbliches Roß Arion, aus göttlichem Geschlecht entsprossen, fliehend rettete. Er erreichte glücklich Athen, suchte dort Zuflucht beim Altar der Barmherzigkeit und beschwor, einen Ölzweig in der Hand, die Athener, ihm zu helfen, damit man ihm die vor Theben gefallenen Helden und Mitbürger zur ehrlichen Bestattung herausgebe.

Die Athener erfüllten seinen Wunsch und zogen unter Theseus mit ihm zu Feld. Die Thebaner wurden gezwungen, die Beerdigung zu gestatten. Nun errichtete Adrastos den Leichen der gefallenen Helden hohe Scheiterhaufen und hielt am Asopos dem Apollon zu Ehren ein Wettrennen ab. Als der Scheiterhaufen des Kapaneus brannte, stürzte seine Gattin Euadne, des Iphis Tochter, hinein und verbrannte zugleich mit ihm. Der Leichnam des Amphiaraos, den die Erde verschlungen hatte, war nicht gefunden worden. Es schmerzte den König, seinem Freund die letzte Ehre des Begräbnisses nicht erweisen zu können. »Ich vermisse«, sprach er, »das Auge meines Herrn, den Mann, der beides war: der trefflichste Seher und der tapferste Kämpfer!«

Als die feierliche Bestattung vorüber war, errichtete Adrastos der Nemesis einen prächtigen Tempel vor Theben und verließ mit seinen Bundesgenossen, den Athenern, wieder das Land.

ÖDIPUS

Fluch über dem Vatermörder

Nordwestlich von Athen war die Stadt Theben ein Zentrum der Macht. Die Menschen, die dort lebten, hatten eine innere Beziehung zum geheimnisvollen Orient. So konnten viele rätselhafte, tiefsinnige Bilder in ihren Mythen Wurzeln schlagen — die Sage von Ödipus erforscht die dunklen Gründe der Seele des Menschen mit unerhört »modern« wirkenden Mitteln.

JUGEND UND BLUTTAT

Laios, Sohn des Labdakos, aus dem Stamm des Kadmos, war König von Theben und lebte mit Jokaste, der Tochter eines vornehmen Thebaners, Menökeus, lange in kinderloser Ehe. Weil er sich nach einem Erben sehnte, befragte er deshalb den delphischen Apoll um Auskunft. Da wurde ihm der Orakelspruch zuteil: »Dir soll ein Sohn geschenkt werden. Aber wisse, daß dir verhängt ist, durch die Hand deines eigenen Kindes zu sterben. Dies ist das Gebot des Kroniden Zeus, der den Fluch des Pelops erhört hat, dem du einst den Sohn geraubt.«

Laios war nämlich in seiner Jugend aus seinem Land geflüchtet und im Peloponnes am Hof des Königs gastlich aufgenommen worden. Er aber hatte diese Gastfreundschaft seinem Wohltäter mit Undank gelohnt und Chrysippos, den schönen Sohn des Pelops, auf den nemeischen Spielen entführt. Dieser Schuld eingedenk, glaubte Laios dem Orakel und lebte lange von seiner Gattin getrennt. Doch führte die herzliche Liebe, mit der sie einander zugetan waren, trotz der Warnung des Schicksals beide wieder zusammen, und Jokaste gebar endlich ihrem Gemahl einen Sohn.

Als das Kind zur Welt gekommen war, fiel den Eltern der Orakelspruch wieder ein, und um dem Spruch des Gottes auszuweichen, ließen sie den neugeborenen Knaben nach drei Tagen mit durchstochenen und zusammengebundenen Füßen in das wilde Gebirge Kithairon werfen. Aber der Hirte, der den grausamen Auftrag erhalten hatte, empfand Mitleid mit dem unschuldigen Kind und übergab es einem anderen Hirten, der in demselben Gebirge die Herden des Königs Polybos von Korinth weidete. Dann kehrte er wieder heim und berichtete dem König und seiner Gemahlin Jokaste, er hätte den Auftrag erfüllt. Diese glaubten, ihr Kind sei verschmachtet oder von wilden Tieren zerrissen worden und die Erfüllung des Orakelspruches dadurch unmöglich geworden. Sie beruhigten ihr Gewissen mit dem Gedanken, daß sie durch die Opferung des Kindes es vor dem Vatermord bewahrt hätten.

Der Hirte des Polybos löste indessen dem Kind, das ihm, ohne daß er wußte, woher es kam, übergeben worden war, die durchbohrten Fersen der Füße und nannte es wegen seiner Wunden Ödipus, das heißt Schwellfuß. Dann brachte er den Knaben nach Korinth zu seinem Herrn, dem König Polybos. Dieser erbarmte sich des Findlings, übergab ihn seiner Gemahlin Merope und zog ihn als seinen eigenen Sohn auf, für den man ihn auch am Hof und im ganzen Land hielt.

Zum Jüngling herangereift, lebte er in der glücklichen Überzeugung, Sohn und Erbe des Königs Polybos zu sein, der keine anderen Kinder hatte. Da ereignete sich etwas, das ihn aus diesem Glauben plötzlich in den Abgrund der Zweifel stürzte. Ein Korinther, der ihm schon längere Zeit sein Glück neidete, rief bei einem Festmahl, von Wein trunken, dem ihm gegenüber lagernden Ödipus zu, er sei nicht seines Vaters Sohn.

Von diesem Vorwurf schwer getroffen, konnte der Jüngling das Ende des Mahls kaum erwarten; doch verschloß er seine Zweifel noch in der Brust. Am anderen Morgen aber trat er vor seine beiden Eltern, die freilich nur seine Pflegeeltern waren, und verlangte von ihnen Auskunft.

Polybos und seine Gattin waren über den Schmäher, der solches gesagt hatte, sehr aufgebracht, und sie suchten ihrem Sohn seine Zweifel auszureden. Die Liebe, die er hinter ihren Worten fühlte, tröstete ihn zwar, aber dennoch nagte seither Mißtrauen an seinem Herzen.

Endlich griff er heimlich zum Wanderstab, und ohne seinen Eltern ein Wort zu sagen, suchte er das Orakel von Delphi auf und hoffte, von ihm eine Widerlegung der ehrenrührigen Beschuldigung zu vernehmen. Aber Phöbos Apollon würdigte ihn keiner Antwort auf seine Frage, sondern eröffnete ihm nur ein neues, weit grauenvolleres Unglück, das ihm drohte. »Du wirst«, sprach das Orakel, »deines eigenen Vaters Leib ermorden, deine Mutter heiraten und der Welt eine Nachkommenschaft von verabscheuungswürdiger Art schenken.«

Als Ödipus dies vernommen hatte, ergriff ihn unaussprechliche Angst, und da ihm das Herz doch immer noch sagte, daß so liebevolle Eltern wie Polybos und Merope seine rechten Eltern sein müßten, so wagte er es nicht, in seine Heimat zurückzukehren, aus Furcht, er könnte, vom Verhängnis getrieben, Hand an seinen geliebten Vater Polybos legen und, von den Göttern mit unwiderstehlichem Wahnsinn geschlagen, ein verruchtes Ehebündnis mit seiner Mutter Merope eingehen. Von Delphi aus schlug er den Weg nach Böotien ein.

Er befand sich noch auf der Straße zwischen Delphi und der Stadt Daulia, als er, an einem Kreuzweg angelangt, einen Wagen nahen sah, auf dem ein ihm unbekannter alter Mann mit einem Herold, einem Wagenlenker und zwei Dienern saß. Der Lenker trieb den Fußgänger, der ihm auf dem schmalen Pfad entgegenkam, ungestüm aus dem Weg; Ödipus, von Natur aus jähzornig, versetzte dem trotzigen Wagenführer einen Schlag. Wie der Greis aber den Jüngling so keck auf den Wagen zuschreiten sah, zielte er scharf mit seinem doppelten Stachelstab, den er zur Hand hatte, und versetzte ihm einen schweren Streich auf den Scheitel.

Ödipus war außer sich. Zum erstenmal bediente er sich der Heldenstärke, die ihm die Götter verliehen hatten. Er erhob seinen Reisestock und stieß den Alten so heftig damit an, daß dieser sich schnell rücklings vom Wagensitz herabwälzte. Ein Handgemenge entstand; Ödipus mußte gegen drei Männer um sein Leben kämpfen, aber seine Jugendstärke siegte; er erschlug sie alle, bis auf einen, und zog davon.

Er hatte keine Ahnung, daß er etwas anderes getan haben könnte, als aus Notwehr sich an einem gemeinen Phokier oder Böotier mit seinen Knechten, die ihm alle ans Leben wollten, zu rächen. Denn der Greis, der ihm begegnet war, trug kein Zeichen höherer Würde an sich – aber der Gemordete war kein anderer als Laios, König von Theben, der Vater des Mörders, gewesen, der auf einer Reise zum pythischen Orakel diesen Weg genommen hatte; so war die doppelte Weissagung, die Vater und Sohn erhalten und der sie beide entgehen wollten, an beiden vom Schicksal erfüllt worden. Der König von Plataä, mit Namen Damasistratos, fand die Leichen der Erschlagenen am Kreuzweg liegen, erbarmte sich ihrer und ließ sie begraben.

ÖDIPUS IN THEBEN

Bald nachdem dies geschehen war, erschien vor den Toren der Stadt Theben in Böotien die Sphinx, ein geflügeltes Ungeheuer, vorn wie eine Jungfrau, hinten wie ein Löwe gestaltet. Sie war eine Tochter des Typhon und der Echidna, der schlangengestalteten Nymphe, der furchtbaren Mutter vieler Ungeheuer, und eine Schwester des Höllenhundes Kerberos sowie der Hydra und der Lerna und der feuerspeienden Chimära. Dieses Ungeheuer hatte sich auf einem Felsen niedergelassen und legte von dort aus den Bewohnern von Theben allerlei Rätsel vor, die sie von den Musen erlernt hatte. Vermochte der Befragte das ihm aufgegebene Rätsel nicht zu lösen, so packte sie ihn, zerriß ihn und fraß ihn auf.

Diese Heimsuchung kam über die Stadt, als sie eben um ihren König trauerte, der — niemand wußte, von wem — auf einer Reise erschlagen worden war und an dessen Stelle Kreon, der Bruder der Königin Jokaste, die Herrschaft übernommen hatte. Zuletzt geschah es, daß des Kreon eigener Sohn, dem die Sphinx auch ein Rätsel aufgegeben und der es nicht gelöst hatte, ergriffen und verschlungen worden war. Diese Not bewog den Fürsten Kreon, öffentlich bekanntzugeben, daß jenem, der die Stadt von der Würgerin befreien würde, das Reich und seine Schwester Jokaste als Gemahlin zuteil werden sollte.

Eben als jene Bekanntmachung öffentlich verkündet wurde, betrat Ödipus die Stadt Theben. Die gefährliche Aufgabe sowie ihr Preis reizten ihn um so mehr, als ihm sein Leben wegen der drohenden Weissagungen, die über ihm schwebten, nicht viel bedeutete. Er begab sich daher zum Felsen, auf dem die Sphinx sich niedergelassen hatte, und ließ sich von ihr ein Rätsel vorlegen.

Das Ungeheuer glaubte, dem kühnen Fremdling ein recht unauflösbares aufzugeben, und ihr Spruch lautete also: »Es ist am Morgen vierfüßig, am Mittag zweifüßig, am Abend dreifüßig. Von allen Geschöpfen wechselt es allein mit der Zahl seiner Füße; aber eben wenn es die meisten Füße bewegt, sind Kraft und Schnelligkeit seiner Glieder am geringsten.«

Ödipus lächelte, als er das Rätsel vernahm, das ihm gar nicht schwierig erschien. »Dein Rätsel ist der Mensch«, sagte er, »der am Morgen seines Lebens, solange er ein schwaches und kraftloses Kind ist, auf seinen zwei Füßen und seinen zwei Händen geht; ist er erwachsen, so geht er im Mittag seines Lebens nur auf den zwei Füßen; ist er endlich am Abend seines Lebens als Greis angekommen und der Stütze bedürftig, so nimmt er den Stab als dritten Fuß zu Hilfe.«

Das Rätsel war glücklich gelöst, und aus Scham und Verzweiflung stürzte sich die Sphinx selbst vom Felsen zu Tode. Ödipus erhielt zum Lohn das Königreich von Theben und die Hand der Witwe, welche seine eigene Mutter war. Jokaste gebar ihm nach und nach vier Kinder, zuerst die männlichen Zwillinge Eteokles und Polyneikes, dann zwei Töchter, die ältere Antigone, die jüngere Ismene. Aber diese vier waren zugleich seine Kinder und seine Geschwister.

Lange Zeit ruhte das grauenhafte Geheimnis, und Ödipus war ein guter und gerechter König. Er herrschte glücklich und geliebt an Jokastes Seite über Theben. Endlich aber sandten die Götter eine Pest ins Land, die unter dem Volk grausam wütete und gegen die kein Heilmittel helfen wollte. Die Thebaner suchten gegen die fürchterliche Krankheit, in der sie eine von den Göttern gesandte Geißel sahen, Schutz bei ihrem Herrscher, den sie für einen Günstling des Himmels hielten. Männer und Frauen, Greise und Kinder, die Priester mit Ölzweigen an der Spitze erschienen vor dem königlichen Palast, setzten sich um und auf die Stufen des Altars, der vor demselben stand, und erwarteten das Erscheinen ihres Gebieters.

Als Ödipus aus seiner Königsburg trat und fragte, warum die ganze Stadt von Opferrauch und Klagelaut erfüllt sei, antwortete ihm im Namen aller der älteste Priester: »Du siehst selbst, o Herr, welches Elend auf uns lastet: in unseren Häusern wütet die Seuche. In dieser Not nehmen wir Zuflucht zu dir, geliebter Herrscher. Du hast uns schon einmal von dem tödlichen Tribut erlöst, den uns die grimmige Rätselsängerin auferlegte. Gewiß ist dies nicht ohne Götterhilfe geschehen. Und darum vertrauen wir auf dich, daß du uns auch diesmal helfen wirst.«

»Arme Kinder«, erwiderte Ödipus, »wohl kenne ich eure Not. Deshalb habe ich meinen Schwager Kreon zum phythischen Apollon nach Delphi geschickt, damit er frage, welch Werk oder welche Tat die Stadt befreien kann.«

Noch sprach der König, als bereits Kreon unter die Menge trat und den Bescheid des Orakels dem König vor allem Volk mitteilte. Dieser brachte freilich keinen Trost. Der Gott befahl, einen Frevler, den das Land beherberge, hinauszuwerfen und nicht zu pflegen, was keine

Reinigung zu sühnen vermöge; denn der Mord an König Laios laste als eine schwere Blutschuld auf dem Land.

Ödipus, der nicht ahnte, daß jener von ihm erschlagene Greis derselbe war, um dessentwillen der Zorn der Götter sein Volk heimsuchte, ließ sich die Ermordung des Königs erzählen, und noch immer blieb sein Geist mit Blindheit geschlagen. Er erklärte, sich der Sache annehmen zu wollen, und entließ das versammelte Volk. Sodann ließ er im ganzen Land nachfragen, wer etwas über den Mörder des Laios wisse, man möge ihm es anzeigen. Auch sandte er zwei Boten zu dem blinden Seher Teiresias, der an Einsicht ins Verborgene fast dem wahrsagenden Apollon gleichkam.

Der Seher erschien auch bald, von der Hand eines Knaben geführt, vor dem König und in der Volksversammlung. Ödipus trug ihm die Sorge vor, die ihn und das ganze Land quälte. Er bat ihn, seine Seherkunst anzuwenden und ihnen auf die Spur des Mordes zu helfen.

Aber Teiresias brach in einen Wehruf aus und sprach, während er seine Hände abwehrend gegen den König ausstreckte: »Entsetzlich ist das Wissen; es bringt dem Wissenden nur Unheil! Laß mich heimkehren, König, trag du das Deine, und laß mich das Meine tragen!«

Ödipus drang jetzt um so mehr in den Seher, und das Volk, das ihn umringte, warf sich vor ihm auf die Knie. Als er aber noch immer keine Auskunft geben wollte, wurde König Ödipus zornig und nannte den Teiresias einen Mitwisser wenn nicht gar Helfer bei der Ermordung des Laios.

Diese Beschuldigung löste dem blinden Propheten die Zunge. »Ödipus«, sprach er, »du selbst bist das Schandmal, das diese Stadt besudelt! Du bist der Königsmörder, du bist es, der in einem fluchwürdigen Verhältnis lebt.«

Doch Ödipus war verblendet. Er nannte den Seher einen Zauberer, einen ränkevollen Gaukler, und er verdächtigte sogar seinen Schwager Kreon und beschuldigte beide der Verschwörung gegen den Thron. Aber nur noch näher bezeichnete ihn jetzt Teiresias als Vatermörder und Gatten der Mutter, weissagte ihm sein bevorstehendes Elend und entfernte sich zürnend an der Hand seines kleinen Führers. Auf die Beschuldigung des Königs hin war auch Fürst Kreon herbeigeeilt, und es war ein heftiger Wortwechsel zwischen beiden entbrannt, den Jokaste, die sich zwischen die Streitenden warf, vergeblich zu beschwichtigen suchte. Kreon schied unversöhnt und im Zorn von seinem Schwager.

Noch verblendeter als der König selbst war seine Gemahlin Jokaste. »Da siehst du, mein Gemahl«, rief sie, »wie wenig Seher wissen. Nimm nur dies eine Beispiel: mein erster Gatte Laios hatte auch ein Orakel erhalten, daß er durch Sohneshand sterben werde. Nun erschlug ihn eine Räuberschar am Kreuzweg, und unser einziger Sohn wurde, an den Füßen gebunden, ins öde Gebirge geworfen und nicht über drei Tage alt. So erfüllen sich die Sprüche der Seher!«

Diese Worte, die die Königin hohnlachend sprach, machten auf Ödipus einen ganz anderen Eindruck, als sie erwartet hatte. »Am Kreuzweg«, fragte er in höchster Gemütsangst, »ist Laios gefallen? Sprich, wie sah er aus, wie alt war er?«

»Er war groß«, antwortete Jokaste, ohne die Erregung ihres Gatten zu begreifen, »die ersten Greisenlocken schmückten schon sein Haupt; er war dir, mein Gemahl, an Gestalt und Aussehen gar nicht unähnlich.«

»Teiresias ist nicht blind, Teiresias ist sehend!« rief jetzt entsetzt Ödipus, dem plötzlich die Nacht seines Geistes wie durch einen Blitzstrahl erleuchtet wurde.

Da erschien ein Bote aus Korinth, meldete dem Ödipus den Tod seines Vaters Polybos und rief ihn auf den verwaisten Thron des Landes.

Bei dieser Botschaft sprach die Königin abermals triumphierend: »Ihr Göttersprüche, wo bleibt ihr? Der Vater, den Ödipus umbringen sollte, ist sanft an Altersschwäche verschieden!«

Anders wirkte die Nachricht auf König Ödipus, der zwar noch immer geneigt war, Polybos für seinen Vater zu halten, es aber doch nicht begreifen konnte, wie ein Orakel unerfüllt bleiben sollte. Auch wollte er nicht nach Korinth gehen, weil seine Mutter Merope dort noch lebte und der andere Teil des Orakels, seine Heirat mit der Mutter, immer noch erfüllt werden konnte.

Diesen Zweifel nahm ihm freilich bald der Bote. Er war derselbe Mann, der vor vielen Jahren das neugeborene Kind von einem Diener des Laios auf dem Berg Kithairon empfangen und ihm die durchbohrten und gebundenen Fersen gelöst hatte. Er bewies dem König, daß er nur ein Pflegesohn, wenn auch der Erbe des Königs Polybos von Korinth sei. Und während Jokaste mit einem lauten Wehruf davoneilte, enthüllte er Ödipus die ganze entsetzliche Wahrheit: er hatte seinen Vater ermordet und seine eigene Mutter geheiratet.

STRAFE VON EIGENER HAND

Mit einem Wahnsinnsschrei stürzte Ödipus davon, irrte im Palast umher und verlangte nach seinem Schwert, um das Ungeheuer, das seine Mutter und Gattin war, von der Erde zu vertilgen. Da dem Rasenden alles aus dem Weg ging, suchte er gräßlich heulend sein Schlafgemach auf, sprengte das verschlossene Doppeltor und stürzte hinein. Ein grauenhafter Anblick ließ ihn erstarren. Er erblickte Jokaste, die sich mit einer Schnur die Kehle zugeschnürt und sich erhängt hatte.

Ödipus verfluchte seine Augen, daß sie soviel Unheil schauen mußten, und wühlte mit einer spitzen Goldspange darin, bis die Augäpfel durchbohrt waren und ein Blutstrom aus den Höhlen drang. Dann verlangte er, daß man ihm, dem Geblendeten, das Tor öffne, ihn hinausführe und dem ganzen Thebanervolk als Vatermörder, als Muttergatten, als einen Fluch des Himmels und ein Scheusal der Erde vorstelle.

Die Diener erfüllten sein Verlangen, aber das Volk empfing den einst so geliebten und verehrten Herrscher nicht mit Abscheu, sondern mit tiefem Mitleid. Kreon selbst, sein Schwager, den er zuvor mit seinem ungerechten Verdacht gekränkt hatte, eilte herbei, nicht um ihn zu verspotten, sondern um den fluchbeladenen Mann dem Auge des Volkes zu entziehen und ihn seinen Kindern anzuvertrauen.

Aber Kreons Mitleid dauerte nicht lange. Bald gab er Ödipus den Bettelstab in die Hand und stieß ihn zum Königspalast von Theben hinaus. Nur Ödipus' Töchter fühlten kindliches Erbarmen mit dem Verstoßenen. Seine jüngste Tochter Ismene blieb im Haus ihrer Brüder zurück, die ältere, Antigone, teilte mit dem Vater die Verbannung und lenkte die Schritte des Blinden.

So zog sie mit ihm auf schwerer Irrfahrt umher, wanderte unbeschuht und ohne Speise mit ihm durch die wilden Wälder: Sonnenhitze und Regenguß erduldete die zarte Jungfrau an der Seite ihres Vaters, und während sie zu Hause bei den Brüdern ein angenehmes Leben hätte genießen können, war sie im Elend zufrieden, wenn nur der Vater satt wurde.

Sein Wille war es anfangs gewesen, in einer Einöde des Berges Kithairon das elende Leben zu fristen oder zu beenden. Doch weil er ein frommer Mann war, wollte er auch diesen Schritt nicht ohne den Willen der Götter tun, und so pilgerte er vorher zum Orakel des pythischen Apollon.

Hier wurde ihm ein tröstlicher Spruch zuteil. Die Götter erkannten, daß Ödipus wider seinen Willen sich gegen die Natur und die heiligen Gesetze der menschlichen Gesellschaft versündigt hatte. Gebüßt mußte ein so schweres Vergehen freilich werden, wenn es auch unfreiwillig geschah; aber die Strafe sollte nicht ewig währen. Darum eröffnete ihm der Gott: nach langer Frist zwar, aber endlich doch, erwarte ihn Erlösung, wenn er das ihm vom Schicksal bestimmte Land erreicht hätte, wo die ehrwürdigen Göttinnen, die strengen Eumeniden, ihm eine Zufluchtsstätte gönnten.

Nun war der Name Eumeniden, die Wohlwollenden, ein Beiname der Erinnyen oder Furien, der Göttinnen der Rache, welche die Sterblichen mit einem so begütigenden Namen ehren und besänftigen wollten. Der Orakelspruch war rätselhaft und schauerlich. Bei den Furien sollte Ödipus für seine Sünden gegen die Natur Ruhe und Erlösung von seiner Strafe finden!

Dennoch vertraute er der Verheißung des Gottes und zog, dem Schicksal überlassend, wann es ihm die Erfüllung des Orakels gewähren wollte, in Griechenland umher, von seiner frommen Tochter geleitet und gepflegt und vom Almosen mitleidiger Menschen am Leben erhalten.

ÖDIPUS AUF KOLONOS

Nach langer Wanderung durch bewohntes und durch wüstes Land waren Ödipus und Antigone eines Abends in ein anmutiges Dorf mitten im lieblichsten Hain gekommen. Nachtigallen flatterten im Gebüsch und sangen süße Lieder, Rebenblüten dufteten, Oliven- und Lorbeerbäume wuchsen auf den rauhen Felsen.

Der blinde Ödipus hatte durch seine ihm verbliebenen Sinne eine Empfindung von der Anmut des Dorfes und schloß aus der Schilderung seiner Tochter, daß es ein geheiligter Ort sein müsse. Von einem Bewohner des Dorfes erfuhren die Wanderer bald, daß sie im Flecken Kolonos, in der Nähe von Athen, im Hain der Eumeniden, eingekehrt waren, unter welchem Namen die Athener hier die Erinnyen verehrten.

Ödipus erkannte, daß er am Ziel seiner Wanderschaft angekommen und das friedliche Ende seiner unseligen Irrfahrt nahe sei. »Wer gebietet in eurem Land?« fragte er einen Dorfbewohner.

»Kennst du den gewaltigen und edlen Helden Theseus nicht?« kam die Antwort. »Die ganze Welt ist voll von seinem Ruhm!«

»Ist euer Herrscher so hochgesinnt«, erwiderte Ödipus, »so geh du als mein Bote zu ihm und bitte ihn, er möge hierherkommen; für dieses kleine Entgegenkommen verspreche ich ihm großen Lohn.«

»Welche Wohltat könnte unserem König ein blinder Mann erweisen?« sagte der Bauer und warf einen lächelnden, mitleidigen Blick auf den Fremdling. »Doch wäre nicht deine Blindheit, Mann, du hättest ein edles, hohes Aussehen, das mich zwingt, dich zu ehren. Darum will ich dein Verlangen erfüllen und meinen Mitbürgern und dem König deine Bitte melden. Bleibe so lange hier, bis ich deinen Auftrag ausgerichtet habe. Jene mögen dann entscheiden, ob du hier verweilen darfst oder weiterwandern mußt.«

Als Ödipus wieder mit seiner Tochter allein war, warf er sich zu Boden und betete aus vollem Herzen zu den Eumeniden, den furchtbaren Töchtern des Dunkels, und der Mutter Erde, die diesen Hain so lieblich schmückte. »Ihr Grauenvollen und doch Gnädigen«, sprach er, »zeigt mir jetzt, wie nach der Weissagung des Apollon mein Leben weitergehen soll, oder ob ich in meinem mühseligen Dasein noch immer zuwenig erduldet habe! Erbarmt euch, ihr Kinder der Nacht, erbarme dich, du ehrenwerte Stadt Athenes, des König Ödipus, der wie ein Schattenbild vor euch steht; denn er selbst ist es nicht mehr!«

Sie blieben nicht lang allein. Die Kunde, daß ein blinder Mann von Ehrfurcht gebietendem Aussehen sich in dem Furienhain niedergelassen habe, den zu betreten Sterblichen sonst nicht vergönnt ist, hatte bald die Ältesten des Dorfes, welche die Entweihung verhindern wollten, um ihn versammelt. Noch größerer Schrecken ergriff sie, als der Blinde sich ihnen als ein vom Schicksal verfolgter Mann zu erkennen gab. Sie fürchteten, den Zorn der Gottheit auf sich zu laden, wenn sie einen vom Himmel Gezeichneten länger an diesem heiligen Ort duldeten; sie befahlen ihm daher, auf der Stelle ihre Gegend zu verlassen.

Ödipus bat sie jedoch inständig, ihn vom Ziel seiner Wanderschaft, das ihm die Stimme der Gottheit selbst angewiesen habe, nicht zu verstoßen; plötzlich sah Antigone ein Mädchen nahen, auf einem kleinen Roß sitzend, das Antlitz mit einem Reisehut vor der Sonne geschützt. Ein Diener, gleichfalls zu Roß, folgte ihr.

»Es ist Ismene«, rief Antigone in freudigem Schrecken. »Gewiß bringt sie uns neue Kunde aus der Heimat!« Bald war die Jungfrau, das jüngste Kind des verstoßenen Königs, bei ihnen angelangt und vom Saumroß gesprungen. Mit einem einzigen Knecht, den allein sie treu befunden hatte, war sie von Theben gekommen, um dem Vater Nachricht zu bringen. Seine Söhne waren dort in große, selbstverschuldete Not geraten. Anfangs hatten sie beabsichtigt, ihrem Oheim Kreon den Thron ganz zu überlassen, denn drohend schwebte ihnen der Fluch ihres Stammes vor Augen. Allmählich aber, je mehr die Erinnerung an ihren unglücklichen Vater verblaßte, änderten sie die Pläne. Das Verlangen nach Herrschaft und Königswürde erfaßte sie, und damit kam Zwietracht unter ihnen auf. Polyneikes, der das Recht der Erstgeburt auf seiner Seite hatte, setzte sich zuerst auf den Thron. Aber Eteokles, der jüngere Bruder, war nicht zufrieden, abwechselnd mit ihm zu herrschen, wie der Bruder es wollte. Er verführte das Volk und vertrieb den älteren Bruder aus dem Land. Dieser, so ging in Theben das Gerücht, war nach Argos im Peloponnes entflohen, wurde dort der Schwiegersohn von König Adrastos, verschaffte sich Freunde und Bundesgenossen und drohte seiner Vaterstadt mit Eroberung und Rache. Zugleich aber war ein neuer Götterspruch bekanntgeworden. Er lautete, daß die Söhne des Ödipus ohne ihren Vater nichts vermöchten; daß sie ihn suchen und auffinden müßten, tot oder lebendig, wenn ihnen ihr eigenes Heil lieb wäre.

Dies waren die Nachrichten, die Ismene ihrem Vater brachte. Die Koloneer horchten staunend auf, und Ödipus richtete sich hoch auf. »So also steht es mit mir«, sprach er, und königliche Macht strahlte von seinem blinden Antlitz, »bei dem Verbannten, bei dem Bettler sucht man Hilfe? Nun, da ich nichts mehr bin, werde ich erst ein brauchbarer Mann?«

»So ist es«, fuhr Ismene in ihrem Bericht fort, »wisse auch, Vater, daß deshalb unser Oheim Kreon sehr bald hier eintreffen wird und ich mich beeilen mußte, ihm zuvorzukommen. Denn er will dich überreden oder fangen, sodann dich wegführen und an die Grenzen des thebanischen Reiches bringen, damit der Orakelspruch sich zu seinen und unseres Bruders Eteokles Gunsten erfülle und deine Gegenwart die Stadt doch nicht entweihe.«

»Von wem weißt du das alles?« fragte der Vater.

»Von Opferpilgern, die nach Delphi ziehen.«

»Und wenn ich dort sterbe«, fragte Ödipus weiter, »werden sie mich in thebanischer Erde begraben?«

»Nein«, erwiderte die Jungfrau, »das duldet deine Blutschuld nicht.«

»Nun«, rief der alte König entrüstet, »so sollen sie sich niemals meiner bedienen können! Wenn bei meinen beiden Söhnen die Herrschsucht stärker ist als die kindliche Liebe, so soll der Himmel ihnen ihre verhängnisvolle Zwietracht lassen, und wenn es an mir liegt, ihren Streit zu entscheiden, so soll weder der, welcher jetzt das Zepter in Händen hat, auf dem Thron sitzen bleiben, noch der Verjagte je sein Vaterland wiedersehen! Nur diese Töchter sind meine wahren Kinder! In ihnen erlösche meine Schuld, für sie erflehe ich den Segen des Himmels, für sie bitte ich auch um euren Schutz, mitleidige Freunde! Gewährt ihnen und mir euren tätigen Beistand; ihr erwerbt eurer Stadt dadurch eine mächtige Brustwehr!«

SÜHNE UND TOD

Große Ehrfurcht erfüllte alle Anwesenden; der blinde Ödipus, obgleich von Alter und Elend gezeichnet, wirkte fast noch gewaltiger als jener, der in voller Manneskraft mit Krone und Zepter vor seinem Volk gestanden hatte. »Spende den Eumeniden ein Trankopfer zur Sühne dafür, daß dein rastender Leib ihren heiligen Hain entweihte«, sprachen die Männer freundlich. Doch als sie endlich den Namen des blinden Greises hörten und aus dem Mund der Jungfrauen erfuhren, welch furchtbare, unverschuldete Schuld ihn umhertrieb, da verhärteten sich erneut ihre Herzen vor Grauen, und es hätte nicht viel gefehlt, so wäre der Heimatlose von ihnen unbarmherzig aus dem Land gestoßen worden.

Aber da betrat Theseus, der König von Athen, den heiligen Hain der Erinnyen. Die Botschaft hatte ihn herbeigerufen, und während alle ehrerbietig zurückwichen, schritt der herrliche Held auf den blinden Bettler zu und redete ihn liebreich an: »Armer Ödipus! Tief rührt dein Unglück meine Seele. Wüßte ich nicht, wen ich vor mir habe, deine gewaltsam verlöschten Augen sagten es mir deutlicher als Worte. Was

Schreckliches du auch begangen hast, es steht mir nicht zu, dich zu richten und aus diesem heiligen Ort zu verstoßen, in den die Götter dich geführt haben. Mein Land und Haus stehen dir offen, meine Hand bietet dir Hilfe, das Feuer meines Herdes brennt auch für dich und möge dich erwärmen, wenn du es willst.«

So ließ er Ödipus die Wahl, ihm nach Athen zu folgen oder als sein Gast in Kolonos zu bleiben. Ödipus wählte das zweite und sprach: »Erhabener Theseus, mir haben die Himmlischen bestimmt, an der Stelle, wo ich mich eben jetzt befinde, meine Feinde zu besiegen auf besondere Art, darum will ich mein Leben hier rühmlich beschließen. Gewähre mir diese Gnade, und sei dafür gesegnet auf allen Wegen, die du gehst.«

Da neigte sich der Athenerkönig vor dem Greis, versprach ihm allezeit seinen kräftigen Schutz und empfahl ihn der liebenden Obsorge der Leute von Kolonos. Dann kehrte er allein in die hochragende Stadt zurück, deren Burgzinnen weiß und golden weithin über das Land leuchteten.

So hatte Ödipus im Hain jener schaurigen Gottheiten, die sonst jeden Schuldigen unerbittlich verfolgen, seine Zuflucht gefunden.

Tiefer Friede lag über den breiten, schattigen Baumwipfeln.

Eines Tages aber vollendete sich Ödipus' Geschick. Plötzlich waren Himmel und Erde von Gewitterfinsternis erfüllt, Sturmwind peitschte die schweren Äste der Bäume, und Donnerschlag auf Donnerschlag erscholl vom Himmel und ließ die dicken Stämme erbeben.

Ödipus verstand diese Botschaft und verlangte sehnlich nach Theseus. Große Angst hatte den blinden König ergriffen. Aber nicht vor dem Tod fürchtete er sich, sondern davor, daß sein Gastfreund ihn am Ende nicht mehr lebend und bei klaren Sinnen antreffen könnte. »Wie soll ich Theseus für alle seine Wohltaten danken, wenn uns des Todes eherne Pforte voneinander trennt?« rief er klagend.

Da eilten Boten nach Athen und verständigten den König. Endlich kam Theseus, und nun erhob sich Ödipus, ließ sich mit dem Antlitz gegen die ferne Stadt wenden und sprach mit ausgebreiteten Händen seinen feierlichen Segen über sie: »Mögest du wachsen und gedeihen, blühen und glänzen, wie keine andere neben dir! Solange es Menschen auf der Erde und Götter im Himmel gibt, soll dein Name nicht untergehen.«

Hierauf bat er den König, er möge ihn als einziger zu der Stelle begleiten, wo er, von keiner sterblichen Hand berührt und nur von

Theseus gesehen, enden sollte. »Ich muß dem Ruf der Götter folgen«, sagte er, während wieder der Donner rollte. »Du aber, o König, verrate keinem Menschen, wo Ödipus die Erde verlassen hat. Bleibt das heilige Grab, das mich verschlingen wird, verborgen, so wird es eine stärkere Schutzwehr gegen die Feinde Athens sein als Speer und Schild und alle Bundesgenossen.«

Seinen Töchtern und den Bewohnern von Kolonos erlaubte er dann, ihn eine Strecke weit zu begleiten, und so bewegte sich der kleine Zug schweigend immer tiefer hinein in die schauerlichen Schatten des Erinnyenhaines. Niemand durfte an Ödipus anstreifen, niemand ihn berühren. Der Blinde, der bisher keinen Schritt ohne die lenkende Hand Antigones tun konnte, schien auf einmal sehend geworden zu sein. Wunderbar gestärkt und aufgerichtet ging er allen voran und zeigte ihnen den Weg zu dem ihm vom Schicksal bestimmten Ort.

Mitten im Hain der Erinnyen befand sich ein Erdspalt. Der Boden war dort geborsten, und aus der Tiefe schimmerte eine eherne Schwelle herauf. Zu dieser Höhle führten mehrere Wege, die sternförmig auf sie zustrebten, und seit uralter Zeit ging die Sage, daß dieser Erdspalt einer der Eingänge in die Unterwelt sei. Einen dieser Wege betrat nun Ödipus, doch ließ er sich nicht bis zur Grotte selbst begleiten, sondern hielt unter einem hohlen Baum und setzte sich davor, die toten Augen zum Himmel gerichtet, auf ein Felsstück nieder.

Er bat um Wasser aus dem nahen Quell, löste sein armseliges Bettlerkleid und wusch sich rein von allem Schmutz der langen Wanderung. Dann zog er ein sauberes, schönes Gewand an, das seine Töchter ihm aus Kolonos in den Hain bringen mußten. Als er nun völlig umgekleidet und wie neu dastand, erzitterte plötzlich der Boden von einem unterirdischen Donner. Da warfen sich Antigone und Ismene nieder und bargen voll Abschiedsweh die Häupter in seinem Schoß.

Ödipus schlang die Arme um sie und sprach: »Kinder, lebt wohl! Von heute an habt ihr keinen Vater mehr.« Aus dieser Umarmung weckte sie alle drei eine donnergleiche Stimme, von der man nicht wußte, ob sie vom Himmel kam oder aus der Unterwelt heauftönte:

»Was säumst du so lange, Ödipus? Was zögerst du, mit mir zu gehen?«

Da wußte Ödipus, daß der Gott ihn rief. Er machte sich aus den Armen der beiden Jungfrauen los, faßte ihre Hände und legte sie in die Hände des Athenerkönigs, zum Zeichen, daß dieser sich ihrer annehmen und sie nie verlassen möge. Zum Volk von Kolonos gewendet, sagte er freundlich und mild: »Nun entfernt euch von hier und schaut euch nimmer um, so wollen es die Götter.« Nur Theseus durfte bei ihm bleiben und an seiner Seite sich der ehernen Schwelle nähern.

Das Volk und die beiden königlichen Jungfrauen hatten dem Befehl gehorcht und wandten sich erst um, als sie schon eine gute Strecke schweigend dem Ausgang des Hains zugeschritten waren. Da war ein großes Wunder geschehen: Von König Ödipus war keine Spur mehr zu sehen, kein Blitz zuckte mehr, kein Donner rollte, kein Wirbelsturm riß an den Wipfeln der Bäume; tiefste Stille herrschte ringsum, in der Luft wie auf der Erde. Die dunkle Schwelle der Unterwelt schien sich lautlos für ihn aufgetan zu haben, und der entsühnte Greis war durch den Erdspalt sanft wie von Geisterflügeln hinabgetragen worden, ohne Qual und ohne Stöhnen.

König Theseus war allein zurückgeblieben. Er stand da und überschattete mit der Hand die Augen, als hätte er ein überwältigendes Schauspiel gesehen, dessen überirdisches Licht ihn noch blendete. Dann erhob er die Arme zum Himmel und pries die olympischen Götter der Unterwelt. Schließlich kehrte er zu den Jungfrauen zurück, nahm sie unter seinen väterlichen Schutz und ging mit ihnen, in heiliges Schweigen versunken, zurück nach Athen.

Die Akropolis von Athen kann man noch heute besichtigen. Hier ein Blick auf den Parthenon zwischen den Säulen der Propyläen hindurch.

Den Ort auf der Insel Kreta, wo einst Theseus den Minotaurus stellte (rechts oben), hat der britische Archäologe Sir Arthur Evans erforscht – seine Büste steht vor dem von ihm rekonstruierten Palast von Knossos (links unten). Oben ein Blick in den Palast, rechts unten der Thronraum des sagenhaften Königs Minos.

Die altgriechische Stadt Delphi war besonders als Kult- und Orakelstätte des Sonnengotts Apollon (rechts) trotz wiederholter Zerstörungen im Altertum immer wieder von größter religiöser und politischer Bedeutung für die gesamte griechische Welt. Oben ein Blick auf den Tempelbezirk.

ILIAS

Zehn Jahre Krieg gegen Troja

Vor mehr als 2500 Jahren entstand das älteste, vollständig erhaltene Epos der europäischen Literatur. Es schildert den erbitterten zehnjährigen Krieg um die Stadt Troja. Aber erst seit rund 100 Jahren wissen wir, daß das Epos historische Ereignisse spiegelt – der Forscher Heinrich Schliemann hat Troja im vorigen Jahrhundert wiederentdeckt.

TROJAS ERBAUUNG

In uralten Zeiten herrschten auf der Insel Samothrake, im Ägäischen Meer, die beiden Brüder Jasion und Dardanos, Söhne des Zeus und einer Nymphe, als Fürsten des Landes. Jasion, der Göttersohn, wagte es, seine Augen zu einer Tochter des Olymp zu erheben: als Strafe für seine ungestüme Neigung zur Göttin Demeter wurde er von seinem eigenen Vater mit dem Blitz erschlagen. Dardanos, der andere Sohn des Zeus, verließ, tiefbetrübt über den Tod seines Bruders, Reich und Heimat und ging hinüber auf das asiatische Festland, an die Küste Mysiens, wo die Flüsse Simois und Skamander vereinigt in das Meer strömen und das hohe Idagebirge in eine Ebene abfällt. Hier herrschte König Teukros. Er war kretischen Ursprungs, und nach ihm hieß auch das Hirtenvolk jener Gegend Teukrer.

Von diesem König wurde Dardanos gastfreundlich aufgenommen, bekam ein Stück Land zum Eigentum und die Tochter des Königs zur Gemahlin. Er gründete eine Siedlung im Gebirge. Diese wurde nach ihm Dardania und das Volk der Teukrer von nun an Dardaner genannt. Ihm folgte sein Sohn Erichthonios in der Herrschaft. Dieser zeugte den Tros, nach welchem die Landschaft nun Troas genannt wurde. Auch der Hauptort des Landes hieß nach ihm Troja, und die Teukrer oder Dardaner nannte man nun auch Trojaner oder Troer.

Nachfolger des Königs Tros war sein ältester Sohn Ilos. Als dieser einst das benachbarte Land der Phrygier besuchte, wurde er von dem König Phrygiens zu den eben stattfindenden Kampfspielen eingeladen und trug hier im Ringkampf den Sieg davon. Er erhielt als Kampfpreis fünfzig Jünglinge und ebensoviele Jungfrauen, dazu eine buntgefleckte Kuh, die ihm der König mit der Weisung eines alten Orakelspruchs übergab: wo sie sich niederlegen würde, da solle er eine Burg gründen. Ilos folgte der Kuh, und da sie sich bei dem offenen Flecken lagerte, der seit seinem Vater Tros der Hauptort des Landes und sein eigener Wohnsitz war und schon Troja hieß, so baute er hier auf einem Hügel eine feste Burg. Das ganze Gemeinwesen wurde von nun an Troja, aber auch Ilion oder Pergamos genannt. Ehe er jedoch die Burg baute, bat er seinen Ahnherrn Zeus um ein Zeichen, daß ihm die Gründung genehm sei.

Am folgenden Tag fand er das vom Himmel gefallene Bild der Göttin Athene, Palladion genannt, vor seinem Zelt liegen. Die drei Ellen hohe Figur hatte geschlossene Füße und hielt in der rechten Hand einen Speer, in der linken Hand Rocken und Spindel. Mit diesem Bild hatte es folgende Bewandtnis: Die Göttin Athene wurde der Sage nach seit ihrer Geburt von Triton, einem Meergott, erzogen, der eine Tochter namens Pallas hatte. Diese war gleich alt wie Athene und wurde ihre geliebte Gespielin. Eines Tages nun, als die beiden Jungfrauen sich in den Künsten des Waffenspiels übten, traten sie zu einem scherzhaften Wettkampf einander gegenüber. Eben wollte die Tritontochter Pallas ihrer Gefährtin einen Streich spielen, da hielt Zeus, um seine Tochter bangend, den Schild aus Ziegenfell, die Ägis, schützend vor sie hin. Dadurch erschreckt, blickte Pallas auf und wurde in dem Augenblick von Athene tödlich verwundet. Tiefe Trauer bemächtigte sich der Göttin. Sie ließ zum dauernden Andenken ein recht ähnliches Bild ihrer geliebten Gespielin Pallas verfertigen, legte diesem Bild einen Brustharnisch um, von dem gleichen Ziegenfell, wie ihr Schild war, welcher Harnisch nun auch Ägispanzer hieß. Sie stellte das Bild neben die Bildsäule des Zeus und hielt es hoch in Ehren. Sie selbst aber nannte sich seither Pallas Athene. Dieses Palladion nun warf, mit Einwilligung seiner Tochter, Zeus vom Himmel in die Gegend der Burg Ilion, zum Zeichen, daß Burg und Stadt unter seinem und Athenes Schutz stünden.

Der Sohn des Königs Ilos und der Eurydike war Laomedon, ein eigenmächtiger und gewaltiger Herrscher, welcher Götter und Menschen betrog. Dieser plante, den offenen Flecken Troja, der noch nicht befestigt war wie die Burg, mit einer Mauer zu umgeben und so zu einer richtigen Stadt zu machen. Damals irrten die Götter Apollon und Poseidon, die sich gegen ihren Gebieter Zeus empört hatten und aus dem Himmel verstoßen waren, heimatlos auf der Erde umher. Es war der Wille des Zeus, daß sie dem König Laomedon beim Bau der Mauer Trojas helfen sollten, damit seine und Athenes Lieblingsstadt unbezwingliche Mauern erhalte. So führte sie ihr Weg in die Nähe von Ilios, als man eben mit dem Bau der Stadtmauern begann. Die Götter boten dem König Laomedon ihre Dienste an, und da sie auf der Erde nicht müßig gehen durften, noch ohne Arbeit mit Ambrosia gespeist wurden, so verlangten sie einen Lohn, der ihnen auch versprochen wurde. Nun begannen sie zu arbeiten. Unter Poseidons Leitung stieg die Ringmauer breit und schön, eine uneinnehmbare Schutzwehr der Stadt, in die Höhe. Phöbos Apollon weidete inzwischen das Hornvieh des Königs in den gewundenen Schluchten und Tälern des waldreichen Gebirges Ida. Die Götter hatten versprochen, auf diese Weise dem König ein Jahr lang zu dienen.

Als nun diese Frist abgelaufen war und die herrliche Stadtmauer vollendet dastand, weigerte sich der betrügerische Laomedon, den Göttern ihren Lohn zu geben. Als sie mit ihm rechteten und der beredte Apollon ihm bittere Vorwürfe machte, jagte Laomedon beide fort mit der Drohung, dem Phöbos Hände und Füße fesseln zu lassen, beiden aber die Ohren abzuschneiden. Erbittert schieden die Götter und wurden so zu Todfeinden des Königs und des Volkes der Trojaner. Auch Athene kehrte sich von der Stadt ab, die bisher unter ihrem Schutz gestanden hatte. Schon jetzt war, dem Willen des Zeus gemäß, die eben erst mit stattlichen Mauern versehene Hauptstadt mit ihrem Königsgeschlecht und Volk dem Untergang geweiht.

Nach Laomedon gebot dessen Sohn Priamos als König über das Volk. Er war mit Hekabe vermählt, der Tochter eines Phrygierkönigs, die ihm neunzehn Söhne und vier Töchter gebar; aus erster Ehe hatte er einundreißig Söhne, so daß ihm bei der Ratsversammlung in der Burg nicht weniger als fünfzig Helden eigenen Bluts zur Seite standen.

Hekabes erster Sohn war der gewaltige Recke Hektor. Als die Geburt ihres zweiten Kindes bevorstand, hatte die Königin in dunkler Nacht einen entsetzlichen Traum: ihr war, als gebäre sie eine brennende Fackel, die Troja in Flammen setzte und zu Asche verbrannte. Völlig verstört erzählte sie den Traum dem König. Priamos ließ den Wahrsager Aisakos kommen, einen Sohn aus erster Ehe, und befahl ihm, den Traum der Königin zu deuten. Da schloß der Seher die Augen und rief nach einer bangen Weile: »Hekabe wird einem Sohn das Leben schenken, der Troja zum Verderben werden muß. Setzt den Knaben aus!«

Sein Rat wurde befolgt. Ein Sklave trug das neugeborene Kind auf dem Berg Ida und überließ es dort seinem Schicksal. Doch der Knabe kam nicht um, eine Bärin nahm sich seiner an und säugte ihn. Fünf Tage später fand ihn derselbe Sklave munter und gesund im Wald liegen, nahm ihn zu sich und zog ihn heimlich auf. Er gab ihm den Namen Paris.

Paris wurde ein kräftiger, schöner Jüngling, der alle Hirten des Idagebirges gegen Räuber schützte. Eines Tages lagerte er abseits von seiner Herde in einem einsamen Tal. Plötzlich erbebte die Erde, weil ein Gott über sie hinschritt. Es war Hermes, der olympische Bote. Mit seinem goldenen, von zwei Schlangen umwundenen Heroldstab trat er vor Paris hin. Ihm folgten drei Himmelsgestalten, die leichtfüßig auf den erstaunten Jüngling zugingen.

»Fürchte dich nicht, Paris«, rief Hermes, »diese Göttinnen haben dich zu ihrem Schiedsrichter erwählt. Du sollst entscheiden, welche von ihnen die Schönste ist!« Und als der Götterbote entschwunden war, trat die erste der drei Frauen auf den Hirten zu und sprach: »Ich bin Hera, die Schwester des Zeus und seine Gemahlin. Nimm diesen goldenen Apfel! ›Der Schönsten‹, steht auf ihm geschrieben, und erkennst du ihn mir zu, so will ich dich zum Fürsten über das herrlichste Reich der Erde machen.«

Da trat die zweite Göttin vor. »Ich bin Pallas Athene«, sprach sie, »und verhilfst du mir zum Sieg, so will ich dir Weisheit und Männertugend in solchem Maß verleihen, daß du höchsten, ewigen Ruhm damit erntest!«

Hold lächelnd nahte die dritte. »Paris«, sagte sie schmeichelnd, »was jene Schwestern dir versprechen — Macht und Ruhm —, ist stets mit Gefahren verbunden und kann dir Unheil bringen. Ich hingegen biete dir, was dich stets nur froh machen wird: die schönste Frau der Erde! Denn ich bin Aphrodite, die Göttin der Schönheit und der Liebe.«

Da erhob sich Paris und reichte den Apfel kurz entschlossen der Liebesgöttin. Zornig kehrten Hera und Athene sich ab. Furchtbare Rache schworen sie dem Hirtenknaben wie dem ganzen Volk der Trojaner. Paris aber achtete ihrer nicht. Sein verzückter Blick hing an Aphrodite, die ihr Versprechen mit einem feierlichen Göttereid bekräftigte. Dann schied sie.

Paris lebte noch längere Zeit als Hirte auf den Höhen des Berges Ida, und weil die Göttin nicht mehr erschien, ihr Versprechen einzulösen, wurde er des Wartens müde und vermählte sich mit der schönen

Jungfrau Önone, der Tochter eines Flußgottes und einer Waldnymphe. Kampfspiele, die Priamos zu Ehren eines verstorbenen Verwandten ausgerufen hatte, lockten den Jüngling schließlich zur Stadt hinab, die er früher nie besucht hatte. Er trat an und siegte über alle seine Brüder, selbst über den starken Hektor, den tapfersten und herrlichsten von allen. Dafür wollte ihn Deiphobos, ein anderer mutiger Sohn des Priamos, niederstoßen, so sehr kränkte ihn Hektors Niederlage. Paris aber flüchtete zum Altar des Zeus, und hier erkannte ihn Kassandra, eine Tochter des Königs, welcher die Götter die Gabe der Weissagung geschenkt hatten. »Er ist unser Bruder!« rief sie aus. »Geliebte Eltern, nehmt ihn auf, er ist euer Sohn!«

Da umarmten Priamos und Hekabe weinend den längst Totgeglaubten, und auch die Brüder umringten ihn jubelnd. Über der Freude des Wiedersehens vergaßen sie alle, welch schrecklicher Traum und welch schreckliche Prophezeiung der Geburt des Paris vorangegangen waren.

DIE SCHÖNE HELENA

Als Priamos noch ein Knabe gewesen war, wurde seine Schwester Hesione von Herakles als Siegesbeute nach Griechenland verschleppt. Der Halbgott schenkte sie seinem Freund Telamon, dem König von Salamis; ihn mußte Hesione zum Gemahl nehmen. Priamos hatte diesen Raub niemals verschmerzt. Eines Tages, als er im Kreis seiner fünfzig Söhne Rat hielt, sprang er, von jähem Sehnsuchtsschmerz überwältigt, auf und rief laut nach der fernen, verlorenen Schwester.

Da erhob sich Paris und sprach: »Vater, gib mir Schiffe und ein Heer, so will ich deine Schwester befreien und in die Heimat zurückbringen.«

»Vertraue ihm weder Kiele noch Männer an!« rief sogleich Helenos, ein Seher unter den Brüdern. »Wenn Paris ein Weib aus Griechenland mitbringt, bedeutet dies Trojas Ende! Feuer verzehrt die Stadt, Dardanos' Stamm wird ausgerottet! Vater, ich warne dich!«

Priamos aber höre nicht auf den Ruf des Sehers. Er ließ Stämme fällen und Schiffe daraus bauen, er rüstete die Flotte auf das beste aus und stellte sie unter den Befehl seines Sohnes Paris.

Die Schar erreichte zunächst Kythera, wo Paris seiner Schutzgöttin Aphrodite in deren Tempel ein Opfer darbringen wollte. Die Nachricht von der Landung des asiatischen Königssohns und seiner mächtigen Flotte verbreitete sich jedoch mit Windeseile. Man erfuhr davon auch im Königspalast von Sparta, wo Königin Helena, von ihrem Gatten Menelaos alleingelassen, einsame freudlose Tage verlebte. Helena, die Schwester der beiden Dioskuren, war eine Tochter des Zeus und der Königin Leda. Der Ruhm ihrer Mutter, die schönste Frau der Welt zu sein, war auf sie übergegangen.

Als Helena von der Ankunft der Trojaner auf Kythera hörte, erwachte in ihr sogleich heftige Neugier. Sogleich ordnete sie ein feierliches Opfer im Tempel der Aphrodite auf Kythera an, um bei dieser Gelegenheit dem fremden Fürstensohn zu begegnen.

Der Plan gelang. Paris opferte soeben am Altar, als die schöne Helena den Raum betrat. Staunend richtete er seinen Blick auf die herrliche Frau und wußte sogleich: Helena, die Königin der Spartaner, um deren Besitz zahllose Fürsten den König Menelaos beneideten und deren Schönheit alle Sänger priesen, mußte seine Frau werden. Er dachte nicht mehr an den Auftrag des Vaters, ihm war, als sei er mit seinen tausend Bewaffneten einzig und allein ausgezogen, um Helena zu gewinnen. Aber auch die Fürstin betrachtete den fremden Fürstensohn, der in Gold und Purpur gekleidet war und dem das lange, glänzende Haar bis auf die Schultern fiel, mit unverhohlenem Wohlgefallen. Das Bild ihres Gemahls verblaßte vor soviel Pracht, und ihr Gefühl wandte sich dem schönen Jüngling zu.

Sie kehrte nach Sparta zurück, schloß sich im Königspalast ein und versuchte das Bild des Fremdlings aus ihrem Herzen zu verdrängen. »Götter«, flehte sie, »sendet mir den Gatten auf eilendem Schiff aus Pylos her!«

Aber statt Menelaos erschien Paris mit seiner Schar in Sparta. Er wurde von Helena ehrenvoll empfangen. Sein Saitenspiel, seine einschmeichelnde Rede und die Glut seiner Liebe betörten das unbewachte Herz der Königin. Als Paris ihre Treue wanken sah, eilte er in den Hof des Palastes, versammelte seine Getreuen und rief: »Alles Gold im Palast des Griechenfürsten gehört euch, wenn ihr mir helft, die Königin zu rauben!«

Geblendet von der Aussicht auf so reiche Beute, willigten seine Krieger in den Frevel ein. Sie stürmten das befestigte Haus, überwältigten seine Besatzung, raubten die Königin und alle Schätze des Menelaos und fuhren rasch in ihren Schiffen davon. Auf der Heimfahrt durch das Ägäische Meer aber überfiel die Schiffe plötzlich eine Windstille, und der Meergott reckte sich hoch aus den Fluten und rief: »Verfluchter Räuber! Unglücksvögel flattern vor euren Kielen her! Mit Heeresmacht werden die Völker der Griechen kommen, deinen frevlerischen Bund zerreißen und das alte Reich des Priamos vernichten! Viele Jahre währt der blutige Kampf, doch wenn die Zahl der Jahre erfüllt ist, wird Feuer die Häuser Trojas fressen, und die mächtige Ringmauer wird zerbrochen sein: kein Stein wird auf dem anderen bleiben!«

Dies weissagte der Meergott mit drohend geballter Faust. Dann tauchte er unter. Paris hatte ihm voll Entsetzen zugehört; doch als sich die Wasser wieder glätteten und der Wind erneut die Segel blähte, vergaß er, von Helenas weichem Arm umschlungen, das grausige Zukunftsbild. Inmitten der vielen schönen Griechenmädchen, die der treulosen Gattin des Menelaos auf das Schiff gefolgt waren, reichte Helena freiwillig Paris die Hand zum Bund. Festeslärm und Gesang begleiteten die Flotte auf ihrer ganzen weiteren Fahrt. Die Schar, die zu Krieg und Vergeltung ausgezogen war, kehrte nun als fröhlicher Hochzeitszug heim an die Gestade Trojas.

Die Schreckensnachricht vom Raub der schönen Helena erreichte den König Menelaos auf Pylos, wo er noch immer bei seinem Freund, dem uralten Fürsten Nestor, weilte. Voll tiefer Empörung begab er sich sogleich nach Mykenä zu seinem Bruder Agamemnon, der dort mit seiner Gattin Klytämnestra, einer Halbschwester Helenas, als König herrschte. Beide Brüder waren Söhne des Atreus, eines Enkels des Tantalos, entstammten also einem Geschlecht, das durch seine bösen Taten bekannt war. Man nannte Agamemnon und Menelaos nach ihrem Vater Atreus die Atriden; neben Argos und Sparta unterstanden ihnen fast alle anderen Staaten der Peloponnes, und die Fürsten im übrigen Griechenland waren mit ihnen verbündet.

Die Brüder bereisten das ganze Land und forderten alle Fürsten zu einem Rachefeldzug gegen Troja auf. Agamemnon bestimmte die Hafenstadt Aulis zum Sammelort für die Truppen — und ganz Griechenland gehorchte der Aufforderung der Atriden. Nur zwei Fürsten zögerten. Der eine war der listenreiche Odysseus von Ithaka. Er wollte Helenas wegen seine schöne junge Gemahlin Penelope und sein Söhnchen Telemachos nicht verlassen. Aber schließlich wurde auch er gewonnen. Er versprach, mit zwölf bemannten Schiffen aus Ithaka und den Nachbarinseln am Kriegszug teilzunehmen.

Mit dem zweiten Fürsten war die Sache noch schwieriger: man kannte nicht einmal seinen Aufenthalt und mußte ihn erst ausforschen. Es war der Held Achilleus, der herrliche Sohn des Peleus und der Meergöttin Thetis, ein Knabe noch. Aber Kalchas, der Seher der Griechen, hatte geweissagt: »Ohne diesen Knaben wird es den Griechen nicht gelingen, die ferne Stadt Troja, der der Untergang durch griechische Waffen bestimmt ist, zu Fall zu bringen!« Also mußte man ihn finden. Nur der Schlauheit des Odysseus war es zu verdanken, daß Achilleus endlich einwilligte, an der Spitze seiner Myrmidonen — seiner thessalischen Streiter —, in Begleitung seines Freundes Patroklos, mit fünfzig Schiffen zum Heer der Griechen zu stoßen.

Inzwischen hatten sich zu Aulis in Böotien zahlreiche Helden mit ihren kampferprobten Scharen eingefunden, allen voran der riesige Ajax, der Sohn des Telamon aus Salamis, und der kleine, der schnelle Ajax, der Sohn des Oileus aus dem Lokrerland. Auch der greise Nestor aus Pylos fehlte nicht, nebst den herrlichsten Helden aus Athen und Elis, aus Phokis und Euböa, von Syma, Rhodos, Kreta und vielen anderen Inseln. Zu ihnen, die einstimmig Agamemnon zum Anführer gewählt hatten, gesellte sich nun der Pelide Achilleus, und Odysseus, der listenreichste unter den Sterblichen, diente ihnen allen mit seinem scharfen, flinken Verstand.

Im Hafen wimmelte es von Schiffen, alles war zur Ausfahrt bereit, man erwartete nur noch einige Nachzügler. Da zog Agamemnon durch seinen Übermut Unheil auf das Griechenheer herab. Eines Morgens jagte er nämlich eine herrliche Hirschkuh, die der Göttin Artemis geweiht war. Agamemnon, von Jagdlust übermannt, erlegte das heilige Tier mit seinem Speer. Dieser Frevel erbitterte die Göttin so sehr, daß sie die Flotte der Griechen mit einer tiefen Windstille bestrafte. Über der Bucht von Aulis regte sich kein Lüftchen, spiegelglatt, von keinem Hauch gekräuselt, lag die dunkelblaue See da. Kein Schiff konnte den Hafen verlassen.

In ihrer Not wandten sich die Griechen endlich an ihren Seher Kalchas, der den Feldzug als Priester und Wahrsager mitmachen wollte. Kalchas kam aus seinem Zelt, trat an den erhöhten Altar und verkündete mit klarer Stimme: »Erst wenn du, Völkerfürst Agamemnon, dein geliebtes Kind Iphigenia der Artemis opferst, wird die Göttin versöhnt sein. Fahrtwind wird aufkommen, und keiner der Himmlischen kann verhindern, daß die Völker Griechenlands Troja zerstören!«

Diese Seherworte stürzten Agamemnon in tiefe Verzweiflung. Doch schließlich sandte er einen Boten nach Mykenä und ließ seiner Gemahlin Klytämnestra befehlen, ihre Tochter Iphigenia so rasch als möglich nach Aulis zu bringen. Klytämnestra gehorchte widerwillig. Iphigenia aber, arglos und voll kindlichem Vertrauen, umarmte bei ihrer Ankunft den Vater und fragte ihn: »Warum blickt dein Auge so sorgenvoll, geliebter Vater? Warum ist dein Blick so unruhig und weicht dem meinen aus, wenn du mich doch so gerne siehst, daß die Mutter mich zu dir schicken mußte?«

Es dauerte jedoch nicht lange, da erfuhr Klytämnestra aus dem Mund eines treuen Sklaven die ganze Wahrheit: daß Agamemnon seine Tochter am Altar der Artemis opfern wolle, um damit den Schiffen den ersehnten Fahrtwind zu verschaffen. Voll Abscheu und funkelnden Auges betrat sie mit Iphigenia das Feldherrnzelt. Drohend stellte sie sich vor Agamemnon und rief: »Drei Mädchen und einen Sohn habe ich dir geboren, und nun willst du mir das älteste meiner Kinder rauben! Und warum? Damit dein Bruder sein treuloses Weib zurückgewinne! Für Helenas Rückkehr willst du dein liebliches Kind schlachten lassen! Warum trittst du nicht vor deine Völker hin, die dich zum Feldherrn wählten, und rufst: ›Wollt ihr nach Troja segeln, so werft das Los darüber, wessen Tochter sterben soll!‹ Ich, die dir immer in Liebe und Treue ergeben war, soll mein Kind verlieren, und Menelaos, um dessen Ehre und Nutzen es bei diesem Feldzug geht, er darf sich seiner Tochter erfreuen? Besinne dich!«

Doch Agamemnon blieb unerbittlich. »Wo ich Mitleid fühlen darf, dort fühle ich Mitleid — hier darf ich es nicht. Schweren Herzens, geliebte Gattin, führe ich das Schreckliche aus, aber ich muß es tun. Sieh doch, wie viele Fürsten mich gerüstet und gepanzert umstehen. Es ist hoch an der Zeit, daß Troja falle; opfere ich mein geliebtes Kind Iphigenia nicht, so kann es nach dem Spruch des Sehers nimmer geschehen. Stelle ich mich aber gegen den Götterspruch, so würden alle Fürsten mich und auch euch auf der Stelle töten. Meine Macht ist hier zu Ende, nicht meinem Bruder Menelaos weiche ich, sondern ganz Griechenland.«

Da riß sich Iphigenia aus den Armen der Mutter los. »Hört mich an!« rief sie mit fester Stimme. »Mutter, du sollst dem Vater nicht länger zürnen: er kann nicht gegen das Schicksal handeln. Und wie dürfte ich, eine schwache Sterbliche, mich auflehnen gegen Artemis, der es gefiel, mein Leben für das Vaterland zu fordern? Nein, willig gebe ich es am Altar hin. Opfert mich! Trojas Trümmer seien mein Denkmal, Trojas Brand mein Hochzeitsfest!« Als Iphigenia kurz darauf im Hain der Artemis die Stufen zum Altar hinanstieg, wo schon Kalchas, den blitzenden Stahl in den Händen, hoch aufgerichtet wartete, ging ein lauter Ruf des Staunens und des Mitleids durch das Heer; nur die beiden Atriden blickten stumm und betreten zu Boden. Kalchas sprach das Gebet. Dann hob er sein Messer und zielte nach der weißen Kehle der Jungfrau. Deutlich hörte man den Schlag seines Messers. Aber im selben Augenblick geschah ein Wunder: Artemis erbarmte sich des Mädchens und entrückte es vor den Augen des Heeres. Statt seiner lag eine Hirschkuh von hohem Wuchs und herrlicher Gestalt zappelnd auf dem Boden und besprengte den Altar reichlich mit Opferblut.

Freudig erstaunt rief Kalchas: »Artemis ist versöhnt, noch heute verlassen wir die Bucht von Aulis! Seid fröhlich, Troja wird fallen!« Auf dem Altar verkohlte das Opfertier im Feuer. Als der letzte Funke erloschen war, hörte man plötzlich ein Sausen in der Luft; die Kronen der uralten Bäume bogen sich im starken Wind, und die Schiffe begannen im bewegten Meer zu schwanken. Laut jubelnd eilten die Männer zu den Zelten. Noch am selben Tag lichtete die Flotte der Griechen die Anker.

Klytämnestra kehrte tiefbetrübt nach Mykenä zurück; das Wunder der Göttin konnte sie nicht darüber hinwegtrösten, daß sie ihr geliebtes Kind nun doch verloren hatte. »Agamemnon ist der Mörder meiner Mutterfreuden geworden, nie wieder kann ich ihm froh begegnen!« sprach sie düster. Artemis jedoch hatte Iphigenia in ihre göttlichen Arme geschlossen und die Bewußtlose über viele Länder hinweg fortgetragen. Fern am Schwarzen Meer, im wilden Land Tauris, hatte sie die Entrückte zur Erde zurückgebracht. Dort, im Reich des Barbarenkönigs Thoas, erwachte Iphigenia wie aus tiefem Schlaf; sie war gerettet.

DIE GRIECHEN VOR TROJA

In Troja wußte man noch nichts von der Ausfahrt der großen griechischen Flotte. Dennoch beherrschten Schrecken und Furcht vor einem kommenden Krieg die Stadt. Paris war mit der geraubten Gattin glücklich heimgekehrt, aber sein Vater, der König Priamos, hatte die unerwünschte Schwiegertochter sehr ungnädig empfangen und seine zahlreichen Söhne unverzüglich zu einer Fürstenberatung in den Palast berufen; sie sollten mit ihm entscheiden, was mit der Griechin zu geschehen habe und wie Paris für seine Untat büßen solle. »Er bringt uns alle in höchste Gefahr!« hatte Priamos ausgerufen.

Paris aber hatte bald alle Brüder für sich gewonnen. Er überließ ihnen die Schätze aus dem Königspalast zu Sparta und ermunterte die noch Unvermählten, sich unter den herrlichen Griechenmädchen eine Gattin zu erwählen. So versöhnten Gold und Frauenschönheit auch die Ergrimmtesten. »Laßt uns Helena in den Schutz des Königshauses aufnehmen«, sprachen sie, »und wenn die Griechen kommen, sie zu holen, werden wir sie ihnen nicht ausliefern!«

Helena bezog hierauf mit Paris einen eigenen Palast im Bereich der Burg und lebte ungefährdet am Königshof von Troja. Und auch das Volk, das den räuberischen Paris zuerst am liebsten gesteinigt hätte, erlag allmählich dem Zauber von Helenas Schönheit und griechischer Anmut; es beruhigte sich und faßte Mut. Die Trojaner zählten die Bürger in der Stadt und die Bundesgenossen im Land ringsum und fanden die eigene Streitmacht an Zahl und Kraft den Griechen gewachsen. Feldherr war der Königssohn Hektor, der stets vom Helmbusch umwehte Held. Er teilte seine Gewalt über das Heer der Dardaner mit dem tapferen und weisen Äneas, welcher Kreusa, eine Tochter des Priamos, zur Gemahlin hatte und ein Sohn der Göttin Aphrodite und des greisen Helden Anchises war.

Da landeten die Griechen. Zwischen den Vorgebirgen Sigeion und Rhöteion errichteten sie an der Küste ein geräumiges Lager, das bald aussah wie eine richtige Stadt. Sie zogen die Schiffe an Land und stellten sie, zum Schutz gegen die Bodenfeuchtigkeit, auf einer Unterlage aus Steinen in mehreren stufenförmig ansteigenden Reihen am Ufer auf. Die Schiffe dienten den Griechen als Rückhalt; man umgab sie mit einem hohen Erdwall, der später durch eine Mauer ersetzt wurde. Hinter dem Wall zog sich ein tiefer Graben hin, der mit einer dichten

Reihe starker Schanzpfähle versehen war. Zwischen dem Lager der Griechen und der erhöhten Stadt Troja erstreckte sich, von den Flüssen Skamandros und Simoeis umschlossen, vier Wegstunden lang, die breite Troische Ebene, die Skamandrische Wiese: das Schlachtfeld.

Doch die Trojaner hielten sich neun Jahre lang hinter ihren starken, uneinnehmbaren Mauern verborgen: sie fühlten sich zu schwach, um eine offene Feldschlacht zu wagen. Inzwischen zogen die Griechen sengend und plündernd durch das umliegende Land. Achilleus und seine Myrmidonen zerstörten, vom Meer her kommend, nach und nach zwölf Städte und nahmen elf zu Land ein. Bei einem Streifzug durch Mysien raubte Achilleus Chryseis, die schöne Tochter des Priesters Chryses, und bei der Eroberung der Stadt Lyrnessos überfiel er den Palast des Sehers Briseus, der sich in seiner Verzweiflung erhängte. Briseis, die Tochter des Priesters, wurde als Beute ins griechische Lager gebracht. Auch der gewaltige Ajax ruhte nicht. Er erstürmte die Burg des Königs Polymnestor auf der thrakischen Halbinsel, brachte ihr Gold auf seine Schiffe, griff dann das Reich des phrygischen Königs Teuthras an, tötete den Herrscher in der Schlacht und führte dessen Tochter Tekmessa mit sich fort. Die Beute wurde unter alle verteilt: Briseis wurde dem Achilleus als Lohn für seine Taten zuerkannt, Ajax durfte die königliche Tekmessa behalten, Chryseis aber wurde Agamemnon zugesprochen samt großen Mengen an Silber und Gold.

So brach das zehnte Kriegsjahr an. Da erschien plötzlich Chryses im Lager, jener Priester Apollons, dem Achilleus die Tochter geraubt hatte. In der Hand den goldenen Friedensstab, um welchen der Lorbeer seines Gottes gewunden war, trat er mitten unter die Griechen und rief mit lauter Stimme: »Ihr Fürsten und Helden, allen voran ihr, Agamemnon und Menelaos, Söhne des Atreus — mögen euch die Olympischen Sieg und glückliche Heimkehr verleihen, wenn ihr mir, dem Priester des Gottes mit den treffsicheren Pfeilen, die geliebte Tochter wiedergebt! Ich biete euch reiches Lösegeld.«

Im ganzen Heer weckten diese Worte Beifall. Alle rieten, das Gold anzunehmen, den greisen Priester zu ehren und das Mädchen herauszugeben. Nur Agamemnon geriet in Zorn und entgegnete dem fremden Priester: »Deine Tochter bleibt meine Dienerin und wird in meinem Königshaus zu Argos bis in ihr Alter am Webstuhl sitzen! Reize mich nicht länger und geh!«

Schweigend kehrte Chryses den Griechen den Rücken. Am Meeresstrand aber erhob er die Hände zu seinem Gott und flehte: »Räche meine Schmach an den Griechen mit deinem Geschoß!«

Apollon erhörte die Bitte seines getreuen Sehers. Das Herz voll Zorn, verließ er den Olymp; im gewaltigen Köcher, den er über der Schulter trug, klirrten die Pfeile. Der sonst so helle und strahlende Gott schritt einher wie die düstere Nacht. Unweit des Lagers der Griechen ließ er sich auf einer Anhöhe nieder und schoß Pfeil um Pfeil mitten in das wimmelnde Heer, durch die Wände und Dächer der Hütten; grauenvoll wütete sein silberner Bogen, und wen die unsichtbaren Pfeile trafen, der starb den Tod durch die Pest.

Neun Tage lang währte das Morden, neun Tage lang sank einer nach dem anderen dahin, neun Tage lang loderten die Totenfeuer zum Himmel. Am zehnten berief Achilleus eine Volksversammlung ein und fragte den Seher Kalchas vor seinen Gefährten: »Sag uns endlich, durch welches Opfer wir Apollons Zorn besänftigen können, ehe wir alle elend sterben!«

Kalchas antwortete: »Der Gott will kein Opfer von euch, er ist erzürnt, weil Agamemnon seinen ehrwürdigen Priester mißhandelte, und er wird uns so lange Tod und Verderben schicken, bis ihr das Mädchen mit einem hundertfachen Sühneopfer dem Vater zurückgegeben habt.«

Voll Zorn erhob sich Agamemnon. »Unglücksseher«, rief er, »noch nie hat dein Wort mir Freude gebracht! In Aulis durchbohrte dein Spruch mein Vaterherz, und nun entreißt er mir die holde Tochter des Chryses. Ich will sie zurückgeben, um damit die Not zu beenden, doch gebt mir ein anderes Ehrengeschenk anstelle der Jungfrau!«

Wütend sprang Achilleus auf. »Mich wundert, daß dir auch nur ein Grieche noch gehorcht, Agamemnon, habsüchtiger König! Ganze Landstriche, die herrlichsten Städte und Inseln habe ich dir erobert! Mein Arm erfocht dir die meisten aller Siege, und ging es ans Verteilen, dann kehrte ich mit bescheidener Beute zufrieden in mein Haus zurück — du aber häuftest Berge von Gold in deinen Kammern. Es ist nichts mehr da, was wir dir bieten könnten; gewinne dir künftig deine Schätze ohne mich, schamloser Atride!«

»Geh, wohin es dich treibt!« rief ihm Agamemnon zu, »doch höre zuvor: Bieten mir die Griechen kein neues Ehrengeschenk, so muß ich es mir selbst nehmen. Ich lasse noch heute Briseis aus deinem Zelt herausholen, Achilleus; sie dient fortan mir, damit du begreifst, um wieviel höher Agamemnon steht als du, der es wagt, mir zu trotzen!«

Achilleus griff, außer sich vor Zorn, nach seinem Schwert. Da faßte ihn plötzlich jemand an den Locken, und als er aufblickte, stand Pallas Athene, die Zeustochter, neben ihm, unsichtbar für alle anderen. »Bezähme dein Feuer«, sagte sie ernst, »mich sendet Hera voll Sorge um dich und Agamemnon. Schilt ihn mit Worten, soviel du magst, aber zücke nicht das Schwert gegen ihn. Mit dreifacher Gabe will ich dir die erlittene Schmach vergelten, wenn du mir gehorchst.«

Da stieß Achilleus die breite Schwertklinge mit dem silbernen Griff gehorsam in die Scheide zurück, während Athene zum Olymp entschwand. Dann aber machte er seiner angestauten Wut in grimmigen Worten Luft und schrie, zu Agamemnon gewendet: »So wie diesem Zepter, das ich führe, nie Knospen und frisches Laub entsprießen werden, so sollst du den Sohn des Peleus nie wieder im Schlachtgetümmel sehen. Möge der Männermörder Hektor die Deinen scharenweise hinmetzeln — ich rühre für dich keinen Finger mehr!«

Umsonst versuchte der greise, weise Nestor die Streitenden durch sanfte Reden zu versöhnen. Achilleus erhob sich, wandte sich aber noch einmal an Agamemnon: »Ich sage dir hiemit jeden Gehorsam auf, König. Um des Mädchens willen werde ich weder mit dir noch mit einem anderen Griechen die Waffen kreuzen — ihr habt mir die Jungfrau gegeben, ihr könnt sie mir auch wieder nehmen. Aber tastest du auch nur irgendwie meine Schiffe oder meine Schätze an, so soll dein Blut von meiner Lanze triefen!«

Die Versammelten trennten sich. Agamemnon ließ Chryseis und das Sühneopfer an Bord schaffen und befahl Odysseus, das Schiff an seinen Bestimmungsort zu steuern. Hierauf sandte er zwei Herolde zum Haus des Achilleus, die mußten ihm Briseis bringen. Der treue Patroklos führte sie über die Schwelle und übergab sie den Boten; nur ungern folgte ihnen das Mädchen.

Achilleus aber schritt hinab zum Meer. Weinend setzte sich der Held ans Ufer. Er blickte hinunter in die dunkle Flut und flehte seine göttliche Mutter Thetis um Hilfe an. Und Thetis hörte den klagenden Ruf ihres Sohnes, ihre Stimme tönte aus der Tiefe zu ihm empor: »Ich will Zeus, den Donner, um Hilfe für dich anflehen. Er weilt gerade mit den anderen Himmlischen zum Schmaus bei den frommen Äthiopiern am Ufer des Okeanos, nach zwölf Tagen aber kehrt er zurück, dann werde ich seine Knie umfassen. Bis dahin meide jeden Kampf.«

Unterdessen war Odysseus mit seiner Fracht ans Ziel gelangt. Zärtlich umarmte der Priester Chryses die heimgekehrte Tochter, dann hob er die Hände in dankbarem Gebet zu Apollon, und zur selben Stunde wich die Pest aus dem Lager der Griechen.

Als die Götter von ihrem Schmaus auf die Höhen des Olymps zurückgekehrt waren, tauchte Thetis sogleich aus dem Meer empor, erhob sich in die Lüfte und fand Zeus abseits von den anderen Göttern am höchsten Gipfel des gezackten Berges. Sie setzte sich zu ihm, umschlang seine Knie und sprach: »Du, der du die Welt ordnest, weißt sicherlich schon längst, wie schändlich Agamemnon Achilleus mitgespielt hat. So gewähre mir eine Bitte: Gib den Trojanern solange Sieg auf Sieg, bis die Griechen meinem herrlichen Sohn wieder die verdiente Ehre erweisen!«

Lange dachte Zeus nach. Endlich sprach er voll Unmut: »Was du begehrst, bringt mir Unheil, denn du zwingst mich, mit Hera, der Göttermutter, zu hadern. Sie steht aber auf seiten der Griechen und haßt die Trojaner, und nun soll ich diesen Sieg verleihen? Dennoch will ich deine Bitte erfüllen. Doch nun eile hinweg von hier, ehe Hera dich bemerkt.«

DER ZWEIKAMPF

Zeus gedachte schon bald des Versprechens, das er der Meergöttin Thetis gegeben hatte, und sandte den Gott des Traums in das Zelt des Königs Agamemnon, der dort in tiefem Schlummer lag. Der Traumgott erschien dem Atriden in der Gestalt Nestors, des Uralten, den Agamemnon unter allen Fürsten am meisten verehrte, stellte sich ihm zu Häupten und sprach: »Erhebe dich, Sohn des Atreus! Wer ein ganzes Volk beraten und lenken soll, darf nicht die ganze Nacht verschlafen wie andere Sterbliche. Als Bote des Zeus stehe ich vor dir: Rüste zur Schlacht, die Stunde für Trojas Untergang ist gekommen!«

Freudig erregt sprang Agamemnon vom Lager auf und ließ alle Streiter versammeln. Er befahl sogleich, alle mögen sich zur bevorstehenden Schlacht rüsten. »Stärke sich ein jeder mit Speise und Trank«, rief er, »prüfe ein jeder Waffen und Wagen! Füttert die Rosse und führt sie zur Tränke, die Schlacht wird bis zum sinkenden Abend dauern. Bleibt mir aber einer absichtlich bei den Schiffen zurück, so soll sein Leib den Hunden und Vögeln zum Fraß dienen! Priamos' Feste muß fallen!«

Nachdem Agamemnon gesprochen hatte, schrien die Griechen so laut auf, daß es klang, als brandete das Meer bei Südwind an hohe Felsklippen. Und bald stürzten sie, Scharen von Kranichen oder Schwänen gleich, die am Flußufer hinflattern, auf die Skamandrische Wiese hinaus. Da sah man in der Ferne Staub aufsteigen: die Trojaner hatten endlich ihre Mauern verlassen und rückten in breiter Front in die Ebene hinab. Als der Feind bis auf Rufweite herangekommen war, sahen die Griechen den Königssohn Paris. Er war in ein geflecktes Pantherfell gekleidet und trug den Bogen über die Schultern. Vortretend schwenkte er zwei spitze Lanzen und forderte den tapfersten der Griechen auf, mit ihm den Zweikampf zu wagen.

Wie ein hungriger Löwe, dem ein Hirsch in den Weg kommt, so freute sich Menelaos, als er den lockigen Räuber seiner schönen Frau aus den Reihen der Feinde hervorspringen sah. »Verfluchter Weiberheld!« rief er ihn an, »sehe ich dich endlich von Angesicht zu Angesicht! Nun ist die Stunde gekommen, den Frevel zu rächen, mit dem du mein Haus besudelt hast!« In voller Rüstung sprang er von seinem Streitwagen und stürzte sich auf Paris. Der aber entwich in die Menge seiner Landsleute, so sehr hatte ihn der Anblick des zornigen Spartanerkönigs erschreckt.

Hohnlachend empfing Hektor den Bruder: »Von Gestalt bist du ein Held, in Wahrheit aber nichts als ein weibischer Verführer! Wärst du doch gestorben, ehe du um Helena buhltest! Siehst du nicht, wie die Griechen lachen, weil du es nicht wagst, dich dem Mann zu stellen, dem du die Gattin gestohlen hast?«

Paris erwiderte: »Nicht zu Unrecht sagst du das. Willst du mich aber kämpfen sehen, so laß Trojaner wie Griechen die Waffen niederlegen, dann will ich mit Menelaos allein um Helena und seine Schätze kämpfen. Wer von uns beiden siegt, mag Geld und Gold für immer behalten.«

Freudig erregt hörte Hektor diese Worte. Sogleich stellte er sich mit erhobener Lanze vor die Linie der Griechen und versuchte ihrem Ansturm Einhalt zu bieten. Sie aber, deren Blicken sich der gewaltige Held plötzlich so frei darbot, zielten mit Wurfspießen, Pfeilen und Steinen nach ihm, und er wäre unter dem Hagel ihrer Geschoße zusammengebrochen, hätte nicht Agamemnon sich blitzschnell umgewandt und gerufen: »Haltet ein, ihr Griechen, werft nicht — Hektor wünscht zu reden, hört ihn an!«

Die Griechen ließen ihre Hände sinken; Schweigen trat ein, und Hektor verkündete mit lauter Stimme den Entschluß seines Bruders Paris. Als er geendet hatte, trat Menelaos vor und rief: »Ich bin einverstanden, Hektor! Möge einer von uns beiden sterben, wie es den Göttern beliebt, und dann mögen Trojaner und Griechen endlich versöhnt voneinander scheiden und Frieden halten. Laßt uns Opfer darbringen und Eide tauschen, dann mag der Zweikampf beginnen!«

Zur selben Stunde verwandelte sich die Götterbotin Iris in die Gestalt der Priamostochter Laodike und betrat Helenas Gemach, wo die Einsame am Webstuhl saß und ein herrliches Gewand wob, darin farbige Bilder aus dem Kampf um Troja eingewirkt waren. »Helena«, rief die Himmelsbotin, »komm heraus und schau, welches Wunder sich begibt! Friedliche Stille liegt über dem Schlachtfeld, bläulicher Opferrauch steigt zum Himmel empor, der Krieg ist beendet. Nur Paris und Menelaos werden noch um dich kämpfen, und dem Sieger sollst du gehören!«

Diese Rede erfüllte Helenas Herz mit Sehnsucht nach ihrem ersten Gemahl. Sie hoffte, daß Menelaos siegen werde, und verhüllte ihr Haupt mit einem silberweißen Schleier, damit niemand sah, daß sie weinte. Von zwei Dienerinnen gefolgt, eilte sie zum Skaiischen Tor, auf dessen Zinne Priamos, der greise Fürst, mit anderen Helden saß, die schon zu alt waren, um noch an der Feldschlacht teilzunehmen.

Bewundernd blickten die Greise auf Helena herab. »Wer wollte Trojaner und Griechen tadeln«, flüsterten sie, »daß sie wegen dieses göttergleichen Weibes so Unsägliches erdulden?« Priamos aber lud die Fürstin ein, an seiner Seite Platz zu nehmen und hinabzuschauen auf die Freunde und Verwandten aus der fernen Heimat. »Ich gebe dir keine Schuld an diesem furchtbaren Kampf, den die Götter selbst geschickt haben«, sprach er freundlich.

Unterdessen hatten Hektors Herolde die Lämmer und den Wein für das Trankopfer geholt und eilten nun durch die Stadt dem Skaiischen Tor zu. Unter der Zinne hielten sie inne, und einer von ihnen näherte sich dem König. »Griechen und Trojaner opfern gemeinsam den Himmlischen«, rief er, »und du, König, sollst ihrem Opfer wie auch dem Zweikampf beiwohnen, so wünscht es Hektor, dein erhabener Sohn.«

Da ließ Priamos schweren Herzens seinen Wagen anspannen und

lenkte die Rosse, von seinem greisen Freund Antenor begleitet, selbst hinab in die Ebene zur Opferstelle. Als aber der Wein gemischt und zur Ehre der Götter vergossen war, und als Agamemnon die Lämmer geschoren und geschlachtet hatte, wandte sich Priamos ab und kehrte kummervoll zurück nach Ilion, seiner hochragenden Burg.

»Ich kann nicht mitansehen, wie mein Sohn gegen den schrecklichen Menelaos auf Leben und Tod kämpft«, sagte er zu Antenor, »weiß doch nur Zeus allein, wem von beiden Untergang bestimmt ist.«

Auch Helena war in den Palast zurückgekehrt, in ihrem Gemach erwartete sie voll Bangen den Ausgang des Kampfes.

Hektor und Odysseus steckten den Platz für die Streiter ab. In einem erzenen Helm schüttelten sie Lose, die sollten entscheiden, wer zuerst den Speer nach dem Gegner schleudern durfte. Das Los bestimmte Paris. Kraftvoll warf er die Lanze, aber sie prallte am harten Schild des Spartanerkönigs ab und fiel mit verbogener Spitze zur Erde.

Nun hob Menelaos die Waffe und betete mit lauter Stimme: »Zeus, gewähre mir, den Frevler, der mich so schwer beleidigte, zu vernichten, auf daß noch unser aller Enkelkinder sich scheuen mögen, das Gastrecht zu verletzen!« Dann warf er seinen Speer mit der Kraft des Zorns, zerschlug des Jünglings Schild und Harnisch und zerschnitt ihm den Leibrock an der Hüfte. Schnell riß der Atride sein Schwert aus der Scheide und versetzte Paris einen Hieb auf den Helm. Aber die Klinge zersprang ihm klirrend, und bestürzt rief er zum Himmel: »Grausamer Zeus, was mißgönnst du mir den gerechten Sieg!« Hierauf warf er sich auf den verhaßten Gegner, packte ihn am Helm und zog ihn so der Front der Griechen zu. Sicherlich hätte er ihn geschleift und mit dem Kehlriemen erwürgt, hätte nicht Aphrodite des Paris Not gesehen und den Riemen zersprengt.

So blieb dem Menelaos der leere Helm in der Hand. Doch als er ihn wütend zu Boden schleuderte und sich von neuem auf den Räuber seiner Gattin stürzen wollte, hüllte die anwesende Liebesgöttin ihren Schützling in eine dichte Nebelwolke und entführte den halb Ohnmächtigen auf raschen Schwingen hinauf nach Troja. Im duftenden Gemach der Helena ließ sie ihn sanft auf einen Sessel nieder und schmückte ihn wunderbar, ehe sie die Blicke der wartenden Fürstin auf ihn lenkte.

Helena empfing den Gemahl freudlos. »So kehrst du aus dem Zweikampf zurück?« tadelte sie ihn. »Die Posten auf den Mauern und an den Toren beredeten deine Flucht und lachen über dich. Meine Mägde wissen es auch schon, sie flüstern sich deinen Namen zu, tuscheln und kichern. Was bist du für ein Mann? Ich sähe dich lieber getötet von der Hand des Gewaltigen, der mein erster Gatte war, als daß du hier, heil und gesund, aber ein Gespött aller Tapferen, in meinem Gemach stehst. Geh und fordere Menelaos noch einmal heraus! Doch nein, verbirg dich lieber, und laß dich nie mehr vor ihm sehen: ein zweites Mal entkommst du ihm nicht mehr lebend!«

Aber nicht lange vermochte Helena so zu grollen. Zu heftig erweckte der Anblick des herrlichen Gatten das süße Feuer der Liebe in ihrem Herzen; sie schickte ihre Mägde fort und bot Paris die Lippen zum Kuß.

DIE SCHLACHT

Auf dem Schlachtfeld suchte Menelaos vergebens nach Paris. Endlich erhob Agamemnon seine Stimme und sprach: »Hört mich an! Kein Gerechter kann bestreiten, daß Menelaos Paris besiegt hat. Also mögen ihm die Trojaner auf der Stelle Helena, sein Weib, samt allen geraubten Schätzen herausgeben, wie es durch Opfer und Eide bekräftigt wurde, und uns für alle Zeit Tribut zahlen!«

Jubelnd stimmten die Griechen diesem Vorschlag zu — die Trojaner aber schwiegen. Doch während ihr Schweigen noch wie drohendes Gewölk über der Ebene lastete, wurde im Rat der Himmlischen auf Drängen Heras der Untergang Trojas beschlossen. Eine Schlacht sollte die Skamandrische Ebene erschüttern, wie die Erde noch keine zuvor gesehen, und Pallas Athene erhielt von Zeus den Befehl, sie zu entfesseln.

Unverzüglich stürzte sich die Göttin vom Olymp herab mitten in das Getümmel der Trojaner. Sie ergriff den Leib des Laodokos, eines Sohns des Antenor, und begab sich in dessen Gestalt zu Pandaros, dem trotzigen Verbündeten der Griechen, der mit seiner Heerschar aus Lykien gekommen war. Er stand inmitten seiner Männer, als die Göttin sich ihm nahte und sprach: »Höre, Freund, tue jetzt, was dir bei den Trojanern Preis und Dank einträgt, besonders bei Paris, der dich reich belohnen wird. Nimm deinen Bogen, leg einen Pfeil ein, spanne die Sehne und ziele auf Menelaos. Schieß und triff! Sieh nur, wie hochmütig er dort steht und sich als Sieger wähnt!«

So sprach die Göttin, entwich aus der Schar der Lykier, und das Herz des betörten Mannes gehorchte ihr.

Ein vielstimmiger Wutschrei zerriß das Schweigen, als König Menelaos plötzlich aus einer Pfeilwunde an der Hüfte blutete. Das Geschoß hatte den Leibgurt durchschlagen, war durch den Harnisch gedrungen und hatte die Haut aufgerissen. Ein Schauer durchrieselte den Getroffenen angesichts solchen Frevels, der da geschehen war; wehklagend umringten ihn Agamemnon und die Gefährten.

Der beschworene Bund war gebrochen, der Friede dahin. Noch während der Arzt und die Helden sich um den Spartanerkönig bemühten, rückten die Schlachtreihen der Trojaner heran, und auch die Griechen hüllten sich wieder in Eisen. Agamemnon aber begab sich zu Fuß unter die Scharen der Streiter und ermunterte sie zum Kampf. Er lobte die Kühnen und ermunterte die Zaudernden. Nestor, der ehrwürdige König von Pylos, ordnete gerade seine Heerhaufen: voran die Streitwagen, dahinter das Fußvolk, außen die Tapferen, innen die Feigen. »O herrlicher Greis«, rief ihm Agamemnon zu, »möchten dir doch deine Knie gehorchen und die Kraft deiner Arme dem mutigen Herzen folgen! Warum kann dir die Last des Alters nicht ein anderer abnehmen, daß du wieder zum Jüngling würdest!«

»Wohl möchte ich sein, der ich einst war«, erwiderte ihm Nestor, »aber die Götter gewähren uns nicht Leibeskraft und Weisheit zur selben Zeit. Mögen also die Jüngeren Speere werfen, ich begleite meine Männer mit befeuerndem Wort und klugem Rat!«

Freudig winkend schritt Agamemnon an ihm vorüber. Jetzt stieß er auf Menestheus, den Anführer der Athener, und Odysseus, der die dichten Schlachtreihen der Kephallenier befehligte. Er fand sie saumselig, sie ruhten und ließen andere vorstürmen. Der König schalt sie deshalb heftig aus. Aber Odysseus sah ihn finster an und antwortete: »Schwatze nicht voreilig dummes Zeug, Atride, sondern warte, bis wir uns ins Getümmel mischen, dann wirst du mich wie immer in der vordersten Schlachtreihe finden!«

Bald zogen die Griechen unter ihren Anführern nacheinander in die Schlacht. Schweigend schritten die Krieger dahin, nur die Heerführer riefen laut ihre Befehle. Bei den Trojanern hingegen herrschte Lärm und Geschrei. Wie eine Herde blökender Lämmer kamen sie heran, redeten und riefen ungeordnet durcheinander. Viele Sprachen tönten aus ihren Reihen, auch der Schlachtruf der Götter war zu hören. Ares stand auf ihrer Seite und ermunterte sie mit rauher Stimme; die Griechen feuerte Pallas Athene an. Die Heere stießen aufeinander. Schild prallte an Schild, Speer kreuzte Speer, lautes Getöse — hier Wehklagen, dort Frohlocken — erhob sich ringsum. Manche edle Seele wurde zum Hades geschickt.

Diomedes erblickte endlich Pandaros, den Lykier, der den Pfeil gegen Menelaos abgeschossen hatte: auf donnerndem Streitwagen brauste er an der Seite des Äneas ins Gewühl. Da drang ihm plötzlich der Speer des Tydiden durch Wange, Kiefer, Zähne und Zunge, daß die Spitze unter dem Kinn herausfuhr und er sterbend vom Wagen rollte. Sogleich sprang Äneas ab und umkreiste den Leichnam wie ein trotziger Löwe, entschlossen, jeden umzubringen, der es wagen sollte, den Erschlagenen zu berühren und sich an dessen Panzer und Helm zu vergreifen. Schild und Speer streckte er vor, so schirmte er den Gefährten.

Aber Diomedes hob einen mächtigen Feldstein auf, wie ihn drei gewöhnliche Männer nicht aufheben können, und schleuderte ihn gegen das Hüftgelenk des Äneas, daß der Held mit zermalmten Knochen ins Knie sank, die Rechte gegen den Erdboden gestemmt. Die Sinne vergingen ihm, und er wäre gestorben, hätte nicht seine Mutter Aphrodite ihn mit ihrem silberhellen Gewand umhüllt und auf ihren lilienweißen Armen aus der Schlacht getragen.

Diomedes erkannte die Göttin. Geblendet von ihrem Licht hatte er einen Augenblick im Kampf innegehalten. Nun aber lief er ihr durch das Getümmel nach, erreichte sie samt ihrer Beute und stieß, ehe sie noch silbrigen Nebel um sich verbreiten konnte, mit der Lanze nach ihr. Die Waffe drang durch die ambrosische Haut in die Handwurzel, daß Aphrodites unsterbliches Blut zu fließen begann. Laut aufschreiend ließ sie den Sohn zur Erde fallen und flüchtete zu ihrem Bruder Ares, den sie am linken Flügel der troischen Schlachtordnung fand, samt Wagen und Rossen in undurchdringliche Nacht gehüllt. »Bruder«, seufzte sie flehend, »hilf mir! Leih mir dein Gespann, daß ich zum Olymp entkomme! Mich schmerzt meine Wunde. Diomedes, der Sterbliche, hat sie mir zugefügt — er wäre imstande, selbst gegen unseren Vater Zeus die Waffen zu erheben!«

Gerne überließ ihr Ares Wagen und Pferde, und als Aphrodite im

Sonnereich des Olymp ankam und weinend vor dem Thron des Göttervaters erschien, rief dieser ihr lächelnd entgegen: »Das kommt davon, daß du dich ins Schlachtengetümmel mengst, meine Tochter. Dir ist es nicht gegeben, zwischen Kämpfende zu treten, das ist Sache des Ares — du kümmere dich um die Liebenden und sorge für die Hochzeiten, mein Kind!«

Drunten auf dem Schlachtfeld hatte sich inzwischen Diomedes auf den wehrlos daliegenden Äneas geworfen. Dreimal holte er zum Todesstreich aus, und dreimal hielt Apollon, der nach Aphrodites Mißgeschick herbeigeeilt war, seinen Schild über Äneas. Als Diomedes zum drittenmal anstürmte, schrie Apollon ihn an: »Laß den Sohn der Göttin in Ruhe! Großes haben die Götter noch mit ihm vor, wenn Troja längst in Asche gesunken sein wird. Berühre ihn nicht und laß ab, dich mit den Unsterblichen zu messen!«

Da wich Diomedes zaudernden Schritts zurück, Apollon aber trug den bewußtlosen Äneas nach Troja hinauf, legte ihn in seinem eigenen Tempel nieder und rief Leto, seine Mutter, und Artemis, seine geliebte Schwester herbei, die mußten den Helden pflegen.

Hin und her wogte der Krieg. In vielerlei Gestalt schlüpfend, hetzte Ares durch mancher Helden Mund, bald mit begeisterndem Zuruf, bald mit hämischen Worten, die Trojaner gegen die Griechen auf. Männerfüße und Pferdehufe zerstampften die Skamandrische Wiese, zertraten Gras und Blumen; Staub und Blut bedeckten die Ebene, die Räder der Kampfwagen zerfurchten das Erdreich. Es schien, als habe Zeus geschworen, das Versprechen, das er der Meergöttin Thetis gegeben, vollends einzulösen.

Da aber sprang Hektor vom Wagen, stürmte mit geschwungener Lanze anfeuernd und ermahnend durch die Reihen der Helden und entfachte sogleich große Kampfeslust. Alle Trojaner riß er mit, und selbst Äneas, von Apollon mit Gesundheit und neuer Kraft beschenkt, stürzte sich mit den Seinen in die Schlacht. Alle freuten sich, ihn plötzlich unverletzt wiederzusehen, aber keiner hatte Zeit, ihn zu fragen, wie das zuging.

Als aber die Griechen die erneute Kampflust der Trojaner zu spüren bekamen und sahen, wie die dardanischen Kerntruppen unter Hektors Führung in die Schlacht eingriffen, begannen sie zu wanken und wichen auf die Schiffe zurück, um sich dort zu verschanzen.

Das sah Hera mit Schrecken. Rasch eilte sie zu Athene und bestürmte sie, ihren schnellen Kampfwagen mit der silbernen Deichsel und den goldgefaßten ehernen Rädern zu rüsten. Gerne gehorchte Athene. Sie hüllte sich in ihres Vaters Panzer, stülpte sich den goldenen Helm aufs lockige Haupt, griff nach dem Schild mit dem Gorgonenhaupt, nahm den Speer und schwang sich auf den silbernen Sitz des Wagens, der federnd in goldenen Riemen hing. Hera hatte inzwischen die schnaubenden Rosse eingespannt, nun gesellte sie sich schwesterlich zu Athene und ließ die Geißel sausen, daß das Gefährt brausend aus dem Tor des Himmels hinausflog, wie ein Vogel zwischen dem Sternengewölbe, und zur Erde hinabschwebte, mitten hinein in die Schlacht.

Soeben hatte Ares einen Griechen erschlagen und raubte ihm die Rüstung. Ein wenig abseits vom Gewühl stand, an seinen Streitwagen gelehnt, der Held Diomedes, der herrliche Tydide. Er hatte eine Pfeilwunde empfangen, und der Druck des breiten Schildgehenks quälte ihn; mit Mühe lockerte er den Riemen und trocknete das Blut. Da erschien plötzlich Pallas Athene in blendendem Glanz vor ihm und höhnte ihn: »Schlaff hängt dein Arm am Leib nieder, Sohn des Tydeus! Dein Vater kämpfte vor Theben, du aber scheinst ihm wenig zu gleichen, sein Feuer brennt nicht in dir, Furcht lähmt deine Glieder!«

»Tochter des Zeus«, entgegnete Diomedes voll Staunen und Ehrfurcht, »der Anblick des Ares lähmt mich. Er streitet auf seiten des Feindes — wie sollte ich da nicht zurückweichen und den Griechen zur Flucht und klugem Abwarten raten?«

Da leuchtete der Göttin Auge auf. »Diomedes, mein auserwählter Freund«, antwortete sie, »hinfort sollst du weder den Kriegsgott noch sonst einen der Unsterblichen fürchten, ich selbst stehe dir bei! Lenke deine Rosse mutig dem rasenden Ares entgegen, stärker als jeder Panzer ist mein Schutz!«

So sprach die Strahlende. Dann gab sie dem Wagenlenker des Diomedes einen leichten Stoß, daß er wie freiwillig vom Streitwagen sprang und setzte sich selbst zu dem herrlichen Helden. Die Achse stöhnte unter der Last der Göttin und des riesigen Mannes, aber Athene ergriff Zügel und Peitsche und lenkte die Rosse mitten ins Getümmel auf Ares zu. Wohl erhob sich der Kriegsgott und schleuderte seine furchtbare Lanze gegen des Diomedes Brust — aber Athene, die sich den Augen des Gegners entzog, fing das Geschoß mit ihrer unsichtbaren Hand ab und gab ihm eine andere Richtung: ziellos flog es ins Leere. Den Speer ihres Schützlings aber, der sich neben ihr im

Wagen erhoben hatte und die Waffe weitausholend nach dem Kriegsgott warf, lenkte sie so, daß die Spitze unter den ehernen Leibgurt des Ares fuhr und sich tief in seine Seite bohrte.

Ares schrie auf, und sein Gebrüll ließ Trojaner wie Griechen zitternd innehalten, denn sie glaubten, bei heiterem Himmel den Donner des Zeus zu hören. Diomedes aber, dessen Auge Götter schauen konnte, sah, wie der Verwundete, in Wolken gehüllt, einem Orkan gleich, zum Himmel auffuhr. Dort setzte er sich seinem Vater Zeus zu Füßen und zeigte dem Thronenden die gräßliche Wunde und das fließende Blut. Finster schaute Zeus nieder und sprach: »Sohn, jammere nicht! Von allen meinen Kindern bist du mir das verhaßteste. Immer nur stiftest du Zank. Trotz und Starrsinn wohnen in deiner Brust. Dennoch kann ich dich nicht länger leiden sehen — Phaion, der Arzt der Götter, möge deine Wunde heilen, geh hin zu ihm!«

HEKTOR KÄMPFT MIT AJAX

Das Glück der Schlacht hatte sich gewendet. Im Haus des Priamos trat Helenos, ein Sohn des Königs, der den Flug der Vögel deuten konnte, auf seinen Schwager Äneas und auf Hektor zu und sagte: »Nun hängt alles von euch ab. Gebietet Einhalt dem regellosen Rückzug der Unseren, stellt die Schlachtordnung wieder her, und laßt der Mutter die edelsten Frauen der Burg im Tempel der Athene versammeln. Dort sollen sie ihre köstlichsten Kleider der Göttin auf die Knie legen und der Eulenäugigen zwölf Kühe zum Opfer geloben, damit sie sich der troischen Frauen und Kinder erbarmt und die Stadt vor dem Verderben bewahrt.«

Sogleich begab sich Hektor zur Königin, und Hekabe befolgte die Weisung ihres Sohnes; aber Athene blickte ungerührt auf die flehenden Frauen nieder und erhörte ihre Gebete nicht.

Als Hektor nach seinem Besuch bei der Mutter in seine Wohnung kam, fand er die Gattin nicht vor. Er eilte also zum Skaiischen Tor zurück. Dort fand er Andromache mit ihrem Kind und einer Dienerin auf dem Turm. Hektor lächelte dem Knaben zu. Andromache aber umfaßte die Hand ihres Gemahls und sagte unter Tränen: »O schrecklicher Mann! Willst du dich auf ewig von uns trennen? Dein Mut wird dich noch töten! Aber du denkst weder an dein Kind noch an dein weinendes Weib, wenn dich die Schlacht in die Ebene hinabruft. Bald wird dich die Meute der Griechen zerreißen und mich Witwe in Jammer und Elend stoßen. Ist es nicht genug, daß Achilleus auf seinen Streifzügen im fernen Mysien mir den Vater und meine sieben Brüder erschlug? Muß er mir auch noch den Geliebten, den Gatten rauben? Wenn du fällst, bin ich ganz allein auf der Erde. Darum erbarme dich und bleibe hinter der Mauer. Die Belagerten brauchen dich ebenso wie die Streiter dort unten!«

Liebevoll legte Hektor seine starken Arme um Andromache und sah ihr lächelnd ins Auge. »Geliebte«, sprach er nach einigem Besinnen, »auch ich habe das alles längst bedacht, aber ich scheue den Tadel der Trojaner und den Spott der Frauen. Sollen sie mit Fingern auf mich zeigen, wenn ich der Feldschlacht fernbleibe? Mein Platz ist in den vordersten Reihen, dort wird Trojas ewiger Ruhm verteidigt und vermehrt, und sei es mit dem Mut der Verzweiflung. Denn glaubst du, ich weiß nicht, daß der Tag kommen muß, an dem Priamos' heilige Feste in Schutt und Asche liegen wird? Aber mehr Kummer als der Tod des Vaters, der Mutter, meiner Brüder und Schwestern, die alle in den Staub sinken werden gleich mir, mehr Kummer bereitet mir dein Schmerz, den du fühlen wirst, wenn der Grieche dich, die Weinende, mit eisernem Griff hinwegschleppen und drüben in Argos nach fremden Geboten an den Webstuhl bannen wird. Doch ehe ich das erlebe, ehe ich dich schreien höre und mit ansehe, wie man dich hinwegführt, möge der Hügel mein Gebein decken! Darum stelle ich mich dem Peliden, darum zieht es mich immer wieder hinab in das Mordgetümmel — dort ist mein Platz, nicht hier hinter der Mauer! Ob mich einer der Griechenhelden zum Hades hinabschicken wird oder nicht, das bestimmen allein die unerforschlichen Götter. Schicksal ist alles, und weder der Feige noch der Tapfere kann ihm entrinnen, sobald er einmal geboren ist. Sorge dich nicht um mich, und wenn es mich treffen sollte, dann wisse: Hektor wird gleich jedem anderen Sterblichen im Totenreich aus dem Lethefluß trinken müssen und alles vergessen, was er dachte und litt — seine Liebe zu dir aber, Andromache, wird ihn auch im Schattenreich nie verlassen. Leb wohl!«

Mit diesen Worten riß er sich von Andromache los und kehrte in die Schlacht zurück, die in der Ebene vor der Stadt neu aufzuflammen begann. Die Reihen der Trojaner hatten sich allmählich wieder geordnet, und von überallher eilten die Helden mit frischem Mut und neuen Waffen ins Getümmel.

Auch Paris, Hektors Bruder, lief den Burgberg hinab. Knapp hinter dem Tor holte er den Feldherrn ein und rief: »Hektor, laß mich gemeinsam mit dir hinabeilen, und verzeih mir, daß ich so lange gesäumt! Bin ich noch würdig, mitzukämpfen?«

»Du bist uns willkommen, Paris«, entgegnete Hektor. »Niemand wird deine Kampfkraft unterschätzen, du bist ein herrlicher Krieger — doch bisweilen läßt du dich allzusehr gehen. Und wenn dann die Trojaner dich schmähen, kränkt es mich tief im Herzen, denn für wen opfern sie sich in der männermordenden Schlacht? Doch nur für dich, damit du dein schönes Weib behalten kannst. Denk daran und komm! Möge Zeus uns gewähren, daß wir die Griechen eines Tages doch von Ilions Küste vertreiben und in unseres Vaters Feste den Becher der Freiheit dankend erheben dürfen!«

Und er trat unverzüglich zwischen die kämpfenden Heere, faßte den Speer und drängte mit dem riesigen, quergehaltenen Schaft die Reihen der Trojaner zurück. Da wurden sie alle ruhig, und auch Agamemnon ließ seine Griechen lagern. Zwischen den Völkern stehend, begann Hektor: »Trojaner und Griechen, hört mich an! Zeus hat unseren Bund verworfen und Böses über uns verhängt: Wir müssen weiterkämpfen, bis zu dem Tag, an dem ihr das hochgetürmte Troja überwältigt oder von uns bei den Schiffen besiegt werdet. Nun sind aber in euren Reihen die Tapfersten aller Griechen. Wen von ihnen nach einem Zweikampf mit mir gelüstet, der trete vor, ich stelle mich ihm. Falle ich, so mag der Gegner meine Waffen zu seinem Zelt tragen, meinen Leib aber muß er nach Troja senden, damit er von troischen Männern und Frauen in der Heimat verbrannt werde. Dies ist meine einzige Bedingung, und ich rufe Zeus zum Zeugen meiner Worte an!«

Auf diese Rede schwiegen die Griechen lange. Verweigerten sie den Kampf, so brachte ihnen das Schimpf und Schande; nahmen sie jedoch die Herausforderung an, so bedeutete dies für jeden, der sich dem gewaltigen Trojaner stellte, tödliche Gefahr. Schließlich aber erboten sich neun der besten Helden zum Zweikampf. Jeder von ihnen warf ein Los in Agamemnons ledernen Helm, den man dem greisen Nestor übergab. Nach einem Gebet, das alle mit zum Himmel erhobenen Händen sprachen, schüttelte Nestor den Helm, und heraus sprang zuerst das Los des Ajax, des Telamoniers.

Wie kurz zuvor Menelaos und Paris aufeinander losgegangen waren, so rangen jetzt Hektor und Ajax mit ihren Lanzen und mit schweren Feldsteinen erbittert um den Sieg. Doch ehe sie noch, zornigen Löwen gleich, die Entscheidung mit dem Schwert erzwingen konnten, eilten die Herolde beider Völker herzu, streckten ihre Stäbe zwischen die Fechtenden und geboten Einhalt. »Sind nicht beide gleich tapfer?« riefen sie. »Sind sie nicht beide von Zeus gleich geliebt? Jetzt aber bricht die Nacht herein, und es geziemt sich, der Nacht zu gehorchen!«

Die Helden ließen sogleich voneinander ab. Einer lobte des anderen Kraft und Gewandtheit im Speerstoß und Steinwurf und im Hieb mit dem Schwert. »Lassen wir den Zweikampf«, sagten sie, »möge die allgemeine Feldschlacht morgen weitergehen, bis es den Göttern gefällt, einem von uns den Sieg zu vergönnen.«

Dann beschenkten sie einander mit herrlichen Gaben, einem silberbeschlagenen Schwert und einem purpurnen Leibgurt, und schieden als Freunde.

Am anderen Morgen aber beschloß man sowohl im Zelt Agamemnons als auch in der Burg des Priamos, vom Feind einen Waffenstillstand zu erbitten, damit jeder seine Toten, die das Schlachtfeld bedeckten, würdig bestatten könne. Bei dieser Gelegenheit hatte der weise Antenor den Trojanern und ihren Verbündeten den Rat gegeben, die Griechin Helena auszuliefern und so den unseligen Krieg mit einem Schlag zu beenden; aber Paris hatte dieses Ansinnen empört zurückgewiesen.

TOD DES PATROKLOS

Als der Morgen nach der Waffenruhe aufdämmerte, versammelte der Vater der Götter und Menschen die Unsterblichen um sich und sprach zu ihnen: »Hört mein Wort! Wer von euch dem einen oder dem anderen Heer beisteht, den stürze ich in die Schlünde des Tartaros hinab und verschließe über dem Missetäter auf ewig die eiserne Pforte der Unterwelt mit unverrückbarem Riegel. Wann Trojas Stunde gekommen ist, das weiß nur ich, und es ist tief in meiner Brust verborgen. Darum durchkreuzt meinen Willen nicht, bleibt fern von Ilions Gefilden!«

Demütig schwiegen die Himmlischen. Zeus aber fuhr auf seinem Donnerwagen hinab zur Erde und hielt die rollenden Räder auf der Höhe des Idagebirges an, wo ihm ein Hain und ein Altar geweiht waren. Vom Gipfel schaute er hinab auf das herrliche, wehrhafte Troja und auf das Schiffslager der Griechen an der Mündung des Skamandros und des Simoeis. Sein Auge leuchtete angesichts der beiden Heere, deren Helden sich zum Kampf rüsteten. Es dauerte nicht lange, da öffneten sich die Tore Trojas, und die Scharen der Trojaner zogen hinab in die Ebene. Sie waren an Zahl den Griechen unterlegen, an Kampfesmut aber ihnen ebenbürtig; die Sorge um ihre Frauen und Kinder, die sie in der bedrohten Stadt zurücklassen mußten, verlieh ihnen Löwenkräfte.

Wolkenlos wölbte sich der Himmel über Land und Meer. Beide Seiten kämpften mit gleichem Glück, es floß viel Blut. Als die Sonne am höchsten stand, hob Zeus seine goldene Waage, in deren Schalen er je ein Todeslos geworfen hatte, hoch auf: da sank die Schale der Griechen hinab, die der Trojaner jedoch schnellte zum Himmel empor.

Zeus schüttelte grimmig sein Haupthaar und hallender Donner erfüllte Berg und Tal. Mitten ins Heer der Griechen fuhren seine Blitze und erfüllten auch das Herz der tapfersten Helden mit Grauen. Sie begannen zu wanken, und Hektor verfolgte sie unerbittlich bis vor die Schiffe. Dort brach endlich die Nacht herein, die ihren Mantel schützend über die geschlagenen Griechen breitete und sie den Verfolgern entzog.

Während der Nacht sandte Agamemnon, den das Kriegsglück der Feinde in tiefe Sorgen gestürzt hatte, Sendboten zu Achilleus. Er bot ihm einen fürstlichen Goldschatz, dazu zwölf herrliche Rosse und überdies die schöne Sklavin Briseis, die er ihm seinerzeit genommen hatte. Zudem versprach er ihm, sein Schiff nach dem Fall Trojas bis zum Rand mit Gold zu füllen und ihm nach der Rückkehr seine eigene Tochter zur Frau zu geben, wenn er nur von seinem Groll ablassen und wieder mit den Griechen kämpfen wollte. Aber der Pelide erwiderte voll Bitterkeit: »Seit mir Agamemnon arglistig meine Siegesbeute nahm, traue ich ihm nicht mehr. Mag er selber zusehen, wie er den Feind bezwingt. Ich opfere morgen den Göttern, rolle die Kiele ins Meer und segle heim. Mich lockt kein Lohn, mich überredet kein Grieche, selbst Nestor nicht.«

Diese Antwort ließ die Atriden in dieser Nacht keinen Schlaf finden. Am anderen Tag aber entbrannte die Schlacht von neuem, und es schien, als wollte das Glück sich diesmal den Griechen zuwenden. Wie die wilden Wölfe stürzten sich die Helden beider Heere aufeinander. Um die Mittagszeit durchbrachen die Griechen die feindlichen Reihen, die Trojaner mußten fliehen. Erst bei der Eiche des Zeus am Skaiischen Tor war ihnen Rast gegönnt. Sie wandten sich mit dem Rücken zur Stadt und erwarteten die Verfolger, die, von Agamemnon geführt, heranbrausten wie ein fressender Waldbrand. Da sandte Zeus die Götterbotin Iris zu Hektor. »Warte, bis der Atride verwundet ist«, flüsterte sie dem Helden ins Ohr, »dann erst wirf dich auf die Griechen!«

Hektor brauchte nicht lange zu warten. Koon, ein Sohn des greisen Antenor, stieß dem Völkerfürsten die Lanze unter dem Ellbogen quer durch den Arm, aus Rache dafür, daß Agamemnon Koons Bruder Iphidamas grausam erschlagen und der Rüstung beraubt hatte. Freilich empfing Koon sogleich selber von Agamemnons Hand den Tod, doch quälte den Atriden seine Wunde so sehr, daß er seinen Streitwagen bestieg und zum Schiffslager zurückkehrte.

Nun feuerte Hektor seine Streiter zum wildesten Angriff an, rannte die Reihen der Griechen über den Haufen und entschied die Schlacht für sich. Odysseus und Diomedes waren verwundet, nur Ajax kämpfte noch wie ein Rasender; bis Zeus auch des Telamoniers Seele mit jäher Angst erfüllte und dieser beim Anblick des schrecklichen Hektors die Flucht ergriff. So war den Trojanern zum zweitenmal Sieg beschieden. Die Griechen zogen sich wieder auf die Schiffe zurück.

Aber nicht lange war ihnen dort Ruhe gegönnt. Hektor jagte die Trojaner in tollkühnem Vorstoß gegen das Lager, und die Götter, denen die Griechen beim Bau der schützenden Ringmauer kein Festopfer dargebracht hatten, ließen es zu, daß Hektor sie erstürmte. Wohl hemmte ein schauriges Zeichen für eine Weile die Kampflust der Trojaner: ein Adler, der eine rote Schlange in den Fängen hielt, streifte über das Kriegsheer hin. Die Schlange wand und wehrte sich und biß den stolzen Vogel so heftig in den Hals, daß er, schmerzgequält, von seiner Beute abließ und davonglitt. Die Schlange fiel mitten unter die Kämpfer, die erschrocken zurückwichen. »Es ist ein Zeichen des Zeus«, riefen sie, »es wird uns ergehen wie dem Adler!«

Hektor aber erwiderte finster: »Ich kenne nur einen Gedanken: die Rettung des Vaterlands! Vorwärts!«

Mit Steinen und Spießen empfingen die verzweifelten Griechen die Mauerstürmer; nur durch die Brustwehr getrennt, hieben die Streiter aufeinander ein. Doch schließlich gelang es Hektor selbst, das Tor zu rammen. Wie eine Schar blutgieriger Löwen ergoß sich der Strom der Trojaner zwischen die Reihen der aufgebockten Schiffe.

In heilloser Verwirrung und von Grauen geschüttelt, kämpften die Griechen um ihr Leben und ihre Flotte. Aber Hektor, dem der Schaum auf den Lippen stand und dessen Augen unter den düsteren Brauen fürchterlich funkelten, wütete so grimmig, daß sie immer verzagter wurden. Schon wichen sie von den vorderen Schiffen zurück, und nur Scham und Furcht hielten sie davon ab, sich fliehend durch alle Gassen des Lagers zu zerstreuen. »Haltet aus!« riefen sie einander zu, und das Wort des weisen Nestor entzündete den verlöschenden Funken des Muts wieder in ihren Herzen. Jetzt stürzte sich Hektor auf eines der schönsten Schiffe der Griechen; mit eisernem Griff umklammerte er das Steuerende und rief nach Fackeln, um das Gefährt in Brand zu stecken. Die drohende Gefahr verlieh den Griechen plötzlich Riesenkräfte. Ein unmenschliches Morden setzte rings um das Schiff ein, mit Beilen und Äxten bereiteten die Ringenden einander ein fürchterliches Blutbad.

Hektor aber ließ das Schiff nicht los. »Bringt endlich Feuerbrände her, damit die verhaßten Fahrzeuge in Flammen aufgehen, die uns so viel Not und Jammer über das Meer gebracht haben! Zeus selber führt uns an, er schenkt uns den Tag der Vergeltung, wer könnte uns jetzt noch daran hindern, den Sieg zu vollenden?«

Während der Kampf um die Schiffe tobte, stand Patroklos mit nassen Augen vor seinem Freund Achilleus und flehte ihn an, seinen Groll gegen Agamemnon zu begraben und die ausgeruhten Myrmidonen in die Schlacht zu führen. »Zürne mir nicht«, bat er, »das Unglück der Griechen frißt an meiner Seele. Die Tapfersten liegen tot rings um die Schiffe, Diomedes, Odysseus und der Völkerhirt selber sind verwundet und bedürfen der Ärzte. Du aber, Achilleus, auf dessen Haupt der Glanz der Weissagung ruht, daß die Griechen nur mit deiner Hilfe Troja bezwingen werden, du bleibst unerbittlich, anstatt dich zu gürten und mitzukämpfen. Hat dich das finstere Meer geboren oder ein starrer Fels, daß dein Herz so finster und hart ist? Doch bindet dich auch das Wort deiner Mutter oder ein Befehl der Götter, so kannst du doch mich wenigstens den Griechen zu Hilfe senden. Gib mir deine Rüstung, ich

Der altgriechische Tragödiendichter Sophokles (links) hat viele Sagenstoffe zu Theaterstücken verarbeitet, die noch heute durch ihre psychologische Gestaltung »modern« wirken. Auf der vorhergehenden Seite eine Szene aus »König Ödipus«, oben und rechts Bilder aus »Antigone« und auf der folgenden Seite eine Szene aus »Elektra«.

will sie anlegen und so den Bedrängten beistehen; es könnte doch sein, daß die Trojaner sich täuschen lassen und mich für den Sohn des Peleus halten. Dann werden sie vom Kampf ablassen, und die Griechen haben Zeit gewonnen, sich zu sammeln und zu erholen!«

Noch schwankte Achilleus, ob er dem Freund die Bitte gewähren solle, als er plötzlich bei den Schiffen Feuer auflodern sah: Hektor hatte das umkämpfte Fahrzeug in Brand gesteckt. Da durchzuckte den unbeugsamen Peliden heftiger Schmerz. »Auf, Patroklos!« rief er. »Eile, daß sie den Unsrigen nicht die Schiffe nehmen und ihnen den letzten Ausweg versperren! Nimm meine Rüstung! Ich selber will mein Volk ermuntern, daß sie dir folgen und den Trojanern blutig heimzahlen, was sie uns zugefügt. Nun ist die Stunde gekommen, auf die meine Myrmidonen so lange gewartet haben. Kämpfe nun ein jeder, wie das Herz ihm befiehlt. Doch du, Patroklos, versprich mir bei unserer Freundschaft, daß du die Hände von Hektor läßt — er gehört mir! Und noch eins: Sei wachsam, daß du keinem kämpfenden Gott begegnest! Apollon liebt unsere Feinde, obwohl er sie hassen müßte! Leb wohl, Patroklos!«

Wie ein Schwarm zornwütiger Wespen stürzten sich die thessalischen Streiter in den Kampf. Als die Trojaner sie anrücken sahen, erstarrte ihnen das Herz vor Schrecken. Ihre Reihen gerieten in Aufruhr und Verwirrung, denn ein jeder glaubte, Achilleus habe sich aufgemacht, die Schlacht zu entscheiden.

Patroklos nützte ihre Angst. Er schleuderte die blinkende Lanze mitten in das dichteste Getümmel hinein. Entsetzt stoben die Trojaner auseinander, das Schiff blieb halbverbrannt stehen. Nun rafften sich die entmutigten Griechen wieder auf und jagten den Feind kreuz und quer durch die Schiffsgassen. Nur Hektor stand unerschütterlich im allgemeinen Tumult, wiewohl er bereits erkannte, daß die Schlacht verloren war.

Löwenmutig schützte er seine Gefährten, so gut er es vermochte, und wich erst aus dem Lager, als der Andrang der Myrmidonen unhaltbar wurde. Er lenkte seinen Streitwagen durch das zerschlagene Tor an den Graben, und seine vortrefflichen Rosse trugen ihn wie im Flug hinüber.

Bald jedoch fuhr auch Patroklos mit dem unsterblichen Gespann des Achilleus denselben Weg, und auch er jagte die göttlichen Rosse mit befeuerndem Zuruf über den Graben; er verfolgte den fliehenden Hektor, der bereits das Skaiische Tor erreicht hatte und dort überlegte, ob er ins Schlachtgetümmel zurückkehren oder seinem Volk gebieten sollte, sich hinter den Mauern Trojas zu verschanzen. Als er jedoch bemerkte, daß Patroklos hinter ihm her war, befahl er seinem Wagenlenker Kebriones zu wenden und sprengte geradewegs auf den Freund des Peliden zu.

Patroklos sprang vom Wagen. In der Linken schwang er die Lanze, mit der Rechten hob er einen kantigen Marmorstein vom Boden auf und schleuderte ihn dem Wagenlenker Hektors an die Stirn, daß der Mann augenblicklich aus dem Wagen zur Erde stürzte und sich nicht mehr regte. Nach dieser Tat wandte sich Patroklos von Hektor ab, raste mit verdoppelter Wut in den Haufen der Trojaner und erschlug ihrer dreimal neun. Als er aber zu einem neuen Ansturm ausholte, trat Apollon selber ihm entgegen.

Patroklos hatte den herannahenden Gott nicht bemerkt; der schritt in dichtem Nebelgewölk einher, stellte sich hinter den Helden und versetzte ihm mit der flachen Hand einen Schlag auf Rücken und Schultern, daß Schwindel ihn erfaßte. Sodann schlug er ihm den Helm vom Haupt, daß dieser in den Sand unter die Pferdehufe rollte und der Helmbusch von Blut und Staub besudelt wurde; er zerbrach die Lanze in seiner Hand, nahm ihm den Schild, löste ihm den Harnisch vom Leib und lähmte sein Herz. Wie schlafumfangen stand Patroklos da und starrte vor sich hin; Hektor aber rannte dem Wehrlosen den Speer durch den Leib, daß die erzene Spitze aus dem Rücken ragte. So nahm er ihm das Leben. Frohlockend rief er: »Patroklos! Du wolltest Troja in Schutt legen und unsere Frauen als Mägde nach Griechenland führen. Nun habe ich den Tag der Knechtschaft wenigstens aufgeschoben. Dich aber werden die Geier fressen! Was nützt dir nun die Freundschaft des Achilleus, was seine furchterregende Rüstung? Sie ist nun mein!«

Dem sterbenden Patroklos aber wurden plötzlich die Augen weit aufgetan, er blickte ins Reich der Götter und Geister und sah die Zukunft. »Ach Hektor«, sagte er mit schwacher Stimme, »frohlocke nur nach Herzenslust, doch wisse: Phöbos Apollon, der Strahlende, hat dir diesen Sieg geschenkt, nicht die Kraft deines Arms oder die Schärfe deiner Lanze.« Weiter konnte Patroklos nicht reden, seine Seele verließ den Leib und flog zum Hades.

Hektor nahm dem Toten die Rüstung ab und wollte ihm auch noch zur Schmach den Kopf von den Schultern schlagen und den Enthaupteten den Hunden vorwerfen. Da aber rasten Menelaos und der große

Ajax herbei, dessen Schild mit sieben Stierhäuten bespannt war. Als Hektor den Telamonier erblickte, ließ er den nackten Leichnam sein und rettete sich unter seine Streitgenossen.

Menelaos und Ajax hoben den Toten auf ihre Schultern, um ihn ins Griechenlager zu tragen. Da stürmten die Trojaner hinter ihnen her und wollten ihnen die Beute abjagen. Ajax aber brauchte sich nur umzuwenden, da wurden auch die Tapfersten blaß und verkrochen sich, so schrecklich blickte sein Auge.

Als Achilleus erfuhr, was geschehen war, wurde es jählings Nacht vor seinen Augen. Mit beiden Händen raffte er schwarzen Staub vom Boden auf und bewarf damit sein Haupt, Antlitz und Gewand. Dann wälzte er sich, so riesig er war, auf dem Boden, riß sich das wallende Haar in Strähnen aus und schrie dabei so fürchterlich in die Lüfte hinaus, daß sein Schreien weithin über das Meer zu hören war und seine unsterbliche Mutter in der Tiefe weckte.

Erschrocken tauchte Thetis aus dem Abgrund empor, stieg aus den dunklen Wogen an das Gestade und eilte, allen anderen unsichtbar, auf den Weinenden zu. »Mein Kind«, rief sie wehklagend, »was betrübt dein Herz so tief? Sag es mir! Geschah nicht alles nach deinem Wunsch? Herrlich rächt Zeus deine und meine Schmach!«

»Mutter«, entgegnete ihr Achilleus seufzend, »warum war es mir nicht vergönnt, den Freund zu beschützen, zu verteidigen? Verflucht sei mein Zorn! Verziehen sei dem Agamemnon auf der Stelle alles, was er mir getan — ich muß den Mörder des geliebten Freundes bestrafen! Mutter, verwehre mir nicht länger, am Kampf gegen Troja teilzunehmen!«

»Es sei, wie du wünschst«, rief Thetis mit strahlendem Auge. »Nicht lange soll sich des Priamos gewaltiger Sohn am geraubten Harnisch freuen; ich selber bringe dir neue Waffen! Wenn die Sonne sich neu aus dem Meer erhebt, bin ich damit zur Stelle; Hephaistos soll sie dir schmieden! Doch geh mir nicht früher in die Schlacht, als bis du mich mit eigenen Augen zurückkehren siehst.« Nach diesen Worten entflog die Göttin und schwang sich hinauf zum Olymp vor Hephaistos rußige Schmiede.

Indessen versuchte Hektor von neuem, sich des toten Patroklos zu bemächtigen, und es wäre ihm beinahe gelungen. Aber Iris, die Botin der Götter, erschien dem Achilleus und sprach: »Rette des Freundes Leib vor Trojas Hunden, Hera schickt mich, es dir zu befehlen!«

»Ich kann nicht«, erwiderte Achilleus zähneknirschend, »meine göttliche Mutter verbot mir zu kämpfen, ehe sie mir nicht neue Waffen gebracht!«

»So zeige dich den Trojanern waffenlos am Graben, allein dein Anblick wird sie kleinmütig machen, du stehst unter Athenes Schutz!«

Achilleus gehorchte. Und wirklich stand Athene selber neben ihm, sie hängte ihm den schreckenerregenden Aigis-Schild um die Schulter und umgab sein Haupt mit einem Goldgewölk, daraus Flammen zuckten. So geleitete sie ihn durch die zerbrochene Mauer an den Rand des Grabens; dort blieb der Held stehen und ließ seinen Ruf über die Häupter der blutgierigen Trojaner dröhnen. Dreimal schrie Achilleus — da zerstob auch dreimal die troische Schlachtordnung, und die Wagenlenker, geblendet vom Sonnenglanz um Achilleus' Haupt, wendeten ihre Fahrzeuge und schlugen auf die Rosse ein, daß sie wild stürmend und wiehernd gegen Troja flohen und alles niedertrampelten, was ihren Lauf hemmte. Grauen und Verwirrung befiel alle, zwölf der tapfersten Trojaner kamen durch eigene Wagen und Lanzen ums Leben.

Die Griechen aber trugen, ohne auf den Pfeilhagel zu achten, den Leichnam des Patroklos vom Schlachtfeld und betteten ihn auf sein Lager. Trauernd umstanden die Freunde den herrlichen Leib. Als Achilleus zurückkehrte und ihn so, von Staub und Blut besudelt und von Hektors Lanze zerfleischt, liegen sah, warf er sich mit heißen Tränen über den ermordeten Freund; es war das erstemal, daß sich der zürnende Pelide wiederum unter Griechen mischte. Die untergehende Sonne beleuchtete mit glutrotem Strahl das jammervolle Bild.

SCHLACHT DER GÖTTER UND MENSCHEN

Während solches auf Erden geschah, stand die Meergöttin Thetis in dem unvergänglichen, sternhellen Palast des Hephaistos. Der hinkende Schmiedekünstler hatte ihn sich selber ganz aus Erz erbaut. Schwitzend saß er jetzt in seiner rauchgeschwärzten Werkstatt, in emsiger Arbeit vor seinen Blasebälgen an der Esse. Die ganze Nacht lang schmiedete er für Achilleus: er formte einen riesigen, starken Schild aus fünf

Schichten mit dreifachem Rand, dazu ein Silbergehenk. Auf der Wölbung dieses Schilds waren Erde und Meer, Himmel und Sonne, der Mond und alle Gestirne zu sehen, auch zwei Städte, die eine von buntem, fröhlichem Treiben erfüllt, die andere von zwei Heeren belagert und voll von geängstigten Weibern, Kindern und Greisen. Auch ein Blachfeld mit pflügenden Bauern war zu sehen, ein Ährenfeld mit sichelnden Schnittern, ein Weingarten, aus welchem Jünglinge und Jungfrauen die süße Frucht in Körben davontrugen, und ein Harfe schlagender Knabe, von anderen Knaben umtanzt. Doch damit nicht genug: der göttliche Hephaistos bildete auf dem Schild für Achilleus auch noch eine Rinderherde aus Gold und Zinn mit vier goldenen Hirten und neun Hunden. Zwei Löwen überfielen einen Stier, und die Hirten hetzten ihre Hunde auf die schrecklichen Räuber. Nicht weit daneben aber sah man ein anmutiges Tal, von silbernen Schafen bevölkert; schließlich ein Dorf mit lustigem Jahrmarkttreiben, mit Tänzern und Gauklern, Harfenspielern und Sängern, mit Reigenspielen und schaulustigem Volk. Den äußersten Rand des Schildes aber umwand, einer Schlange gleich, der Strom des Okeanos.

Dann wölbte Hephaistos mit seinem gewaltigen Hammer einen Harnisch aus Erz, der glänzte heller als das hellste Feuer, und endlich schmiedete er einen schweren, prunkvollen Helm mit goldenem Haarbusch und enganliegenden Schläfenschutz, und zuletzt Beinschienen aus feinstem Zinn.

Die Röte des Sonnengottes färbte noch nicht die oberste Kuppe des Himmelsgewölbes, da legte der hinkende Künstler den Hammer hin, stand auf und übergab der wartenden Göttin den Schatz. Mit einem Lächeln und dem dankbaren Blick einer Mutter nahm Thetis die kostbaren Stücke entgegen und fuhr, schnell wie ein Habicht, vom Olymp hernieder an Ilions Küste.

Mit dem ersten Morgenstrahl betrat ihr Fuß die Erde. Noch immer lag ihr Sohn weinend über dem toten Freund. Thetis aber legte die Meisterwerke des Hephaistos vor ihn hin. Die Myrmidonen zitterten beim Anblick der Schätze, sie mußten sich abwenden, so sehr blendete sie ihr Glanz. Achilleus aber hielt jedes einzelne Stück in die Höhe, und sein Herz erfreute sich an den herrlichen Gaben des Gottes. Dann legte er, Zorn und Freude zugleich in der Brust, die Rüstung an.

Als Achilleus sich gewappnet hatte, schritt er hinunter zum Meer und rief die Griechen mit Donnerstimme zusammen. Vor allem Volk versöhnte er sich nun mit Agamemnon. »Vergangenes sei vergessen!« rief er. »Mein Groll ist verflogen. Auf zum Gefecht, ich will sehen, ob die Trojaner noch Lust haben, unseren Schiffen zu nahen.« Die edelsten Fürsten, glücklich über die Rückkehr des Achilleus, umringten ihn und wollten ihn nötigen, sich vor der Schlacht mit Speise und Trank zu kräftigen. Er aber wehrte seufzend ab: »Wenn ihr mich liebt«, sprach er, »so verlangt das nicht von mir, mein Kummer um Patroklos duldet es nicht. Ich will bleiben, wie ich bin, bis die Sonne ins Meer sinkt.«

Mit diesen Worten entließ er die anderen Fürsten, nur die beiden Atriden, Odysseus, Nestor, Phönix und Idomeneus blieben bei ihm zurück. Doch es gelang ihnen nicht, Achilleus aufzuheitern. Er blieb traurig und in sich gekehrt, und wenn er einmal sprach, so klang sein Atem wie Schluchzen, und seine Rede galt dem toten Freund.

Da weinten die Fürsten, die Achilleus umstanden, und ihre Trauer drang empor zum Olymp. Mitleidig sah Zeus auf die Klagenden nieder, dann winkte er Pallas Athene herbei und sagte zu ihr: »Meine geliebte Tochter, kümmerst du dich gar nicht mehr um den edlen Helden, der dort unten um seinen Freund klagt, Speise und Trank verweigert, während die anderen bei den Schiffen schmausen? Eile hinab und labe sein Herz mit Nektar und Ambrosia! Oder willst du, daß mitten in der Schlacht ihn Hunger befällt und schwächt?«

Wie ein Adler mit breiten Schwingen, so schwang sich die Zeustochter von der Höhe hinab ans Ufer und goß unbemerkt die stärkende Götterspeise in des Peliden Herz, damit ihm nicht etwa die Knie im Kampf versagten. Dann kehrte sie heim zum Palast ihres mächtigen Vaters.

Und schon drängten, gesättigt und lärmend, Helm an Helm und Schild an Schild die Griechen heran, die Erde dröhnte unter dem Erz ihrer Schritte. Achilleus mischte sich kampfgierig unter sie. Schon stand sein Wagen mit den unsterblichen Rossen seines Vaters für ihn bereit, Automedon, der treue Lenker, vermochte die himmlischen Tiere kaum zu bändigen. Achilleus, die ungeheure Lanze des Peleus in der Faust, schwang sich hinauf und rief den Pferden zu: »Xanthos und Balios, ihr unvergleichlichen Renner, bringt euren Herrn, nachdem er genug gekämpft hat, anders ins Lager der Griechen zurück als Patroklos, meinen Freund, den ihr draußen liegen ließet!«

Als Achilleus gesprochen hatte, wurde ihm ein grausiges Wunderzeichen zuteil: sein Roß Xanthos, von Hera plötzlich mit Sprache begabt, neigte sich so tief zur Erde hinab, daß seine wallende Mähne den Boden berührte, und antwortete dem Helden: »Achilleus, heute bringen wir dich noch heil zurück, aber der Tag deines Verderbens ist nicht mehr fern. Dir ist bestimmt, durch eines Gottes Hand zu fallen!«

»So weissagst du mir den Tod?« entgegnete Achilleus. »Das hättest du dir sparen können! Längst weiß ich, daß ich fern von Vater und Mutter fallen werde. Aber bis dahin werden noch genug Trojaner durch meine Hand sterben!« Er sprach es und lenkte mit lautem Zuruf die stampfenden Rosse vorwärts. Die Schlacht begann. Zur selben Stunde rief Zeus alle Himmlischen vor seinen Thron zu einer großen Götterversammlung und sprach: »Euch allen stelle ich es frei, um die herrliche Stadt Troja an Asiens Küste zu kämpfen, auf wessen Seite ihr immer wollt. Ich selber bleibe hier, mein Herz von des Olymps Höhe am Anblick des Schlachtengetümmels zu erfreuen — ihr aber mögt hinabeilen und fördern oder hemmen, wen ihr wollt. Doch auch ohne euer Dazwischentreten würde Achilleus Trojas Mauern zerbrechen!«

Das ließen die Himmlischen sich nicht zweimal sagen, sie stürmten hinab ins troische Land und gesellten sich zu den Kämpfern: Ares, der Gott des Krieges, unterstützte die Trojaner, mit ihm Apollon und Artemis, beider Mutter Leto, die Göttin des Himmelsdunkels, der heimische Flußgott Skamandros und vor allem Aphrodite, die Beschirmerin des Paris und Mutter des Äneas; zu den Schiffen der Griechen aber eilten die Göttermutter Hera, Pallas Athene, Poseidon mit seinem Dreizack, Hermes und Hephaistos.

Voll Zuversicht um den schrecklichen Achilleus geschart, trugen die Griechen das Haupt hoch, während den Trojanern die Glieder schlotterten vor Angst, wenn sie den Peliden in seiner blinkenden Wehr nur von fern sahen, dem Kriegsgott glich er in jedem Zoll.

Im nächsten Augenblick fielen die Götter selbst einander kämpfend an, der Fürst des Meeres stürzte sich auf den Gott des Lichts, Athene warf sich Ares entgegen, Hera, die Göttermutter, rang mit Artemis, der geflügelte Hermes mit Leto, Hephaistos, der Glühende, mit dem zornig schäumenden Skamandros.

Indessen suchte Achilleus im Gewühl Hektor; nur nach ihm spähte er aus. Apollon aber sandte ihm den Helden Äneas in den Weg: vom schweren Helm nickte der Federbusch, den riesigen Stierschild hielt er vor die Brust, drohend hob er den wuchtigen Spieß und schleuderte ihn gegen Achilleus. Aber die Spitze durchschlug nur die Erzschicht des göttlichen Schildes und jene von Zinn, doch die goldene hemmte den Wurf.

Wie ein ergrimmter Löwe drang der Pelide auf den Gegner ein, zischend wie der Blitz kam seine Lanze geflogen; Äneas aber duckte sich und streckte angstvoll den Schild in die Höhe. Den durchschlug das Geschoß des Achilleus von Rand zu Rand und bohrte sich dann dicht neben Äneas aufrecht in die Erde, daß dem Helden vor der drohenden Todesgefahr schwindelte. Ehe sich aber der Pelide mit dem Schwert auf Äneas stürzen konnte, flog Poseidon herzu und hüllte Achilleus in jähe Nebelnacht, so daß er den Feind nicht mehr ausnehmen konnte. Dann packte der Gott den Sohn der Aphrodite und schleuderte ihn weit durch die Luft bis an den öden Saum des Schlachtfelds. Dort beugte er sich über den Erstaunten und raunte ihm zu: »Dein Tod, Äneas, würde den Zeus kränken, darum meide Achilleus! Du darfst nicht sterben, durch dein Blut will der Kronide den Stamm Trojas in anderem, fernem Land weiterleben und neu erblühen lassen. Gehorche!«

Als die Nebelhülle von Achilleus wich, wunderte er sich sehr: vor seinen Füßen lag seine Lanze, Poseidon hatte sie ihm heimlich zurückgebracht, Äneas aber war verschwunden. Voll Ärger sprang Achilleus unter die schwankenden Griechen und riß sie mit sich fort in die Schlacht. Auch Hektor feuerte seine Mannen unerbittlich an, und es begann ein wildes Gemetzel. Achilleus traf Hektors Bruder Polydoros, König Priamos' jüngsten Sohn, mit tödlicher Lanze. Hektor sah es, und Nacht brach in seine Seele ein. »Mein Bruder!« schrie er in heißem Schmerz auf. Er hob die Lanze und schleuderte sie mit dem Ruf: »Ihr ewigen Götter, segnet meine Waffe, daß sie ihm sein grausames Leben raube!« gegen Achilleus. Doch Athene stand schützend hinter dem Peliden und trieb den Speer mit leisem Anhauch zu Hektor zurück, vor dessen Füßen er kraftlos zu Boden sank.

Nun drang Achilleus wütend auf Hektor ein, er wollte ihn mit einem Speerstoß durchbohren — da schlug Apollon seinen Mantel aus dichtem Nebel um den Verfolgten und entrückte ihn; dreimal stach der Stürmende in die leere Luft. Außer sich vor Zorn schwang sich Achilleus auf seinen Kampfwagen und hielt unter den Trojanern mit Schwert und Speer grausige Todesernte. Wie ein Wind im brennenden Wald, so wütete der Göttergleiche, seine Rosse stampften über Schilde und Leichname dahin, von Achse und Speichen troff das Blut, und bis zu den goldverzierten Rändern des Gefährts spritzten die Tropfen empor.

Als Achilleus aber merkte, daß seine Hände allmählich erstarrten und seine Kräfte zu schwinden drohten, packte er noch rasch zwölf Trojanerjünglinge und rief den Seinen zu: »Bindet sie und bringt sie vor mein Zelt. Dort sollen sie als Sühneopfer für Patroklos ihr Leben lassen, ich habe es gelobt!«

Indessen tobte die Schlacht weiter, daß der Erdkreis erdröhnte wie von Posaunenschall. Ares stürzte sich auf Pallas Athene, mit dem schrecklichen Speer stieß der Kriegsgott nach ihr. Doch Athene wich aus, hob vom troischen Feld einen gewaltigen, unbehauenen Markstein auf und schleuderte ihn dem Wütenden mit solcher Wucht gegen den Hals, daß er klirrend zu Boden stürzte; sieben Hufe Landes bedeckte sein schauriger Leib, mit Erdenstaub besudelt war sein göttliches Haar. Mühsam erhob er sich, schwer stöhnte er auf, da führte Aphrodite ihn liebreich aus der Schlacht. Doch Athene stürmte den beiden nach und schlug der Liebesgöttin mit der flachen Hand gegen die Brust, daß sie umsank und den Kriegsgott mit sich zu Boden riß. »So mögen alle stürzen«, rief sie flammend, »die es künftig noch wagen, den Trojanern beizustehen!«

Als Hera dies sah und hörte, lächelte sie. Von der höchsten Spitze des Olymps schaute Zeus herab und freute sich an dem riesenhaften Kampf der Unsterblichen, sein Herz bebte vor Wonne. In der Tiefe aber, auf dem verbrannten, verwüsteten Feld, begann Achilleus erneut sein grausames Spiel: er trieb die Trojaner mit furchtbaren Schlägen vor sich her, ihrer Stadt entgegen. Blut tropfte unaufhörlich von seiner Lanze, vom Schlag seines blitzenden Schwerts sanken die Feinde zu Hunderten dahin, schaurig dröhnte seine Rüstung im Laufschritt, und schaurig gellte sein Schlachtruf von den Mauern Trojas zurück.

HEKTORS TOD

Auf einem Turm seiner Feste stand Priamos, der Greis. Er hatte zusehen müssen, wie der Rest seiner Männer fliehend in die Stadt zurückgeströmt war. Nur Hektor war auf dem Schlachtfeld geblieben. Ihm rief Priamos zu, er möge sich ebenfalls retten. Nun erschien auch

Hekabe, Hektors Mutter, auf der Zinne und rief hinab: »Mein Kind, ich habe dich an meiner Brust gestillt, habe dich gewiegt und in den Schlaf gesungen, erbarme dich deiner Mutter, komm in die Stadt! Hinter der Mauer magst du gegen den schrecklichen Achilleus streiten, doch kämpfe nicht allein mit ihm!« Und sie zerriß ihr Gewand und weinte herzerschütternd.

Hektor aber blieb unbewegt, weder Tränen noch Worte vermochten ihn umzustimmen, er stand und erwartete Achilleus. Als aber der Pelide nur noch wenige Sprünge vom Skaiischen Tor entfernt war, begann Hektor doch zu zittern. Er wandte sich jählings um und floh. Wie ein Falke, der eine Taube verfolgt, die immer wieder seitwärts entflattern will, während der Räuber pfeilgerade auf sie losstürzt, so heftete sich der Grieche an die Fersen des Trojaners. Dreimal umkreisten sie Troja, und die Blicke der Himmlischen folgten dem schaurigen Schauspiel mit namenloser Spannung wie immer, wenn Menschentaten den Willen der Götter erfüllen.

»Vater«, fragte Athene grollend, »willst du dem Sterblichen da unten, der längst dem Tod verfallen ist, am Ende doch noch das Leben schenken?« Zeus aber winkte ihr stumm mit dem Blick, und als die beiden Helden auf der vierten Runde wieder die Skamandrosquelle erreichten, warf Zeus zwei Lose in seine goldene Waage und hob sie hoch in den Himmel. Da sank Hektors Schale hinab bis in den Hades, und im selben Augenblick verließ Apollon den Trojanerhelden, den er bisher beschützt hatte. An seiner Statt schwebte nun der düstere Todesengel über Hektors Haupt.

Athene trat auf Achilleus zu und flüsterte ihm ins Ohr: »Bleib stehen und erhole dich, ich werde indessen Hektor zureden, dich furchtlos anzugreifen!« Achilleus gehorchte; er stützte sich auf seinen Speer, während Pallas Athene mit geschwungener Lanze Hektor voranschritt, dem wartenden Peliden entgegen.

»Mein Herz treibt mich, dich zu besiegen, Achilleus!« rief Hektor. »Ich will dich töten oder selbst fallen! Laß uns den ewigen Göttern einen Eid schwören, daß keiner von uns den anderen mißhandeln wird, wenn er ihn getötet hat! Die Rüstung darf er dem Gegner abnehmen, seine Leiche aber soll ungeschändet dem Volk des Erschlagenen zurückgegeben werden.«

Trotzig erwiderte Achilleus: »Nichts von Eid und Vertrag! So wie es keinen Bund zwischen Menschen und Löwen, keine Eintracht zwischen

Schaf und Wolf gibt, so gibt es auch keine Freundschaft zwischen dir und mir!« Damit schleuderte er seine Lanze gegen Hektor. Doch dieser sank blitzschnell ins Knie, und die grausige Waffe flog zischend über seinen Scheitel hinweg und bohrte sich in die Erde. Sogleich hob Athene die Lanze auf und gab sie dem Peliden zurück.

Nun warf Hektor, und sein Speer traf Achilleus' Schild, prallte jedoch an ihm ab. Diesen Speer aber ließ Athene liegen, wo er lag. Entsetzt bemerkte Hektor, wie Achilleus von neuem seine riesige Eschenlanze gegen ihn hob, und er wußte plötzlich, daß Athene ihn betrogen hatte. Aber er wollte nicht feige und ruhmlos in den Staub sinken, darum riß er sein Schwert von der Hüfte und stürmte auf den Peliden ein.

Achilleus wartete den Streich nicht ab. Vom Schild gedeckt, durchspähte er blitzschnell die Rüstung, die Hektor ihm geraubt hatte, entdeckte darin eine Fuge zwischen Kehle und Schlüsselbein und stieß dort seine sternhell strahlende Lanze in Hektors Hals, daß ihm die Spitze beim Genick hinausfuhr. Die Gurgel hatte der Speer jedoch nicht verletzt, und so konnte der Gefallene, den Achilleus laut verhöhnte, noch sprechen. »Achilleus«, sagte er, »bei deinem Leben und bei deinen Eltern, laß mich nicht bei den Schiffen der Griechen von Hunden zerreißen! Nimm Erz und Gold, soviel du willst, und gib dafür meinen Leib den Trojanern, damit mir die Ehre des Scheiterhaufens zuteil werde!«

Doch Achilleus schüttelte furchtbar sein Haupt und rief: »Was hast du mich bei meinen Eltern zu beschwören, Mörder meines Freundes! Niemand wird die Hunde von deinem Haupt verscheuchen, und wenn Priamos und deine Landsleute mir deine Leiche mit rotem Gold aufwiegen!«

Da stöhnte Hektor sterbend noch einmal auf und sagte: »Ich kenne dich, Pelide, und ich wußte, daß nichts dich erweichen würde, dein Herz ist aus Eisen! Aber frohlocke nicht zu früh, denk an mich, wenn du am hohen Skaiischen Tor, von Apollons Pfeil getroffen, im Staub liegen wirst, wie ich jetzt vor dir liege! Die Götter werden mich rächen.« Der Todesengel drückte sein Haupt tief hinab bis auf den Boden, und Hektors Seele verließ den Leib. Achilleus riß den Speer aus der Wunde des Toten und zog ihm die blutige Rüstung von den Schultern.

Bewundernd umstanden die Griechenhelden, die von allen Seiten herzukamen, den nackten Leichnam. Achilleus aber trieb sie alle zum Zeltlager ans Meer, wo Patroklos noch immer unbestattet lag. »Nun, da mir die Götter gewährten, Hektor zu töten, will ich dem Freund endlich die Totenfeier rüsten, die ihm gebührt. Auf, stimmt Siegesgesänge an, indes ich Patroklos das Sühneopfer bringe, das ich ihm geschlachtet habe!« Damit durchbohrte er an Hektors Füßen die Sehnen zwischen Knöcheln und Fersen, zog Stierhautriemen hindurch, band sie an seinen Streitwagen und schwang sich auf den Sitz. Mit der Geißel trieb er seine Rosse den Schiffen zu, den Leichnam nachschleppend.

Achilleus ließ die Leiche seines Feindes am Totenbett des Patroklos niederlegen, dann begaben sich die Griechen zu Tausenden waffenlos zum Leichenschmaus, der vor dem Schiff des Peliden bereitstand. Achilleus riß sich nur widerstrebend von der Bahre des Freundes los und folgte den Fürsten in Agamemnons Zelt, wo ihm ein Bad gerichtet werden sollte. Da hob er die Arme zum Eid und gelobte: »Kein Tropfen Wasser benetze meinen Scheitel, bevor ich nicht Patroklos auf den Scheiterhaufen gebettet und ihm ein Denkmal aufgetürmt habe, wie man es noch keinem Helden errichtete!«

Im Morgenrot verließen auf Agamemnons Befehl Männer mit Maultieren, Seilen und Äxten das Lager. Sie erstiegen schweigend die Waldhöhen des Ida, fällten hochstämmige Bäume und zerschlugen sie zu mächtigen Scheitern. Die luden sie den Maultieren auf, und diese trabten damit hinab zu den Schiffen; auch die Männer schleppten Holzklötze auf ihren Schultern. Am Strand wurde alles in Reihen niedergelegt. Nun befahl Achilleus seinen Myrmidonen, ihre Erzrüstungen anzulegen und die Wagen zu bespannen. Bald setzte sich der Leichenzug in Bewegung. In der Mitte schritten die Männer, die den Patroklos trugen; der Leib des Toten war ganz mit dessen Locken bedeckt, sein Haupt ruhte in den Händen des Freundes, der den Trägern als letzter folgte.

Als sie den Ort erreichten, den der Pelide für das Grabmal bestimmt hatte, ließ man die Bahre auf die Erde nieder. Auf Agamemnons Befehl kehrte das Kriegsvolk zu den Schiffen zurück, und nur die Fürsten blieben. Sie errichteten einen ungeheuren Scheiterhaufen, je hundert Fuß im Geviert, und legten den Leichnam darauf. Dann enthäuteten sie eine Menge Schafe und Hornvieh, häuften die roten Leiber ringsherum auf und bedeckten Patroklos mit dem Fett. Sie lehnten auch Krüge mit Honig und Öl gegen den Stoß, warfen vier getötete Pferde über die Scheiter, dazu zwei Haushunde, und schlachteten schließlich die zwölf gefangenen troischen Jünglinge, wie Achilleus es gelobt hatte. Entsetzlich rächte er den Tod des Freundes!

Nun wurde Feuer an den Holzstoß gelegt, und als der Brand auflohte, rief Achilleus dem Toten zu: »Möge dich noch in die Unterwelt Freude begleiten, o mein Patroklos! Was ich gelobte, ist vollbracht: zwölf Menschenopfer frißt die Glut. Kein Feuer aber soll Hektor verzehren, ihn werden die Hunde fressen!«

Die ganze Nacht lang umsausten die Winde das Gerüst, durchwühlten die Scheiterlagen mit fressenden Flammen und ruhten erst im Morgenrot: die Flammen erloschen, der Holzstoß zerfiel zu Asche. Inmitten der Asche lag das Gebein des Patroklos, schneeweiß geglüht. Auf Befehl des Peliden löschten die Helden den heißen Schutt mit rotem Wein, sammelten weinend die Überreste, bargen sie in einer goldenen Urne und stellten diese im Zelt des Peliden auf. Dann legten sie rings um den abgebrannten Scheiterhaufen einen Ring von Steinen und türmten aufgeschüttete Erde zum Grabhügel. Nach der Bestattung veranstaltete Achilleus zu Ehren seines toten Freundes eine glänzende Feier. Er setzte Dreifüße und erzene Becken als Preise aus, dazu die wertvollsten Pferde, die schwersten Opferstiere und ganze Lasten von Gold. Wagenlenker, Ringer und Faustkämpfer traten an. Wettkämpfe im Kugelschleudern, Bogenschießen und Speerwerfen beschlossen die Spiele.

HEKTORS LEICHNAM

Die Leichenfeier für Patroklos war zu Ende, die Helden trennten sich, kehrten mit reichen Siegesgaben beladen in ihre Zelte zurück und genossen dort Speise und Schlaf. Nur Achilleus fand noch immer keinen erfrischenden Schlummer. Nach Mitternacht erhob er sich, schritt hinunter zum Meer und ging dort, in Gedanken und Schmerz versunken, auf und ab. Als der Morgen den Himmel rötete, spannte er seine Rosse ins Joch, band den Leichnam Hektors an den Streitwagen und schleifte den Toten dreimal rund um das Grabmal des Patroklos. Dann ließ er ihn mit dem Antlitz im Staub liegen und kehrte in sein Zelt zurück.

Apollon aber hatte den Leib seines Lieblings mit goldenem Schild vor aller Entstellung geschützt. Nun fuhr er zornig zum Himmel auf, trat vor Zeus und rief: »Warum duldest du die Maßlosigkeit des Peliden? Strafst du doch sonst alles Maßlose am Menschen!«

Der Göttervater teilte des Lichtgottes Grimm. Er rief Thetis aus dem tiefen Meer herauf und befahl ihr: »Geh zu deinem Sohn und melde ihm meinen Zorn, weil er Hektors Leiche mißhandelt und bei den Schiffen zurückhält. Verkünde ihm meinen Willen: er möge den Toten unverzüglich demjenigen ausliefern, der mit Lösegeld sich ihm bittend naht!«

Die Meergöttin gehorchte. Ihr Glanz erfüllte das Zelt des Achilleus. Sie ließ sich neben dem Helden sanft nieder, streichelte seine Hand und richtete ihm die Botschaft des Kroniden aus. Als sie geendet hatte, blickte Achilleus auf, sah der Mutter ins strahlende Antlitz und sprach: »Was Zeus und die Himmlischen befehlen, muß geschehen. Wer mir Lösegeld bietet, soll den Leichnam haben.«

Zur selben Stunde schritt König Priamos durch seinen Palast. »Rüstet mir«, befahl er seinen Söhnen, »ein starkes Maultiergespann und meinen Schlachtwagen!« Dann stieg er in seine Schatzkammer hinab, hob die Deckel der vielen schweren Truhen und wählte zwölf köstliche Festgewänder in Gold und Purpur aus, dazu zwölf Teppiche, zwölf prächtige Mäntel und vier erzene Becken. Zuletzt ließ er noch zehn Lasten Gold nach oben bringen und auf den Maultierwagen laden. Mit dem greisen Idaios als Kutscher verließ er die Stadt, um zu den Griechen zu fahren. Furchtlos und unbehindert betrat er das Zelt des Achilleus und sank vor dem Schrecklichen nieder. Er umschlang wortlos seine Knie, küßte seine Hände und sah dann dem Mörder seines Sohnes ins Gesicht. Erstaunt blickten Achilleus und seine Freunde auf den ehrwürdigen Greis nieder.

»Göttergleicher Achilleus!« begann Priamos zu flehen. »Ein Vater bittet dich um die Leiche seines Kindes. Gedenke des eigenen Vaters, gib sie mir heraus. Fünfzig Söhne hatte ich, die meisten von ihnen raubte mir der furchtbare Krieg, und zuletzt nahmst du mir den einzigen, der die Stadt und uns alle hätte beschirmen können. Darum komme ich zu den Schiffen, komme zu dir, Achilleus, und biete dir unermeßliches Lösegeld für Hektor. Gib ihn mir heraus! Was noch kein Sterblicher auf sich nahm, das tat ich. Siehe, ich drücke meine Lippen auf die Hand, die meine Kinder getötet — erbarme dich meiner!«

Diese Worte weckten in der Brust des Helden sehnsüchtigen Schmerz um den eigenen Vater. Milde gestimmt schob er die Hand des Königs von sich, und dann weinten sie beide, Achilleus um Peleus und Patroklos, Priamos um Hektor. Das ganze Zelt widerhallte von ihrem namenlosen Jammer. Endlich sprang Achilleus auf, hob den Greis zu sich empor und sprach: »Welches Weh hast du erduldet und welcher Mut beseelt dich, daß du allein zu den Schiffen kommst und mir vor die Augen trittst! In deiner Brust muß ein eisernes Herz schlagen. Doch nun setze dich, damit wir gemeinsam unseren Kummer besänftigen.«

Priamos aber antwortete: »Heiße mich nicht sitzen, du Liebling des Zeus, solange Hektor unbestattet in deinem Zelt liegt. Gib ihn mir schnell heraus, mich verlangt, ihn zu schauen! Freue dich meines Lösegeldes, schone mich, und kehre glücklich heim in dein Vaterland.«

Bei dieser Rede legten sich finstere Schatten über Achilleus' Stirn. »Reize mich nicht, Greis!« rief er drohend. »Ich bin ja gewillt, dir Hektor herauszugeben, was wimmerst du noch? Darum errege mein kummervolles Herz nicht unnütz, sonst könnte es sein, daß ich das Gebot des Zeus vergesse und dich als Feind behandle, so demütig du auch flehst!«

Da schwieg Priamos. Achilleus aber eilte wie ein Löwe aus dem Zelt, seine Genossen ihm nach. Sie spannten die Tiere aus dem Joch, führten Idaios herein und hoben die Lösegeschenke vom Wagen. Zwei Mäntel und einen Leibrock ließen sie auf dem Gefährt, damit wollten sie Hektors Leiche verhüllen. Von Priamos ungesehen, wuschen sie den Toten, salbten und bekleideten ihn, und Achilleus legte ihn eigenhändig auf ein Lager.

Er kehrte ins Zelt zurück, setzte sich dem König gegenüber und sprach: »Dein Wunsch ist erfüllt, ich habe dir Hektor ausgefolgt, morgen früh kannst du ihn sehen und mit dir nehmen. Jetzt aber laß uns an das Nachtmahl denken, der Trauernde bedarf der Speise nicht minder als der Fröhliche, deinen lieben Sohn zu beweinen hast du in Troja Zeit genug.«

Achilleus eilte hinaus und schlachtete eigenhändig ein Schaf. Die Genossen häuteten es ab, schnitten das Fleisch in Stücke und brieten es sorgfältig am Spieß. Dann setzten sie sich zu Tisch, Automedon verteilte in zierlichen Körben das Brot, Achilleus das Fleisch, und alle sättigten sich mit Speise und Trank. Dabei bewunderte Priamos die Gestalt seines edlen Wirtes. Seine Schönheit, so dachte er insgeheim, ist wahrhaftig die eines Gottes, er gleicht keinem Sterblichen. Aber auch der Pelide blickte staunend in das würdevolle Antlitz seines greisen Gastes, und wenn Priamos sprach, dachte er bei sich: Es ist wahrhaftig eines Königs Weisheit, die da redet.

Als das Mahl zu Ende war, bat Priamos: »Laß uns zur Ruhe gehen, edler Held, daß uns der Schlaf erfrische. Seit Hektors Tod habe ich kein Auge mehr geschlossen, wie ich in all den kummerschweren Tagen weder Fleisch noch Wein berührte.« Achilleus gewährte ihm diese Bitte, dann fragte er Priamos: »Wieviele Tage willst du für Hektors Bestattung verwenden? Ich will dir so lange Frieden schaffen, kein Grieche darf euch angreifen, ehe Hektor begraben ist.«

»So vergönne mir deine Güte elf Tage«, antwortete Priamos. »Du weißt, wir sind in der Stadt eingeschlossen und müssen das Holz weit her aus dem Gebirge holen. Neun Tage werden vergehen, bis alles bereit ist, am zehnten wollen wir Hektor bestatten, am elften ihn beklagen und seinen Ehrenhügel aufwerfen; am zwölften Tag wollen wir wieder kämpfen, wenn es das Schicksal fordert.«

»Es geschehe, wie du begehrst«, erwiderte Achilleus, »ich werde das Heer so lange zurückhalten. Möge nun süßer Schlaf deinen Tag beschließen.«

Nun ruhten der leidgeprüfte Troerkönig und der schreckliche Held Achilleus wie Freunde unter einem Dach. Friedlich zog die Nacht mit ihren tausend und abertausend Sternen über die weite Skamandrische Ebene auf, hüllte die Stadt und das Schiffslager am Ufer in ihr Dunkel, als hätte nie ein Krieg Trojaner und Griechen entzweit. Da aber nahte Hermes, der Götterbote. Er wollte Ilions König ungesehen aus dem Haus des Peliden zurück in die Stadt geleiten. Er trat an das Lager des Greises und sprach in dessen Traum: »Du schläfst sorglos mitten unter den Feinden, Priamos! Teuer hast du deinen Sohn ausgelöst, doch wüßten Agamemnon und die Griechen, wer diese Nacht bei ihnen verbringt, müßten deine Söhne dich, den Lebenden, mit dreimal höherem Lösegeld loskaufen!«

Da fuhr Priamos aus dem Schlaf hoch und weckte Idaios. Als sie in den Hof kamen, hatte Hermes die Rosse und Maultiere bereits angeschirrt. Nun schwang er sich zum König in den Wagen, während Idaios das Gefährt mit dem Leichnam bestieg. Ohne daß einer der Wächter einen Blick auf sie geworfen hatte, fuhren sie durch das Heerlager und hatten bald die Schiffe und die Hütten der Griechen hinter sich gelassen. Schweigend begleitete Hermes den König bis an die Furt des Skamandros. Dort nahm er von ihm Abschied und entschwand leuchtend zum hohen Olymp.

Es war früher Morgen und alle schliefen noch, als Priamos und Idaios sich auf steilem Weg den Mauern Trojas näherten. Niemand sah sie kommen, nur Kassandra, Priamos' seherische Tochter, hatte mit dem ersten Morgengrauen die Burg erstiegen. Sie sah den Vater und den Herold, beide von Trauer gebeugt, herankommen, sah den Leichnam des Bruders auf dem Maultierwagen liegen; da entrang sich ein Wehlaut ihrer Brust, sie wandte sich schmerzvoll ab und rief so laut, daß es in der stillen Stadt widerhallte: »Auf, Trojaner und Trojanerinnen! Wie könnt ihr schlafen, wenn Hektor kommt? Ersteigt die Mauern und schaut hinab! Habt ihr den Lebenden freudig umjubelt, wenn er siegreich aus der Feldschlacht heimkehrte, so begrüßt nun auch den Toten mit Ehrfurcht!« Ihr Ruf weckte alle, und alle wurden von grenzenloser Trauer ergriffen.

Im Palast des Königs angekommen, wurde Hektors Leiche auf ein schönes Gestell gehoben, dann rief man die besten Sänger an die Bahre, die stimmten zum Seufzen der Weiber den Trauergesang an. Andromache hielt das Haupt des Toten, ihr Herz war von düsteren Bildern erfüllt. »So mußtest du dein Leben lassen, Herrlicher!« klagte sie. »Als Witwe bleibe ich zurück, zur Waise wurde dein unmündiges Söhnchen. Wehe, nun wird Troja bald fallen, da du, der Stadt Verteidiger, fielst, du, aller edlen Frauen Zuflucht, aller Kinder Schutz!«

Nach Hekabe, der Mutter, erhob auch Helena ihre Stimme. »Ach Hektor«, rief sie verzweifelt, »du liebster unter meines Mannes Brüdern, der mich tröstete und gut zu mir war, wenn andere mir harte, feindselige Worte gaben, warum mußtest du uns verlassen! Nun, da mir der Freund gestorben, werden sich alle mit Abscheu von mir wenden!«

Neun Tage lang klagten sie so um Hektor, und die Sänger sangen seine Heldentaten. Inzwischen brachten Wagen, die mit Stieren und Maultieren bespannt waren, das Holz herbei, und am zehnten Morgen legte man Hektors Leiche auf den Scheiterhaufen und setzte diesen in Flammen. Als der riesige Holzstoß niedergebrannt war, löschten sie Glut und Asche mit Wein, suchten weinend die weißen Gebeine des Toten zusammen und bargen sie in einem goldenen Behälter. Sie versenkten den Schrein in die Erde, wälzten mächtige Steine über die Stelle, türmten aus Erdreich den Grabhügel auf, während eine dichte Kette von Spähern den Ort vor einem feindlichen Überfall sicherte. Als die Feier beendet war, strömte das Volk in die Stadt zurück, wo im Königshaus des Priamos das Totenmahl bereitet war.

APOLLON RICHTET

Obwohl Achilleus dem greisen Fürsten zürnte, weil er seine Halle heimlich verlassen hatte, hielt er doch Wort, und die Griechen griffen elf Tage lang die trauernde Stadt nicht an. Aber am zwölften Tag entbrannte die Schlacht von neuem.

Das Kriegsglück stand ganz auf der Seite der Griechen. Sogar die Äthiopier, die mit ihrem König Memnon aus Afrika gekommen waren und die Trojaner zu neuen blutigen Ausfällen ermutigt hatten, waren bald überwunden. In den wütenden Kämpfen war Antilochos, Nestors Sohn, gefallen, und Achilleus hatte den edlen Helden gerächt, indem er Memnon erschlug. Der fremde König wurde am Ufer des Hellespont bestattet. Während Nestor, der Uralte, seinen Schmerz um Antilochos tapfer niederzwang, begann Achilleus zu rasen. Er tötete die Feinde in Scharen, jagte die Trojaner unter gräßlichem Blutvergießen bis vor ihre Mauern, sprang vom Schlachtwagen und schickte sich an, mit seiner Riesenkraft die Flügel des Skaiischen Tors aus den Angeln zu heben, was kaum einem Titanen gelingen konnte.

Nun war es mit der Geduld des Sonnengottes Apollon zu Ende. Vom Olymp herab überschaute er die Berge von Leichen, die des Achilleus Wüten aufgehäuft hatte, und die Maßlosigkeit des Peliden versetzte den Gott in solchen Zorn, daß er, den Köcher mit den Todespfeilen über der Schulter, sich klirrend herabschwang auf die Erde. Sein Auge flammte. So trat er dem Rasenden entgegen und rief ihn mit furchtbarer Stimme an: »Laß ab von den Trojanern, Sohn des Peleus! Nimm dich in acht, daß nicht ein Gott dich vernichtet!«

Achilleus wußte wohl, wer ihn da anrief. Er blickte auf. Tollkühner Übermut verblendete ihn so sehr, daß er mit frevelnder Lippe entgegnete: »Reize mich nicht mit so üblem Ruf! Wie soll ich nicht wüten, da du stets die Trojaner beschirmst und begünstigst? Weiche, sonst trifft dich mein Speer, wenn du auch ein Unsterblicher bist!« Hierauf wandte er sich wieder um und begann erneut, in die verzweifelten Haufen der Gegner einzubrechen und zu morden, wen seine Waffe erreichte. Der zürnende Gott aber hüllte sich in schwarzes Gewölk, legte einen Pfeil auf seinen schrecklichen Bogen und schoß ihn dem Peliden in die verwundbare Ferse.

Stechender Schmerz durchfuhr Achilleus bis ins Herz, und wie ein unterhöhlter Turm stürzte er zu Boden. Liegend rief er aus: »O Mutter, nun geht in Erfüllung, was du mir geweissagt hast: am Skaiischen Tor ereilt mich der Tod. Nicht Speer noch Schwert ritzte mir je die Haut, doch jetzt sickert Blut aus der verwundbaren Stelle! Könnte mein Auge den Feigling erspähen, der aus sicherem Hinterhalt auf mich schoß, den Leib wollte ich ihm öffnen und all sein Blut vergießen, bis seine verfluchte Seele zum Hades führe! Aber ich ahne, wer mir aus der Ferne den tückischen Pfeil zuschickte: Apollon tat es! O Mutter Thetis, du hast wahr gesprochen.«

Stöhnend zog er den Pfeil aus der unheilbaren Wunde und schleuderte ihn weit weg; Apollon hob ihn auf und kehrte damit zum Olymp zurück.

Noch einmal raffte sich der Held auf, drang mit versiegenden Kräften auf den Feind ein und raubte noch manchem das Leben. Bald aber hielt er inne, seine Glieder erlahmten, und schwer sank er unter die anderen Toten.

Mit einem Freudenschrei rannte Paris herzu, er hatte den verhaßten Gegner als erster fallen gesehen. »Hierher, ihr Trojaner!« rief er. »Schleift die Leiche in die Stadt!« Da rannten manche herbei, die sich dem lebenden Achilleus nicht zu nahen gewagt hätten. Ajax aber, der Telamonier, war blitzschnell zugegen, umkreiste den Toten und verscheuchte mit hochgehaltener Lanze jeden. Und wer es wagte, mit ihm zu kämpfen, empfing den Todesstoß. Als jedoch Paris von ferne mit dem Wurfspieß auf den Telamonier zielte, hob dieser einen mächtigen Feldstein vom Boden auf und zerschmetterte damit dem Räuber Helenas den Helm, daß er hintenüber fiel und die Pfeile aus seinem Köcher nach allen Seiten flogen. Die Trojaner hatten kaum Zeit, den Ohnmächtigen auf den Wagen zu heben und mit Hektors Rossen nach Troja zurückzuführen, denn Ajax trieb jetzt alle Gegner mit wuchtigen Hieben in die Stadt zurück und ruhte nicht eher, als bis auch der letzte hinter den Mauern war.

Nun trugen die Könige den Leichnam des Achilleus zu den Schiffen und umringten ihn dort in grenzenlosem Schmerz. Das Klagegeschrei der Griechen stieg zum Himmel auf, dumpf tönte es zurück von den Leibern der Schiffe, bis endlich Nestor die Helden mahnte, dem Toten die letzte Ehre zu erweisen.

Dies geschah. Sie wuschen den Leib des Peliden mit warmem Wasser und hüllten ihn in die schönsten Gewänder. Und als er im Zelt so hingestreckt dalag, beträufelte Pallas Athene ihren Liebling mit Götterbalsam, der ihn vor jeder Verwesung bewahrte: unverändert, herrlich wie im Leben, lag er auf der erhöhten Bahre, und ein jeder, der herzutrat, bewunderte des Helden riesige Größe und dessen göttergleiche Schönheit.

Die Klage der Griechen um ihren größten Helden drang auch in die Tiefe des Meeres zu Thetis und allen anderen Töchtern des Meergottes Nereus. Unendlicher Schmerz um Achilleus erfüllte ihre Gemüter; stöhnend tauchten sie nach Einbruch der Nacht aus den wogenden Fluten empor. Sie sammelten sich im Mondlicht am Ufer und kamen in langem Zug herbei, Achilleus zu beweinen. Thetis umschlang ihr Kind, küßte es auf den Mund und vergoß einen solchen Strom bitterer Tränen, daß der Boden des Zeltes davon naß wurde. In ehrfurchtsvollem Grauen wichen die Griechen vor den meerentstiegenen Göttinnen zurück und nahten dem Leichnam erst wieder, als mit dem anbrechenden Morgen sich die Nereustöchter allmählich entfernten.

Der Tag zog herauf. Ungezählte Bäume wurden auf dem Ida gefällt und herabgeschleppt bis ans Meer. Hoch türmten die Griechen den Holzstoß auf, legten getötetes Opfervieh, Gold und andere edle Metalle auf die Scheiter, dazu die Rüstungen vieler Erschlagener. Die Helden schoren sich das Haupthaar, auch Briseis, des Toten geliebte Sklavin, schnitt sich die herrliche Lockenpracht ab und brachte sie weinend ihrem Gebieter als letzte Gabe dar. Dann gossen sie aus vielen Krügen Öl über das aufgeschichtete Holz, stellten Schalen mit Honig und Wein und edlen Gewürzen ins Gerüst. Zuletzt hoben sie den riesigen Leib des Achilleus auf den Stoß und umschritten den düster prunkenden Aufbau in voller Waffenrüstung zu Roß und zu Fuß. Als die Runde beendet war, legten sie Feuer an die Scheite; starke Winde, von Zeus ans troische Ufer befohlen, ließen die Flammen im Nu bis zum Himmel auflodern, und in wenigen Stunden hatte die prasselnde Glut den Holzstoß samt der Leiche verzehrt. Mit Wein löschten die Helden die letzten züngelnden Flammen; weihevoll stieg der Duft zur Wohnung der Götter auf. Dann hoben sie die Knochen des Achilleus — sie glichen denen eines Giganten — aus der Asche und betteten sie seufzend in einen schönen Schrein, der aus purem Gold und Silber getrieben war. An der höchsten Stelle des Ufers vergruben sie ihn, dicht neben dem Grabmal des unvergeßlichen Patroklos, und türmten weinend einen hohen Hügel darüber.

Ganz untröstlich aber waren des Peliden göttliche Pferde. Sie wollten den Gram und die Mühsal der Menschen nicht mehr länger teilen, rissen sich los und sprengten wehvoll schnaubend über die weite Wiese davon. Es kostete die Griechen viel Schweiß, sie wieder einzufangen und ins Joch zu zwingen.

DAS HÖLZERNE PFERD

Mit Todesverachtung stürmten die Griechen dann Tag für Tag weiter gegen Troja an, es war, als umschwebte sie der Geist des Achilleus und befeuerte ihren Mut stets von neuem; aber alle Blutopfer waren vergeblich. Da verkündete eines Morgens ein Orakelspruch dem versammelten Heer: »Solange das Palladion, Athenes wundertätiges Bild, in Trojas Mauern weilt, bleibt die Stadt uneinnehmbar!«

Augenblicklich gingen Odysseus und Diomedes, die schlauesten der Griechen, daran, das Götterbild zu rauben. Sie verkleideten sich als armselige Bettler, pilgerten in Lumpen gehüllt gegen Ilion, gelangten unerkannt durchs Tor und warteten im Tempelbezirk den Einbruch der Dunkelheit ab. Als es Nacht geworden war, schlichen sie in das Heiligtum der Göttin, stahlen das Bildnis der Pallas und brachten es, unter schäbigen Mänteln verborgen, noch vor Morgengrauen glücklich zu den Schiffen. Aber auch diese Mühe nützte nichts, der nächste Angriff der Griechen wurde blutig abgeschlagen, und verzweifelt kehrte das griechische Heer ins Lager zurück.

Da trat Kalchas, der Seher, vor die Fürsten hin und sprach: »Hört mich an! Es scheint, daß die Götter uns den Sieg so schwer als möglich machen wollen. Mut und tüchtige Waffen allein reichen nicht aus, darum ersinnt eine List, mit der ihr Troja zu Fall bringen könnt. Während ihr heute unter den Mauern kämpftet, beobachtete ich einen Habicht, der einer Taube nachjagte. Die Taube schlüpfte in einen Felsspalt, der versteckte sie vor ihrem Verfolger. Lange lauerte der Habicht vergebens, das verschreckte Tier blieb unsichtbar. Dann schlüpfte die Taube ins nahe Gebüsch und wagte sich endlich hervor: der Räuber schoß aus seinem Versteck und erwürgte sie im selben Augenblick. Nehmt euch diesen Vogel zum Vorbild, ihr Fürsten!«

Tagelang forschten die Helden, wie sie der trotzigen Stadt durch List beikommen könnten, bis endlich Odysseus sprach: »Wir zimmern ein Pferd von Riesengröße und schließen uns mit den tapfersten Kämpfern in seinem Bauch ein. Die übrigen sollen die Schiffe besteigen und nach der Insel Tenedos segeln, zuvor aber alles verbrennen, was unser Lager birgt. Die Trojaner werden meinen, wir seien, des Kampfes überdrüssig, in die Heimat zurückgekehrt; sie werden aus der Stadt hervorströmen und sorglos neugierig vor allem das hölzerne Pferd betrachten. Unter diesem aber soll sich ein mutiger Mann versteckt halten, der sich, sobald er entdeckt wird, als Flüchtling ausgibt und den Trojanern das Märchen aufbindet, wir hätten ihn vor unserem Abzug den Göttern opfern wollen, er aber sei entkommen und habe sich unter dem hölzernen Roß versteckt. Und fragen sie ihn, was denn das Pferd zu bedeuten habe, so soll er sagen, es ist der Pallas Athene geweiht, der Todfeindin Trojas. Sein Bericht wird die Feinde rühren, und sie werden ihn in die Stadt mitnehmen; dort muß er dann alles daransetzen, daß die Verblendeten das Ungetüm in ihre Mauern schaffen. Ist das geschehen, warten wir die Nacht ab und steigen aus dem hölzernen Bauch. Wir überfallen die sorglos schlummernde Stadt, sprengen die Tore, damit die aus Tenedos zurückgekehrten Krieger ungehindert zu uns stoßen können, und überwältigen mit ihrer Hilfe endlich den Feind.«

Odysseus schwieg, die Griechen aber rühmten laut seinen erfinderischen Verstand, auch Kalchas, der Seher, sparte nicht mit Lob. Nur Neoptolemos tadelte den Vorschlag des Odysseus. Er war ein Sohn des Achilleus und der schönen Tochter des Königs Lykomedes. Unwillig rief der stolze Jüngling aus: »Nur Feiglinge kämpfen aus dem Hinterhalt oder von den Mauern herab wie die Trojaner! Der Tapfere begegnet dem Feind in offener Feldschlacht, jedes andere Mittel befleckt seinen Schild!« Doch Odysseus, der den hohen Sinn des Jünglings bewunderte, wußte ihn davon zu überzeugen, daß in der Not Tapferkeit allein nicht alles vermag. »Du kennst die Welt noch nicht«, sagte er, »aber glaube mir, mein Vorschlag ist gut.« Damit war Neoptolemos beschwichtigt, und es geschah alles nach des Odysseus Rat.

Als es Abend wurde, legten die Helden sich schlafen. Um Mitternacht stand auf einmal Pallas Athene im Zelt des Epeios, eines kunstreichen Mannes. Der Raum vermochte die Lichtfülle kaum zu fassen; schrecklich und schön zugleich flammte das Auge der Göttin, als sie vor den Träumenden trat und ihre Stimme erhob: »Steh auf und mach dich ans Werk! Fertige aus starken Balken ein riesiges Roß, bilde es so schön, wie du es vermagst! Wähle deine Gehilfen und beginne! Ich werde euch beistehen.«

Die Stimme Athenes noch im Ohr, erhob sich der Künstler freudig vom Lager und kleidete sich an. Im Morgengrauen berichtete er den Fürsten sein nächtliches Gesicht, und sogleich entsandten die Atriden eine große Schar Männer in die Wälder des Ida, die mußten viele hochstämmige Tannen fällen und an das Meer hinabschleifen, wo Epeios mit seinen Gesellen alsbald an die Arbeit ging. Und so gewaltig förderte die Gegenwart der Göttin das Werk, daß es in drei Tagen vollendet war. Ein prächtiges Pferd, dessen Haupt höher ragte als Ilions Mauern, stand da in der Ebene, vom ganzen Heer bewundert.

Agamemnon berief eine Versammlung ein, in der Odysseus zu den Männern sprach: »Bedenkt, es ist leichter, dem Tod in offener Schlacht ins Auge zu blicken, als im dreimal finsteren Bauch dieses Rosses auszuharren — wer weiß, wie lange! Mögen sich also nur die Tapfersten zu diesem ungewissen Wagnis melden. Größte Tapferkeit aber braucht der Mann, der sich auf freiem Feld unter dem Pferd zu verbergen hat, er muß zugleich auch der Klügste sein! Wer meldet sich?«

Ein mutiger junger Grieche trat sofort vor, Sinon mit Namen. »Ich will es wagen«, sagte er ruhig, »und wenn mich die Trojaner auch mißhandeln und lebendig ins Feuer werfen!«

Um in den Bauch des Pferdes zu kriechen meldeten sich König Menealos, Diomedes und Philoktet, der Telamonier Ajax, Idomeneus und Neoptolemos, der den Nestor mit aufgehobenen Händen beschworen hatte, ihm seinen Platz abzutreten und dafür den Oberbefehl über die Flotte zu übernehmen. Sein Alter bedenkend, hatte der Greis schließlich lächelnd eingewilligt, und der junge Heißsporn stieg als erster in voller Rüstung in die geräumige Höhle. Ihm folgten die anderen Fürsten und Odysseus, ein jeder mit den erprobtesten Streitern seines Volkes. Als letzter stieg Epeios, der Schöpfer des Pferdes, selbst hinein, zog die Leiter hinauf und verwahrte sie in der Höhlung, deren Eingang er sorgfältig verriegelte.

Nun steckten die Griechen ihre Zelte in Brand, überließen auch alles Lagergerät den gierigen Flammen und segelten unter Agamemnons und Nestors Führung nach Tenedos ab.

Der Rauch des brennenden Lagers wirbelte hoch in die klare Luft empor und lockte die Trojaner auf Zinnen und Türme. Sie spähten zum Strand des Hellespont hinab und bemerkten, daß die Schiffe verschwunden waren. Freudig jubelnd stießen sie die Tore auf und strömten, ganz wie Odysseus es vorausgesagt hatte, in die Ebene hinaus. Schon von weitem sahen sie das hölzerne Pferd gegen den Himmel ragen, und als sie in die Nähe des alten Lagerplatzes der Griechen kamen, umschritten sie staunend das riesige Bildwerk. Sie wußten mit dem Wunderding zunächst nichts anzufangen und stritten untereinander, was es wohl zu bedeuten habe.

»Es ist ein unheimliches Ding«, sagten die einen, »so herrlich es auch gebildet ist. Gewiß verbirgt sich hinter diesem rätselhaften Geschenk der Feinde ein geheimer Zauber, darum werft es ins Meer oder verbrennt es!« Andere aber widersprachen: »Nein, es ist zu schön, als daß man es vernichten sollte. Laßt es uns lieber in die Stadt schaffen und dort als Siegesmal auf der Burg aufstellen!«

Da lief Laokoon, der Priester des Apollon, mit eiligen Schritten in die Mitte des gaffenden Volkes. »Wahnsinnige«, rief er, »was wollt ihr tun! Meint ihr, dies hölzerne Tier berge keine Gefahr? Kennt ihr denn Odysseus nicht? Hier ist Betrug am Werk! Entweder sitzen in diesem Pferd Bewaffnete, oder es ist eine Kriegsmaschine, die der Feind vielleicht schon morgen gegen unsere Mauern führen wird — seid ihr denn so sicher, daß die Flotte nicht wiederkehrt? Was immer es sei, ich fürchte die Griechen, auch wenn sie Geschenke machen!«

Nach diesen Worten hob Laokoon eine mächtige eiserne Lanze, die er einem neben ihm stehenden Krieger entrissen hatte, und schleuderte sie gegen den Bauch des Pferdes. Zitternd haftete der Speer im Holz, und aus der Tiefe dröhnte es wie aus einer Kellerhöhle. Aber der Sinn der Trojaner war verblendet, sie schlugen Laokoons Worte in den Wind.

Unterdessen hatten ein paar neugierige Hirten unter dem Bauch des Pferdes Sinon entdeckt. Sie schleppten den Griechen gebunden vor König Priamos, und bald sammelte sich das troische Kriegsvolk um das neue Schauspiel. Sinon spielte seine Rolle vortrefflich. Er hob die Arme angstbebend empor und schluchzte: »Weh mir, welchem Land, welchem Meer soll ich mich anvertrauen! Bei den Griechen droht mir der sichere Tod, bei den Trojanern nicht minder!«

So weckte er bei allen Mitleid. Man löste seine Fesseln, redete ihm freundlich zu, fragte ihn nach seinem Namen und seinem Schicksal.

»Ach«, antwortete der Heuchler, »mein Los ist wahrlich bejammernswert! Habt ihr von Palamedes gehört, dem euböischen Fürsten? Er war mein Verwandter. Odysseus ließ ihn steinigen, weil er vom Feldzug gegen Troja abriet. Ich gelobte dem Ränkeschmied Rache für den Mord an meinem Vetter, seither haßte mich Odysseus und verbündete sich mit dem Seher Kalchas gegen mich. Als nun die Griechen nach zehnjährigem fruchtlosem Kampf endlich heimkehren wollten, verhinderten immer wieder schwere Stürme die Ausfahrt. Selbst als sie dieses Ungetüm von Pferd gezimmert hatten, um die zürnende Athene zu versöhnen, ballten sich dennoch schwarze Wolken zusammen, sobald sie die Segel hißten. Da entsandten sie in ihrer Verzweiflung einen Mann zu einem Orakel des Apollon, der brachte von dort die Kunde: Erkauft euch die Heimkehr durch eines Griechen Blut. Fünf Tage lang bestürmten sie Kalchas, er möge das Opfer bezeichnen, fünf Tage lang zögerte der Heuchler, dann zwang ihn Odysseus mit Drohworten und Gebrüll, den Willen der Götter zu offenbaren, und Kalchas nannte — mich! Geschmückt, die heiligen Binden um das Haupt gewunden, führte man mich zum Altar; ich aber riß mich los, stürmte davon und versteckte mich im Schilf eines Sumpfes. Als sie endlich doch abgesegelt waren und der Brand des Lagers verglomm, kroch ich hervor und verbarg mich unter dem Bauch des heiligen Pferdes. Nun bin ich in eurer Hand, und es liegt bei euch, ob ihr mir mein armseliges Leben schenken oder mich niedermetzeln wollt.«

Die Trojaner waren gerührt. Priamos sprach gütige Worte zu dem Betrüger. »Vergiß die argen Griechen«, sagte er, »es geschieht dir kein Leid in Troja. Und wenn du uns sagst, was es mit dem hölzernen Pferd für eine Bewandtnis hat, das du soeben heilig nanntest, magst du dein Lebtag ungekränkt bei uns wohnen.«

»Ihr Götter!« rief Sinon heuchlerisch aus. »Ihr Götter, denen ich schon geweiht war, und du, Altar, und du, verfluchtes Schwert, die ihr mich beide bedrohtet, seid meine Zeugen, daß ich alle Bande, die mich durch meine Geburt an das Griechenvolk binden, für immer zerreiße! Wer darf mich jetzt noch Frevler schelten, wenn ich die Geheimnisse der Griechen verrate? Höre, König! Pallas Athene war all die Jahre der Griechen größte Hilfe und Hoffnung. Doch seit Odysseus und Diomedes ihr Bildnis aus eurem Tempel raubten, zürnte die Göttin, und alles Waffenglück verließ uns. Aus den weitgeöffneten Augen des Palladions sprühten Funken, Schweiß brach aus seinen kalten Gliedern, und dreimal stieß das heilige Bild Lanze und Schild dröhnend vor sich auf den Boden, daß das Lager, in dessen Mitte es aufgestellt war, erzitterte, und die Griechen erschraken. Sie drängten zu Kalchas und bestürmten ihn um Rat. Da rief der Seher mit lauter Stimme: ›Flieht Trojas Gestade! Unheil ist mit euch! Nach Argos kehrt zurück, und erwartet dort der Götter neue Befehle!‹ — So wurde die Flucht beschlossen, und so wurde auch dies hölzerne Pferd gebaut als Weihgeschenk für die beleidigte Göttin. Und wieder war es Kalchas, der riet: ›Errichtet das Tier in Riesengröße, so breit, so hoch, daß kein Tor es aufnehmen kann; denn käme es je nach Ilion hinein, stünden die Trojaner für immer unter Athenes Schutz!‹ Insgeheim aber hoffte der schlaue Priester, ihr würdet euch an dem Pferd der Göttin frevelnd vergreifen und damit über euch und eure Stadt Verderben bringen.«

So meisterhaft log Sinon. Priamos dankte ihm für seinen Bericht, und die Trojaner nahmen den Feind ehrenvoll auf.

Die Griechen im Inneren des Rosses aber lebten seit der Warnung Laokoons in ständiger Todesangst, der Speerwurf des Priesters hatte nicht nur den Leib des gewaltigen Pferdes, sondern auch ihre Herzen erschüttert: Wie, wenn die Trojaner plötzlich in das hölzerne Ungeheuer eindrangen? Oder wenn sie es in Brand steckten? Athene jedoch, die ihren Schild unsichtbar über den Freunden hielt, rettete sie durch ein schreckliches Wunder. Laokoon, der durch das Los auch zum Priester Poseidons bestimmt worden war, opferte eben am Meeresufer dem Meeresgott einen mächtigen Stier, da kamen plötzlich aus der Richtung der Insel Tenedos zwei ungeheure Schlangen über die spiegelglatte Flut dahergeschwommen. Ihre Nackenkämme wölbten sich blutrot aus dem Wasser, der übrige Teil ihres Leibes ringelte sich unter den aufschäumenden Wellen fort, so schossen sie zischend ans Land und sahen mit blutunterlaufenen Augen zorndrohend umher.

Entsetzen lähmte die Menge, die noch immer das Roß umstand, blaß bis in die Lippen starrten die Trojaner den Ungeheuern entgegen, einige ergriffen die Flucht. Aber da bewegten sich die Tiere mit rasender Geschwindigkeit auf den Opferaltar zu, wo Laokoon mit seinen beiden Söhnen seines Amtes waltete, wanden sich um die zarten Leiber der Knaben und hieben ihnen die giftigen Zähne ins zarte Fleisch. Laut schrien die Verwundeten auf. Da zog Laokoon sein Schwert und eilte ihnen zu Hilfe; doch ehe er noch seine Waffe gebrauchen konnte, hatten die Schlangen auch ihn ergriffen und ihre armdicken Leiber in zweifachen Windungen ehern um seine Hüfte gelegt. Ihre zischenden Häupter überragten seinen Scheitel. Gift und Eiter spien ihre Mäuler auf ihn herab, daß seine heilige Stirnbinde tropfte. Wohl mühte sich Laokoon, sich aus den tödlichen Schlingen mit der Kraft seiner Hände zu befreien, doch vergebens. Inzwischen schüttelte der schon getroffene Stier das schwere Beil aus dem Nacken und floh blutig und brüllend vom Altar hinweg in die Menge, die schreiend auseinanderstob. Ohne daß auch nur einer versucht hätte, den Unglücklichen beizustehen, erlag Laokoon mit seinen Söhnen den Schlangenbissen. Die beiden unheimlichen Tiere aber glitten zur Tempelstadt hinan und verbargen sich im Heiligtum der Athene unter der Göttin erzenem Schild.

Schaudernd nahte das Volk dem Altar und betrachtete die Leichen. »Athene hat Laokoon für seinen frevelnden Speerwurf bestraft! Laßt uns das geweihte Standbild freundlich aufnehmen, Athenes Segen ruht auf dem Pferd!« So ging es von Mund zu Mund, und schon liefen einige zurück zur Stadt, rissen ein breites Stück der Mauer ein, um Platz für das riesige Roß zu schaffen, während andere die Füße des Ungetüms mit Rädern versahen, gewaltige Seile aus Hanf drehten, sie an dem Riesentier befestigten und dieses dann ruckweise über die weite Ebene hinauf nach Troja zogen. Dazu sangen Knaben und Mädchen feierliche Hymnen wie bei einem Freudenfest. Viermal stieß die Verderben bringende Maschine an die erhöhte Schwelle des Tors, und viermal dröhnte es in ihrem Bauch wie von Erz. Aber die Trojaner blieben blind und taub. Mit Jubelgesängen führten sie das Ungeheuer auf ihre heilige Burg.

TROJAS UNTERGANG

Ein Mensch nur teilte nicht die allgemeine Raserei und Freude, das war Kassandra, die mit göttlicher Seherkraft begabte Tochter des Priamos. Was ihr Mund kündete, war noch immer eingetroffen. Sie irrte mit wirrem Haar umher und rief: »Seht ihr denn nicht, daß ihr alle zum Hades hinabtanzt, ihr Unseligen? Ihr jauchzt am Rand des Abgrunds, heute noch verschlingt euch seine gähnende Nacht! Feuer und Blut erfüllen die Stadt, aus dem Bauch des Rosses kommen sie hervor, schrecklich rächen die Götter Helenas sündigen Ehebund!«

Aber niemand schenkte ihr Gehör. Die Leute nannten sie eine Törin, lachten sie aus und grollten: »Hat dich alle Scham verlassen, Königstochter? Was treibst du dich öffentlich in den Straßen umher? Geh heim und störe nicht unser Friedensfest mit deinen schwarzen Rufen!«

Da kehrte Kassandra mit gesenktem Haupt in die Burg zurück; das Schicksal nahm seinen Lauf.

Flöten- und Harfenklang und das Lärmen fröhlicher Zecher und Schmauser erfüllten die Stadt. Die halbe Nacht gaben sich die Trojaner den Freuden üppiger Gelage hin. Die Becher kreisten so lange, bis die Trinker zu stammeln begannen und in dumpfe Betäubung sanken. Um Mitternacht lagen alle in tiefem, traumlosem Schlaf.

Jetzt erhob sich Sinon! Er hatte mit den Trojanern im Freien getafelt und gebechert und sich zuletzt schlafend gestellt. Jetzt schlich er zur Mauer, entzündete eine Fackel und hielt ihren lodernden Brand hoch in die Luft. Weithin drang ihr Schein und rief die lauernde Flotte aus Tenedos herbei; so war es mit Nestor und Agamemnon verabredet. Dann löschte er die Fackel, schlich zum hohlen Pferd hin, das einsam und finster im Tempelbezirk stand, und pochte leise an dessen Bauch.

Da schob der wachsame Epeios den Riegel zurück, öffnete die Tür und ließ die Leiter hinab. Als erster erschien Odysseus in der Öffnung. Mit scharfen Augen spähte er überall umher, ob nicht einer der Trojaner erwacht sei; doch alle schliefen. Wie ein heißhungriger Wolf, der leise zwischen Hirten und Hunden hindurch in den Schafstall schleicht, so lautlos kletterte Odysseus die Leiter hinab, und ein Mann nach dem anderen folgte ihm klopfenden Herzens. Als sie alle im Freien standen, hoben sie die Lanzen, zogen die Schwerter und verteilten sich in alle Straßen, drangen in die Häuser und Paläste ein und richteten unter den trunkenen Trojanern ein grauenhaftes Gemetzel an; Blut färbte die Stufen zu den Wohnungen, das Pflaster der Straßen, die Schwellen der Tempel. Hunderte wurden im Schlaf erschlagen, und wer erschrocken hochtaumelte und sich zur Wehr setzte, wurde dennoch niedergemacht, weil die meisten waffenlos waren oder zu weinschwer, um kämpfend eine Waffe zu führen.

Bald schlugen Feuerbrände aus allen Dächern, und der Wind, der sie zu immer rasenderer Glut entfachte, trieb zugleich die Schiffe aus Tenedos herbei. Bald wimmelte der Strand von Kriegern. In schwarzen Haufen stürmten sie die Ebene heran und brachen ungehemmt durch die riesige Mauerlücke in die ohnmächtige Stadt ein, bebend vor Kampfeslust. Nun füllte sich Troja erst recht mit Trümmern und Leichen, zwischen denen Halbtote und grausig Verstümmelte umherkrochen. Nur selten flüchtete einer aufrecht, ehe auch ihn die Lanze zu Boden streckte. Das Winseln und Heulen geängstigter Tiere klang durch die Straßen und mischte sich in das Stöhnen der Verwundeten und das immer lauter werdende Wehklagen der Frauen und Kinder.

Am schrecklichsten von allen Griechen wütete Neoptolemos, der Sohn des Achilleus. Drei Söhne des Priamos hatte sein Schwert bereits zum Hades geschickt, da erblickte er den König selbst, der am Altar des Zeus unter freiem Himmel betete. Gierig erhob der Jüngling sein Schwert. Priamos wich nicht von der Stelle und bat nicht um sein Leben. »Töte mich nur, Sohn des Achilleus«, rief er. »Ich habe so viel ertragen, so viele Kinder hinsterben sehen, daß ich das Licht der Sonne nicht mehr länger schauen mag. Hätte mich doch schon dein Vater getötet! Nun entrücke du mich allem Kummer.«

»Greis, du verlangst genau das, wozu mein Herz mich treibt!« antwortete Neoptolemos. Damit hob er sein Schwert und schlug dem König das graue Haupt so leicht von den Schultern, wie ein Schnitter im Sommer die Ähren mäht.

Noch grausamer als die Fürsten erwiesen sich die gemeinen Krieger des Griechenheeres. Als sie im Königshaus Andromache fanden, die Hektors Söhnchen hielt, rissen sie den Knaben aus den Armen der Mutter und schleuderten ihn haßerfüllt von der Zinne der Burg in die Tiefe. Schreiend bat Andromache die Mörder: »Stürzt auch mich hinab oder werft mich ins Feuer! Befreit mich von der Qual, länger leben zu müssen!« Aber die Männer erhörten sie nicht, fesselten sie und führten sie hinweg.

So kehrte der Tod in jedes Haus ein, nur ganz wenige wurden verschont oder konnten entkommen. Unter ihnen war auch Äneas.

Er hatte lange gekämpft und den Tod vieler Trojaner heldenhaft gerächt. Als er aber einsah, daß alle Tapferkeit vergebens war, hob er seinen greisen Vater Anchises auf die Schultern, nahm sein Söhnchen Askanios an der Hand und verließ so die brennende Stadt, wie ein Seefahrer das verlorene Schiff verläßt und sich in ein Boot rettet. Aphrodite schützte den Helden, wie nur eine göttliche Mutter ihr Kind schützen kann: wohin Äneas den Fuß setzte, wichen die Flammen zurück, zerteilten sich die Rauchwolken, und alle Speere und Pfeile, welche Griechenhände nach ihm abschossen, fielen kraftlos zur Erde.

Inzwischen suchte König Menelaos seine treulose Gattin Helena, die sich vor seinem Zorn versteckt hielt. In einem Winkel ihres Palastes stöberte er sie endlich auf und wollte sie, rasend vor Eifersucht, sogleich ermorden. Aber Aphrodite, die allgegenwärtige Göttin der Liebe, schmückte die Zitternde mit solchem Liebreiz, daß Menelaos sein Schwert sinken ließ. Aller Grimm wich aus seinem Herzen und die alte Liebe zog wieder ein in sein Herz. Im selben Augenblick aber hörte er, wie die Griechen hinter ihm lärmend den Palast durchstreiften, und er schämte sich seiner Schwäche. Von neuem erhob er das Schwert gegen Helena, die bebend auf dem Boden lag. Doch da stand plötzlich Agamemnon in der Tür und rief: »Bruder! Laß die Gattin leben! Wenn wir auch Unmenschliches erdulden mußten um ihretwillen, die Hauptschuld trug doch Paris, der schmeichelnde Räuber. Ihn aber findest du nicht mehr, längst fiel er im Gemetzel vor der Mauer. Du bist gerächt.«

Zögernd und dennoch voll inniger Freude gehorchte Menelaos. Er hob Helena auf und küßte sie. »Was geschehen ist, sei vergessen«, sagte er, »vergiß auch du es, und ängstige dich nicht länger.« Und Tränen der Wehmut und des Glücks glänzten auf beider Wangen. Die Nacht wich dem strahlenden Sonnentag. Herrlich erhob sich Helios über der Skamandrischen Wiese und dem Meer, die Schatten wichen; nur in der Stadt blieb es dunkel, so dicht lagen Rauch und Staub über den Trümmern und den aufgehäuften Leichen. Raubvögel und Raben umkreisten die verwüstete Burg und die ausgebrannten Tempel.

Trojas Männer waren erschlagen, Trojas Frauen wurden als Sklavinnen in endlosem Zug aus der Stadt zur Küste getrieben. An Agamemnons Seite schritt Kassandra, die Seherin. Neoptolemos schleppte die gefesselte Andromache nach sich, in des Odysseus Gefolge sah man die greise Hekabe dahinwanken, ihr graues, mit Asche bestreutes Haar raufend. An Menelaos' Seite aber schritt Helena, die Griechin.

Jammern und Schluchzen begleiteten den ganzen Weg, nur Helena, von tiefer Scham gebeugt, heftete den Blick ihrer dunklen Augen auf den Boden und preßte die Lippen aufeinander. Als sie ihr Schicksal überdachte, das sie wohl bei den Schiffen erwartete, wo die Menge der griechischen Krieger wartete, überzog plötzlich Totenblässe ihr Gesicht. Eine entsetzliche Angst schüttelte sie, zitternd ging sie an der Hand des Gatten dahin.

Aber als sie das Ufer erreichten, wichen die Griechen ehrerbietig zur Seite und bestaunten Helenas Schönheit. »Wahrlich«, sagten sie zueinander, »um eines solchen Preises willen hat es sich gelohnt, dem Völkerhirten Menelaos zu folgen und vor Troja zehn Jahre Mühsal zu erdulden!« Und keiner dachte daran, Hand an das herrliche Weib zu legen; friedlich gönnten sie es dem König von Sparta, der Helena in das Feldherrnzelt führte.

In der folgenden Nacht, der letzten, die die heimwehkranken Griechen in der Fremde zu verbringen gedachten, erschien Achilleus seinem Sohn Neoptolemos im Traum. Der Geist trat in das Zelt, küßte dem Schlafenden Brust, Mund und Augen und sprach: »Kränke dich nicht, herzlieber Sohn, daß ich gestorben bin. Nicht aus dem Hades rede ich zu dir, sondern aus dem Licht des Olymps, denn ich lebe bei den seligen Göttern! Dennoch schmerzt es mich, nicht bei euch weilen zu dürfen und mein Herz gemeinsam mit euch am Untergang Trojas erfreuen zu können. Darum geh zu Agamemnon und sage ihm, man möge das Beste und Edelste, das sich unter eurer Beute findet, mir opfern!«

Wie ein flüchtiger Windhauch entwich der selige Geist. Das Gemüt von Liebe, Schmerz und Dankbarkeit bewegt, erwachte Neoptolemos und berichtete am frühen Morgen dem ganzen versammelten Volk sein Traumgesicht. Andächtig lauschten alle dem Befehl ihres entrückten Gottes und beschlossen, ihm zu gehorchen. Poseidon aber ließ aus Liebe zu Achilleus das Meer in turmhohen Wellen gegen die Ufer branden, daß kein noch so mutiger, kein noch so heimwehkranker Schiffer es gewagt hätte, den Kiel in die Fluten zu stoßen.

Als man daranging, die Beute nach dem Kostbarsten zu durchforschen, kam man bald überein, daß alles Gold und Silber, alles Erz und alle Edelsteine erbleichen mußten vor der himmlischen Schönheit Polyxenas, der jungfräulichen Tochter des erschlagenen Königs Priamos. »Sie ist das Beste, das Edelste von allem«, riefen die Krieger einstimmig, »laßt sie uns dem Peliden darbringen!«

Alle Blicke richteten sich auf die Jungfrau, aber sie erblaßte nicht. Sie hatte von der Zinne Trojas herab Achilleus kämpfen gesehen, und als der Held zufällig emporgeblickt und ihr einen bewundernden, wehmütigen Blick geschenkt hatte, war ihr Herz in tiefer Liebe zu ihm entflammt. »Möge mich nun der Tod für immer mit ihm vereinen!« dachte sie und sprang aus der Schar der gefangenen Frauen hervor, lief an den Altar, der vor dem Grabmal des Peliden aufgerichtet war, ergriff eines der scharf geschliffenen Opfermesser und stieß sich den Stahl wortlos ins Herz. Ohne einen Seufzer sank sie zu Boden und war tot.

Ein Wehschrei durchlief das ganze Heer, laut weinend warf Hekabe sich über die Leiche der Tochter, die Trojaner begannen von neuem zu jammern und zu schluchzen. Das Meer aber hatte sich augenblicklich beruhigt, spiegelglatt lockte es zu leichter Fahrt, aufjauchzend begannen die Griechen, die Schiffe vom Strand ins Wasser zu ziehen.

»Endlich«, rief ihnen der greise Nestor zu, »ist die Stunde der Heimkehr gekommen! Auf, Landsleute, bald ruht ihr in der Heimat von allen Plagen aus!«

Nach dem Abzug der Griechen ergoß sich auf Poseidons Befehl das wogende Meer brandend und zischend über die verlassene Stadt und zerstörte alle Bollwerke und Mauern, die die Griechen unberührt gelassen hatten. Nur Schutt und Trümmer erinnerten noch an das stolze Troja.

DIE LETZTEN TANTALIDEN

Der Untergang des Königsgeschlechts

Unabwendbar ist der Fluch der Götter, heißt es in den griechischen Mythen. So ist das Schicksal ganzer Geschlechter vorausbestimmt – Bluttaten und Greuel finden auch unter den Tantaliden kein Ende. Denn deren Urahn Tantalos war der Versuchung des Hochmuts erlegen und stürzte deshalb in den Abgrund der Schuld. Selbst noch Agamemnon muß für den Frevel büßen.

AGAMEMNON

Troja war gefallen. Die heimsegelnde Flotte der Griechen wurde erst vom Sturm halb vernichtet, doch später, auf der ruhig gewordenen See, fuhren die Scharen der Griechen jede ihrer Heimat zu. Agamemnon, dessen Schiffe, von der Göttin Hera beschützt, keinen Schaden genommen hatten, steuerte zügig die Küste des Peloponnes an. Schon nahte er dem Vorgebirge Malea in Lakonien, als ihn plötzlich wieder ein starker Orkan ergriff und ihn mit allen Fahrzeugen auf das offene Meer hinaustrieb. Seufzend, mit erhobenen Händen, flehte der Völkerfürst zum Himmel und bat die Götter, ihn nicht nach soviel Ungemach und nach mühseliger Erfüllung des Willens der Himmlischen im Angesicht seiner Heimat mit so vielen tapferen Männern umkommen zu lassen. Er wußte nicht, daß diesmal der Sturm sein Freund und von warnenden Gottheiten ihm gesandt war; denn besser wäre es für ihn gewesen, an die fernste Barbarenküste verschlagen zu werden und in der Verbannung sein Leben zu beschließen, als seinen Fuß in den heimatlichen Königspalast Mykenes zu setzen.

Denn auf Agamemnons Geschlecht ruhte ein Fluch: von seinem Urahn Tantalos war er ihm überkommen; ruchlose Gewalt hatten die einen seines Geschlechts gestürzt, die andern erhoben; durch einen ungeheuren Frevel im eigenen Haus sollte später auch Agamemnon das Ziel seines Lebens erreichen. Der Urgroßvater Tantalos hatte den zum Mahl geladenen Göttern seinen Sohn Pelops gekocht zum Schmaus vorgesetzt, und nur ein Wunder hatte diesen Stammhalter des Geschlechts ins Leben zurückgerufen. Pelops, sonst harmlos, ermordete seinen Wohltäter Myrtilos, den Sohn des Hermes, und half durch diesen Mord den Fluch des Hauses weitertragen. Myrtilos nämlich, der Stallmeister des Königs Önomaos, dessen Tochter Hippodamia Pelops durch den Sieg im Wagenrennen gewinnen wollte, ließ sich überreden, die Nägel aus dem

Wagen seines Herrn zu ziehen und wächserne statt der eisernen einzusetzen. Dadurch fiel der Wagen des Önomaos auseinander, und Pelops errang den Sieg und die Jungfrau. Als aber Myrtilos von Pelops die versprochene Belohnung forderte, stürzte ihn dieser, um keinen Zeugen seines Betruges zu haben, ins Meer. Vergebens suchte er den ihm deshalb zürnenden Gott Hermes zu versöhnen, baute dem Sohn ein Grabmal und dem Vater einen Tempel: er und sein Geschlecht waren der Rache des Gottes verfallen.

In den Söhnen des Pelops, Atreus und Thyestes, wirkte der Fluch sichtbar fort. Atreus war König zu Mykene, Thyestes neben ihm König im südlichen Teil des argolischen Landes. Der ältere Bruder besaß einen Widder, der goldene Wolle trug; nach diesem gelüstete es Thyestes, den jüngeren; er verführte die Gemahlin des Bruders, Aerope, zur Untreue und erhielt von ihr das goldene Lamm. Als Atreus vom doppelten Verbrechen seines Bruders erfuhr, hielt ihn keine Überlegung ab; er handelte wie der Großvater. Heimlich ergriff er die beiden kleinen Söhne des Thyestes, Tantalos und Pleisthenes, setzte sie geschlachtet beim Gastmahl dem Bruder vor und gab ihr Blut, in den Wein gemischt, dem unseligen Vater zu trinken. Den Sonnengott packte angesichts dieser Unmenschlichkeit ein solches Grauen, daß er seinen Wagen rückwärts lenkte. Thyestes aber floh vor dem entsetzlichen Bruder nach Epirus zu König Thesprotos. Das Land des Atreus aber wurde von Dürre und Hungersnot heimgesucht, und der König erhielt vom Orakel die Antwort, die Landplage werde erst aufhören, wenn der vertriebene Bruder zurückgeholt sei. So machte sich Atreus selbst auf den Weg, den Thyestes in seiner Zufluchtstätte aufzusuchen, und führte ihn mit einem Sohn namens Ägisth in die alte Heimat zurück.

Auch dieser Ägisth war das Kind eines Greuels und von Thyestes in seinem Asyl gezeugt. Aber er hatte geschworen, seinen Vater an Atreus und dessen Kindern zu rächen. Das erste führte er bald aus, nachdem die Brüder zusammen nach Mykene zurückgekehrt waren. Ihre Freundschaft war dort nur von kurzer Dauer gewesen, und Atreus hatte den Bruder in den Kerker geworfen. Da bot Ägisth sich trügerisch dem Oheim an, indem er sich über den Greuel seiner Geburt entrüstet stellte, den eigenen Vater umzubringen. In den Kerker eingelassen, verabredete er mit seinem Vater die Rache, zeigte dem Atreus ein blutiges Schwert, und als dieser, über den vermeintlichen Tod des Bruders fröhlich, am Meeresufer ein Dankopfer zurichtete, stieß ihm Ägisth dasselbe Schwert in den Leib. Thyestes bemächtigte sich für kurze Zeit des brüderlichen Reichs, aber der älteste Sohn des Atreus, Agamemnon, stellte ihm nach und rächte mit dem Stahl an ihm des Vaters Tod. Ägisth blieb verschont, er wurde von den Göttern zum Fluch des Geschlechts aufgespart und regierte als König über den alten Anteil seines Vaters im südlichen Land.

Als nun Agamemnon in den Krieg vor Troja gezogen war und seine Gemahlin Klytämnestra, wegen der Opferung ihrer Tochter Iphigenia grollend, in tiefem Mutterschmerz zu Hause saß, da hielt Ägisth die Zeit für gekommen, auch den Atriden mit seiner Rache zu treffen. Er erschien im Königspalast zu Mykene, und der Wunsch, sich am unmenschlichen Gatten zu rächen, ließ Klytämnestra nach langem Widerstreben der Verführung des Bösewichts erliegen, so daß sie mit ihm als ihrem zweiten Gemahl Palast und Reich des Agamemnon teilte. Von ihrem rechtmäßigen Gatten lebten in dessen Haus damals drei Geschwister der entrückten Iphigenia: ihr altersmäßig am nächsten die kluge Jungfrau Elektra, eine jüngere Schwester Chrysothemis und ein kleiner Knabe Orestes. Vor ihren Augen nahm Ägisth von dem Eheweib und Palast des Vaters Besitz.

Endlich landete Agamemnon in der Heimat. Vor der Stadt Mykene kam ihm das Volk, an dessen Spitze sein Vetter Ägisth, der im ganzen Land als königlicher Verwandter galt, entgegen. Dann erschien auch, von den Frauen ihres Hauses begleitet und von den streng bewachten Kindern umgeben, die Königin Klytämnestra. Wie man bei geheuchelter Freude zu tun pflegt, so empfing sie den Gemahl mit allen denkbaren Ehrenbezeigungen und mit übertriebener Ehrfurcht; statt ihn würdig zu empfangen, warf sie sich vor ihm auf die Knie und erging sich in Glückwünschen und Lobsprüchen. Agamemnon aber eilte freudig auf sie zu, hob sie vom Boden auf, umarmte sie und sprach: »Was denkst du, Ledas Tochter, daß du, wie eine Sklavin ihren Barbarenherrn, mich fußfällig im Staub liegend empfängst? Und was sollen diese herrlichen gestickten Teppiche, die unter meinen Fuß gebreitet sind? So empfängt man unsterbliche Götter und nicht sterbliche schwache Menschen. Ehre mich so, daß die Himmlischen mich nicht beneiden!«

Nachdem er die Gattin so begrüßt und die Kinder umarmt und geküßt hatte, wandte er sich an Ägisth, der ein wenig abseits stand, reichte ihm brüderlich die Hand und sagte ihm freundlichen Dank für die Verwaltung des Landes. Dann löste er die Riemen seiner Schuhe und ging barfuß über das kostbare Gewebe der Teppiche durch die ganze Stadt bis zu seinem Palast.

In seinem Gefolge befand sich auch Kassandra, die weissagende Tochter des Priamos, die dem Völkerfürsten, der sie aus den ruchlosen Händen Ajax' des Lokrers befreit hatte, als Beute zuteil geworden war. Sie saß mit gesenktem Haupt und niedergeschlagenen Augen auf einem hohen, auch mit anderer Beute beladenen Wagen. Als Klytämnestra die edle Jungfrau sah, überkam sie ein Gefühl der Eifersucht, zu dem sie freilich am allerwenigsten berechtigt war. Schnell war ihr arglistiger Entschluß gefaßt, doch verbarg sie sorgfältig ihre Gedanken vor der Seherin, und als der Zug vor dem Königspalast zu Mykene angekommen war, trat sie freundlich an den Wagen und rief ihr zu: »Steig herab, Jungfrau, und laß die Trauer! Es wird dir bei uns an nichts mangeln.«

Kassandra veränderte ihre Miene nicht bei diesen Worten; lange blieb sie reglos auf ihrem Wagen sitzen: die Dienerinnen mußten sie nötigen, ihren Platz zu verlassen. Endlich sprang sie vom Sitz wie ein gescheuchtes Wild, ihr Herz wußte alles, was ihr bevorstand; sie wußte auch, daß der Beschluß des Schicksals nicht zu ändern war, und hätte sie ihn abwenden können, sie hätte der Rachegöttin den Feind ihres Volkes nicht entziehen wollen; und weil Agamemnon doch ihr Retter war, so verdroß es sie nicht, mit ihm zu sterben.

Agamemnon, von der Fahrt ermüdet und vom Weg durch das Land mit Staub bedeckt, verlangte nach einem erquickenden Bad, und Klytämnestra erklärte ihm mit liebreicher Zuvorkommenheit, daß sie dieses Bedürfnis längst vorhergesehen und ihm ein warmes Bad bereitet habe. Der König betrat ahnungslos das Badehaus seines Palastes, legte Panzer, Waffen und alle Gewänder ab und bestieg wehrlos und entkleidet das Wasserbecken. Da brachen Ägisth und Klytämnestra aus ihrem Versteck hervor, warfen ihm ein feinmaschiges Netz über den Leib und durchbohrten ihn mit vielen Dolchstichen. Sein Hilferuf drang aus dem unterirdischen Gemach, wo die Bäder sich befanden, nicht hinauf in den oberen Palast. Unmittelbar darauf wurde Kassandra, die einsam durch die dunklen Vorhallen des Königspalastes irrte, um das Geschehene wußte und es in Rätselsprüchen verkündete, niedergemacht.

Sobald die doppelte Untat vollbracht war, gedachten die Mörder, auf ihre Anhänger vertrauend, sie nicht länger zu verbergen. Die beiden Leichen wurden im Palast ausgestellt. Klytämnestra berief die wichtigsten Männer der Stadt zu sich und sprach ohne Scheu: »Verargt mir, Freunde, meine Verstellung nicht. Ich konnte dem Todfeind meines Hauses, dem Mörder meines geliebten Kindes, seine Blutschuld nicht anders zurückzahlen: ich selbst habe ihn getötet.«

Die Edlen der Stadt blieben stumm. An Widerstand war nicht zu denken, die Bewaffneten des Ägisth umgaben den Palast, Waffengeklirr ertönte, und drohende Laute waren zu hören. Die Krieger Agamemnons, jene kleine Schar, die aus dem männermordenden Kampf um Troja heimgekehrt war, hatten sich in der Stadt zerstreut und sorglos die Waffen abgelegt. Die wilden Soldaten des Ägisth jedoch durchzogen Mykene in voller Rüstung und metzelten jeden nieder, der sich gegen den gräßlichen Mord an seinem Fürsten auflehnte. Die Frevler versäumten auch nicht, ihre Herrschaft nach Kräften zu befestigen. Die Töchter Agamemnons betrachteten sie als ungefährliche Weiber; aber zu spät fiel ihnen ein, daß in dem jungen Orestes, dem jüngsten Kind Agamemnons und Klytämnestras, dem Vater ein Rächer erwachse. Obgleich er kaum zwölfjährig war, hätten sie ihn doch gern getötet, um sich von aller Furcht vor Strafe zu befreien. Aber seine kluge Schwester Elektra, besonnener als die Mörder, hatte sogleich nach der Tat für ihn gesorgt und ihn heimlich dem Sklaven, dem seine Aufsicht anvertraut war, übergeben. Dieser hatte ihn nach Phonate im Land Phokis gebracht und ihn dort als ein heiliges Unterpfand dem befreundeten König Strophios, dem Schwestergatten Agamemnons, übergeben, der sein zweiter Vater wurde und ihn mit seinem eigenen Sohn Pylades sorgfältig erzog.

ELEKTRA

Elektra führte inzwischen im Königspalast ihres ermordeten Vaters ein trostloses Leben, und nur die Hoffnung, ihren Bruder einst, zum Mann herangewachsen, als Rächer in den väterlichen Hallen erscheinen zu sehen, ließ sie ihr kummervolles Dasein ertragen. Von der Mutter wurde ihr die bitterste Feindschaft zuteil. Im eigenen Haus mußte sie mit den Mördern ihres Vaters wohnen und ihnen in allem dienstbar sein. Auf dem Thron Agamemnons sah sie nun Ägisth in königlicher

Herrlichkeit sitzen, sah ihn, in die schönsten Gewänder gekleidet, welche die Vorratskammern des Palastes füllten, einhergehen und den Schutzgöttern des Hauses an derselben Stelle Trankopfer darbringen, wo er seinen Blutsverwandten ermordet hatte.

Jahre waren vergangen, während Elektra unaufhörlich auf das Kommen ihres Bruders Orestes wartete: denn dieser hatte bei seiner Flucht, so jung er war, doch der Schwester das Versprechen gegeben, zur rechten Zeit, wenn er Manneskraft in seinen Armen fühle, dazusein. Indessen aber opferte Klytämnestra den Göttern, damit sie Orestes der Heimat fernhielten.

Und es schien, als sollte sie erhört werden, denn noch hatte sie nicht fertig geopfert, als ein fremder Mann auf ihre Dienerinnen zuschritt und nach dem Palast des Ägisth fragte. Von diesen an die Fürstin des Hauses gewiesen, beugte er die Knie vor ihr und sprach: »Heil dir, Königin. Ich bin gekommen, dir ein willkommenes Wort von deinem und deines Gemahls Freund zu verkünden. Mich sendet der König Strophios aus Phonate: es starb Orestes. Damit ist mein Auftrag erfüllt.«

»Dies Wort ist mein Tod!« stöhnte Elektra und sank an den Stufen des Palastes nieder.

»Was sagst du, Freund?« sprach hingegen Klytämnestra, hastig den Altar verlassend. »Kümmere dich nicht um jene Närrin dort! Erzähle mir, erzähle!«

»Dein Sohn Orestes«, begann jener, »von Ruhmsucht getrieben, hatte in Delphi an den heiligen Spielen teilgenommen. Beim Wagenrennen aber stürzte er und wurde zu Tode geschleift. Der Leichnam wurde auf dem Scheiterhaufen verbrannt, und wir Boten aus Phokis bringen in einer kleinen Urne aus Erz den jämmerlichen Überrest seines stattlichen Leibes, damit sein Vaterland ihm ein Grab gönne!«

Klytämnestra fühlte sich von widerstreitenden Gefühlen bewegt; sie sollte sich eigentlich über den Tod des gefürchteten Sohnes freuen, aber doch regte sich das Mutterblut mächtig in ihr, und ein unwiderstehlicher Schmerz verdarb ihr das Gefühl der Sorglosigkeit, dem sie sich nach dieser Nachricht endlich hätte hingeben dürfen. Elektra dagegen war nur von einem Gefühl, dem grenzenlosen Jammer beherrscht und machte diesem in lauten Wehklagen Luft. »Wohin soll ich fliehen«, rief sie, als Klytämnestra mit dem Fremdling aus Phokis in den Palast gegangen war, »jetzt erst bin ich einsam, jetzt erst des Vaters beraubt; nun muß ich wieder die Dienstmagd der abscheulichsten Menschen, der Mörder meines Vaters sein! Aber nein, unter demselben Dach mit ihnen will ich künftig nicht mehr wohnen, lieber werfe ich mich selbst vor das Tor dieses Palastes und komme draußen elend um. Vermag das Leben mich nur zu kränken, kann der Tod mir nur willkommen sein!«

Allmählich verstummte ihre Klage, und sie versank in ein dumpfes Brüten. Wohl mochte sie stundenlang so auf der Marmortreppe am Eingang des Palastes, den Kopf in den Schoß gelegt, gesessen haben, als plötzlich ihre junge Schwester Chrysothemis voll Freude dahergeflogen kam und mit einem Jubelruf die Schwester aus ihrem tiefen Kummer weckte. »Orestes ist gekommen!« rief sie. »Er ist so leibhaftig, wie du mich selbst hier vor dir stehen siehst!«

Elektra erhob ihr Haupt, blickte die Schwester mit weit aufgerissenen Augen an und sprach endlich: »Redest du im Wahnsinn, Schwester, und willst du meiner und deiner Leiden spotten?«

»Ich melde, was ich gefunden habe«, stieß Chrysothemis hervor, lachend und weinend zugleich. »Höre, wie ich auf die Spur der Wahrheit kam! Als ich an das überwachsene Grab unseres Vaters kam, sah ich dort Spuren einer frischen Opferspende von Milch und zugleich seine Ruhestätte mit mancherlei Blumen bekränzt. Staunend und ängstlich sah ich mich um, und als ich niemand erblickte, wagte ich es, weiterzuforschen. Da entdeckte ich am Rande des Grabmals eine frisch abgeschnittene Locke. Auf einmal steigt in meiner Seele, ich weiß nicht wie, das Bild unseres fernen Bruders Orestes auf, und mich ergreift eine Ahnung, daß er, nur er es sei, von welchem diese Spur herrühre. Unter heimlichen Freudentränen greife ich nach der Locke, und hier bringe ich sie dir. Sie muß, sie muß von des Bruders Haupt geschnitten sein!«

Elektra blieb bei dieser unsicheren Kunde ungläubig sitzen und schüttelte das Haupt. »Ich bedaure dich deiner törichten Leichtgläubigkeit wegen«, sprach sie, »du weißt nicht, was ich weiß.« Und nun erzählte sie der Schwester die ganze Botschaft des Phokiers, so daß der armen Chrysothemis, die sich von Wort zu Wort mehr um ihre Hoffnung betrogen fand, nichts übrig blieb, als in den Wehruf einzustimmen. »Ohne Zweifel«, sagte Elektra, »rührt die Locke von irgendeinem teilnehmenden Freund her, der dem jämmerlich umgekommenen Bruder am Grab des ermordeten Vaters ein Andenken stiften wollte.« Und doch hatte sich die Jungfrau unter diesen Gesprächen wieder ermannt und machte der Schwester nun den Vorschlag, da die letzte Hoffnung, den Vater durch die Hand des Sohnes zu rächen, mit Orestes erloschen sei, die große Tat gemeinsam zu vollführen und den Missetäter Ägisth zu töten. Aber Chrysothemis fand den Plan der Schwester unvorsichtig und unausführbar. »Worauf vertraust du denn?« fragte sie. »Hast du etwa Männerfaust, und bist du nicht ein Weib? Stehst du nicht den mächtigsten Feinden, deren Glück von Tag zu Tag sich weiter festigt, gegenüber? Ehe wir rettungslos verderben, laß dich anflehen, Schwester! Was du mir anvertraut hast, will ich als tiefstes Geheimnis bewahren!«

»Deine Rede überrascht mich nicht«, erwiderte mit einem tiefen Seufzer Elektra, »ich wußte wohl, daß du meinen Vorschlag weit von dir weisen würdest. So muß ich denn ganz allein, mit eigenen Händen, das Werk vollbringen. Geh«, sprach sie kalt, »zeige nur alles deiner Mutter an.« Und als die Schwester weinend den Kopf schüttelte und davonging, rief sie ihr nach: »Geh, geh! Nie werde ich deinem Fuß folgen!«

Sie saß noch immer unbeweglich auf der Schwelle des Palastes, als zwei junge Männer in Begleitung anderer mit einer Totenurne dahergeschritten kamen. Der schönste und blühendste von ihnen wandte sich an Elektra, fragte nach der Wohnung des Königs Ägisth und gab sich als einer der Abgesandten aus Phokis zu erkennen. Da sprang Elektra auf und streckte die Hände nach der Urne aus. »Bei den Göttern, Fremdling!« rief sie. »Wenn ihn dies Gefäß verhüllt, so gib es mir, auf daß ich mit seiner Asche den ganzen unglückseligen Stamm beweine!«

»Wer sie auch sein mag«, sprach der Jüngling, die Jungfrau aufmerksam betrachtend, »gebt ihr die Urne. Sicherlich hegt sie keine Feindschaft gegen den Toten, ist vielleicht eine Freundin oder gar ein ihm verwandtes Blut.«

Elektra faßte die Urne mit beiden Händen, drückte sie wieder und immer wieder ans Herz und rief in unbändigem Jammer: »O du Überrest des geliebten Menschen! Wie mit ganz anderer Hoffnung habe ich dich ausgeschickt und begrüße dich jetzt, da du so zurückkehrst! Wär ich doch lieber gestorben, anstatt dich in die Ferne zu senden.«

Als die Jungfrau so jammerte, konnte sich der Jüngling, der an der Spitze der Gesandten stand, nicht länger halten und seine Zunge nicht mehr bezähmen. »Ist's möglich«, rief er, »diese Jammergestalt soll Elektras edles Bild sein? O gottlos, o frevelhaft entstellter Leib! Wer hat dich so zugerichtet?«

Elektra blickte ihn verwundert an und sprach: »Ich muß den Mördern meines Vaters dienen, gezwungen von der verruchten Mutter, und mit der Asche in dieser Urne ist alle meine Hoffnung dahin!«

»Stell diesen Aschenkrug beiseite!« rief der Jüngling mit tränenerstickter Stimme, und als Elektra sich weigerte und die Urne nur noch fester ans Herz drückte, sprach er weiter: »Fort mit der leeren Urne, es ist alles nur Schein!«

Da schleuderte die Jungfrau das Gefäß von sich und rief in Verzweiflung: »Wehe mir! Wo ist dann sein Grab?

»Nirgends«, war die Antwort des Jünglings, »den Lebenden wird kein Grab gemacht!«

»So lebt er, lebt er?«

»Er lebt, so wahr ich selbst vom Lebenshauch beseelt bin: Ich bin Orestes, bin dein Bruder, erkenne mich an diesem Mal, mit dem der Vater mich am Arm bezeichnet! Glaubst du nun, daß ich lebe?«

»O Lichtstrahl in der Nacht!« rief Elektra und lag in seinen Armen.

In diesem Augenblick kam der Mann, welcher der Königin die falsche Todesnachricht aus Phokis überbracht hatte, gelaufen und rief: »Es drängt die Stunde zur Rache! Noch ist Klytämnestra allein im Haus, noch bewacht sie kein Mann; denn Ägisth weilt noch in der Ferne! Wenn ihr aber noch einen Augenblick zögert, so habt ihr mit vielen und Überlegenen den Kampf zu wagen!«

Orestes stimmte zu und eilte mit seinen treuen Begleitern in den Palast, und Elektra, nachdem sie flehend den Altar Apollons umfaßt hatte, folgte ihnen.

Nur wenige Minuten waren vergangen, als Ägisth zurückkehrend den Palast betrat und hastig nach den Phokiern fragte, die, wie er unterwegs vernommen hatte, die Freudenbotschaft von Orestes' Tod gebracht hätten. Die erste, die ihm im Innern des Königshauses begegnete, war Elektra, und er richtete mit höhnendem Übermut auch an sie die Frage: »Sprich, du Hochfahrende, wo sind die Fremdlinge, die deine Hoffnung vernichtet haben?«

Elektra unterdrückte ihre Gefühle und antwortete ruhig: »Nun, sie sind drinnen, ihrer lieben Wirtin zugeführt!«

»Und melden sie«, fuhr er fort, »auch wahrhaftig seinen Untergang?«

»Ja«, antwortete Elektra, »und nicht nur dies, sondern sie haben ihn auch selbst bei sich.«

»Das ist das erste erfreuliche Wort, das ich von deinen Lippen höre«, sprach hohnlachend Ägisth, »doch siehe, da bringen sie ja den Toten schon.«

Frohlockend ging er Orestes und seinen Begleitern entgegen, die einen verhüllten Leichnam aus dem Innern des Palastes in die Vorhalle trugen. »O froher Anblick!« rief der König und heftete seine gierigen Augen darauf. »Hebt schnell die Decke auf! Laßt mich ihn anstandshalber beklagen, ist es doch verwandtes Blut!«

Orestes aber entgegnete: »Hebe selbst die Decke auf, Herrscher! Dir allein gebührt es, liebevoll zu sehen und zu begrüßen, was unter dieser Hülle liegt!«

»Wohl«, antwortete Ägisth, »aber ruft zuvor Klytämnestra herbei, daß sie schaue, was sie gerne sehen wird.«

»Klytämnestra ist nicht fern«, rief Orestes.

Da lüftete der König die Decke und fuhr mit einem Schrei des Entsetzens zurück. Nicht die Leiche des Orestes, wie er gehofft hatte, der blutige Leichnam Klytämnestras zeigte sich seinen Blicken. »Weh mir«, schrie er, »in welcher Männer Netze bin ich Unglücklicher geraten!«

Orestes aber donnerte mit tiefer Stimme: »Siehst du denn nicht, daß Orestes, der Rächer seines Vaters vor dir steht?«

»Laß mich reden!« sprach zusammengesunken Ägisth. Aber Elektra beschwor den Bruder, ihn nicht anzuhören. Verstummend stießen ihn die Ankömmlinge hinein in den Palast, und an demselben Ort, wo er einst König Agamemnon im Bad gemordet hatte, fiel Ägisth, wie ein Opfertier, unter den Streichen des Rächers.

ORESTES

Orestes hatte, als er die Rachepflicht für den Vater an der Mutter und Ägisth übte, nach dem Willen der Götter gehandelt; ein Orakel des Apollon hatte ihm befohlen, es zu tun. Aber die Liebe zu seinem Vater hatte ihn zum Mörder an der Mutter gemacht. Nach der Tat aber erwachte in Orestes die kindliche Zuneigung zu seiner Mutter, und der durch eine andere Pflicht gebotene Frevel gegen die Natur, den er im gräßlichen Zwiespalt der Pflichten begangen hatte, ließ ihn den Rächern solcher Frevel, den Erinnyen, den Rachegöttinnen, verfallen. Töchter der Nacht und schwarz wie diese, von entsetzlicher Gestalt, übermenschlich groß, mit blutigen Augen, Schlangen in den Haaren, Fackeln in der einen Hand, in der andern aus Schlangen geflochtene Geißeln, verfolgten sie den Muttermörder auf Schritt und Tritt und sandten ihm ins Herz nagende Gewissensbisse und quälende Reue. Sogleich nach der Tat jagten ihn die Eumeniden fort. Wahnsinnig geworden, verließ er als Flüchtling die wiedergefundenen Schwestern, das Vaterhaus, Mykene und sein Vaterland. In dieser Not blieb ihm nur sein treuer Freund Pylades, den er in einem Augenblick der Besinnung mit seiner Schwester Elektra verlobt hatte.

Nach langen Irrfahrten waren die Flüchtlinge endlich ins Gebiet von Delphi gekommen. Orestes hatte im Tempel des Apollon, zu dem die Erinnyen keinen Zutritt hatten, eine kurze Zuflucht gefunden. Der Gott stand mitleidig an seiner Seite, als er, auf dem Boden des Heiligtums ausgestreckt, von Müdigkeit und Gewissensangst ermattet, gestützt auf seinen Freund Pylades, ausruhte. Er sprach ihm Hoffnung und Mut zu: »Unglücklicher Sohn, sei getrost! Ich werde dich nicht verraten; mag ich nahe oder fern sein, ich bin dein Wächter, und nie werde ich deinen Feindinnen weichen! Lenke nun deine Schritte nach Athen; dort will ich dir ein gerechtes Gericht schaffen, vor dem du deine Stimme erheben und deine Sache verteidigen kannst. Ich selbst scheide jetzt von dir, aber mein Bruder Hermes wird dich bewachen und dafür sorgen, daß meinem Schützling nichts zustößt!«

So trafen die beiden Freunde glücklich in der Stadt der Pallas Athene ein, doch kaum hatte Orestes mit seinem Freund Pylades den Tempel der Athene betreten, da stürmte auch schon der grauenvolle Chor der Erinnyen durch die Pforten herein.

Orestes hatte sich vor der Bildsäule der Göttin niedergeworfen; er streckte seine Arme betend nach ihr aus und rief: »Königin Athene, auf Apollons Befehl komme ich zu dir! Nimm einen Angeklagten gnädig auf, dessen Hände nicht mit unschuldigem Blut befleckt sind und der doch müde ist von ungerechter Flucht. Ich liege hier in deinem Tempel, vor deinem Bild, und erwarte deinen Richterspruch, o Göttin!«

Nun erhob auch der Chor der Erinnyen, die hinter ihm nahten, seine Stimme und schrie: »Wir sind dir auf der Spur, Verbrecher! Wie der Hund dem verwundeten Rehbock sind wir deinen Fußstapfen gefolgt, die blutig sind! Du sollst kein Asyl finden, Muttermörder! Dein rotes Blut wollen wir dir aus den Gliedern saugen und dann das blasse Schattenbild mit uns hinunter in den Tartaros führen! Nicht Apollons, nicht Athenes Macht soll dich von der ewigen Qual befreien!«

Plötzlich überflutete überirdisches Licht den Tempel, die Bildsäule verschwand, und an ihre Stelle trat die lebendige Göttin Athene. »Wer hat sich in mein Heiligtum gedrängt«, sprach die Göttin, »welch ungewohnte Gäste muß ich in meinem Tempel sehen? Ein Fremdling hält meinen Altar umfaßt, und Weiber, keinem gezeugten Sterblichen ähnlich, haben sich drohend hinter ihn geschart. Redet, wer seid ihr?«

Orestes, vor Furcht und Zittern sprachlos, lag noch immer auf dem Boden, die Erinnyen aber standen unbewegt hinter ihm und antworteten: »Tochter des Zeus«, sprachen sie, »unverzüglich sollst du alles aus unserem Mund erfahren. Wir sind die Töchter der schwarzen Nacht; und Fluchgöttinnen nennt man uns.«

»Wohl kenne ich euer Geschlecht«, sprach Athene, »und oft schon habe ich von euch gehört. Ihr seid die Rächerinnen des Meineids und des Verwandtenmordes. Was kann euch in meinen Tempel führen?«

»Dieser Mensch, der hier zu deinen Füßen dein Heiligtum durch seine Gegenwart besudelt«, sprachen sie, »hat seine eigene Mutter erschlagen. Richte du ihn, wir werden dein Urteil ehren, denn wir wissen, du bist eine strenge und gerechte Göttin!«

Jetzt erst wagte Orestes den Blick zu erheben, er richtete sich auf, doch so, daß er immer noch vor der Göttin auf den Knien lag. Er sprach: »Königin Athene! Ich habe keinen leichtfertigen Mord begangen, ich umfange deinen Altar nicht mit unsauberen Händen! Ich bin aus Argos gebürtig, und du kennst meinen Vater wohl. Es ist Agamemnon, der Völkerfürst, der Führer der griechischen Flotte vor Troja, dem du selbst halfst, Ilions herrliche Feste zu zerstören. Nach Hause zurückgekehrt, ist Agamemnon keines natürlichen Todes gestorben, sondern meine Mutter, die mit dem fremden Mann buhlte, hat ihm ein trügerisches Netz übergeworfen und ihn umgebracht; das Bad war Zeuge dieses Mordes. So bin ich, der ich seitdem in Verbannung lebte, nach langer Zeit ins Vaterland zurückgekommen und habe den Vater gerächt. Ich leugne nicht, des geliebten Erzeugers Mord habe ich mit Mord an meiner Mutter gerächt. Nun sollst du Schiedsrichterin sein, o Göttin, und sagen, ob ich recht oder unrecht gehandelt habe. Ich unterwerfe mich deinem Richterspruch.«

Die Göttin schwieg nachdenklich, dann sprach sie: »Die Sache, die entschieden werden soll, ist freilich noch zu klären. Darum will ich die besten Männer dieser Stadt, die meinen Namen führt, auswählen, sie mögen diesen Streit entscheiden.«

Als der Gerichtstag gekommen war, rief ein Herold die ausgewählten Bürger von Athen auf einen Hügel vor der Stadt, der dem Ares geweiht war und deshalb Areopag oder Aresberg hieß, wo die Göttin bereits wartete und auch die Klägerinnen und der Angeklagte sich bereits eingefunden hatten. Aber noch ein dritter war erschienen und stand dem Angeklagten zur Seite. Es war der Gott Apollon. Als die Erinnyen ihn erblickten, erschraken sie und riefen zornig: »Apollon, kümmere du dich um deine eigenen Angelegenheiten! Sprich, was hast du hier zu schaffen?«

»Dieser Mann«, erwiderte der Gott, »ist mein Schützling, und ich habe ihn von dem vergossenen Blut entsühnt. Denn ich war es, der ihm zum Mord an der Mutter, als einer den Göttern wohlgefälligen Tat, geraten habe!«

Nachdem der Fall dargelegt war, ließ Athene die Stimmsteine, je einen schwarzen für die Schuld und einen weißen für die Unschuld des Beklagten, unter die Richter verteilen; die Urne, in welche die Steine zu legen waren, wurde in der Mitte des umzäunten Platzes aufgestellt. Schweigend erhoben sich dann die Richter von ihren Sitzen und traten, einer nach dem anderen, an die Urne; die Stimmsteine rollten nacheinander hinein.

Als alle abgestimmt hatten, traten ausgewählte, durch einen Eid verpflichtete Bürger hinzu und zählten die schwarzen und die weißen Steine. Da ergab es sich, daß gleichviel weiße und schwarze Steine in der Urne waren und die Entscheidung der vorsitzenden Göttin zufiel. Athene erhob sich von ihrem Sitz und sprach: »Ich werde nicht für jenes Weib stimmen, das seinen Ehegatten tückisch erschlagen hat, um seinem Liebhaber zu gefallen. Nach meines Herzens Meinung hat Orestes recht getan: er hat nicht die Mutter umgebracht, sondern die Mörderin seines Vaters. Er sei gerettet!« Damit verließ sie den Richterstuhl, ergriff einen weißen Stimmstein und fügte ihn den andern weißen hinzu. »Dieser Mann«, sprach sie sodann feierlich, auf ihren Thron zurückgekehrt, »ist durch Stimmenmehrheit von dem Vorwurf, einen ungerechten Mord begangen zu haben, freigesprochen!«

Tiefbewegt dankte Orestes der Göttin und verließ den heiligen Hügel des Ares, geleitet von seinem Freund, der während der ganzen Gerichtsverhandlung nicht von seiner Seite gewichen war.

IPHIGENIA BEI DEN TAURIERN

Pylades und Orestes, der nun von seiner Schwermut geheilt war, wandten sich nach Delphi zu dem Orakel Apollons. Dort fragte Orestes den Gott, was er nun über ihn beschlossen habe. Der Spruch der Priesterin verhieß dem Königssohn von Mykene das Ende seiner Not, sobald er sich an die Grenzen der taurischen Halbinsel, unweit der Skythen, begeben habe, wo Apollons Schwester Artemis ein Heiligtum besitze. Dort sollte er das Bildnis der Göttin, das vom Himmel gefallen war, durch List oder andere Mittel rauben und es nach Athen bringen; denn die Göttin sehne sich nach einer milderen Gegend und nach griechischen Anbetern, das Barbarenland gefalle ihr nicht mehr.

Pylades folgte seinem Freund auch auf seiner Reise zu diesem gefährlichen Unternehmen. Denn das Volk der Taurier war ein wilder Menschenstamm, der die an seinem Ufer gestrandeten Fremdlinge der Jungfrau Artemis zu opfern pflegte. Den gefangenen Feinden hieben sie den Kopf ab, steckten ihn an eine Stange, befestigten diese über dem Rauchfang ihrer Hütten und bestellten ihn so zum Wächter ihres Hauses.

Warum das Orakel den Orestes in dieses wilde Land zu den grausamen Tauriern sandte, hatte diesen Grund: Als Iphigenia, Agamemnons und Klytämnestras Tochter, auf Anraten des griechischen Sehers Kalchas am Strand von Aulis geopfert werden sollte und der Todesstreich gefallen war, der eine Hirschkuh anstatt der Jungfrau traf, hatte die barmherzige Göttin Artemis das Mädchen den Blicken der Griechen entzogen und sie durch das Lichtmeer des Himmels auf ihren Armen über Meer und Land nach Taurien getragen und sie hier in ihrem eigenen Tempel abgesetzt. Dort fand sie der König des Barbarenvolks, Thoas, und er bestellte sie zur Priesterin des Artemistempels, wo sie im Dienst der Göttin jeden Fremdling, dessen Fuß das Ufer betrat — meistens waren es griechische Landsleute, die dieses jammervolle Los traf — der Landesgöttin opfern mußte.

Viele Jahre schon hatte die Jungfrau dieses traurige Amt versehen, als ihr einst träumte, sie wohne fern vom Barbarenstrand im heimatlichen Argos und schlafe, umringt von den Sklavinnen des Elternhauses. Da begann plötzlich die Erde zu beben und zu zittern, und ihr war, als flüchte sie aus dem Palast und müßte, draußen stehend, sehen und hören, wie das Dach des Hauses zu wanken begann und der ganze Säulenbau zusammenstürzte. Nur ein einziger Pfeiler, so schien ihr, blieb stehen und mit einem Mal erhielt dieser Pfeiler Menschengestalt. Am Morgen, der dieser Nacht folgte, war Orestes mit seinem Freund Pylades am taurischen Ufer an Land gegangen, und beide schritten auf den Tempel der Artemis zu. Bald standen sie vor dem Bau, der eher einem Zwinger als einem Götterhaus glich, und blickten staunend die hohe Mauer empor. Endlich brach Orestes das Schweigen. »Treuer Freund«, sprach er, »der du auch die Gefahr dieser Fahrt mit mir geteilt hast, sag, was sollen wir tun? Finden uns die Wachen, so sind wir des Todes. Denn wir wissen ja, daß Griechenblut den Altar dieser unsterblichen Göttin unaufhörlich benetzt! Wäre es darum nicht klüger, zu dem Schiff zurückzukehren, das uns hierhergebracht hat?«

Lächelnd erwiderte Pylades: »Es wäre wahrlich das erstemal, daß wir die Flucht ergreifen. Heilig sei uns das Wort des Apollons! Doch laß uns die Nacht abwarten und erst dann ans Werk gehen. Bis dahin verbergen wir uns in einer der Grotten unten am Strand, fern von unserem Schiff, damit niemand, der es etwa entdeckt, auch uns findet und uns gefangen nimmt, ehe wir des Orakels Befehl ausgeführt haben; die Ruderer werden sich schon zu helfen wissen, sie sind flink. Wir aber werden durch irgendeine List in den Tempel gelangen, und tragen wir dann das Götterbild auf dem Arm, so ist mir um den Rückzug nicht mehr bang. Artemis wird uns beschützen!«

In der Grotte aber, in welcher sie sich verbargen, wurden sie schon nach kurzer Zeit von Hirten, die ihre Rinder im Meer badeten, entdeckt. Immer mehr Männer drängten sich vor der Grotte; sie wollten die Jünglinge fangen. Orestes aber, dessen Geist Todesangst verwirrte, so daß er die Hirten plötzlich für Erinnyen hielt und das Bellen der Hunde und das Brüllen der Rinder für deren Stimmen, riß sein Schwert heraus und rief: »Pylades! Pylades! Die Drachen des Hades sind los! Die Schlangenhaarigen sind mir übers Meer nachgekommen! Siehst du die schwarze Jägerin dort, wie sie mit züngelnder Rute nach mir schlägt? Siehst du die Feueratmende neben ihr? Sie trägt meine tote Mutter im Arm! Sie kommt auf mich zu! O blutbesudeltes Antlitz, ich ertrage dich nicht! Weh! Weh! Sie sind alle wieder da und wollen mich ermorden!«

Damit stürzte er aus der Höhle hinaus, warf sich in seinem Wahn auf die unschuldigen Kühe und stieß ihnen seine Waffe in die Bäuche, daß sie aufbrüllend auseinanderstoben und die salzige Flut mit ihrem Blut färbten.

Die Hirten schleuderten Steine nach dem Tobenden, bis Orestes blutend und erschöpft hinfiel und Schaum aus seinem Mund quoll. Pylades eilte herzu und hüllte den Schweratmenden in seinen Mantel. Er nahm den Freund auf und wollte mit ihm fliehen. Aber da umringten ihn die Männer, und während die einen das Paar gefesselt zum König schleppten, eilten die anderen zu Iphigenia in den Tempel und erzählten ihr den Vorfall. »Mögest du, Jungfrau, noch viele solche Fremdlinge zur Schlachtbank schicken dürfen, damit ganz Griechenland die Todesangst tausendfach büße, die du in Aulis am Opferaltar ausgestanden hast. Rache, Rache für dein Leid!« So riefen die Hirten ihr zu, denn sie liebten die Priesterin wegen ihrer Milde und ihrer edlen Sitten. Wie sie hatte ganz Tauris die herrliche Griechin ins Herz geschlossen, auch König Thoas verehrte sie.

Die beiden Fremdlinge waren von ihm zum Tode bestimmt worden, und nun brachte man sie aus dem Palast des Herrschers in den Tempel, damit Iphigenia das Opfer vorbereite. »Macht ihre Hände frei«, befahl die Priesterin den Knechten, »die heilige Weihe befreit sie von allen Banden.«

Die Knechte des Königs gehorchten und lösten den Jünglingen die Fesseln.

Nun trat Iphigenia auf die beiden zu und sprach: »Ihr Griechen hattet eine weite Reise, bereitet euch auf eine noch weitere vor: ins Schattenreich geht eure Fahrt. Wer von euch beiden heißt Pylades? Die Hirten hörten den Namen in der Grotte rufen.«

»Dieser hier ist Pylades«, sprach Orestes, indem er auf den Freund wies.

»Seid ihr Brüder?« fragte Iphigenia weiter.

»Nicht durch Geburt, wohl aber durch die Liebe«, antwortete Orestes.

»Und wie heißt du?« forschte die Priesterin.

»Nenne mich einen Elenden«, erwiderte Orestes, »es ist besser, ich sterbe namenlos, als daß ganz Griechenland über mich spottet.«

Sein Trotz ärgerte Iphigenia. »So nenne wenigstens deine Vaterstadt«, befahl sie ihm.

»Mykene ist es, das in Argolis liegt.«

Iphigenia fuhr auf: »In Mykene bist du zu Hause? So mußt du auch Nachricht aus Troja haben! Ist es wahr, daß die Stadt gefallen ist? Kehrte Helena zurück? Ist Paris bestraft?«

»Es ist alles, wie du fragst und sagst«, antwortete Orestes.

»Und lebt König Agamemnon noch?«

»Nein«, sagte Orestes schaudernd, »er starb durch die Hand seines eigenen Weibes.«

Ein Schrei des Entsetzens entfuhr der Priesterin. Doch sie faßte sich rasch und fragte: »Und sie, die Königin Klytämnestra — lebt sie noch?«

Orestes schüttelte wild sein Haupt. »Nein«, rief er, »der eigene Sohn hat sie erschlagen! Doch es ergeht ihm schlimm dafür, daß er das Rächeramt für den ermordeten Vater übernahm.«

»Und lebt noch ein anderes Kind Agamemnons?«

»Zwei Töchter leben noch, Elektra und Chrysothemis. Die älteste, Iphigenia, ward zu Aulis im Angesicht des Heeres entrückt. Aber sie ist wohl schon längst in der Fremde gestorben, nie hörte man wieder von ihr.« — »Und der Bruder — lebt er noch?«

»Ja«, sprach Orestes, »der Muttermörder lebt noch, im Elend, vertrieben, überall und nirgends zu Hause!«

Da faltete Iphigenia die Hände vor der Brust und schloß die Augen. »So gehst du mir in Erfüllung, unseliger und doch seliger Traum dieser Nacht«, flüsterte sie. Dann befahl sie den Dienern, sich zu entfernen, und als sie mit den Jünglingen allein war, sprach sie zu Orestes: »Höre, was ich euch sage! Ich kann einen von euch beiden retten, wenn er eine Botschaft heimlich übers Meer nach Griechenland bringen will. Auch ich stamme aus Mykene, habe dort Geschwister, die bange auf Nachricht von mir warten. Willst du mein Bote sein?«

»Ich will mich nicht allein retten«, entgegnete Orestes, »in jedem Unglück ist dieser Freund treu an meiner Seite gestanden, wie sollte ich ihn da in der Todesnot verlassen?«

»Edler, brüderlich gesinnter Freund!« rief die Jungfrau, »o wäre mein Bruder auch wie du! Denn wißt, ich habe einen Bruder, doch ist er fern von hier. An ihn wird mein Brief gerichtet sein. Entscheidet euch rasch, wer ihn überbringt — ich darf euch nicht beide entlassen, das duldet König Thoas nicht.«

»So laß mich sterben und sende Pylades«, sagte Orestes, »möge er die Heimat wiedersehen. Wer wird mein Henker sein? Du selbst?«

Iphigenia schüttelte das Haupt. »Nein«, erwiderte sie, »vor so blutigem Tun hat mich der König bewahrt. Ich benetze dir nur die Locken mit geweihtem Wasser, dann muß ich dich den Knechten übergeben. Dein Gebein wird unter einem Felsen bestattet.«

Da seufzte Orestes: »Ich hoffte, mit dem heiligen Bild der Artemis siegreich nach Griechenland heimzukehren und einst von meiner lieben

Schwester daheim in Argolis bestattet zu werden. Nun wird fremde Erde mich decken.«

»Laß deine Trauer, Landsmann«, entgegnete die Priesterin, die ihre Tränen nur schwer zurückhalten konnte, »auch ich bin deine Schwester, wenn schon nicht durch ein gemeinsames Elternhaus, so doch durch die gemeinsame Vaterstadt. Und wie eine leibliche Schwester werde ich deinen Scheiterhaufen mit Wein löschen, mit Honig beträufeln und deine Asche mit Tränen benetzen. Nie wird dein Grab ohne Schmuck und Opferspenden sein. Doch nun eile ich, die Botschaft an die Meinen zu schreiben.«

Allein gelassen, sprach Pylades zu seinem Freund: »Warum lohnst du meine Treue mit Schmach? Wie könnte ich leben, wenn du stirbst? Ich teile alles mit dir und werde auch den Tod mit dir teilen! Möge sich die Jungfrau einen anderen Boten suchen, ich bleibe bei dir.«

Orestes widersprach heftig. Da aber kam die Priesterin zurück, das beschriebene Blatt in der Hand. Sie übergab es dem Pylades und sagte: »Reise glücklich! Doch für den Fall, daß dir ein Meersturm oder sonst ein Unheil das Blatt entreißt, du selber aber lebend nach Mykene kommst, will ich dir sagen, was in diesem Brief steht, damit du die Botschaft auch mündlich bestellen kannst: »Mein lieber Bruder Orestes! Ich weiß, daß du lebst, und darum rufe ich dich aus dem fernen Tauris, wohin die Göttin Artemis mich von Aulis entrückte. Hole mich aus der Barbarei nach Argolis zurück, ehe ich sterbe! Erlöse mich! Kommst du aber nicht, Orestes, so seist du und dein Haus verflucht!«

Lange konnten die beiden Freunde vor Staunen und Rührung kein Wort sprechen. Endlich nahm Pylades das Blatt aus den Händen der Jungfrau und überreichte es dem Königssohn. »Orestes«, sagte er, »hier übergebe ich dir ein Schreiben deiner Schwester Iphigenia, die mich damit aus Tauris zu dir sendet. Sie ruft dich und harrt deiner in großer Sehnsucht — erlöse sie aus den Fesseln der Barbarei!«

Im nächsten Augenblick lagen die Geschwister einander weinend in den Armen. »O über alles Geliebter!« rief Iphigenia jetzt, »o einzig geliebter Bruder! Dank den himmlischen Göttern, die dich aus Argolis hierhergeführt haben! Wie klein warst du noch, wie zart, als ich dich zum letztenmal gesehen: in der Wiege lagst du im Palast, als ich von dir Abschied nahm, um mit der Mutter nach Aulis zu fahren, wo der Griechen Flotte regungslos in der windstillen Bucht lag. Und jetzt stehst du vor mir, und ich darf dich mit meinen Armen umfassen!«

Nun galt es, einen Plan zur Flucht zu schmieden. Iphigenia riet: »Ich werde dem König sagen, du, Orestes, seist ein Muttermörder aus Argolis – es ist ja die Wahrheit – und noch nicht entsühnt. Deshalb müsse erst ein Bad im Meer das Blut abwaschen, das von der entsetzlichen Tat noch an deinem Leib klebt. Und weil deine unreinen Hände, so werde ich sagen, das Standbild der Göttin im Tempel schutzflehend berührt haben, so sei das Bildnis entweiht und müsse gleichfalls im Meer gewaschen werden. Sind die Ruderer eures Schiffes in Waffen, werden sie die Krieger überwältigen, die uns der König zur Bewachung mitgeben wird. Ihn selbst werde ich bitten, während unserer Anwesenheit am Strand das entweihte Tempelgewölbe auszuräuchern, wo nach unserer Rückkehr die Opferung der Gereinigten stattfinden soll. Ihr aber bringt mich in die Bucht, wo euer Fahrzeug versteckt liegt, das uns, so uns die Götter gnädig sind, noch heute vom Ufer dieses dunklen Landes wegbringen wird. Das Bildnis der Göttin trage ich selber, denn nur die Priesterin darf es berühren. So wappnet euch mit Mut und Zuversicht, gleich wird Thoas erscheinen und das Opfer verlangen; wir aber wollen dann alles so ins Werk setzen, wie ich es euch jetzt sagte.«

Und Thoas kam. Wie es Iphigenia mit den Jünglingen vereinbart hatte, so gelang der Plan. Der König überwachte das Ausräuchern des Tempels – indessen schritt die Priesterin mit dem Bild der Göttin, gefolgt von Bruder und Freund, zum Meer hinab; eine Schar Kriegsknechte begleitete sie. Als der Zug nach einem mühsamen Abstieg in der unwirtlichen Bucht angelangt war und sich im Angesicht des wartenden Griechenschiffes dem Wasser näherte, gab Orestes seinen lauernden Mannen einen Wink. Da sprangen die Bewaffneten von Bord, fielen todesmutig über die wilden Taurier her und lieferten ihnen ein heißes Gefecht. Orestes und Pylades aber brachten die Jungfrau samt dem Bildnis über eine Leiter glücklich auf das Schiff, und nachdem die überlebenden Krieger des Thoas die Flucht ergriffen hatten und die tapferen Griechen alle an Bord waren, wurden die Haltetaue zerschnitten, worauf ein kräftiger Wind, der, aus dem Inneren der Halbinsel kommend, jäh in die Bucht hinabstieß, das starke Schiff mit prall gefülltem Segel aufs offene Meer hinaustrug.

Als die geschlagenen und geflohenen Krieger im Tempel meldeten, was geschehen war, geriet König Thoas in namenlosen Zorn. Er bot sein berittenes Kriegsvolk auf und stürmte an dessen Spitze hinab ans Meer. Er schwor, die Fremdlinge samt der treulosen Priesterin vom schroffsten Felsen in die Brandung hinabzustürzen oder sie bei lebendigem Leib pfählen zu lassen, wenn er sie noch in seine Gewalt brächte. Aber es war schon zu spät, zu weit vom Land schwamm das Schiff. Artemis hüllte es in ihren Schutz und brachte es nach Argolis.

Dem Thoas aber erschien am Strand Pallas Athene, die erhabene Göttin. Von einer lichten Wolke umgeben, schwebte ihre Riesengestalt über dem Boden, und mit Donnerstimme, die über die Häupter der Taurier hinrollte, rief sie: »Ihr Verblendeten! Laßt eure Pfeile im Köcher und die Wurfspeere in euren Händen, hütet euch, nach den Flüchtigen zu schießen! Auch eure Schiffe sollt ihr nicht vom Sand in die Salzflut ziehen, um die Griechen zu verfolgen. Hier geschah Götterwerk! Auf Apollons Geheiß kam Orestes in euer Land. Das Bildnis der Artemis führt er mit sich fort, denn die Göttin sehnt sich nach dem milderen Himmel von Argolis und Attika. In Athen wird Orestes der taurischen Artemis einen heiligen Hain weihen und ihr einen Tempel errichten, in welchem Iphigenia als Priesterin walten soll. Dort wird sie sterben und eine fürstliche Gruft finden. Du aber, Thoas, und du, Volk von Tauris, seid nicht zornig und gönnt den Entflohenen ihre Freiheit!«

König Thoas war ein ergebener Verehrer der Götter. Er warf sich deshalb vor der Erscheinung nieder und sprach anbetend: »O Pallas Athene! Wer Götterwort vernimmt und sein Ohr verschließt, der sündigt. Mögen deine Schützlinge mit dem Bildnis der Göttin ziehen, wohin du sie schickst. Ich senke meine Lanze vor den Göttern. Laßt uns in die Mauern unserer Stadt zurückkehren.«

Es geschah, wie Athene verkündet hatte. Die taurische Artemis erhielt ihren Tempel in Athen und behielt ihre Priesterin Iphigenia. Orestes wurde König und setzte sich in Mykene auf den Thron seiner Väter. Durch den Ehebund mit der einzigen, lieblichen Tochter des Menelaos und der Helena, Hermione, die vergebens an Neoptolemos, den Sohn des Achilleus, verlobt worden war und die der Bräutigam mit dem Verlust seines eigenen Lebens an Orestes abtreten mußte, gewann dieser auch das Königreich Sparta, nachdem er zuvor schon Argos erobert hatte. So herrschte er über ein mächtiges Reich, wie es sein Vater nie besessen hatte. Seine Schwester Elektra wurde mit Pylades vermählt, sie teilte mit ihm den Thron von Phokis. Chrysothemis starb unvermählt. Orestes selbst erreichte ein Alter von neunzig Jahren. Da zeigte sich der alte, erlöschende Fluch der Tantaliden noch einmal: eine Schlange biß ihn in die Ferse und brachte ihm den Tod.

ODYSSEE

Die Irrfahrten
und Abenteuer
des Listigen

Das Schicksal des Odysseus ist zum Gleichnis für den ruhelosen, umhergetriebenen, doch ständig suchenden Menschen geworden. Schon in der Antike wurde das Epos seiner Abenteuer als Spiegel des einsamen Daseins gesehen — seither haben es zahllose Künstler immer wieder nachempfunden und neu gestaltet.

TELEMACHOS UND DIE FREIER

Troja war gefallen und das Heer der Griechen heimgekehrt. Nur Odysseus, der Sohn des Laertes, Ithakas Fürst, irrte noch in der Ferne umher und war von einem seltsamen Schicksal betroffen. Nach mancherlei Abenteuern war er auf der unwegsamen, mit Wäldern bedeckten, einsamen Insel Ogygia gelandet, wo ihn eine Nymphe, die Göttin Kalypso, die Tochter des Atlas, in ihrer Grotte gefangenhielt, weil sie ihn zum Gemahl begehrte. Unsterblichkeit und ewige Jugend verhieß sie ihm; er aber blieb der fernen Gattin, der edlen Penelope, treu.

Nun wurde jedoch im Rat der Himmlischen beschlossen, daß Odysseus aus den Banden der Inselfürstin Kalypso befreit werden sollte. Auf die Fürbitte Athenes wurde Hermes, der Götterbote, auf die Insel Ogygia geschickt, um der schönen Nymphe den unwiderruflichen Ratschluß des Zeus zu verkünden, daß dem Odysseus die Wiederkehr in seine Heimat bestimmt sei. Athene selbst band sich die ambrosischen, goldenen Sohlen unter die Füße, womit sie über Wasser und Land dahinschwebt, nahm ihre mächtige Lanze mit der scharfen Spitze von Erz zur Hand, schwang sich von dem felsigen Gipfel des Olymps herab, und bald stand sie auf der Insel Ithaka. Ihre Göttergestalt war verwandelt, und mit der Lanze in der Hand glich sie dem tapferen Mentes, dem König der Taphier.

Im Haus des Odysseus herrschte Zügellosigkeit. Die schöne Penelope, die Tochter des Ikarios, war mit ihrem jungen Sohn Telemachos nicht lange Herrin in dem verlassenen Palast geblieben. Als Odysseus, nachdem längst die Nachricht von Trojas Fall und von der Rückkehr der anderen Helden gekommen war, als einziger nicht heimkehrte, verbreitete sich allmählich das Gerücht von seinem Tod. Bald fanden sich auf der Insel Ithaka selbst, auf der noch andere mächtige und reiche Leute außer dem Fürsten Odysseus wohnten, nicht weniger als zwölf, von der benachbarten Insel Samos vierundzwanzig, von Zakynth zwanzig, ja von Dulichion zweiundfünfzig Freier mit einem Herold, einem Sänger, zwei geübten Köchen und großem Sklavengefolge bei Penelope ein. Unter dem Vorwand, um die Hand der jungen Witwe zu werben, lebten sie alle im Hause des Odysseus, zehrten vom Gut des abwesenden Fürsten und benahmen sich frech und übermütig. Dieses Unwesen währte nun schon über drei Jahre. Als Athene in der Gestalt des Menthes ankam, fand sie die prassenden Freier eben im Hof des Hauses mit Brettspielen beschäftigt. Wer nicht gerade bunte Steine schob, lag auf den Häuten von Rindern hingestreckt, die man aus den Ställen genommen und geschlachtet hatte. Herolde und Diener eilten geschäftig hin und her: die einen mischten in gewaltigen Krügen Wein mit Wasser, andere säuberten die langen Tische mit Schwämmen und zerlegten das reichlich aufgetragene Fleisch.

Der Sohn des Hauses, Telemachos, saß mit betrübtem Herzen unter den Freiern und gedachte seines herrlichen Vaters, ob er nicht endlich käme, die frechen Eindringlinge zu verjagen und sein Haus in Besitz zu nehmen. Als er die Göttin in der Gestalt des fremden Königs erblickte, eilte er ihr am Tor entgegen, faßte die Rechte des vermeintlichen Gastfreundes und hieß ihn willkommen. »Sage mir, edler Fremdling, wer du bist«, bat Telemachos. »Bist du vielleicht ein Gastfreund meines Vaters?«

»Ich bin«, antwortete Athene, »Menthes, der Sohn des Anchialos, und herrsche über die Insel Taphos. Ich kam, weil ich glaubte, dein Vater sei wieder daheim. Denn wisse, ich habe deinen Vater gekannt, bevor er nach Troja fuhr. Seitdem sah ich ihn nicht mehr. Doch sage mir, was ist das für ein Tumult in deinem Haus? Feierst du ein Gastmahl oder ein Hochzeitsfest?«

Telemachos antwortete mit einem Seufzer: »Ach, lieber Gastfreund, früher war unser Haus angesehen und begütert – jetzt ist es anders. Alle diese Männer aus der Nachbarschaft, die du hier siehst, umwerben meine Mutter und verprassen unser Gut. Sie selbst verabscheut zwar eine Wiedervermählung, aber sie kann sich der Freier nicht erwehren. Indessen verwüsten diese Schlemmer mein Haus, und bald werden sie mich selbst umbringen!«

Voll Zorn und Schmerz antwortete die Göttin: »Wie sehr bedarfst du doch des Vaters, Jüngling! Ich rate dir: Sieh zu, wie du diesen lästigen Schwarm aus dem Palast vertreibst! Laß mich dir dabei helfen. Geh morgen zu ihnen und befiehl ihnen, den Palast zu räumen. Deiner Mutter aber sage: wenn ihr Herz eine Vermählung wünscht, so soll sie in den Palast ihres königlichen Vaters heimkehren; dort mag die Hochzeit angeordnet, die Brautgabe bereitet werden. Du selbst aber rüste dein bestes Schiff mit zwanzig Ruderern aus und fahr zur See, den lange entbehrten Vater zu suchen. Geh zuerst nach Pylos, im Land Messenien, frag dort den ehrwürdigen Greis Nestor; weiß er dir nichts zu sagen, so wende dich nach Sparta, zum Helden Menelaos, denn dieser ist als letzter der Griechen heimgekehrt. Hörst du dort, daß dein Vater lebt, daß er wiederkehrt — dann ertrage die Trennung noch ein Jahr. Erfährst du aber, er sei gestorben, so kehre heim, bringe Totenopfer dar und errichte ihm ein Denkmal. Findest du dann die Freier noch immer in deinem Haus, sieh zu, wie du sie durch List oder im Kampf tötest. Du bist groß und kräftig; handle so, daß einst spätere Geschlechter dich loben!«

Nach diesen Worten enteilte die Göttin. Telemachos aber befolgte ihren Rat und beschuldigte die Freier, das Gut seines Vaters geplündert zu haben. Keiner von ihnen antwortete, nur Antinoos, der Sohn des Eupeithes, wagte eine heftige Widerrede. Er erhob sich und rief laut: »Trotziger Jüngling, was erlaubst du dir gegen uns? Nicht die Freier sind schuld, sondern deine eigene Mutter, die ränkevolle! Mehr als drei Jahre sind nun vergangen, und noch immer spottet sie des Wunsches ihrer Bewerber. Allen verspricht sie Gunst, bald diesem, bald jenem, aber im Herzen denkt sie ganz anders. Wir durchschauen ihre List. In ihrer Kammer hat sie ein großes Gewebe begonnen und den Freiern gesagt: ›Ihr Jünglinge, wartet mit der Entscheidung und der Hochzeit nur so lange, bis ich das Leichengewand für den Vater meines Gemahls, den alten Laertes, fertig gewirkt habe, damit, wenn er dereinst stirbt, keine Griechin mich tadle und die Leiche des angesehenen Mannes festlich gekleidet sei!‹ Mit diesem frommen Vorwand hielt sie uns hin. Nun saß sie auch wirklich tagsüber da und wirkte an ihrem großen Gewebe, in der Nacht aber, beim Kerzenlicht, trennte sie heimlich alles wieder auf, was sie am Tag gewoben hatte. So entging sie unserem Drängen und täuschte uns. Eine der Dienerinnen, welche sie nachts beobachtete, hat uns dieses berichtet. Befiehl ihr nun, sich demjenigen zu vermählen, den ihr Vater bestimmen wird oder den sie sich selbst erwählen mag. Wenn sie uns aber noch länger verhöhnt und mit ihrem Truggewebe zu täuschen sucht, so zehren wir auch weiterhin von deinem Gut, und nicht eher weichen wir von deinem Herd, bevor nicht deine Mutter einen Gatten gewählt hat.«

Da drang Telemachos nicht weiter in sie, schritt hinab an das Meer, wusch sich die Hände in der Flut und flehte den unbekannten Gott an, der tags zuvor bei ihm zu Gast gewesen war. Sogleich nahte ihm Pallas Athene, doch diesmal in Mentors Gestalt. »Ich bin deines Vaters ältester Freund«, sprach sie, »ich will auch dein treuester sein, dir ein schnelles Schiff besorgen, wie du es brauchst, und dich selber begleiten. Eile nach Hause, steig hinab in deines Vaters Vorratskammer, dort nimm dir zwanzig Maß Mehl in Schläuchen und zwölf Henkelkrüge mit Wein. Sobald die Mutter ins Schlafgemach gegangen ist, schaffe alles zum Hafen.«

Telemachos gehorchte, während Athene in des Jünglings eigener Gestalt zur selben Stunde bei dem reichen Bürger Neomon eintrat und von diesem Schiff und Ruderknechte entlieh. Dann mischte sie sich unter die Freier im Saal und machte sie so berauscht, daß ihnen die Becher aus den Händen fielen und sie in tiefen Schlummer sanken. Hierauf flog sie hinab ans Ufer, half in Mentors Gestalt, den Gefährten die Nahrung an Bord zu bringen, und bestieg zuletzt an Telemachos' Seite selber das Schiff. Der Wind schwellte die Segel, sie stießen ab und glitten hinaus in die Nacht.

Bei Sonnenaufgang lag Pylos, Nestors Stadt, vor den Blicken der Seefahrer. Eben opferte das Volk dem Meergott schwarze Stiere, Nestor saß mit seinen Söhnen inmitten der Menge beim Opfermahl. Die Ankömmlinge wurden freundlich begrüßt und bewirtet, auf dickwolligen Fellen saßen sie zu beiden Seiten des Königs und schmausten. Als Hunger und Durst gestillt waren, fragte Nestor: »Wer seid ihr, und was führt euch nach Pylos?« Da antwortete Telemachos: »Ich bin gekommen, nach meinem Vater Odysseus zu forschen. Kannst du, geliebter Greis, mir sagen, wo er weilt? Schone mein Herz nicht und berichte mir alles!«

Da schüttelte Nestor das Haupt, traurig sprach er: »Arge Stürme trieben die Flotte der Griechen auseinander, niemand weiß, wo Odysseus, der herrliche Held, blieb. Doch wende dich nach Sparta, zum Fürsten Menelaos, der war am längsten von uns allen unterwegs, mag sein, daß er dir besser dienen kann als ich.«

Athene nickte und sprach: »So will ich zurück zu unserem Schiff und dort die Nacht zubringen. Morgen früh fahre ich dann zum Volk der

Kaukonen; ich habe dort eine alte Goldschuld einzutreiben. Den Telemachos aber, o König, sende zu Wagen nach Sparta und gönne ihm, bis dahin bei dir im Palast zu ruhen, denn es ist Abend geworden.«

So sprach die Göttin und flog in Adlergestalt davon. Alle sahen ihr staunend nach, Nestor aber ergriff Telemachos' Hand und sagte: »Lieber Sohn eines geliebten Helden, sei zuversichtlich, da Götter deine Jugend beschirmen. Niemand anderer als Athene, die Tochter des Zeus, war deine Begleiterin. Wir wollen ihr morgen in aller Früh ein Rind mit vergoldeten Hörnern opfern.«

Und so geschah es. Als die Morgenröte die weißen Marmorquadern vor dem Palast rosig färbte, auf denen einst Nereus, Nestors Vater und Vater der Meergöttin Thetis, zu sitzen pflegte, wurde eine Kuh herangeführt. Ein Goldschmied umkleidete ihre Hörner mit dem glänzenden Metall, und so geschmückt, wurde das sanfte Tier der Göttin geweiht und geopfert, während Nestor, auf den Marmorstufen ruhend, zusah, wie das Blut den Altar besprengte.

Nach dem Mahl nahm Telemachos ein Bad, salbte seinen Leib, der von göttlicher Schönheit war, und bestieg dann mit Nestors unvermähltem Sohn Peisistratos den Wagen, der ihn nach Sparta bringen sollte. Peisistratos straffte die Zügel und schwang die Geißel, da flogen die Rosse dahin; Pylos blieb weit hinter den Reisenden zurück, und noch vor Abend gelangten sie nach Pherai, wo sie beim Helden Diokles die Nacht zubrachten. Am anderen Tag fuhren sie zwischen üppigen Weizenfeldern weiter nach Sparta, das zwischen Bergen eingebettet liegt.

Der Abend verdunkelte schon die Wege, als Telemachos und sein Begleiter den Königspalast betraten, wo es hoch herging, weil Megaphentes, der Sohn des Königs, mit einer edlen Spartanerin Hochzeit hielt. Zugleich feierte man die Verlobung von Achilleus' Sohn Neoptolemos mit Hermione, des Menelaos und der Helena Tochter.

Der Fürst nahm die Jünglinge gastfreundlich auf. Er umarmte Telemachos und beweinte mit ihm das Los des Odysseus. Über dessen Verbleib konnte er jedoch nur berichten, was ihm der heilige Meergreis Proteus geweissagt hatte. »Ich war«, so erzählte Menelaos, »an Ägyptens Küste gekommen, um die Weisheit des göttlichen Wesens zu befragen. Proteus aber, wie alle Wassergeister, nahm vor meinen Augen immer neue Gestalten an und entwischte mir lange. Bald war er Löwe, bald Schlange, bald Panther, bald Eber, zuletzt entschlüpfte er mir als hochgewachsener Baum oder als schäumende Welle. Endlich bekam ich ihn in seiner wahren Gestalt zu fassen und zwang ihn, mir die Schicksale aller aus Troja heimkehrenden Helden zu offenbaren. Als ich ihn nach Odysseus befragte, antwortete er: ›Tränen der Sehnsucht sah ich Odysseus vergießen. Auf einer einsamen Insel fand ihn mein Geist, gefangen in einer schillernden Grotte. Kalypso, die Nymphe, hält ihn dort gefangen. An Schiffen fehlt es dem Helden, an Ruderern, um nach Hause zu gelangen!‹ — Nun weißt du alles, was ich weiß, geliebter Telemachos.«

»Wenn Proteus dir das verkündet hat, so ist das auch wahr, denn unfehlbar ist sein Geist!« rief Telemachos und sprang auf. Gerne hätte Menelaos ihn noch elf oder zwölf Tage bei sich gehabt und ihn erst dann, reich beschenkt, entlassen. Aber der junge Held ließ sich nicht halten. Kaum daß er am anderen Morgen ein Frühstück aus Schaf- und Ziegenfleisch zu sich nahm, so sehr trieb es ihn fort. Zum Abschied schenkte ihm der König einen Mischkrug aus Silber mit goldenem Rand. Es war eine unvergleichlich schöne Arbeit des kunstreichen Gottes Hephaistos.

Während dies in Pylos und Sparta geschah, schlemmten die Freier daheim in Ithaka lustig weiter und vergnügten sich zur Abwechslung mit Diskuswerfen und Speereschleudern vor dem Palast des Odysseus. Als Antinoos und Eurymachos einmal abseits standen, um zu rasten, trat Neomon zu ihnen und sprach: »Wißt ihr vielleicht, wann Telemachos aus Pylos zurückkehrt? Er lieh sich von mir ein Schiff und Ruderknechte, Mentor begleitete ihn — oder war es ein Gott in dessen Gestalt? Ich sah doch Mentor noch gestern hier!«

Die Freier waren bestürzt. Zornig rief Antinoos: »Dieser Wirrkopf hat Gefährliches im Sinn, seine Kühnheit wird uns noch schaden! Gebt mir einen Schnellsegler und zwanzig Ruderer, ich will ihm zwischen Ithaka und Samos auflauern und seiner Fahrt ein schreckliches Ende bereiten!«

Die Verschwörung der Freier blieb aber nicht unbelauscht. Ein Bote, der treu zu Penelope hielt, hatte alles gehört und berichtete es der Fürstin. In ihrer Verzweiflung bat sie Athene um Hilfe, und als sie sich bald darauf zur Ruhe begab, sandte ihr die Göttin ein Luftgebilde. Dieses hatte die Gestalt von Penelopes Schwester Iphthime angenommen und sprach der Träumenden Trost zu: »Athene begleitet und schützt dein Kind, es kehrt gesund zu dir zurück, sei ohne Sorge. Aus Mitleid mit dir schickte mich die Göttin hierher!« Dieser Traum besänftigte Penelopes Kummer, und als es Morgen wurde, erwachte sie fröhlich.

Die Freier aber schifften inzwischen auf bewegtem Meer jener schroffen Felseninsel entgegen, die in der Meerenge zwischen Ithaka und der Insel Samos liegt; Asteris hieß die Insel. Dort legten sie sich zwischen den Klippen in einen Hinterhalt.

ODYSSEUS BEI DEN PHÄAKEN

Hermes, der Götterbote, schwang sich aus dem Äther hinab aufs Meer, flog wie eine Möwe über die tiefblauen Wellen und landete, wie die Götterversammlung beschlossen hatte, auf Ogygia, der Insel Kalypsos. Er fand die schöngelockte Nymphe auch wirklich zu Hause in ihrer Kammer. Sie sang mit klangreicher Stimme und wirkte mit goldener Spule an einem herrlichen Gewebe. Kalypso erblickte den Nahenden und erkannte ihn sogleich. Als sie die Botschaft des Gottes vernahm, zögerte sie und sprach endlich: »O ihr grausamen, eifersüchtigen Götter! Könnt ihr denn nicht dulden, daß eine Unsterbliche sich einen Sterblichen zum Gemahl erwählte? Mißgönnt ihr mir den Umgang mit dem Mann, den ich vor dem sicheren Tod gerettet habe, als er, an den geborstenen Kiel seines Schiffes geklammert, an meine Küste geschleudert wurde? Alle seine tapferen Freunde waren zugrunde gegangen; sein Schiff hatte der Blitz getroffen; einsam trieb er auf den Trümmern dahin. Ich nahm den Schiffbrüchigen freundlich auf und stärkte ihn mit Nahrung. Aber weil Zeus es so will und gegen seinen Willen keiner etwas vermag, soll er wieder hinausfahren auf das unendliche Meer. Nur verlangt nicht von mir, daß ich selbst ihn fortschicke; fehlt es doch meinen Schiffen an Bemannung und an Rudergeräten! Doch mein guter Rat soll ihn geleiten, damit er unversehrt das Ufer seines Heimatlandes erreiche.«

Hermes war mit dieser Antwort zufrieden und eilte zurück zum Olymp. Kalypso selbst aber ging hinunter an den Meeresstrand, wo der traurige Odysseus saß, trat nahe zu ihm heran und sprach: »Armer Freund, dein Leben soll dir nicht weiter in Schwermut verrinnen. Ich gebe dich frei. Behaue mächtige Balken, füge sie mit Erz zu einem Floß, und säume es mit hohen Brettern! Wasser, Wein und Speise will ich dir hineinlegen, dich mit Kleidern versorgen. Dann schicke ich dir günstigen Wind vom Land; mögen die Götter dich glücklich heimgeleiten!«

Mißtrauisch blickte Odysseus die Nymphe an und sprach: »Gewiß sinnst du auf etwas ganz anderes, schöne Nymphe! Nie und nimmer besteige ich ein Floß, bevor du mir nicht den großen Göttereid schwörst, daß du nichts Übles zu meinem Schaden planst.«

Aber Kalypso lächelte. Sanft mit der Hand ihn streichelnd, antwortete sie: »Ängstige dich nicht mit solchen Gedanken! Die Erde, der Himmel und der Styx seien meine Zeugen, daß ich nichts Böses mit dir vorhabe!«

Bald war das Floß gezimmert, und am fünften Tag schwoll das Segel des Odysseus im Wind. Er selbst saß am Ruder und steuerte kunsterfahren durch die Flut. Kein Schlaf überkam seine Augen, immer wieder blickte er nach den Sternen und richtete sich nach den Zeichen, die Kalypso ihm beim Abschied erklärt hatte. So fuhr er siebzehn Tage auf dem Meer. Am achtzehnten erschienen endlich vor ihm die dunklen Gebirge des phäakischen Landes. Grau lag es da, wie ein Schild im dunklen Meer. Jetzt erst entdeckte ihn Poseidon, der dem Helden zürnte — er war es gewesen, der Odysseus zu Kalypso getrieben hatte. Sogleich ballte er die Wolken, wühlte das Meer mit seinem Dreizack auf und rief die Orkane zum Kampf herbei, so daß Meer und Erde in Dunkel versanken. Stürme umtobten das Floß des Odysseus, daß diesem Herz und Knie erzitterten. Eine gewaltige Welle stürzte auf das Floß und riß es herum; Odysseus taumelte, das Steuer entglitt seiner Hand, Mastbaum und Segelstangen flogen auf das entfesselte Meer hinaus.

Verzweifelt trieb er zwei Tage und Nächte im Meer, dann erblickte er endlich ein waldiges Ufer, wo die Brandung an die Klippen donnerte. Eine hochgehende Woge trug ihn, ehe er einen Entschluß fassen konnte, diesem Ufer entgegen. Erschöpft sank er auf den Sand, aus Mund und Nase strömte Meerwasser, und nach dieser fürchterlichen Anstrengung sank er in eine tiefe Ohnmacht. Als er nachts wieder zu sich kam, beschloß er, den Hügel hinaufzugehen und sich im nahen Wald zu verbergen. Hier fand er eine Zuflucht unter zwei dicht verschlungenen Olivenbäumen, einem wilden und einem zahmen, die so stark belaubt waren, daß weder Wind noch Regen, noch irgendein Sonnenstrahl sie je durchdrangen. Dort bereitete sich Odysseus aus den gefallenen Blättern ein Lager. Erquickender Schlaf überkam ihn sogleich und ließ ihn alles überstandene Leiden vergessen.

Der deutsche Archäologe Heinrich Schliemann (links) hat die Königsstadt Mykene (vorhergehende Seite) und Troja (oben) erforscht. Auf dem Salbgefäß rechts unten ist das Urteil des Paris dargestellt, auf der Amphora rechts oben Achilleus und Ajax beim Würfelspiel — beides Szenen aus dem Epos »Ilias«.

Nach vergeblichen Kämpfen um Troja griffen die Griechen zu einer List: sie verbargen sich in einem hölzernen Pferd und drangen so in die Stadt ein (oben). Der Priester Laokoon, der diese List erkannte, wurde der Sage nach von Meerschlangen erwürgt — die berühmteste Darstellung dieser Szene, die Plastik »Laokoongruppe«, befindet sich heute im Vatikan.

Während Odysseus so schlief, wachte seine Beschützerin Athene liebreich über ihn. Die Phäaken, an deren Land sich der Schiffbrüchige gerettet hatte, bewohnten eine mit Mauern umgürtete Stadt. Dort herrschte ein König mit Namen Alkinoos. Seine Tochter, schön und anmutig wie eine der Unsterblichen, hieß Nausikaa. In deren Schlafgemach begab sich Athene, leise wie ein Lüftchen trat sie an das Bett der Jungfrau und rief die Träumende in der Gestalt einer ihrer Gespielinnen an: »Die edelsten deines Volkes werben um dich, schöne Königstochter! Du aber hast nichts vorbereitet, womit du deine Jungfrauen und die Brautführer kleiden könntest, wenn der Tag deiner Hochzeit herannaht. Ungewaschen liegen die schönen Gewänder in Schränken und Truhen! Erhebe dich mit der Morgenröte und wasche sie!«

Das Traumbild entschwand. Eilig erhob sich Nausikaa und suchte die Eltern auf. »Ach Vater«, sprach sie, »laß mir einen Wagen anspannen, ich will meine kostbaren Kleider hinab zum Fluß bringen und dort waschen! Auch deine und deiner fünf Söhne Gewänder will ich mitnehmen, damit ihr jederzeit für Feste gerüstet seid.«

Daß sie an die eigene Hochzeit dachte, verschwieg Nausikaa schamhaft, aber der Vater merkte es dennoch. »Geh nur, mein Kind«, sagte er lächelnd, »die Knechte sollen dir anspannen.«

Sogleich trug Nausikaa mit ihren Mägden die feinen Kleider aus der Kammer und belud den Wagen. Die Mutter versorgte sie mit süßem Gebäck, Obst und Wein, gab ihnen auch ein Fläschchen Salböl mit, das die Mädchen nach dem Bad gebrauchen sollten; dann schwang sich Nausikaa auf das Gefährt, ergriff Zügel und Peitsche und lenkte die Maultiere mit kundiger Hand zum Fluß hinab. Die Gespielinnen liefen nebenher. Am Ufer angekommen, wuschen sie gemeinsam alle Gewänder und breiteten sie dann Stück für Stück auf den weißen Kieseln am Strand zum Trocknen aus. Dann sprangen sie alle nackt in den Fluß, tummelten sich scherzend im Wasser, salbten sich nach dem Bad mit dem duftenden Öl und setzten sich rings um den Speisekorb zum Frühstück nieder.

Als sie gesättigt waren, vertrieben sie sich die Zeit mit lustigem Ballspiel. Als Nausikaa einmal den Ball einer Gespielin zuwarf, lenkte ihn die unsichtbar gegenwärtige Athene so, daß er statt in die Hände des Mädchens in das wirbelnde Wasser des Flusses fiel. Laut kreischten die Spielenden auf und weckten mit ihrem Schrei Odysseus. Horchend richtete der Held sich auf, brach sich aus dem wuchernden Gehölz der Olivenbäume einen starken, belaubten Zweig, bedeckte damit seine Blöße und tauchte so aus dem Dickicht hervor. Wie ein wilder Berglöwe erschien er den Jungfrauen, die schreiend nach allen Seiten auseinanderstoben. Nur Nausikaa floh nicht. Athene hatte ihrem Herzen Mut eingeflößt, und so stand sie still und erwartete den seltsamen Fremdling, der noch mit Meerschlamm bedeckt war; wirr umrahmten Haupthaar und Bart sein Gesicht.

»Ob du eine Göttin bist oder eine sterbliche Jungfrau«, rief Odysseus der Königstochter von weitem zu, »erbarme dich meiner, schutzflehend nahe ich dir. Ein Sturm warf mich an diesen Strand. Gib mir Kleidung, und zeige mir die Stadt, in der du wohnst! Mögen die Götter dir dafür alles geben, wonach dein edles Herz begehrt: einen Gatten, ein eigenes Haus und Frieden und Eintracht dazu!«

»Du scheinst weder böse zu sein noch ein Tor«, erwiderte Nausikaa. »Phäaken bewohnen dieses Land, ihr König heißt Alkinoos, und ich bin seine Tochter.« So sprach sie und rief ihre Dienerinnen herbei. Die verschreckten Mädchen legten dem Helden einen Mantel und einen Leibrock ins Gebüsch, reichten ihm auch das goldene Fläschchen mit dem Salböl. Odysseus wusch sich und salbte seinen Leib, glättete sein Haar und legte die Kleider an.

Als er wieder hervortrat, staunte Nausikaa über seine herrliche Gestalt und sagte zu den Gespielinnen: »Diesem Mann sind gewiß nur wenige Götter feindlich gesinnt; seht nur, wie Hoheit und Anmut ihn umstrahlen! O lebte doch ein solcher Mann unter unserem Volk und wäre mir zum Gemahl bestimmt! Auf, ihr Mädchen, stärkt ihn mit Speise und Trank!«

Dankbar labte sich Odysseus an der lange entbehrten Nahrung. Dann wurde der Wagen mit der inzwischen getrockneten Wäsche beladen, die Mägde spannten die Maultiere davor, und Nausikaa schwang sich auf den Sitz. »Folge mit meinen Mädchen zu Fuß«, sagte sie freundlich zu Odysseus, »sie werden dich geleiten, solange es durch Wiesen und Äcker geht. Erblickst du die Stadt, so findest du dich leicht allein zurecht. Warte noch ein wenig, bis wir deinen Augen entschwunden sind. Dann erst suche meines Vaters Palast, der unter allen Häusern hervorragt, und umfasse dort die Knie meiner Mutter. Gewinnst du ihr Herz, darfst du sicher hoffen, deiner Väter Heimat bald wieder zu schauen.«

So betrat Odysseus nach einiger Zeit die Stadt allein. Er bewunderte die Anlage des Hafens und betrachtete voll Schauer den prächtigen Tempel des Meergottes Poseidon, den die Phäaken als tüchtige Seefahrer, die sie waren, besonders verehrten. Auf dem Marktplatz, den Odysseus überquerte, wurden Seile gedreht und Ruder geschnitzt und allerlei anderes Schiffsgerät angeboten. Kein neugieriger Blick, kein zudringliches Wort störten den Fremden. Er gelangte unbeachtet bis vor den Palast, der hell wie die Sonne strahlte. Hinter der Schwelle des äußeren Tores umfingen den Eintretenden Wände aus gediegenem Erz mit Gesimsen aus bläulichem Stahl. Die Tür in das Innere des Palastes hing an silbernen Pfosten, die auf eherner Schwelle ruhten, sie war aus purem Gold. Goldene und silberne Hunde, unvergleichliche Meisterwerke des Götterschmiedes Hephaistos, bewachten zu beiden Seiten das Portal.

Als Odysseus den Palast betrat, fand er die Fürsten beim Schmaus. Er durchschritt den Saal und blieb vor dem Thronsessel der Königin Arete stehen, warf sich vor ihr nieder und umfaßte ihre Knie. »Schutzflehend nahe ich mich dir und deinem hohen Gemahl«, rief er. »Erbarmt euch meiner! Wie ein Verbannter irre ich in der Fremde umher. Helft mir, daß ich die Heimat wiedersehe! Mögen die Götter euch dafür Gesundheit und langes Leben schenken!«

Nach diesen Worten erhob er sich vom Boden, ging zum offenen Herd, auf dem das Feuer brannte, und setzte sich dicht daneben demütig in die erkaltete Asche. Die Phäaken blieben anfangs stumm. Bald aber brachen sie ihr Schweigen und riefen: »König, es schickt sich nicht, daß dieser Mann in der Asche hockt! Edel scheint uns der Fremdling, biete ihm einen Sitz an, und befiehl den Herolden, neuen Wein zu mischen. Wir wollen Zeus, dem Hüter der Gastfreundschaft, ein Trankopfer darbringen!«

Alkinoos gefiel diese Rede. Er stand auf, nahm Odysseus gütig an der Hand und führte ihn zu einem Sitz an seiner Seite, wo sein eigener Sohn und Liebling Laodamas ihm Platz machen mußte. So tafelte der Held im Kreis von Helden, und als das Trankopfer dargebracht war und die Gäste sich erhoben, lud der König alle für den nächsten Tag zu einem Freudenmahl.

Nun erst fragten Alkinoos und Arete den Fremdling, wer er sei und woher er komme. Odysseus verschwieg seinen Namen, erzählte aber ausführlich, wie es ihm als Gefangener der Nymphe Kalypso ergangen sei und was er seit seiner Abfahrt von dort erlebt habe. Voll Dankbarkeit gedachte er zuletzt auch der schönen Nausikaa, die ihn so edelmütig behandelt hatte. Das Königspaar lauschte gespannt seiner Erzählung und fragte nicht weiter. Alkinoos versprach ihm sicheres Geleit in die Heimat und wies ihm eine Kammer und ein Nachtlager an.

Tags darauf berief der König die vornehmsten Bürger der Stadt zu einer Ratsversammlung auf den Marktplatz. Sein Gast mußte ihn dorthin begleiten, und als sie beide auf zwei schönbehauenen Steinen nebeneinander Platz genommen hatten, ruhten aller Augen bewundernd auf Odysseus. In feierlicher Rede erbat Alkinoos für den edlen Fremdling ein gutes Ruderschiff mit zweiundfünfzig Jünglingen als Besatzung, und die Häupter des Volkes gewährten ihm diesen Wunsch. Hierauf lud der König zu einem Festmahl.

Bald wimmelten Höfe und Hallen von Geladenen. Zwölf Schafe, acht Schweine und zwei Stiere waren für den Schmaus geschlachtet worden, an mächtigen Spießen drehten sich die Braten über dem Feuer. Als dann das Mahl beendet war, sollte der blinde Sänger singen. Man hob sein Saitenspiel vom Haken und legte es ihm in den Arm. Er besang die Heldentaten der Griechen vor Troja, er sang von Achilleus und von Odysseus, und als dieser seinen Namen hörte, entstürzten seinen Augen Tränen, und er verhüllte sein Haupt.

Alkinoos befahl sogleich, den Gesang zu enden, den traurigen Gast vielmehr durch Kampfspiele zu ermuntern und zu ehren. Die Menge strömte auf den Markt hinaus, hier maßen sich drei Söhne des Alkinoos und viele andere Jünglinge im Wettlauf und im Springen, im Ringen und im Scheibenwerfen. Sie forderten Odysseus auf, sich am Wettspiel zu beteiligen, doch dieser lehnte ab. Da neckte ihn einer der Jünglinge, der im Wettspiel gesiegt hatte. »Fürwahr«, rief er, »du benimmst dich nicht wie ein Mann, der zu kämpfen versteht. Held bist du keiner.«

Odysseus blickte den Spötter an und sprach: »In meiner Jugend nahm ich es wohl mit dem Tüchtigsten auf, doch seither haben mich Schlachten und Stürme geschwächt. Dennoch will ich es versuchen, weil du mich gefordert hast!«

Damit erhob er sich von seinem Sitz und ergriff eine steinere Scheibe. Sie war größer und schwerer als die, deren sich die Phäaken beim Spiel bedienten. Ohne den Mantel abzulegen, holte Odysseus aus und schleuderte den gewaltigen Diskus. Rund und blitzend wie das Rad an Helios' Sonnenwagen surrte er durch die Luft und fiel weit hinter dem Ziel zu Boden. Noch nie war im Phäakenland ein solcher Wurf getan worden.

Stumm sahen die Jünglinge auf Odysseus. So hoch der Held die Trojaner an List überragt hatte, so hoch überragte er die Phäaken an Kampfeskraft. König Alkinoos trat auf ihn zu und sprach: »Niemand wird hinfort an deiner Stärke zweifeln, edler Fremdling. Doch mögest du dereinst daheim bei Weib und Kind auch unserer Taten gedenken. Wir sind zwar nicht die Ersten im Faustkampf und im Ringen, aber als Wettläufer und Seefahrer, da stellen wir unseren Mann. Und im Saitenspiel und im Reigentanz sind wir unerreichte Meister. Den leckersten Schmaus, den schönsten Schmuck, das lindeste Bad und das weichste Bett, die findest du bei uns. Auf, ihr Tänzer und Sänger, zeigt unserem Gast eure Kunst, damit er zu Hause von euch erzählen kann!«

Da ordneten sich die Jünglinge zum Reigen. Saitenspiel und Gesang erfüllten den Platz, und dann ließ Alkinoos dem Fremdling reiche Gastgeschenke geben. Zwölf Fürsten — mit dem König selbst waren es dreizehn — schenkten ihm jeder einen Leibrock, einen kostbaren Mantel und zwölf Pfund Gold. Diese Gaben wurden in den Palast gebracht und in einer schön verzierten Lade eingeschlossen. Ein besonders herrliches Goldgefäß fügte Alkinoos noch hinzu. Zuletzt erfrischte sich der Gast in einem warmen Bad.

Als er zu den Männern zurückkehren wollte, die sich schon wieder zu fröhlichem Schmausen und belebendem Trunk im Saal versammelt hatten, traf er an der Pforte Nausikaa, die er seit seinem Einzug in die Stadt nicht mehr gesehen hatte. Sie wollte von ihm Abschied nehmen, ehe er mit dem Schiff der Phäaken abfuhr. Bewundernd ruhte ihr Blick auf dem fremden Helden. Bewegt sprach Odysseus: »O Nausikaa, edles Mädchen! Nie werde ich dich vergessen! Wenn Zeus mich gnädig die Heimat wiedersehen läßt, will ich dir alle Tage ehrfürchtig Dank sagen — wie einer Göttin!«

Voll Glück und Schmerz zugleich vernahm Nausikaa diese Worte. Odysseus verneigte sich vor ihr. Dann betrat er den Saal und ließ sich an der Seite des Königs nieder.

Und wieder wurden mächtige Braten zerlegt, Herolde schenkten aus großen Mischkrügen Wein in die Becher, und wieder führte man den blinden Sänger zu seinem Sitz an der Säule. »Was soll ich dir singen, edler Gast?« fragte er, und Odysseus antwortete ihm: »Singe, wie des Laertes Sohn vor Troja das hölzerne Pferd zu zimmern befahl und wie er es mit Bewaffneten füllte!«

Freudig gehorchte der Sänger. Als aber Odysseus wieder heimlich zu weinen begann, gebot Alkinoos erneut Schweigen und sagte: »Laß deine Harfe ruhen, Demodokos, und spare dein Lied – unser schwermütiger Fremdling hängt seinem Gram nach, den wir nicht kennen und nicht zu lindern vermögen. Dennoch bist du uns lieb wie ein Bruder«, wandte er sich nun an Odysseus. »Möchtest du uns nicht anvertrauen, wer deine Eltern sind? Wie nennst du dich? Wo bist du daheim?«

Auf diese freundliche Rede antwortete der Held: »So vernehmt also, was mich bedrückt. Hört mein Leiden. Ich selber bin – Odysseus! Von meiner Klugheit spricht der Erdkreis, alle Menschen kennen meinen Namen und den Namen meines Heimatlandes. O Ithaka, du sonnige Insel, aus deren Mitte sich das waldige Gebirge Neriton erhebt, wann werde ich dich wiedersehen? Ich verließ die Heimat, um Agamemnons Heer nach Troja zu folgen. Was wir dort vollbrachten und litten, habt ihr längst aus dem Mund des Sängers gehört. Doch was mir die Götter auf der Heimfahrt an Prüfungen geschickt haben, das wißt ihr nicht. Ich will es euch jetzt erzählen.« Und Odysseus begann vor den gespannt lauschenden Phäaken seinen Bericht.

IM LAND DER KYKLOPEN

Von Troja fort trug mich der Wind westwärts, der Heimat zu. Unsere Schiffe machten gute Fahrt, und wie ich sehnten auch die Gefährten voll Ungeduld den Augenblick herbei, da Ithaka vor uns aus den Fluten auftauchen würde. Aber Zeus schickte uns plötzlich einen Orkan aus dem Norden, Meer und Erde hüllten sich in Wolken und Nacht. Mit sturmgebeugten Masten flogen wir dahin, und ehe wir die Segel einziehen konnten, barsten die Stangen und zerriß das Tuch. Neun Tage lang wurden wir vom Sturm umhergeschleudert, bis wir endlich ans Gestade der Lotophagen gelangten, die sich von nichts anderem als von Lotosfrüchten ernähren. Hier landeten wir und tranken frisches Wasser. Dann sandten wir einen Herold und zwei Mann auf Kundschaft aus. Sie gelangten in die Volksversammlung der Lotophagen und wurden von den gutmütigen Leuten sehr freundlich aufgenommen. Aber die Lotosfrucht, die man ihnen anbot, hatte eine eigentümliche Wirkung. Sie schmeckt süßer als Honig, und wer von ihr kostet, will nichts mehr von Heimkehr wissen, sondern immer in diesem Land bleiben. So mußten wir die Gefährten, während sie weinten und sich mit Händen und Füßen sträubten, gewaltsam zu den Schiffen zurückbringen.

Wir fuhren weiter und kamen zu dem wilden Volk der Kyklopen. Diese Riesen bebauen ihr Land nicht, sondern überlassen alles Wachstum den Göttern. Ohne Zutun des Menschen wachsen dort Weizen und Gerste, die edelsten Reben tragen großbeerige Trauben, und Zeus spendet mit mildem Regen seinen Segen dazu. Sie leben ohne Gesetze, hausen mit Weib und Kind in Höhlen rings auf den felsigen Gebirgshöhen, wie ein jeder will, keiner kümmert sich um den andern. Außerhalb der Bucht, in mäßiger Entfernung, erstreckt sich eine bewaldete Insel voll wilder Ziegen, die dort, von keinem Jäger geängstigt, sorglos grasen. Die Kyklopen fahren nicht zur See, sie kennen keinen Schiffsbau. Uns aber lenkte eines Gottes schirmende Hand in dunkler Nacht an diese friedliche Küste. Als es Morgen wurde, erlegten wir viele Ziegen auf fröhlicher Jagd, setzten uns sodann ans Feuer und taten uns gütlich am frischen Fleisch und am Wein, den wir noch in unseren Schläuchen hatten. Bis zum Abend schmausten wir.

Am anderen Tag packte mich die Lust, das gegenüberliegende Festland mit seiner Felsenküste zu erforschen. Ich fuhr mit meiner Mannschaft auf einem Schiff hinüber. Wir landeten und spähten umher. Da entdeckten wir hoch über uns eine mächtige Felsenkluft, die von Lorbeergesträuch dicht umschattet war. Davor lag ein Gehege aus eingerammten Steinen, hohen Fichten und Eichen. Hinter dieser ungeschlachteten Umzäunung hauste ein Mann von riesiger Gestalt, der seine Herde einsam auf entlegene Weiden trieb, nie mit anderen Umgang pflegte, auch nicht mit seinesgleichen, und stets nur Bosheit und Frevel im Sinn hatte.

Ich wählte mir zwölf meiner tapfersten Männer aus, hieß die übrigen an Bord bleiben und nahm einen Schlauch vom besten Wein mit. So gerüstet, stiegen wir auf einem wilden Pfad zur Felsenkluft empor. Wir trafen den Bewohner nicht an, er war wohl mit seinen Herden unterwegs. Furchtlos traten wir in die Höhle und wunderten uns über ihre Einrichtung. Da standen Körbe umher, angefüllt mit mächtigen Käselaiben, riesige Kübel voll frischer Molken, und die roh gezimmerten Ställe wimmelten von jungen Lämmern und Ziegen. Die Gefährten bestürmten mich sogleich, von dem Käse zu nehmen, soviel ihre Schultern tragen könnten, und damit zu den Freunden auf die Insel zurückzukehren. Hätte ich doch auf sie gehört! Aber ich war zu begierig, den Höhlenmenschen kennenzulernen. Also befahl ich, ein Feuer anzuzünden und zu opfern. Dann aßen wir ein wenig von dem Käse und warteten auf die Heimkehr des Hausherrn.

Endlich nahte er. Auf seinen Riesenschultern trug er eine ungeheure Last trockenen Klaubholzes. Er warf das Bündel krachend zu Boden. Wir versteckten uns angstbebend im äußersten Winkel der Höhle und sahen von dort aus zu, wie er seine Herde eintrieb. Die weiblichen Tiere ließ er alle in den Stall, Widder und Böcke aber mußten draußen im Gehege bleiben. Dann rollte er ein Felsstück vor den Eingang, das war so groß, daß es zwanzig vierrädrige Wagen nicht von der Stelle gebracht hätten, setzte sich gemächlich hin und begann seine Schafe und Ziegen zu melken. Die eine Hälfte der Milch versetzte er sogleich mit Lab; sie gerann, und er formte Käse daraus. Die andere Hälfte goß er in große Geschirre, das war sein tägliches Getränk.

Nun zündete er ein Feuer an, und in seinem Schein entdeckte er uns in unserem Winkel. Auch wir konnten jetzt seine Gestalt zum erstenmal genau sehen. Er trug, wie alle Kyklopen, ein einziges funkelndes Auge an der Stirn, hatte Beine wie tausendjährige Eichenstämme und Arme und Hände, groß und stark genug, um mit Granitblöcken zu spielen.

»Wer seid ihr, Fremdlinge?« fuhr er uns mit rauher Stimme an, die wie Donner im Gebirge klang.

Bei dem Gebrüll bebte uns das Herz im Leib. Doch nahm ich mich zusammen und erwiderte: »Wir sind Griechen und haben uns auf der Heimfahrt verirrt. Wir bitten dich um Schutz und um eine Gabe! Erhöre uns, denn Zeus beschirmt die Schutzflehenden und rächt ihre Mißhandlung.«

Gräßlich lachte der Kyklop auf: »Was kümmert mich Zeus? Glaubst du, wir Kyklopen fürchten seine Rache? Sage mir lieber sogleich, wo du dein Schiff verborgen hältst!«

Ich durchschaute seine Arglist und antwortete ihm: »Mein Schiff hat Poseidon unweit von hier an die Klippen geworfen und zertrümmert. Ich und diese zwölf Gesellen sind die einzigen, die dem Untergang entkamen.«

Auf diese Rede erwiderte das Ungeheuer nichts mehr, sondern streckte nur seine Riesenhände aus und packte damit zwei meiner lieben Gefährten. Er schlug sie wie junge Hunde zu Boden, daß Blut und Hirn umherspritzten, zerhackte Glied für Glied und fraß sie zum Abendbrot. Nachdem sich der Unhold seinen Bauch gefüllt und den Durst mit Milch gelöscht hatte, warf er sich der Länge nach auf den Boden der Höhle und schlief ein. Ich überlegte, ob ich ihm nicht das Schwert zwischen Zwerchfell und Leber in den Leib stoßen sollte, aber ich besann mich eines Besseren. Denn was hätte uns sein Tod genützt? Wir hätten den unermeßlich schweren Stein niemals vom Eingang der Höhle hinwegschaffen können und in der Finsternis elend sterben müssen. So ließen wir unseren Kerkermeister schnarchen und erwarteten in dumpfer Bange den Morgen. Als es dämmerte, stand der Kyklop auf, machte Feuer und molk seine Tiere. Dann ergriff er wieder zwei aus meiner treuen Schar, verspeiste sie zum Frühstück und trieb hierauf seine feiste Herde aus der Höhle, nachdem er zuerst den Felsen zur Seite geschoben hatte. Als alle Schafe und Ziegen im Freien waren, wälzte er den Stein wieder vor das Loch, wie man den Deckel auf einen Köcher setzt.

Wir hörten die gellenden Pfiffe, mit denen er seine Herde ins Gebirge trieb, und fragten uns voll Todesangst, wer als nächster an die Reihe kommen mochte, von dem Scheusal gefressen zu werden. Ich dachte mir allerlei Listen aus, wie man dem Einauge beikommen und die getöteten Freunde rächen könnte; ich entwarf manchen Plan und verwarf ihn wieder, bis mir endlich ein brauchbarer Gedanke aufblitzte. Ich hatte im Stall eine mächtige Keule aus grünem Olivenholz entdeckt; sie war so lang und dick wie der Mast eines großen Schiffes. Aus dieser Keule hieb ich mir einen Pfahl heraus, nicht stärker, als ein Männerarm umspannen kann. Ich spitzte das eine Ende zu, glühte es im Feuer hart und verbarg diese Waffe unter dem Mist, der in der Höhle haufenweise umherlag.

Am Abend kam der gräßliche Hirte mit seiner Herde zurück, und diesmal ließ er die Böcke nicht im Gehege über Nacht, sondern trieb alle Tiere in die Höhle herein. Er fügte den Stein wieder in die Öffnung, molk seine Eimer voll Milch und fraß zwei meiner liebsten Gefährten. Ich aber hatte inzwischen eine hölzerne Kanne mit dunklem Wein aus meinem Schlauch gefüllt, ging auf das Ungeheuer zu und sprach: »Da trink, Kyklop! Auf Menschenfleisch schmeckt der Wein vorzüglich. Solch köstliches Getränk führten wir auf unserem Schiff, und wir gedachten, mit dieser Spende dein Erbarmen und deine Hilfe zu belohnen.«

Der Kyklop griff wortlos nach der Kanne und leerte sie mit gierigen Zügen. Man sah ihm an, wie ihn die Süßigkeit und die Kraft des

Trankes entzückten. Als er fertig war, hielt er mir das leere Gefäß hin und sprach zum erstenmal in freundlichem Ton: »Fremdling, gib mir noch mehr zu trinken, und sag mir, wie du heißt, ich will dich auf der Stelle mit einem Gastgeschenk erfreuen. Ich selber heiße Polyphemos.«

Dreimal noch schenkte ich ihm die Kanne voll, und dreimal leerte er sie. Als ihm der Wein den Sinn zu umnebeln begann, sagte ich schlau: »Du willst meinen Namen wissen, Kyklop? Ich habe einen gar seltsamen: ich heiße Niemand. Niemand, so nannten mich die Eltern, Niemand rufen mich die Freunde, Niemand nennt mich alle Welt.«

Lallend entgegnete der Kyklop: »So will ich dich, Niemand, als letzten nach allen deinen Schiffsgenossen verspeisen, das ist mein Gastgeschenk. Bist du damit zufrieden?« Dann lehnte er sich nach hinten und sank um. Laut schnarchend lag er da, vom Rausch überwältigt, den feisten Nacken zur Seite gebeugt. Ich aber sprang auf, holte den spitzen Pfahl aus dem Mist, hielt ihn in die noch glimmende Asche, bis er rot aufglühte und beinahe Feuer fing, und stieß ihn sodann mit aller Kraft dem Riesen ins schlafende Auge. Wie ein Zimmermann, der einen Schiffsbalken durchbohrt, so drehte ich den Pfahl. Die Glut versengte Wimpern und Brauen bis an die Wurzeln, daß es prasselte, und das erlöschende Auge zischte, wie wenn man heißes Eisen ins Wasser taucht. Grauenvoll heulte der Geblendete auf, die Höhle widerhallte schaurig von seinem Gebrüll. Wir flüchteten in den äußersten Winkel der Grotte und verkrochen uns dort, bebend vor Angst.

Polyphemos riß sich den bluttriefenden Pfahl aus der Augenhöhle, schleuderte ihn weit von sich und rief laut schreiend seine Stammesbrüder herbei, die ringsum im Gebirge wohnten. Sie kamen von allen Seiten heran, umstellten die Höhle und fragten: »Wer tut dir etwas zuleid?«

Polyphemos aber brüllte aus der Höhle heraus: »Niemand tut mir etwas zuleid! Niemand bringt mich um!«

Als die Kyklopen das hörten, schüttelten sie die Köpfe und schrien zurück: »Nun, wenn niemand dir etwas tut, was schreist du dann so?« Und sie trollten sich. Mir aber lachte das Herz im Leib.

Der blinde Kyklop tappte winselnd vor Schmerz in seiner Höhle umher, bis er die Öffnung fand. Er rückte den Felsblock beiseite, setzte sich vor den Eingang und tastete mit den Händen beständig umher, um jeden von uns zu fangen, der etwa mit den Schafen entwischen wollte. Er hielt mich nämlich für so einfältig, daß ich versuchen würde, auf diese

Weise zu entfliehen. Ich aber hatte meinen Plan längst gefaßt und führte ihn aus. Mit Ruten aus dem Weidengeflecht, auf welchem der Kyklop schlief, band ich die fettesten Widder mit dem dichtesten Fell je drei und drei heimlich zusammen und flüsterte dann meinen Freunden zu: »Kriecht, jeder einzeln, unter einen der mittleren Widder, klammert euch an der Bauchwolle fest, und laßt euch so ins Freie schleifen. Der Riese wird nur die Rücken der Tiere betappen, ob auch kein Reiter darauf sitzt, nicht aber ihren Bauch, und außerdem beschützen euch die beiden Widder links und rechts.« Schweigend gehorchten sie. Ich wählte zuletzt für mich selber den stattlichen Bock, der alle anderen hoch überragte, faßte ihn am Rücken und wälzte mich unter seinen Bauch. Tief wühlte ich die Hände in die krause Wolle hinein.

Die männliche Herde sprang aus der Höhle hinaus. Die Weibchen blöckten noch mit strotzenden Eutern im Pferch, indes ihr geplagter Herr jedem Widder sorgfältig den Rücken betastete. Daß man auch auf dem Bauch eines Tieres reiten könne, darauf verfiel er in seiner Dummheit nicht, so daß meine Gefährten bald gerettet waren. Zuletzt trottete auch mein Bock durch die Felsenpforte. Auch ihn streichelte Polyphemos, er hielt ihn an und sprach betrübt: »Mein gutes Widderchen, was trabst du heute so langsam daher? Trauerst auch du um deines Herrn ausgebranntes Auge? Hättest du Gedanken und Sprache wie ich, du verrietest mir gewiß, in welchem Winkel sich der Frevler mit seinem Gesindel verbirgt. Dann würde ich seinen Schädel an der Höhlenwand zerschmettern, und mein Herz würde wieder froh werden nach all dem Leid, das dieser Niemand über mich gebracht hat!«

In die Wolle verkrampft, erwartete ich zitternd das Ende seiner Rede. Endlich ließ er den Widder los, und nun waren alle draußen. Als uns die Tiere weit genug von der Höhle fortgeschleppt hatten, ließen wir uns zu Boden gleiten. Dann erhoben wir uns und umarmten einander, weinend vor Freude und zugleich vor Schmerz um die Verlorenen — wir waren nur noch sieben. »Jammert nicht zu laut«, bat ich die Gefährten, »sondern laßt uns so schnell wie möglich zum Strand hinabeilen, ehe der Kyklop bemerkt, daß wir ihm entwischten. Die Widder nehmen wir als Beute mit!«

Als wir nachher wieder auf unseren Ruderbänken saßen und auf Rufweite vom Ufer entfernt die Wogen durchschnitten, erhob ich meine Stimme und schrie dem Kyklopen, der eben mit seiner Herde mühsam bergwärts klomm, zu: »Höre, Polyphemos, höre mich! Wenn dich jemals eines Menschen Kind fragt, wer dir das Augenlicht nahm, so antworte ihm: Das tat Odysseus, der Troja zerstörte, des Laertes Sohn, der auf Ithaka wohnt!«

Da heulte der Riese auf, riß einen Felsblock aus dem Berg und schleuderte ihn uns nach — wir entrannen nur um ein Haar dem Tod.

Endlich landeten wir auf der Insel, wo die Freunde uns jubelnd empfingen; sie hatten uns schon aufgegeben. Wir verteilten die erbeuteten Widder unter sie, nur den Bock, der mich aus der Höhle gerettet hatte, opferten wir dem Zeus. Beim ersten Morgenrot saßen wir jedoch alle wieder in unseren Schiffen und ruderten weiter, der Heimat entgegen.

DIE ZAUBERIN KIRKE

Bald darauf gelangten wir zu der schwimmenden Insel des Königs Äolos, eines vertrauten Freundes der Götter. Eherne Mauern und glatter Fels umgeben die Insel. Der Fürst ist von Zeus dazu bestellt, allen Winden zu gebieten, die über die Erde wehen. Er beherbergte und bewirtete uns einen ganzen Monat lang, ließ sich alles berichten, was sich vor Troja begab, und schenkte mir zum Abschied einen dick aufgeblähten Schlauch aus der Haut eines neunjährigen Stieres. In diesem Schlauch waren die vier Winde eingeschlossen.

Als wir dann schon neun Tage und Nächte unterwegs waren und in der Ferne bereits meine Heimatinsel Ithaka aus den Fluten auftauchen und die Wachfeuer am Ufer brennen sahen, beschlich mich auf einmal lähmende Müdigkeit, denn ich war seit der Abreise von König Äolos unaufhörlich damit beschäftigt gewesen, die Segel zu stellen, und hatte kein Auge geschlossen. Nun überwältigte mich der Schlaf. Doch während ich schlummerte, öffneten die Neugierigsten unter meinen Schiffsgesellen mit unkundigen Händen den Schlauch, in dem sie Schätze aus Silber und Gold vermuteten. Da entfuhren ihm mit gräßlichem Geheul alle Winde zugleich, haushoch bäumten die Wogen sich auf, und unsere Schiffe wurden in die offene See hinausgeschleudert.

Sieben Tage irrten wir draußen umher, bis wir endlich wieder festes

Land erblickten. An der Küste erhob sich eine Stadt mit vielen breiten Türmen, hier wohnten die Lästrygonen. Diese Riesen und Menschenfresser liefen sogleich aus der Stadt heraus und schleuderten große Felsbrocken nach uns, so daß man auf den Schiffen bald nichts mehr hörte als das Röcheln der Sterbenden und das Krachen getroffener Balken und Bretter. Alle Fahrzeuge gingen unter bis auf eines, das ich hinter einen Vorsprung der Küste gesteuert und dort angebunden hatte. Ich nahm die Überlebenden, die verzweifelt in den Wellen trieben, an Bord und segelte eilig davon, tiefe Trauer im Herzen.

Auf dem einzigen Schiff zusammengedrängt, fuhren wir weiter und kamen wieder zu einer Insel, Aiola genannt, auf der eine wunderschöne Halbgöttin und Zauberin wohnte. Sie hieß Kirke und war eine Tochter des Sonnengottes. Aber wir wußten noch nichts von ihr. Wir gingen in einer Bucht vor Anker und lagerten uns im Ufergras. Am anderen Morgen sandte ich zwanzig Gefährten unter der Führung des erprobten Eurylochos als Späher aus, die die Insel erforschen sollten. Die mutige Schar fand bald, in einem anmutigen Tal versteckt, den Palast der Göttin und Zauberin; er war aus herrlich behauenen Steinen erbaut. Wie staunten die Gefährten, als sie hinter der Umzäunung des Hofs und vor dem Tor des Wohnhauses Bergwölfe mit spitzem Gebiß und Löwen mit zottigen Mähnen umherstreichen sahen. Angstvoll blickten sie auf die gräßlichen Tiere und wollten sogleich von dem unheimlichen Ort fliehen. Aber ehe sie sich retten konnten, waren sie bereits von den Bestien umringt; freundlich und schmeichelnd wie Hunde, die ihrem Herrn entgegenlaufen, der ihnen einen guten Bissen mitbringt, so nahten sie den Männern, wedelten auch mit ihren Schweifen und taten ihnen nichts zuleide. Es waren alle, wie wir später erfuhren, von Kirke in Tiere verwandelte Menschen.

Nun riefen die Gefährten die schöne Bewohnerin heraus, und Kirke erschien sogleich an der Pforte und nötigte alle Ankömmlinge herein. Die Freunde folgten ihrer Einladung, nur Eurylochos, der ein besonnener Mann war und hinter der schönen Erscheinung Betrug witterte, blieb vor dem Palast zurück. Die anderen aber nahmen in Kirkes Haus auf hohen, verzierten Sesseln Platz und wurden mit dem köstlichen Kuchen bewirtet, den die Zauberin aus Käse, Mehl, Honig und starkem pramnischem Wein, dessen schwere Trauben auf den Hängen des Berges Pramne auf der Insel Ikaria gedeihen, vor ihren Augen knetete. Sie mischte aber während dieser Arbeit unheilbringende Säfte heimlich in den Teig. und als die Männer von der verführerischen Speise gekostet hatten, verwandelten sie sich in borstige Schweine, verloren die Gabe menschlicher Rede, begannen zu grunzen und wurden von Kirke allesamt in den Koben hinter dem Haus getrieben. Dort fütterte sie die Armen statt mit leckeren Bissen mit Steineicheln und herben Kornelkirschen — wie andere Schweine.

All das hatte Eurylochos von weitem mit angesehen. Entsetzt kam er zu unserem Schiff zurückgelaufen und berichtete, was den Freunden Schreckliches widerfahren war. Augenblicklich erhob ich mich, nahm mein Schwert und eilte durch die Wildnis zum Palast der Kirke. Da trat mir plötzlich ein herrlicher Jüngling entgegen — an dem goldenen Stab, den seine Hände trugen, erkannte ich, daß es Hermes, der Götterbote, war. Er faßte mich an der Hand und sprach: »Armer Odysseus, was rennst du so hastig und der Gegend unkundig durchs Waldgebirge? Du kannst die Freunde nicht aus dem Schweinestall erlösen, solange du dich nicht selber vor Kirkes Zauber zu schützen vermagst. Denn wisse, eher sperrt sie auch dich zu den anderen, als daß du ohne Hilfe der Götter ihren Künsten widerstehst. Siehe, hier wächst ein Heilkraut, das nimm, und du bist dagegen gefeit, in ein Tier verwandelt zu werden. Kirke wird dich mit süßem Weinmus bewirten und ihre Zaubersäfte hineinmengen, du aber wirst ohne Gefahr trinken können. Sobald die Verführerin ihren Zauberstab gegen dich erhebt, reiße dein Schwert von der Hüfte und tue, als wolltest du sie ermorden. Da wird sie dich um Gnade bitten, und du forderst ihr einen heiligen Eid ab, keinerlei Tücken an dir zu üben. Hat sie diesen Schwur geleistet, so magst du ohne Gefahr bei ihr wohnen. Bist du einmal ihr Vertrauter, kann sie es dir nicht mehr abschlagen, deine Freunde zu entzaubern und sie dir zurückzugeben.«

So sprach der Gott und entschwand im gleißenden Tageslicht. Ich eilte, unruhig und nachdenklich zugleich, vor Kirkes Palast, dessen Tor sich auf meinen Ruf hin öffnete, und überschritt voll Grimm die Schwelle der schönen Zauberin, die mich freudestrahlend empfing und zu einem herrlichen Thronsessel geleitete. Alles kam, wie Hermes vorausgesagt hatte: Sie mengte das Weinmus in goldener Schale und konnte es kaum erwarten, daß ich das Gefäß an die Lippen setzte und bis auf den letzten Tropfen leerte; dann hob sie ihren Stab. Ich aber stürzte mich sogleich mordbegierig mit dem Schwert auf sie, daß sie sich schreiend zu Boden warf und flehentlich meine Knie umschlang. »Wehe mir!« rief sie jammernd, »wer bist du, Gewaltiger, dem mein Trank nichts anhaben kann? Bist du am Ende Odysseus, der von Troja heimkehrt? Hermes kündigte mir seinen Besuch an. Wenn du es bist, stecke dein furchtbares Schwert in die Scheide und laß uns Freunde sein!«

Ich aber bedrohte sie weiter mit der blanken Klinge, bis sie schwur, mir nicht mehr schaden zu wollen. Dann erst stieß ich die Waffe in die Scheide und ließ mich von Kirke bewirten. Schöne, edelgeborene Nymphen bedienten uns; sie rückten silberne Tische herbei und setzten goldene Körbe mit den köstlichsten Speisen darauf. Doch wie herrlich auch alles bereitet war, ich fand keine Freude daran. Schweigend saß ich neben meiner schönen Wirtin, die Speisen und den dunklen Wein ließ ich unberührt. Endlich fragte sie mich, was mir denn fehle, und ich antwortete: »Welcher Mann, in dessen Brust noch ein fühlendes Herz schlägt, könnte sich an Speise und Trank erfreuen, solange er seine Freunde im Elend weiß? Willst du, daß ich mit Lust irgend etwas bei dir genieße, so laß mich meine Gefährten sehen, die du verzaubert hast. Gib ihnen ihre menschliche Gestalt wieder!«

Sogleich erhob sich Kirke, ergriff ihren Zauberstab und verließ damit das Gemach. Draußen schloß sie die Tür des Kobens auf und trieb alle meine Freunde heraus. Ich war ihr erwartungsvoll nachgegangen, und als mich die armen Gefährten erblickten, liefen sie auf mich zu und umdrängten mich grunzend; voll Schmerz blickte ich auf sie nieder. Da bestrich Kirke jeden von ihnen mit einem anderen Saft, und auf einmal schälten sie sich aus ihren borstigen Hüllen heraus und wurden wieder zu Männern. Doch, o Wunder, sie waren alle viel jünger und schöner als vor ihrer Verwandlung. Freudig begrüßten sie mich, ich aber überließ sie der Obhut Kirkes und eilte zum Ufer, um die anderen zu beruhigen, die uns alle schon für tot gehalten hatten. Nun folgten sie mir gern in den Palast, wo die schönen Dienerinnen die erlösten Gefährten inzwischen gebadet und mit Öl gesalbt hatten.

Kirke tat uns so viel Liebes, daß wir von Tag zu Tag fröhlicher wurden und ein ganzes langes Jahr auf der Insel zubrachten. Endlich aber übermannte uns das Heimweh. Da trat ich vor Kirke hin, beugte mein Knie und umfaßte ihre Füße. »Göttliche, nun halte dein Wort und gib uns Abschied«, bat ich, »wir wollen heim!«

Sie antwortete: »Ich weiß, ich darf euch nicht länger zurückhalten, darum richte nur den Mast auf und spanne die Segel; für günstigen Wind will ich sorgen. Doch hoffe nicht, daß er dich heimbringt nach Ithaka! Einen ganz anderen Ort mußt du zuvor noch betreten: das Reich der Toten. Dir ist bestimmt, hinabzusteigen in die Heimat der Schatten, wo Hades und Persephone herrschen; dort rufe die Seele des blinden Sehers Teiresias aus Theben heran und befrage ihn nach der Zukunft. Denn ihm ist die Gabe der Weisheit auch im Tod noch geblieben.«

Da begann ich zu klagen: »O Kirke, mir graut vor dem Land der Toten! Wer soll mich dort hinabführen? Wie wird es mir ergehn?«

»Sorge dich nicht«, antwortete sie, »der Nordwind wird dich an den rechten Ort bringen. Am Ufer des Okeanosstroms angelangt, findest du einen Felsen, bei dem zwei schwarze Ströme in den Acheron hinabstürzen, dicht daneben siehst du eine Kluft, durch die der Weg ins Schattenreich führt. Die Gefährten lasse beim Schiff, du aber steige hinab, hebe eine Grube aus und bringe darin den abgeschiedenen Seelen ein Totenopfer aus Honig, Milch, Wein, Wasser und Mehl dar. Hierauf schlachte noch zwei schwarze Schafe, ein männliches und ein weibliches, und sogleich werden die Seelen der Toten heranschweben und von dem Blut der Opfer kosten wollen. Wehre sie mit dem Schwert ab, und erlaube ihnen nicht, näher zu kommen, bis du unter ihnen Teiresias entdeckt und ihn über dein weiteres Schicksal befragt hast.«

Diese Worte Kirkes hatten mein Herz ein wenig getröstet, und guten Muts versammelte ich am anderen Morgen die Freunde und trieb sie zum Aufbruch. Kirke hatte inzwischen die beiden Opferschafe auf das Schiff bringen und dort anbinden lassen, auch Honig, Wein und Mehl waren reichlich vorhanden. Als wir beim Schiff ankamen, schlüpfte sie an uns vorüber, grüßte uns stumm zum Abschied und entschwand. Wir aber zogen das Schiff ins Meer, hißten die Segel und setzten uns auf die Ruderbänke. Nach langer Fahrt sank die Sonne eben ins Meer, als wir an das Ufer des Okeanosstroms kamen, der alles feste Land umgibt. Dort wohnt im äußersten Westen, am Ende der Welt, das Volk der Kimmerier. Ihr Land umhüllt ewiger Nebel, den nie ein Sonnenstrahl durchdringt. An dieser Küste legten wir an und fanden bald den Felsen, bei dem sich die beiden Totenströme vereinigen und dann schaurig zum Acheron hinabstürzen; schließlich gelangten wir auch zum Eingang in die Unterwelt.

Wir stiegen ein Stück weit in die Kluft hinab und begannen mit dem Opfer, genau nach den Anweisungen der Zauberin. Sobald das Blut der Schafe in die Grube floß, tauchten auch schon aus der Tiefe die Seelen der Toten empor, Jünglinge und Greise, blühende Mädchen und wundenbedeckte Helden. Grauenvoll stöhnend und schreiend umkreisten sie die Opfergrube und versuchten, von dem Blut zu lecken. Ich aber riß mein Schwert von der Hüfte und wehrte die Luftgebilde ab, denn noch war mir der Schatten des Teiresias nicht erschienen.

Bleich vor Entsetzen, wie ich selber, standen die Gefährten da, doch trieb ich sie an, das Opfer zu vollenden. Da erschien plötzlich der Schatten meiner edlen Mutter Antikleia, die noch am Leben war, als ich von Ithaka nach Troja aufbrach. Aber sie erkannte mich nicht. Endlich nahte die Seele des Thebaners Teiresias. Der Seher trug — wie Hermes, der Götterbote — einen goldenen Friedensstab in der Hand. Da stieß ich mein Schwert in die Scheide und gab die Grube frei.

Durstig schlürfte der Schatten das Blut, dann erhob er den Blick, erkannte mich und sprach: »Sohn des Laertes, edler Odysseus, was trieb dich, das Sonnenlicht zu verlassen und diesen Ort der Schrecken aufzusuchen? Du forschst nach deinem künftigen Geschick, nach deiner Heimkehr — Poseidon wird sie dir schwermachen, schwerer als allen anderen Griechen, die Trojas Trümmern den Rücken kehrten. Dennoch kannst du allen Gefahren entrinnen, die dir drohen, sofern du deiner Gefährten Herz zu zähmen vermagst. Zu Hause aber findest du Jammer über Jammer: ein Schwarm übermütiger Freier verpraßt dein Hab und Gut, bedrängt Penelope, dein königliches Weib. Und hast du dir diese Meute durch List und Gewalt vom Hals geschafft, so wirst du wieder dein Ruder nehmen und in die Ferne ziehen, bis du zu einem Volk kommst, das das Meer nicht kennt, keine Schiffe baut und seine Speisen nicht mit Salz würzt. Begegnet dir dort ein Wanderer, der dir sagt, du trügst eine Schaufel über der Schulter — weil er noch nie im Leben ein Ruder gesehen hat —, dann stoße dieses Ruder vor dich in die Erde, bringe Poseidon ein Opfer dar und kehre wieder heim. Der zürnende Gott wird von da an versöhnt sein und dich künftig in Frieden lassen.«

So weissagte mir Teiresias. Und schon drängten sich neue Schatten heran, unter ihnen Agamemnon, der Völkerfürst. Schwermütig bewegte sich sein großer Schatten zur Grube her und trank. Er hob den Blick, erkannte mich und wollte mich mit seinen Händen liebevoll erreichen — aber es war keine Kraft in seinen Gliedern. »Sieh her, Odysseus«, sagte er bitter, »so haben sie mich zugerichtet. Mord! Mord! Nicht Poseidon bezwang mich, noch fiel ich in heldenhaftem Kampf, nein: wie man den Stier an der Krippe erschlägt, so erschlugen mich mein Weib und ihr Buhle, als ich, glücklich heimgekehrt, im Bad saß. Darum rate ich dir, lande heimlich und unerkannt auf Ithaka; sieh dich erst um, ehe du dich zu erkennen gibst; denn ist Penelope auch noch so tugendhaft, es ist keinem Weib zu trauen.« Mit diesen finsteren Worten wandte er sich um und sank hinab in die Tiefe.

Noch viele andere Seelen nahten mir, wie von lautlos kreisendem Wind getrieben, kamen herzu und entschwanden wieder. Da sah ich gar manchen Freund und Feind aus den Tagen, da Troja noch, heiß umkämpft, in den Himmel ragte. Antilochos schwebte herbei und der große Ajax, Patroklos nahte und, unzertrennlich ihm beigesellt, Achilleus, von olympischem Glanz umflossen. Bald aber drängten die Toten zu Tausenden herzu. In wirbelnden Schwärmen fielen sie über die Grube her, und bei ihrem grausigen Schreien überwältigte mich ein solcher Schrecken, daß ich mit den Gefährten aus der Kluft hinausfloh. Wir erreichten aufatmend unser Schiff am Ufer des Okeanos, stießen ab und segelten aus dem Nebelland hinaus.

SIRENEN, SKYLLA UND CHARYBDIS

Ich sehe euch erschüttert, Freunde, doch hört, was uns noch begegnete. Das nächste Abenteuer erwartete uns auf der Insel der Sirenen, singender Nymphen, die jeden umgarnen, der ihrem Lied lauscht. Am grünen Ufer sitzen sie und singen ihre Zauberlieder den vorüberfahrenden Schiffern zu. Wer sich von ihnen anlocken läßt, ist des Todes; moderndes Gebein liegt haufenweise zu ihren Füßen am Ufer umher. »Wenn du an der Insel der Sirenen vorbeikommst«, hatte Kirke mir gesagt, »verklebe die Ohren deiner Freunde mit Wachs, damit sie nichts von dem Gesang hören. Doch willst du selbst das gefährliche Lied vernehmen, so laß dich an Händen und Füßen fesseln und so an den Mast binden. Den Freunden aber befiehl, die Stricke nicht zu lösen, und wenn du sie noch so flehentlich darum bittest.«

Als nun in der Ferne die grünende Insel aus den Fluten auftauchte, zerschnitt ich eine große Scheibe Wachs, knetete die Stücke weich und verklebte damit meinen Reisegenossen die Ohren. Dann ließ ich mich von ihnen fesseln und aufrecht an den Mast binden; sie aber setzten sich wieder an die Ruder und trieben das Fahrzeug kräftig vorwärts.

Immer näher kamen wir der Insel, und da standen auch schon die reizenden Mädchen am Ufer und sangen mit wundersüßen, hellen Stimmen. Mir schwoll das Herz in der Brust vor Begierde, dem Gesang länger zuzuhören, und ich deutete meinen Freunden verzweifelt mit dem Kopf, mich doch loszubinden. Sie aber, mit ihren tauben Ohren, wußten nicht, welch namenloser Verzückung und Versuchung ich ausgesetzt war. Sie legten sich mit aller Kraft in die Ruder und trieben das Schiff eilig aus dem Bereich der tödlich lockenden Stimmen hinaus. Als wir endlich so weit von der Insel entfernt waren, daß kein Gesang mehr zu hören war, nahmen sich meine Freunde das Wachs aus den Ohren und lösten mir die Fesseln. Ich dankte ihnen von Herzen dafür, daß sie so beharrlich gewesen waren.

Wir waren noch nicht lange weitergerudert, als wir in der Ferne den Wasserstaub einer mächtigen Brandung sahen und bald darauf auch deren Tosen vernahmen. Es war die Charybdis, ein Strudel, der dreimal am Tag unter einem riesigen Felsen hervorquillt und wieder zurückfließt, alles verschlingend, was in seinen Sog gerät. Meine Begleiter ließen vor Schreck die Ruder fallen, und unser Fahrzeug stand still. Da sprang ich von meinem Sitz auf, eilte das Schiff entlang und sprach den Freunden, von Mann zu Mann gehend, Mut zu. »Bleibt auf euren Bänken sitzen«, sagte ich, »schlagt tapfer mit den Rudern in die Brandung, Zeus wird unsere Flucht aus dieser Not gewiß begünstigen. Du aber, Steuermann, schärfe alle deine Sinne und lenke das Schiff, so gut du kannst! Arbeite dich geschickt am Felsen vorbei, damit du nicht in den Strudel gerätst!« Von dem Ungeheuer Skylla, das gegenüber der Charybdis die vorbeifahrenden Schiffe bedrohte, schwieg ich wohlweislich, denn ich befürchtete, die Genossen würden vor Schreck ein zweites Mal die Ruder fallen lassen und uns damit in größte Gefahr bringen.

Die Skylla, die mir Kirke genau geschildert hatte, haust gegenüber der Charybdis auf einem Felsen aus dunklem, glattem Gestein. Fürchterlich tönt ihr Bellen über die Flut. Sie hat zwölf unförmige Füße und sechs Schlangenhälse, von denen jeder einen scheußlichen Kopf trägt. Jedes der sechs Mäuler ist mit drei dichten Reihen von Zähnen bewehrt, mit denen sie ihre Opfer zermalmt. Der Hinterleib des Ungeheuers steckt in einer Höhle, die Häupter aber streckt es weit hervor und schnappt mit ihnen nach Seehunden oder Delphinen. Keine Schiffsmannschaft konnte von sich sagen, sie sei ohne Verluste an der Skylla vorbeigefahren; meist hat sie, ehe sich einer versieht, in jedem Rachen einen Mann zwischen den Zähnen, den sie von den Ruderbänken blitzschnell geraubt hat.

Dieses gräßliche Bild vor der Seele, spähte ich vergebens umher, ich konnte die Skylla nicht entdecken. Inzwischen waren wir ganz nahe an die Charybdis geraten, deren gieriger Rachen die Meeresflut einschlürfte und wieder ausspie. Wenn sie das Wasser herausbrach, flog weißer Schaum empor, schluckte sie es aber wieder hinunter, so senkten sich die finsteren Wogen tief hinab, und während der Fels donnerte, konnte man die schwarzen Kieselsteine auf dem Grund erblicken. Entsetzt starrten wir auf dieses Schauspiel. Wir wichen dem Strudel zur Linken aus, kamen dabei jedoch der Skylla zu nahe, deren Fels ich zu spät entdeckte, und schon hatten ihre fletschenden Rachen sechs meiner tapfersten Gefährten auf einmal geschnappt. Ich sah sie mit zappelnden Händen und Füßen zwischen den Zähnen des Ungeheuers hoch in die Lüfte schweben; verzweifelt riefen sie mich zu Hilfe, einen Augenblick später waren sie bereits zermalmt.

Doch endlich waren wir glücklich dem Strudel der Charybdis und dem Felsen der Skylla entronnen, die sonnenbeglänzte Insel Thrinakia lag vor uns, die dem Sonnengott geweiht ist. Schon von weitem hörten wir das Brüllen der heiligen Rinder. In diesem Augenblick fiel mir ein, was Teiresias, der blinde Seher im Schattenreich, mir verkündet und daß auch Kirke mich davor gewarnt hatte, die Insel des Helios zu betreten, weil uns dort das jämmerlichste Schicksal bevorstünde. Ich sagte es meinen Gefährten, die darüber sehr betrübt waren und mich inständig baten: »Laß uns doch wenigstens eine einzige Nacht dort am Ufer verbringen, das uns so gastlich erwartet!« Ich gab nach, ließ sie aber einen heiligen Eid schwören, kein Rind aus der Herde des Sonnengottes zu schlachten, wäre der Hunger auch noch so groß. Sie alle schwuren willig, und so ließen wir unser Fahrzeug in einer Bucht landen, aus der sich süßes Wasser ergoß.

Aber beständige Oststürme hielten uns vier Wochen auf Thrinakia fest. Solang wir vom Vorrat zehrten, mit dem die Zauberin uns versorgt hatte, dachte niemand daran, sich an Helios' Herde zu vergreifen. Als aber Speise und Trank zu Ende waren und Hunger sich einstellte, riet Eurylochos, während ich abwesend war, dem Gott die schönsten Rinder seiner Herde zu opfern und mit dem restlichen Fleisch den quälenden Hunger zu stillen. Die Gefährten trieben sogleich die allerbesten Rinder herbei, schlachteten sie und brachten die Eingeweide mit den in Fett eingewickelten Lenden auf einem rasch errichteten Altar als Opfer dar. Die reichlichen Überreste steckten sie an Spieße, brieten sie über dem Feuer und setzten sich eben zum Mahl, als ich, dem der Opferduft schon von weitem in die Nase gestiegen war, herankam und sah, daß das Unglück nicht mehr abzuwenden war.

Zur selben Stunde erschien der Sonnengott, dessen klares Auge alles gesehen hatte, vor Zeus und den übrigen Göttern und klagte ihnen den Frevel an seinem Eigentum. »Wenn die Verbrecher nicht bestraft werden, wie sie es verdienen«, rief Helios, »so lenke ich den goldenen Sonnenwagen hinab zum Hades und entziehe der Erde für immer mein Licht!« Da erhob sich Zeus von seinem Thron und sprach: »Leuchte du auch weiterhin den Göttern wie den Menschen — ich will den verfluchten Räubern ihr Schiff bald zerschmettern, daß sie alle in den Abgrund versinken. Laß sie nur erst wieder auf offene See hinausfahren!«

Diese himmlischen Vorgänge erzählte mir später der göttliche Mund der Nymphe Kalypso, doch konnte ich den Zorn der Götter schon jetzt an schauerlichen Wunderzeichen erkennen. Denn während ich die Gefährten tadelte und mit harten Worten zurechtwies, krochen auf einmal die abgezogenen Häute der Rinder umher, als ob sie lebendig wären, und das rohe Fleisch wie die Braten am Spieß brüllten, wie Rinder brüllen. Meine hungrigen Begleiter störte das freilich nicht, sie schmausten sechs Tage in einem fort, und erst am siebenten, als sich die Stürme legten, gingen wir wieder auf Schiff und lösten die Taue.

Wir steuerten bei gutem Wind dahin. Längst hatten wir die Insel aus unseren Augen verloren, nur Himmel und Wasser umgaben uns. Da ballte Zeus über unseren Häuptern schwarzblaues Gewölk zusammen, und das Meer unter uns wurde immer dunkler. Plötzlich begann es oben und unten zu grollen, und ein wütender Orkan brach, von Westen kommend, über uns herein. Er zerriß die Haltetaue des Mastbaums und schleuderte die schwere Stange samt dem Segel krachend auf Deck. Die ganze Last traf den am Heck sitzenden Steuermann am Kopf und zerschmetterte ihm den Schädel; die Wellen verschluckten den Leichnam.

Dann erschütterte ein Blitz das Schiff und füllte es mit Schwefeldampf; Zeus' Donnerkeil hatte uns getroffen. Meine Freunde stürzten aus dem Schiff, zappelten noch eine Weile wie schwimmende Krähen in den Wellen und versanken endlich alle bis zum letzten Mann. Ich irrte allein durch das Schiff. Bald löste sich die Wandung von den Rippen. Da ergriff ich ein Lederseil, das am Mast hing, und verband diesen mit dem Kiel. Hierauf schwang ich mich rittlings auf die Stange und trieb so, den Tod vor Augen, durch den Sturm und die tobenden Fluten dahin.

Endlich legte sich der Orkan. Doch nun erhob sich heftiger Südwind, der trieb mich wieder der Charybdis zu. Immer näher hörte ich ihr drohendes Brausen und Gurgeln, und im Morgendämmern erblickte ich auch den düsteren, spitzen Felsen der Skylla gegenüber dem gräßlichen Strudel. Der verschlang gar bald mein armseliges Gefährt. Im letzten Augenblick packte ich die Äste eines Feigenbaums, der vom steilen Ufer über das gischtende Wasser ragte, und hing nun zwischen Himmel und Meer in der Luft. Mit aller Kraft hielt ich mich im schwankenden Geäst, bis die Charybdis Mast und Kiel endlich wieder ausspie. Da ließ ich die rettenden Äste fahren und war mit einem Sprung wieder auf meinem alten Sitz. Mit den bloßen Händen ruderte ich aus dem Wirbel hinaus und wäre dennoch verloren gewesen, hätte Zeus, den meine Leiden rührten, mich nicht vor den Augen der Skylla verborgen.

Neun Tage trieb ich auf dem schmalen Kiel in der See, ehe mich gnädige Götter in der zehnten Nacht endlich an Kalypsos Insel gelangen ließen. Die Göttin nahm mich liebreich auf, pflegte und erquickte mich, und ich genoß, wenn auch von Heimweh bedrückt, lange Zeit ihre Wohltaten und die Wunder ihrer herrlichen Insel.

IN DER HEIMAT ANGELANGT

Odysseus hatte seinen Bericht beendet. Ergriffen und beeindruckt hatten die Phäaken ihm zugehört. Nun schwiegen sie lange. Endlich erhob sich Alkinoos und sprach: »Edler Held! Du bist bei mir eingekehrt, ich hoffe, du wirst von hier ohne neue Leiden und Irrfahrten in deine Heimat gelangen. Mögest du bald im Haus deiner Väter alles erduldete Elend vergessen. Ihr aber, Freunde, die ihr mit mir seine Erzählung gehört habt, fügt doch zu unseren Gastgeschenken noch ein jeder einen ehernen Dreifuß und ein erzenes Becken hinzu!«

Mit Freuden folgten die Gäste der Aufforderung ihres Fürsten, und während ein Schiff für Odysseus gerüstet wurde, bereitete man auch noch ein Abschiedsmahl vor. Nachdem die goldenen Becher geleert waren, verabschiedete sich Odysseus, bestieg schweigend das Schiff, streckte sich auf seinem weichen Lager aus und sank sogleich in tiefen Schlaf. Die Ruderer setzten sich auf die Bänke, das Schiff wurde losgebunden und teilte mit hohem Bug sicher die purpurnen Wogen des Meeres.

Als der Morgenstern den neuen Tag ankündigte, steuerte das Schiff in voller Fahrt auf die Insel Ithaka zu und lief bald in die sichere Bucht ein, die dem Meergott Phorkys geweiht war. Da Odysseus noch immer schlief, hoben die Phäaken den Helden samt seinem Lager aus dem Schiff, betteten ihn unter einen Ölbaum und verbargen die Geschenke neben ihm, damit nicht etwa ein Wanderer den Schlafenden beraube. Odysseus zu wecken, wagten sie nicht. »Gewiß haben ihm die Götter diesen Schlaf geschickt«, sagten sie ehrfürchtig. Dann setzten sie sich wieder an die Ruder und fuhren zurück in ihre Heimat.

Odysseus erwachte erst nach langer Zeit. Er blickte verwundert umher und wußte nicht, wo er sich befand. »Ich Unseliger!« rief er und sprang auf. »In welche Fremde bin ich geraten? Wäre ich doch bei den Phäaken geblieben! Nun aber haben auch sie mich verraten und mir gewiß auch meine Gaben geraubt. Zeus, der alle Leidenden rächt, vergelte es ihnen!«

Doch als er ein wenig gefaßter um sich blickte, entdeckte er bald das Gold und die Gewänder, die Dreifüße und Becken, die da lagen. Traurig irrte er den Strand entlang, da kam ihm Pallas Athene in der Gestalt eines jungen Schafhirten entgegen, doch gekleidet wie ein Königssohn, mit einem Spieß in der Hand. Voll Freude eilte Odysseus auf die Göttin zu. »Kannst du mir sagen, edler Jüngling, in welchem Land ich bin?« fragte er sie. »Ist es Festland oder eine Insel?«

»Du mußt von weither kommen«, antwortete die Göttin freundlich, »daß du dieses Land nicht kennst, das doch aller Welt bekannt ist — bis nach Troja ist Ithakas Ruf gedrungen!«

Beinahe hätte Odysseus aufgejubelt, als er den Namen seines Vaterlands nennen hörte, aber er beherrschte sich. Er gab sich auch nicht zu erkennen, sondern log dem Fremden vor, er sei aus Kreta hierher geflohen, weil er dort einen Helden, der ihm seine troische Beute rauben wollte, erschlagen habe.

Als er mit seiner Geschichte zu Ende war, lächelte die Göttin. Sie streichelte seine Wange und verwandelte sich zugleich in eine schöne Jungfrau. »Der müßte schon ein Ausbund an Schlauheit sein«, sagte sie scherzend, »der dich überlisten wollte; selbst einem Gott fiele das schwer. Nicht einmal im eigenen Land legst du deine Verstellung ab! Und dennoch hast du mich nicht erkannt, du Klügster aller Klugen! Hast nicht geahnt, daß ich in allen Gefahren um dich war und dir die Liebe der Phäaken zuwendete. Nun aber bin ich gekommen, dir das geschenkte Gut verbergen zu helfen und dir zu sagen, welche Prüfung dich zu Hause erwartet und wie du sie bestehen kannst.«

Staunend blickte Odysseus die Göttin an. »Wie sollte ein Sterblicher dich, erhabene, heilige Tochter des Zeus, erkennen, wenn du ihm in stets wechselnder Gestalt entgegentrittst?« fragte er. »Jetzt aber beschwöre ich dich beim Namen deines Vaters, der allen gebietet: Sag mir die Wahrheit, bin ich wirklich heimgekehrt?«

»Schau dich um«, antwortete Athene. »Siehst du nicht die Bucht des Phorkys vor dir liegen? Erkennst du den Ölbaum nicht und die Grotte der Nymphen, vor der du so manches Sühneopfer darbrachtest? Kennst du das Waldgebirge nicht mehr, das dort herübergrüßt?«

Da erkannte Odysseus die Heimat. Von Freude übermannt warf er sich zu Boden und küßte die Erde. Hierauf betete er zu den Nymphen, den Schutzgottheiten des Ortes, und barg sodann mit Hilfe Athenes die kostbaren Gaben der Phäaken in einer Felskluft.

»Nun sei guten Muts«, rief die Göttin, »ich will dir helfen, den Freiern ihr schamloses Werben und Prassen blutig zu vergelten. Vor allem aber bleibe unerkannt, keiner darf wissen, daß du Ithakas Boden betratst. Das Fleisch deiner Glieder schrumpfe ein, vom Haupt schwinde dein braunes Haar, ein abscheulicher Kittel umhülle deinen Leib, dein strahlendes Auge trübe sich! Niemand wird dich so erkennen, weder die Freier noch Penelope, noch Telemachos, dein Kind.« Bei diesen Worten berührte sie den Helden mit ihrem Stab: da schrumpften seine Glieder ein, sein Haar fiel ab, glanzlos blickten die Augen, er war in einen schmutzigen, zerlumpten Bettler verwandelt.

»Nun suche den Hirten Eumaios auf, der deine Schweine hütet«, sagte die Göttin, »er hängt treu an dir. Von ihm kannst du alles erfragen, was zu Hause vorgeht. Ich eile indessen nach Sparta und rufe deinen Sohn Telemachos zurück; er weilte am Hof des Fürsten Menelaos und forschte bei ihm nach deinem Schicksal. Bald sollst du ihn in die Arme schließen!«

Sie übergab Odysseus noch einen Bettelstab und eine schäbige Tasche mit einem Strick als Tragband, dann entschwand sie. Odysseus aber wanderte über das Waldgebirge und suchte den treuesten seiner Knechte, den Sauhirten Eumaios. Auf einer kleinen Hochebene hatte dieser aus schweren Steinen ein Gehege gebaut, darin standen zwölf Koben, einer am andern, und in jedem waren fünfzig Mutterschweine zur Zucht eingesperrt. Die Eber, weit geringer an der Zahl, hatten ihren Platz außerhalb der Ställe und blieben dort auch über Nacht; es waren ihrer nur noch dreihundertsechzig, weil die Freier täglich einen von ihnen, der schön gemästet sein mußte, zum Schmaus forderten.

Eumaios hielt vier Hunde. Sie waren wild wie reißende Wölfe und bewachten seine Herde. Als nun Odysseus herankam, bemerkten sie ihn sogleich und stürzten sich bellend auf den fremden Bettler. Aber da eilte auch schon der Sauhirt aus seiner Hütte, scheuchte die Hunde mit Steinen auseinander und sprach mitleidig zu Odysseus: »Armer Alter, beinahe hätten dich meine Hunde zerfleischt, und du hättest neue Trübsal zu meinem alten Kummer gehäuft. Seit Jahr und Tag sitze ich hier, klage um meinen Herrn und hüte seine Schweine für andere Leute. Die verprassen böswillig sein Hab und Gut, während er vielleicht im Elend nicht einmal ein Stückchen trockenes Brot zu beißen hat und in der Fremde umherirrt — wenn er die Sonne überhaupt noch sieht. Doch nun komm in die Hütte, und labe dich an Speise und Wein. Bist du satt, so berichte mir, woher du kommst und was dich bedrückt, du siehst aus, als hättest du viel erduldet.«

Sie betraten die Hütte. Der Sauhirt streute dem Ankömmling Laub und Reisig auf den Boden, breitete seine eigene Lagerdecke, ein großes, zottiges Gemsenfell darüber und lud ihn zum Sitzen ein. Dann ging er zu den Koben hin, fing zwei Ferkel heraus, schlachtete sie und briet die Fleischstücke am Spieß. Die frischen Braten legte er seinem Gast vor und bewirtete ihn mit süßem Wein, den er aus dem irdenen Krug in seinen hölzernen Becher goß. Dann setzte er sich dem Fremdling gegenüber und sagte: »Nun iß und trink, fremder Mann! Es ist Ferkelfleisch, die Mastschweine essen mir die Freier weg, diese gewalttätigen Schurken, die weniger Götterfurcht im Herzen haben als die frechsten Seeräuber. Wahrscheinlich haben sie Kunde vom Tod meines Herren, darum werben sie nicht nach der Sitte, sondern bedrängen sein Weib, bedrohen den Knaben und vertun sein letztes Gut. Ach, wäre Odysseus aus Troja zurückgekehrt, glaube mir, ich müßte dich nicht so kärglich bewirten! Er hätte mir längst ein Haus gegeben und mancherlei Güter, auch ein treues Weib. So aber bin ich allein mit den Knechten und arm, muß dir den Wein in einem hölzernen Becher vorsetzen anstatt in einem goldenen, wie es Gästen geziemte. Aber mein Herr ist wohl längst zugrunde gegangen.«

Wortlos aß Odysseus das Fleisch und trank den Wein in raschen Zügen. Als ihm der Hirt den Becher erneut füllte, trank er ihm freundlich zu und bat: »Beschreibe mir doch deinen Herrn genauer, lieber Freund, vielleicht bin ich ihm irgendwo begegnet? Ich bin weit in der Fremde herumgekommen.«

Doch der Sauhirt winkte ab und sprach: »Meinst du, wir würden einem umherirrenden Mann glauben, der uns von unserem Herrn erzählt! Zu oft schon kamen Landfahrer zu meiner guten Herrin und ihrem Sohn, rührten sie mit allerlei Märchen über unsern König zu Tränen, bis man ihnen Mantel und Leibrock reichte und sie wohl bewirtete. Nein, meinem Herrn haben gewiß Hunde und Vögel schon längst das Fleisch von den Knochen gerissen.«

»Nun, Hirte«, entgegnete Odysseus, »weil du so ungläubig bist, versichere ich dir mit einem Eidschwur: Odysseus kehrt heim! Wenn dieser Monat abgelaufen ist, wird er eintreten in sein Haus und die Frechen furchtbar züchtigen, die es wagen, sein Weib und seinen Sohn zu bedrängen!«

Eumaios hörte diese Worte wohl, aber er schüttelte verzagt sein Haupt. »Trinke ruhig deinen Wein«, sagte er, »und laß uns von anderem sprechen. Für Odysseus erhoffe ich nichts mehr, und Telemachos, sein Sohn, macht mir bittere Sorgen: Ein Gott oder ein Mensch hat ihm den Sinn betört, daß er nach Pylos fuhr, um nach dem Vater zu forschen. Jetzt liegen die Freier zu Schiff in einem Hinterhalt, sie lauern ihm auf und werden mit ihm den Letzten aus Odysseus' uraltem Stamm vernichten. Doch nun, Greis, erzähle mir von deinen eigenen Leiden. Wer bist du? Was führt dich nach Ithaka?«

Auf der Stelle ersann Odysseus ein langes Märchen und erzählte dem Hirten, er sei der verarmte Sohn eines reichen Mannes aus Kreta, habe vor Troja mitgefochten, habe den Odysseus kennengelernt und auf mancherlei abenteuerlichen Irrfahrten immer wieder, bald da, bald dort, von ihm gehört.

Eumaios hörte ihm teilnahmsvoll zu, und als es Nacht geworden war, bereitete er seinem Gast neben dem Herd ein warmes Lager aus Schafpelzen und Ziegenhäuten. Hierauf bewaffnete er sich mit seinem scharfen Spieß und legte sich draußen bei den Schweinekoben zur Ruhe nieder, von einem Felsstück gegen den schneidenden Nordwind geschützt. Er mußte bereit sein, die kostbaren Tiere gegen nächtliche Überfälle, gegen Diebe oder Wölfe, zu verteidigen.

ODYSSEUS BEGEGNET TELEMACHOS

Während Odysseus aber in Schlummer sank, fand Telemachos, fern in Sparta, keinen Schlaf. Ruhelos wälzte er sich auf seinem Lager im Palast des Königs Menelaos, das Schicksal seines Vaters bekümmerte ihn tief. Sein Reisekamerad Peisistratos, Nestors Sohn, schlief neben ihm sanft und gut. Plötzlich jedoch erhellte überirdisches Licht die Nacht: Athene war im Königspalast von Sparta angekommen und trat vor die Jünglinge hin. »Höre mich, Telemachos«, sagte sie, »du tust nicht gut daran, die Heimfahrt weiterhin aufzuschieben! Bitte Menelaos unverzüglich um die Heimfahrt, ehe deine Mutter eine Beute der Freier wird! Doch hüte dich: in der Meerenge zwischen Ithaka und Samos liegen die tapfersten der Freier in einem Hinterhalt; sie wollen dich umbringen, ehe du die Heimat erreichst. Fahre also nur des Nachts, für günstigen Wind wird ein Gott sorgen. Hast du Ithaka glücklich erreicht, so sende die Gefährten in die Stadt, du selbst aber ersteige das Waldgebirge und geh zum treuen Eumaios, der die Schweine hütet. Bis zum folgenden Morgen bleibe bei ihm, dann schicke ihn zur Mutter in den Palast, er möge ihr deine Rückkehr aus Pylos melden.« So sprach die Göttin und flog wieder zum Olymp empor.

Als Menelaos am Morgen die Bitte seines Gastes gehört hatte, bereitete er den beiden Jünglingen ein Abschiedsmahl und beschenkte Telemachos reichlich. Einen silbernen Mischkrug mit goldenem Rand gab er ihm auf die Reise mit, es war eine getriebene Arbeit des kunstreichen Hephaistos, und Königin Helena überreichte ihm ein selbstgewirktes Gewand mit den Worten: »Nimm dies als ein Andenken aus Helenas Hand, am Hochzeitstag soll es deine Braut tragen. Kehre fröhlichen Herzens in dein Vaterhaus zurück!«

Telemachos dankte ehrerbietig für die köstlichen Gaben und verabschiedete sich. Am Abend dieses Tages übernachteten die Jünglinge dann wiederum in der Burg des edlen Diokles zu Pherai und erreichten tags darauf glücklich Pylos, die Stadt Nestors. Telemachos aber bat den Freund, nicht beim Vater einzukehren, sondern unverzüglich zur Küste weiterzureisen, wo sein Schiff auf dem Sand lag und wartete. Peisistratos verstand die Ungeduld des Telemachos und gehorchte. Sie fuhren an der Stadt vorbei, erreichten das Schiff und wurden von den Ruderknechten freudig begrüßt. Telemachos nahm Abschied von seinem Freund, brachte seiner Beschirmerin Athene ein Opfer dar und bestieg mit den Gefährten das Fahrzeug. Sie lösten die Halteseile, richteten den Mast aus Fichtenholz auf und setzten die schneeweißen Segel. Ein kräftiger Wind erhob sich und trug sie hinaus auf das tiefblaue Meer, der Heimat zu.

Als die Sonne voll Ithakas Küste beschien, landete Telemachos in einer abgelegenen Bucht. Dem Rat Athenes gehorchend, hieß er die Gefährten sogleich zur Stadt weiterrudern. Er selbst kehrte dem Schiff den Rücken und machte sich auf den Weg zum Sauhirten.

Eumaios und Odysseus rüsteten eben in der Hütte zum Frühstück. Plötzlich schlugen draußen die Hunde an. Es war aber nicht der böse Laut, mit dem sie einen Fremden, einen Bettler oder Wegelagerer anfielen, sondern ein freudiges Bellen, in das sich schmeichelndes Winseln mischte. »Da kommt ein Freund zu Besuch«, sagte Odysseus zum Hirten.

Er hatte noch kaum zu Ende gesprochen, als Telemachos unter der Hüttentür stand. Dem Sauhirten fiel vor Freude das Trinkgeschirr aus der Hand; er stürzte seinem jungen Herrn entgegen, umarmte ihn und bedeckte sein Antlitz, seine Augen und Hände mit Tränen und Küssen. Noch auf der Schwelle stehend aber fragte Telemachos: »Sag mir, treuer Eumaios, treffe ich daheim die Mutter noch an, oder hat sie sich schon von einem der Freier hinwegführen lassen? Ist das Bett meines hohen Vaters noch mit sauberem Linnen bedeckt, oder ist es schon von häßlichen Spinnweben überzogen? Erwartet Penelope den König noch, oder hat sie die Hoffnung schon aufgegeben, daß der Vater je wiederkommt?«

»Es ist alles beim alten«, antwortete Eumaios seufzend, »standhaft und duldend wartet Penelope, Tag und Nacht weint sie Ströme von Tränen um den verlorenen Gatten.«

Nun erst übergab der Jüngling dem Hirten seine Lanze und trat ein. Odysseus wollte ihm seinen Sitz überlassen, doch Telemachos wehrte freundlich ab: »Bleib nur, Fremdling, der Mann da wird mir schon meinen Platz anweisen.«

Aus grünem Laub, über das er einen Schafspelz breitete, machte Eumaios seinem jungen Herrn einen weichen Polster, er mischte dem Ankömmling im Becher Wein, tischte gebratenes Fleisch auf und stellte den Brotkorb wohlgefüllt daneben. Nun tafelten sie zu dritt, und da Telemachos den Hirten nach Herkunft und Schicksal des Fremdlings befragte, erzählte ihm dieser die Fabel, mit der Odysseus vor Tagen seine Neugier befriedigt hatte. »Auf der Flucht vor seinen Verfolgern kam er zu mir«, schloß sein Bericht, »nun übergebe ich ihn dir, dem jungen Fürsten unseres Landes.«

»Dein Wort schmerzt mich«, erwiderte Telemachos, »denn wie könnte ich den Alten in meinem Haus beschützen? Behalte ihn lieber hier, ich will nicht, daß er zu den Freiern geht, die so frech im Palast ihr Unwesen treiben. Rock und Mantel werde ich ihm senden, auch ein Paar Sohlen für die Füße und ein zweischneidiges Schwert, auch genug Speise, damit er dir und den Knechten nicht zur Last fällt.«

»Wie kommt es«, fragte der Fremde verwundert, »daß jene Freier dem Königssohn trotzen dürfen? Haßt dich etwa das Volk? Wäre ich so jung wie du und der Sohn des Odysseus — eher sollte mir einer dieser Schamlosen den Kopf von den Schultern hauen, als daß ich ihren schändlichen Taten länger untätig zuschaute!«

Voll Bitterkeit erwiderte ihm Telemachos: »Nein, lieber Gast, das Volk haßt mich so wenig wie meinen verschollenen Vater, und es fehlt dem Sohn des Odysseus auch keineswegs an Mut oder an Waffen. Aber es sind zu viele feindliche Fürsten von allen Inseln ringsum mit Gefolge und Gesinde auf Ithaka gelandet, zu viele hier in der Heimat haben sich ihnen angeschlossen und sind mit ihnen in den Palast eingedrungen, als daß ich ihrer Herr werden könnte.«

Dann wandte sich Telemachos an den Sauhirten und bat ihn: »Getreuer Eumaios, eile in die Stadt, noch ehe die Freier in den Palast kommen, und melde meiner Mutter Penelope, daß ich wieder da bin. Doch sag es ihr leise, damit es die Mägde nicht hören und unseren Feinden erzählen.«

Da band sich Eumaios die Sohlen unter die Füße, griff zu seiner Lanze und eilte fort.

Nun waren Vater und Sohn in der Hütte allein. Da erschien Pallas Athene vor dem Eingang zum Hof in der Gestalt einer schönen Jungfrau. Sie war nur dem Odysseus sichtbar und den Hunden, die sich winselnd vor ihr verkrochen, dem Telemachos aber nicht. Sie winkte Odysseus aus der Hütte zu sich an die Hofmauer und sprach zu ihm: »Du sollst dich jetzt nicht mehr länger vor deinem Sohn verbergen. Gib dich ihm zu erkennen, und geh mit ihm hinab in die Stadt. Dort bereitet dem Treiben der Freier ein blutiges Ende! Bald folge ich euch nach in den Palast, ich brenne vor Kampfbegier!«

So sprach die Göttin. Dann berührte sie den Bettler mit ihrem goldenen Stab – da verjüngte sich seine Gestalt, seine Schultern wuchsen empor, sein Antlitz straffte und bräunte sich, die Wangen wurden voller, dicht und lockig fiel das Haar vom Scheitel in den Nacken, und der gekräuselte Bart umrahmte wieder das Kinn. Das räudige Hirschfell schwand von seinen Schultern, Leibrock und Mantel umhüllten wie früher den königlichen Leib.

Die Göttin entschwand. Odysseus trat in die Hütte. Staunend blickte Telemachos ihm entgegen, er glaubte einen Gott zu sehen, so blendete ihn der Glanz, der vom Vater ausging. Mit abgewandten Augen sprach er: »Fremdling, wie bist du verändert! Du bist gewiß einer der Himmlischen. Laß dir opfern und sei uns gnädig!«

»Ich bin kein Gott«, entgegnete Odysseus, »ich bin dein Vater, um den du so trauerst. Mein Kind, erkenne mich doch!« Dabei stürzten ihm die lange zurückgehaltenen Tränen aus den Augen, er eilte auf den Sohn zu und umarmte ihn.

Telemachos aber konnte es noch nicht fassen, daß der Vater wirklich zurückgekehrt sei. »Nein«, rief er verzweifelt, »du bist nicht Odysseus, du bist ein böser Dämon, der mich täuscht, damit ich nur noch tiefer in Leid versinke – ein Sterblicher kann sich nicht so verwandeln!«

»Ich bin es dennoch!« sagte Odysseus und küßte schluchzend den Jüngling, der ihn ungläubig anstarrte. »Nach zwanzig Jahren kehrt Ithakas Fürst in die Heimat zurück. Unsägliches habe ich erduldet! Das Wunder meiner Verwandlung aber ist Athenes Werk. Leicht gelingt es den Göttern, einen Sterblichen bald zu erniedrigen, bald zu erhöhen.«

Nun erst umarmte Telemachos den Vater. Auch seine Tränen rannen, der Gram überwältigte beide so heftig, daß sie laut schluchzten. Endlich aber faßte sich Telemachos und fragte: »Vater, sag mir doch, auf welchen Wegen du zurückkehrtest, was hielt dich so lange fern?«

Da erzählte ihm Odysseus, wie es ihm seit Troja ergangen und wie ihn die treuen Phäaken gepflegt und über das Meer gebracht hätten. »Und nun bin ich da«, schloß er seine Erzählung, »um auf Athenes Geheiß über den Tod unserer Feinde mit dir zu beraten. Nenne mir die Zahl der Freier, damit ich weiß, ob wir beide ihnen gewachsen sind oder ob ich nach Helfern Ausschau halten muß.«

»Vater«, erwiderte Telemachos, »ich hörte immer wieder die Kraft deines Armes und die Klugheit deines Rates rühmen! Doch diesmal sprichst du zu kühn! Wir sind nur zwei, es sind aber über hundert Freier, das Gesinde nicht mitgerechnet. Ohne Freundeshilfe werden wir ihrer nicht Herr.«

Da richtete sich Odysseus hoch auf. »Mein Sohn«, sagte er, und Feuer brach aus seinen Augen, »Athene und Zeus sind auf unserer Seite, was brauchen wir da noch andere Hilfe? Wenn der Morgen graut, gehst du in die Stadt zurück und setzt dich zu den Freiern in den Saal, als wäre nichts geschehen. Mich wird Athene wieder in einen Bettler verwandeln, und in dieser Gestalt werde ich mit dem Sauhirten nachkommen. Doch was immer mir die Freier zufügen mögen, ob sie nach mir werfen oder mich an den Füßen über die Schwelle zerren, du mußt es ertragen. Halte dein Herz in Zaum! Auf einen Wink von mir versteckst du sodann die Waffen, die im Saal hängen, in einer der oberen Kammern des Hauses. Zwei Schwerter und zwei Speere nur läßt du zurück und zwei stierlederne Schilde dazu, die sind für uns beide. Kein Mensch außer dir aber darf wissen, daß ich heimgekehrt bin, weder Laertes noch der Hirte, ja nicht einmal deine Mutter!«

RÜCKKEHR IN DIE STADT

Inzwischen landete das Schiff, das Telemachos und seine Gefährten von Pylos nach Ithaka gebracht hatte, im Hafen der Stadt. Die Begleiter des Königssohnes, der vergessen hatte, ihnen Schweigen aufzutragen, schickten einen Boten zu Penelope, der sie von Telemachos Heimkehr unterrichten sollte. Dieser rief laut vor allen Dienerinnen: »Königin, dein Sohn ist wiedergekommen!« Gleichzeitig aber richtete Eumaios der Königin die Botschaft ganz im geheimen und ohne Zeugen aus und bat sie, auch den Großvater Laertes durch eine Dienerin von Telemachos' glücklicher Rückkehr zu benachrichtigen. Dann eilte er wieder heim zu seinen Schweinen.

Die Freier hörten von der Heimkehr des Telemachos durch die treulosen Dienerinnen der Königin. Und noch während sie tuschelten, lief das Schiff der Freier mit vollen Segeln in den Hafen ein. Da eilten alle hinab ans Ufer. Antinoos, der Anführer der Ankömmlinge, trat vor und rief: »Wir sind nicht schuld daran, daß uns der verhaßte Knabe entkommen ist! Bei Tag stellten wir auf allen Uferhöhen Wachen aus, und des Nachts kreuzten wir beständig auf der Meeresenge, einzig darauf bedacht, Telemachos zu fangen und in aller Stille umzubringen. Doch ihn muß einer der Unsterblichen geleitet und beschirmt haben, nicht einmal sein Schiff haben wir gesehen, und nun liegt er hier im Hafen neben dem unseren! Dafür laßt ihn uns jetzt in der Stadt aus dem Weg räumen, denn solange der Jüngling lebt, werden wir nie ans Ziel kommen. Er ist klug, und bringt er es unter die Leute, daß wir ihm auflauerten, so steht am Ende das Volk gegen uns auf und jagt uns aus dem Land. Wie gefällt euch mein Vorschlag?«

Lange schwiegen die Fürsten; endlich erhob sich Amphinomos aus Dulichion, der gutmütigste unter den Freiern, und sagte: »Freunde, ich möchte nicht, daß wir des Odysseus einzigen Sohn heimlich ermorden; ein Königsgeschlecht so auszurotten ist allzu furchtbar. Laßt uns zuvor die Götter befragen. Billigen sie unsere Tat, so bin ich bereit, ihn mit eigener Hand zu töten; verwehren sie es uns, so rate ich euch, kein Blut zu vergießen.«

Diese Rede gefiel den Freiern. Sie schoben ihren Plan auf und kehrten in den Palast zurück.

Am selben Abend kam der Sauhirt in seine Hütte zurück. Odysseus und Telemachos bereiteten eben ein geschlachtetes Schwein für das Nachtmahl zu, als er eintrat. Athenes goldener Stab hatte dem Odysseus wieder Bettlergestalt verliehen, so daß Eumaios ihn nicht erkennen konnte. »Kommst du endlich?« rief Telemachos ihm entgegen. »Was bringst du Neues aus Ithaka? Lauern die Freier noch immer auf mich, oder sind sie von ihrem Hinterhalt zurück?«

»Sie mögen wohl zurück sein«, antwortete der Hirt, »ich sah ein Schiff mit Bewaffneten einlaufen.«

Bald legten sich alle zur Ruhe. Frühmorgens aber machte Telemachos sich auf den Weg zur Stadt, nachdem er dem Hirten aufgetragen hatte,

Athene (vorhergehende Seite) war der Sage nach die Schutzgöttin des listigen Helden Odysseus (links) und beschirmte ihn in allen Gefahren. Oben ein Vasenbild, das Odysseus zeigt, wie er — an den Mast seines Schiffs gebunden — den Verlockungen der Sirenen entgeht.

Odysseus flieht unter einem Widder aus der Höhle des Polyphem (oben), Odysseus befragt den Schatten des weisen Teiresias (rechts). Auf der folgenden Seite eine Plastik, die den Dichter Homer als blinden seherischen Greis zeigt.

ihm nach einer Weile mit dem Bettler zu folgen. Vor dem Palast angekommen, lehnte Telemachos seine Lanze an eine Säule des Eingangs und schritt über die steinerne Schwelle in den Saal, wo die alte Dienerin Eurykleia eben damit beschäftigt war, den herrlichen Thronsessel mit schönen Fellen zu bedecken. Als sie den Jüngling, ihren Herrn, erblickte, eilte sie mit Freudentränen auf ihn zu und hieß ihn willkommen. Auch die anderen Mägde umringten ihn, küßten ihm Hände und Schultern.

Bald kam auch Penelope herzu. Weinend schloß sie den Sohn in die Arme und rief: »Mein süßes Leben, kommst du mir endlich zurück! Wie habe ich mich um dich gegrämt, seit du heimlich nach Pylos fuhrst, den Vater zu suchen! Sag mir, was bringst du für Nachricht?«

»Mutter«, antwortete Telemachos, »mach mir das Herz mit deiner Frage nicht noch schwerer, als es schon ist! Ich selbst bin eben erst dem Tod entronnen, Athenes Schild und die Nacht verbargen mich vor den Mördern, die meinem Schiff auflauerten. Von Odysseus erfuhr ich nur, was König Menelaos wußte: daß ihn ein Sturm auf die Insel Ogygia verschlug, wo ihn die Nymphe Kalypso gegen seinen Willen zurückhält. Es fehlt ihm zur Heimfahrt an Schiffen und Ruderknechten. Doch nun, liebe Mutter, laß dir ein erfrischendes Bad bereiten, ziehe neue Gewänder an und gelobe den Göttern ein reiches Dankopfer, wenn sie uns dereinst den Vater und König zurückführen und Rache an den Freiern vergönnen.«

Penelope folgte dem Rat und begab sich ins Innere des Palastes, wo sie so manche Nacht auf einsamem Lager um Odysseus geweint hatte.

Die Freier belustigten sich indessen auf dem Platz vor dem Palast wie gewöhnlich mit Diskuswerfen und Speerschleudern, bis sie der Herold an das Mittagsmahl erinnerte. Da traten sie in den Saal, warfen ihre Mäntel über Sessel und Stühle, schlachteten fette Schafe und Ziegen, einen Ochsen dazu und ein paar gemästete Schweine und rüsteten das Mahl.

Unterdessen hatten sich auch Odysseus und Eumaios auf den Weg gemacht. Nach gemächlicher Wanderung kamen sie zum Königspalast, und als Odysseus nach so langer Zeit sein Haus wieder erblickte, langte er ergriffen nach der Hand seines Begleiters und sprach: »Eumaios, das muß wohl die Wohnung des Odysseus sein! Sieh nur, wie mächtig der Vorhof von breiten Mauern und Zinnen umschlossen ist, und welch gewaltige Torflügel den Eingang beschützen! Diese Burg ist gewiß unbezwinglich. Doch horch, welch fröhliches Lärmen dringt aus dem Saal?

Viele Männer, so scheint mir, feiern ein Gastmahl; köstlicher Bratenduft weht herüber, vermischt mit den Harfenklängen des Sängers.«

Sie vereinbarten, daß Eumaios vorangehen und im Saal einen Platz für den Bettler auskundschaften sollte. Dieser wollte ein wenig später nachkommen.

Neben dem Hoftor lag auf dem Düngerhaufen ein alter Hund, der auf den Namen Argos hörte. Odysseus hatte ihn, ehe er sich nach Troja einschiffte, noch selbst aufgezogen. Argos war einst ein guter Spürhund gewesen, hatte die Männer auf die Jagd begleitet und manches Stück Wild im Dickicht aufgestöbert und gestellt. Jetzt kümmerte sich keiner mehr um ihn; von Ungeziefer bedeckt, lag er auf dem Mist. Als er jedoch die Stimme des Odysseus hörte, spitzte er die Ohren und hob mühsam die Schnauze; ihn täuschte keine Verwandlung, nach zwanzig Jahren erkannte er seinen Herrn wieder, doch war er zu schwach, um näher zu kommen. Er wedelte noch stumm mit dem Schweif, dann sank ihm das Haupt auf die Pfoten, und er verendete. Mit Tränen in den Augen beugte Odysseus sich über ihn.

Eumaios hatte indessen den Palast betreten. Sogleich rief Telemachos ihn zu sich. Bald darauf wankte auch Odysseus, der Bettler, an seinem Stab in den Saal. Auf der Schwelle aus Eschenholz ließ er sich nieder und lehnte den müden Rücken gegen den Türpfosten. Sogleich nahte ihm, allen anderen unsichtbar, Pallas Athene, die Zeustochter, und sprach: »Erbitte dir Nahrung von den Freiern, so kannst du die Bessergesinnten von den Bösen unterscheiden und später jedem den Tod zuteilen, den er verdient, diesem einen grausamen, jenem einen milden. Doch sterben müssen sie alle!«

So ging Odysseus mit ausgestreckter Hand von einem zum andern, wie Bettler es tun. Mancher zeigte sich mitleidig und gab ihm etwas, und es entstand ein Fragen unter den Freiern: »Wer ist der Mann?«

Da erhob sich Melanthios, ein treuloser Ziegenhirt, und rief: »Ich habe den Alten eben vor der Stadt gesehen, der Sauhirt hat ihn vom Gebirge herabgeführt!«

Heftig fuhr Antinoos auf Eumaios los und schrie ihn an: »Verfluchter Sauhirt, haben wir in der Stadt nicht schon genug Landstreicher? Was mußt du uns auch noch diesen Fresser in den Saal schleppen?«

Gelassen blickte Eumaios auf und sagte: »Du bist ein harter Mann, Antinoos. Den Bettler lädt niemand ein, er kommt von selbst — aber man jagt ihn auch nicht hinaus.«

Bleich vor Wut über die gütige Rede des Sauhirten erhob sich Antinoos von seinem Sitz und rief: »So will ich diesen da beschenken, daß er drei Monate lang das Haus nicht wieder betritt!« Damit packte er seinen Fußschemel und schleuderte ihn gegen Odysseus, der sich eben wieder von den Tischen zu seinem Platz auf der Schwelle zurückzog. Das Holz traf ihn mit Wucht an der Schulter, doch Odysseus stand unerschütterlich wie ein Fels.

Diese Roheit empörte selbst die Freier, und einer von ihnen sprach: »Du tust nicht recht, Antinoos, diesen Unglücklichen zu mißhandeln. Wie, wenn er ein Himmelsbote in Menschengestalt wäre? Bisweilen verhüllen die Götter sich so.« Aber Antinoos schlug diese Warnung höhnisch in den Wind.

In ihrem Frauengemach saß Penelope, die Königin. Sie hörte alles, was im Saal vorging, empfand Mitleid mit dem Bettler und schickte eine ihrer Dienerinnen zu Eumaios. »Schaff mir den Sauhirten hierher«, befahl sie.

Als Eumaios freudigen Herzens bei ihr eintrat, sagte sie zu ihm: »Bring doch diesen Bettler herbei, ich will mit ihm reden. Vielleicht weiß er von meinem fernen Gemahl zu berichten oder hat ihn gar selbst gesehen. Es scheint, als wäre er weit in der Welt herumgewandert.«

Eumaios begab sich wieder in den Saal, trat an den Bettler heran und überbrachte ihm Penelopes Botschaft. Der Fremde antwortete: »Gerne will ich der Königin erzählen, was ich von Odysseus weiß, und ich weiß gar viel von ihm. Aber noch fürchte ich mich vor den Freiern. Niemand hat sich meiner angenommen, als man mich eben so schwer kränkte, auch Telemachos, des Hauses Sohn, hat keinen Finger für mich gerührt — wie sollte ich es wagen, ins Frauengemach einzudringen? Sag darum Penelope, sie möge sich gedulden, bis es Nacht geworden ist; dann mag sie mich nach ihrem Gatten befragen, soviel sie will, und mich an ihrem Herd sitzen lassen, denn mich friert in meinen Lumpen.«

Eumaios eilte zurück zur Königin und meldete ihr die Worte des Bettlers. »Der Mann denkt und redet klug«, sagte Penelope und gab sich zufrieden. Sie entließ den Hirten, der auf Telemachos' Geheiß noch bis zum Abend im Saal blieb. Dann brach er auf und versprach dem Königssohn, sich am anderen Morgen in aller Früh bei ihm einzufinden.

Die Freier zechten weiter. Da betrat auf einmal ein berüchtigter Bettler den Saal. Er hieß eigentlich Armeiso, doch nannte ihn jeder nur Iros, den »Boten«, weil er für Geld allerlei Wege machte. Er war ein ungeheurer Vielfraß, aber dennoch ohne Leibeskraft. Er hatte gehört, daß ein Nebenbuhler bei den Freiern eingedrungen und von Tisch zu Tisch gegangen war. Nun kam er, schnaubend vor Eifersucht, und wollte Odysseus vertreiben. »Hinweg!« rief er schon von weitem. »Siehst du nicht, daß mir alle mit den Augen deuten, dich am Fuß hinauszuschleifen? Geh, oder es gibt einen Faustkampf zwischen uns!«

»Hier ist wohl Platz für uns beide«, erwiderte Odysseus finster. »Ich gönne dir deinen Teil, also gönne du mir den meinen, wie es unter Bettlern Brauch ist. Reize meinen Zorn nicht, und fordere mich auch nicht zum Zweikampf, sonst schlage ich dir Brust und Rippen blutig, und du kommst schwerlich noch einmal hierher!«

Laut lachend kehrten sich die Freier dem streitenden Paar zu, und Antinoos rief: »Noch kein Gott hat uns ein solches Vergnügen in diesem Saal beschert — zwei Bettler, die einander zum Faustkampf herausfordern! Laßt uns die beiden aufhetzen! Ziegenmagen, mit Blut und Fett gefüllt, braten dort überm Feuer, die setzen wir den edlen Streitern als Kampfpreis aus: dem Sieger die dickste Wurst, und kein anderer Bettler als er soll künftig den Saal betreten dürfen!«

Den Freiern gefiel diese Rede. Odysseus aber meinte: »Wenn keiner von euch sich zugunsten des Iros in unseren Kampf einmischt, so will ich mich wohl mit ihm schlagen.«

Da erhob sich Telemachos und sprach: »Kämpfe getrost mit diesem Prahler, armer Fremdling, und besiege ihn, wenn du es vermagst. Ich bin der Hausherr, und wer sich an Iros' Seite stellt und dich verletzt, den werde ich strafen.«

So gürtete sich Odysseus zum Kampf. Unsichtbar waltete über ihm Pallas Athene und sie veränderte seinen Wuchs. Jäh schwollen ihm unter den Lumpen kräftige Schenkel und Arme, Schultern und Brust dehnten sich mächtig, und strahlend verjüngte sich sein Antlitz. Die Freier staunten. Iros aber wurde übel vor Angst, er schlotterte und mußte von den Dienern mit Gewalt gegürtet werden. Man führte ihn heran, und beide Bettler erhoben die Fäuste zum Kampf. Odysseus überlegte, ob er den Gegner mit einem einzigen wuchtigen Streich töten oder nur mit einem sanften Schlag zu Boden strecken sollte, damit die Freier nicht vorzeitig Verdacht schöpften. Nachdem Iros ihn mit der Faust an der rechten Schulter getroffen hatte, gab er ihm einen leichten Schlag auf den Hals, unterhalb des Ohres. Doch war seine Kraft so groß, daß er den Kieferknochen entzweibrach und dem Bettler das Blut aus dem Mund schoß.

Schreiend stürzte Iros zu Boden, und während die Freier laut Beifall klatschten und unbändig lachten, zog ihn Odysseus am Fuß zur Tür hinaus in den Vorhof und lehnte ihn neben dem Haupttor an die Hofmauer. Er gab ihm den Stab in die Hand und sagte spottend: »Da bleibe nun sitzen und verscheuche mit deinem Stecken Hunde und Ferkel!« Dann kehrte er in den Saal zurück und ließ sich wieder auf der Schwelle nieder, als wäre nichts geschehen.

Sein Sieg hatte den Freiern Achtung eingeflößt, sie umringten ihn lachend und sagten: »Du hast uns von einem lästigen Burschen befreit, da nimm den Ziegenmagen dafür, und mögen Zeus und alle Götter dir gnädig sein.« Amphinomos, einer der jüngsten unter den Freiern, brachte zwei Brote herbei, füllte einen Becher mit Wein und trank dem Sieger zu mit den Worten: »Auf dein Wohl, Fremder! Mögest du künftig von aller Trübsal verschont bleiben!«

Da erhob sich Odysseus. Ernst nahm er Brot und Wein entgegen, und ernst sprach er: »Amphinomos, du scheinst mir besonnen und weise und bist eines edlen Vaters Kind. Darum höre, Jüngling! Von allem, was auf Erden wandelt und atmet, ist nichts so eitel und unbeständig wie der Mensch. Solange die Götter ihn stärken, meint er, kein Unglück könne ihn treffen. Ist er aber plötzlich auf sich gestellt und schicken ihm die Götter Trübsal, dann verzweifelt er sogleich. Ich habe im Übermut glücklicher Tage, durch meine Stärke verleitet, viel gefrevelt, darum rate ich dir: Empfange die Gaben der Götter, die lichten wie die dunklen, voll Demut und sündige nicht wider Recht und Gesetz gleich den übrigen Freiern, die hier ihr Unwesen treiben. Sie fügen Schmach über Schmach der Gattin des Mannes zu, der vielleicht morgen schon heimkehrt. Er ist ganz nahe! Möge ein guter Dämon dich aus diesem Haus fortführen, ehe du ihm begegnest. Denn ich fürchte, es wird Blut fließen, wenn der Verschollene sein heiliges heimatliches Haus betritt.«

So sprach Odysseus, trank und gab den Becher dem Jüngling zurück. Nachdenklich senkte dieser das Haupt und schritt durch den Saal zurück zu seinem Sitz. Er ahnte Böses.

Da trat Penelope in den Saal. Pallas Athene goß überirdische Schönheit über sie aus. Jedem der Freier, der sie so stehen sah, glühte das Herz, jeder wollte sie zur Gattin gewinnen. Sie aber wandte sich an Telemachos und sprach: »Mein lieber Sohn, warum hast du es geschehen lassen, daß man den armen Fremdling, der bei uns Hilfe suchte, so schwer beleidigte? Es bringt dir vor Göttern und Menschen Schande, mir aber bereitet es tiefen Schmerz.«

»Ach Mutter«, entgegnete Telemachos, »du tadelst mich zu Recht, doch glaube mir, ich allein vermag nichts gegen die Übermütigen.«

Eurymachos aber rief, trunken vom Anblick der Königin: »O Tochter des Ikarios, könnten alle Griechen dich sehen, wahrhaftig, es kämen morgen noch viel mehr Freier zum Schmaus nach Ithaka, so sehr übertriffst du alle Frauen an Schönheit!«

Penelope schüttelte das Haupt. »Meine Schönheit ist dahin«, sprach sie, »seit mein Gemahl nach Troja fuhr. Käme er wieder, blühte ich auf wie die Blume an der Sonne; so aber umfängt mich die Nacht der Trauer. Wohl sagte mir Odysseus, als er aufbrach: ›Wenn ich nicht mehr zurückkehre und Telemachos zum Jüngling herangereift ist, so vermähle dich neu!‹ Ja, so sprach er, und ich will ihm gehorchen, doch sehe ich meiner Hochzeit mit Bangen entgegen. Andere Freier bringen aus ihrer Heimat Rinder und Schweine zum Schmaus herbei und geizen nicht mit Geschenken. Ihr aber verpraßt das Gut der Braut! Wen von euch sollte sie da wählen?«

Voll inniger Freude hörte Odysseus diese klugen Worte. Sie hatten ihr Ziel nicht verfehlt, denn schon eilten die Diener der Freier hinweg und brachten auf Geheiß ihrer Herren die kostbarsten Geschenke herbei. Antinoos übergab Penelope ein reichgewirktes, buntes Frauengewand, Eurymachos ein Brustgeschmeide, das einer strahlenden Sonne glich und mit schimmerndem Bernstein besetzt war, Eurydamas anmutige Ohrgehänge, und so überreichte ihr jeder Freier eine andere Gabe. Die Dienerinnen mußten Gehilfinnen herbeiwinken, weil ihre Hände das viele Gold und das kostbare Tuch nicht mehr halten konnten. Penelope aber sprach: »Gebt mir bis morgen Bedenkzeit, ich will eure Geschenke prüfen und mich danach entscheiden.« Hierauf stieg sie die Treppe zum Söller empor, gefolgt von den Dienerinnen mit den Schätzen.

Erst tief in der Nacht verließen die Freier das Haus, Odysseus war mit Telemachos allein. »Geschwind«, sagte er, »laß uns die Waffen verstecken, die Stunde ist gekommen!«

Der Sohn rief seine alte Wärterin Eurykleia und befahl ihr, die Mägde vom Saal fernzuhalten, bis er des Vaters Waffen nach oben in den Söller geschafft habe. »Hier in dem vielen Rauch verlieren sie allen Glanz«, sagte er.

Darüber freute sich die Alte. »Es ist recht«, meinte sie, »daß du endlich anfängst, dich um dein Gut zu kümmern. Doch wer soll dir die Fackel vorantragen, wenn du alle Dienerinnen fortschickst?«

Telemachos zeigte auf Odysseus und sagte: »Der Bettler da wird sie tragen. Wer aus meinem Brotkorb ißt, soll auch arbeiten.«

Nun schleppten Vater und Sohn die Helme, Schilde, Lanzen und Schwerter nach oben, und Pallas Athene schritt mit ihrer goldenen Lampe vor ihnen her und verbreitete überall Licht. Telemachos, der die Göttin nicht sah, wunderte sich sehr und sprach: »Sieh doch, Vater, welch ein Wunder! Wie schimmern des Hauses Wände! Jeder Winkel, jeder Balken, jede Säule, alles leuchtet wie von Sonnenfeuer! Wahrlich, ein Gott muß zugegen sein.«

»Sei still, Sohn«, entgegnete Odysseus ihm ehrfürchtig, »sei still und forsche nicht; gar viel vermögen die Himmlischen. Leg dich jetzt schlafen, ich will noch ein wenig wachen und im Saal die Mutter erwarten, sie wird mich vieles fragen wollen.«

Telemachos entfernte sich. Nach einer Weile trat Penelope aus ihrer Kammer und winkte den vermeintlichen Bettler zu sich heran. Nach einer Weile sagte sie: »Du hast manche Unbill in meinem Haus erdulden müssen durch den Übermut der Freier. Dafür sollen dir nun meine Mägde die Füße waschen und dir ein gutes, warmes Bett bereiten. Du sollst nicht sagen, Ithakas Königin ehre das Alter nicht.« Und schon befahl sie ihre Dienerinnen herbei.

Odysseus aber erwiderte: »Ich will keine Dienste von deinen jungen, schamlosen Mägden! Hast du aber ein altes, redliches Weib, so mag das mir die Füße baden.«

Da rief Penelope ihre älteste Magd Eurykleia herbei, die hatte den Odysseus als Knaben aufgezogen, so alt war sie. Sie rückte ein Schaff heran, füllte es mit warmem Wasser, entblößte die Füße des Fremdlings, um sie zu waschen. Wohl drückte sich Odysseus, so gut er konnte, ins Dunkel neben dem Herd, damit die Alte nicht die Narbe der Wunde entdeckte, die ihm einmal auf der Jagd der Hauer eines wilden Ebers zugefügt hatte. Aber Eurykleia, der der fremde Bettler gleich vom ersten Augenblick an seltsam bekannt erschienen war, hatte die Narbe schon bemerkt, ihre tastenden Hände erkannten sie, und vor freudigem Schreck ließ sie das Bein ins Schaff fallen, daß das Wasser hoch aufspritzte. »Odysseus«, rief sie, »du bist es!«

Aber der Bettler hielt ihr mit der Rechten den Mund zu, zog sie mit der Linken an sich und flüsterte ihr ins Ohr: »Willst du mich verderben? Ja, ich bin es, aber noch darf es niemand wissen! Wenn dir dein Leben lieb ist, so schweige!«

Eurykleia gehorchte und bewahrte ihr Geheimnis tief in der treuen Brust. Penelope aber hatte von alledem nichts bemerkt, Pallas Athene hatte ihr mit himmlischen Händen Auge und Ohr verschlossen.

Als Odysseus gewaschen und gesalbt war, richtete die Königin wieder das Wort an ihn und sprach: »Deute mir einen Traum, Fremdling. Ich sah in der vergangenen Nacht einen Adler vom Gebirge her mitten in meine geliebte Gänseherde stoßen und alle meine schneeweißen Tiere töten. Mit blutigen, gebrochenen Hälsen lagen sie im Hof, der Raubvogel aber schwang sich in die Lüfte und entschwand. Ich schrie auf und weinte laut. Da kam der Adler zurück, setzte sich auf das Gesims des Hauses und redete mit menschlicher Stimme zu mir: ›Sei getrost, Tochter des Ikarios! Was du schaust, ist kein Traum, sondern ein Gesicht. Ich bin Odysseus und werde alle Freier töten!‹ So sprach der Adler, da erwachte ich.«

»Fürstin«, sagte Odysseus, »freue dich! Was dein Gatte im Traum versprach, wird er am hellen Tag vollbringen! Keiner der Freier wird dem Verderben entrinnen, ihr Blut wird den Boden und die Wände dieses Saales röten!«

Doch Penelope schüttelte den Kopf: »Es gibt auch trügerische Träume. Morgen ist der entsetzliche Tag gekommen, an dem ich dieses Haus verlassen und einem der Freier als Gemahlin folgen muß. Noch weiß ich nicht, wem; aber mein Gatte Odysseus stellte bisweilen zwölf Äxte ohne Stiel hintereinander auf und schoß seinen Pfeil durch alle zwölf Axtlöcher hindurch. Wer von den Freiern dieses Kunststück mit Odysseus' Bogen vollbringt, der soll mich hinwegführen.«

Da lachte dem Odysseus das Herz. »Tue das, edle Königin«, rief er, »dann brauchst du dies Haus niemals zu verlassen! Denn nie und nimmer spannt ein anderer als Odysseus selbst seinen Bogen, und keiner der Helden vermag den Pfeil durch zwölf Axtlöcher zu schnellen außer ihm!«

RACHE UND SIEG

Mit steigender Sonne fanden sich die Freier wieder im Saal ein, schlachteten herrliches Mastvieh und ließen sich vom besten Wein geben, galt es doch, an diesem Tag das Fest des »bogenführenden Gottes Apollon« zu feiern, das auf Ithaka stets besonders heiliggehalten wurde.

Der Schmaus begann. Odysseus hatte wieder seinen Platz auf der Schwelle des Saals eingenommen und sah zu, wie das Volk von überallher zusammenströmte und sich zum heiligen Hain des sonnenstrahlenden Musengottes und himmlischen Bogenschützen begab, und sein Herz schwoll vor Zuversicht und Rachelust.

Nun erhob sich der Herold der Freier und forderte Telemachos auf, seine Mutter zu zwingen, sich unter den werbenden Männern einen Gemahl auszuwählen.

In diesem Augenblick verwirrte Athene die Gemüter der Freier. Sie fingen plötzlich unbändig zu lachen an, sprangen auf die Sitze und Tische, heulten wie Hunde und grunzten wie Schweine, verzerrten ihre Gesichter zu scheußlichen Fratzen wie Dämonen und fraßen bluttriefendes rohes Fleisch. Sie gebärdeten sich ganz unsinnig vor Lustigkeit, fielen aber hierauf plötzlich in die tiefste Schwermut und Traurigkeit. Tränen flossen aus ihren Augen, und der Seher Theoklymenos, ein Flüchtling, den Telemachos auf seiner Heimfahrt aus Pylos mitleidig auf sein Schiff genommen und nach Ithaka gebracht hatte, sprang auf und rief: »Was ist in euch, ihr Unseligen, gefahren? Ich sehe eure Häupter und Glieder von Nacht umhüllt, schreckliche Klagen kommen aus eurem Mund! Wehe, die Wände des Hauses triefen von Blut, von Schatten wimmelt der Vorhof, sie drängen zum Hades hinab! Unheil seh ich nahen, Unheil, dem keiner entflieht!«

Und er verließ mit verhülltem Haupt und eiligen Schritten den Saal, um das Grauen nicht schauen zu müssen.

Nun stieg Penelope, von Athene unsichtbar gelenkt, zur Schatzkammer des Odysseus empor, wo die Geräte aus Gold und Erz lagerten. Dort hing auch sein Bogen und sein mit Pfeilen dicht gefüllter Köcher, beides Geschenke spartanischer Fürsten, die in Ithakas Palast zu Gast gewesen. Schmerz überwältigte die Königin, als sie die Waffen ergriff und herabhob, sie übergab den Bogen und die Pfeile den Mägden und schritt diesen voran hinab in den Saal. »Nun auf, ihr Freier«, sprach sie, »die Stunde ist gekommen. Wer mich gewinnen will, der trete zum

Wettkampf vor. Wer den Bogen des Odysseus spannt und den Pfeil durch zwölf Axtlöcher hindurchschnellt, der soll mein Gatte werden.«

Telemachos sprang auf, warf seinen Purpurmantel ab und ließ sein Schwert von der Schulter gleiten. Dann zog er eine Furche in den gestampften Lehmboden des Saales, grub die Beile mit den Schneiden nach unten hintereinander ein und ergriff als erster selbst den Bogen des Vaters. Er stellte sich auf die Schwelle und versuchte dreimal, ihn zu spannen. Dreimal versagten ihm die Kräfte, beim viertenmal wäre es ihm beinahe gelungen, hätte ihm Odysseus nicht abgewinkt. Da lehnte er die heilige Waffe an den Türpfosten und rief: »Weh mir, was bin ich doch kraftlos und elend! Oder bin ich noch zu jung, um mich mannhaft wehren zu können? Versucht ihr anderen, die ihr stärker seid als ich, des Vaters Bogen zu spannen, und macht dem Wettkampf ein Ende!« Dann ging er zu seinem Sessel zurück.

Nun versuchten die Freier, einer nach dem anderen, den Bogen zu spannen, aber keinem gelang es, auch nicht Antinoos und Eurymachos, den stärksten von allen.

Da trat Odysseus in den Saal. Er hatte sich heimlich in den Vorhof geschlichen und dort dem Sauhirten Eumaios und dem Rinderhirten gesagt, wer er sei und wie sie ihm bei der Vernichtung der Freier helfen sollten. Unter Tränen hatten die beiden ihn umarmt. Nun folgten sie ihrem Gebieter in die breite Halle mit der rußgeschwärzten Balkendecke. Schaurig wie ein zürnender Gott stand Odysseus auf der Schwelle. Seine Augen blitzten, unter den schäbigen Lumpen straffte sich sein Leib. »Laßt mich schießen«, bat er, »heute ist der Festtag Apollons, und wer möchte da nicht versuchen, einen so kostbaren Bogen zu spannen wie diesen, und wäre er auch nur ein Bettler!«

Zornig fuhren die Freier auf. Aber Penelope sprach: »Ihr sollt dem Fremdling seine harmlose Bitte gewähren an diesem Festtag. Alt und elend, wie er ist, wird er mich kaum zur Gattin begehren, auch wenn seinen zitternden Händen gelänge, was euch nicht gelungen ist. Laßt ihm die Freude.«

Da überreichte der Sauhirt dem Bettler den Bogen. Dann ging er durch den Saal ins Hinterhaus und verkeilte den Riegel der Pforte mit wuchtigen Schlägen, während der Rinderhirt den Riegel am schweren Tor des Vorhofes mit einem armdicken Seil umwand, daß keiner ihn zurückstoßen konnte.

Mittlerweile musterte Odysseus prüfend den Bogen: die Waffe war unbeschadet geblieben über all die Jahre hinweg. Er spannte bedächtig den Bogen, griff zur Probe in die Sehne, wie ein Sänger in die Saiten der Laute. Und siehe, die Waffe ertönte hell wie ein Schwalbenruf!

Die Freier packte Entsetzen. Starr standen sie da und sahen, wie Odysseus nach einem Pfeil griff, diesen einlegte und, auf einem Stuhl sitzend, die Ösen aller zwölf Beile durchschoß.

Die Freier zuckten zusammen und erblaßten. Odysseus aber rief seinem Sohn zu: »Der Fremdling im Saal hat dir keine Schande gemacht, denke ich! Doch jetzt ist es an der Zeit, diesen da am hellichten Tag das Nachtmahl zu bereiten!« Und er gab Telemachos einen Wink. Da warf dieser sein Schwert über die Schulter, griff zur Lanze und stellte sich gewappnet neben seinen Vater.

Jetzt streifte Odysseus die Lumpen ab und sprang mit Bogen und Köcher auf die Schwelle. Er schüttelte die Pfeile vor sich auf den Boden und rief: »Der erste Bogenkampf ist beendet, nun folgt der zweite! Für ihn wähle ich mir ein Ziel, das noch kein Schütze getroffen, und werde es nicht verfehlen!« Damit zielte er auf Antinoos, der eben einen goldenen Pokal mit beiden Händen zum Mund führte. Da fuhr ihm der Pfeil des Odysseus in die Gurgel, daß die Spitze aus dem Genick hervortrat. Der Becher entfiel seiner Hand, ein Blutstrahl schoß ihm aus der Nase; im Fallen stieß er den Tisch samt den Speisen um, daß die Leckerbissen über den Boden rollten, von seinem Blut besprengt.

Tobend sprangen die Freier von ihren Sesseln und riefen nach Waffen, doch da war weder Schild noch Lanze. Triumphierend rief ihnen Odysseus zu: »Ihr dachtet wohl, ich würde nie wieder von Troja zurückkehren, darum verpraßt ihr mein Gut, verführt ihr mein Gesinde und bedrängt mein Weib. Weder Göttliches noch Menschliches ist euch heilig — nun aber ist die Stunde eures Verderbens gekommen!«

Zwar schrien die Freier vor Wut und Todesangst auf, zwar versuchten sie, Odysseus durch reumütige Worte zu besänftigen, und boten ihm reiche Sühnegaben, Rinder, Gold und Erz, wenn er ihnen das Leben schenkte. Aber der Fürst, von Athenes goldenem Stab berührt und herrlicher mit jedem Atemzug, erwiderte grimmig: »Nicht für alles Gold der Erde ließe ich euch ungestraft. Eure Missetaten fordern blutige Sühne! Darum kämpft oder flieht; aber nicht einer von euch wird entrinnen!«

Da erblaßten die Freier bis in die Lippen. »Diesen Mann hält kein Gott mehr zurück!« riefen sie. Doch Eurymachos entfachte noch einmal ihren Mut, er schrie: »Zieht die Schwerter und benützt die Tischplatten als Schilde! So dringen wir gegen ihn vor, vertreiben ihn von der Schwelle und flüchten in die Stadt, dort finden wir Freunde!« Er sprach es und riß sein Schwert aus der Scheide.

Mit einem gräßlichen Schrei stürzte er sich auf Odysseus, doch im selben Augenblick durchbohrte ihn der Pfeil des Helden. Das Schwert entsank ihm, auch er riß einen Tisch um, warf Speisen und Becher zur Erde und schlug mit der Stirn auf den Boden. Dort lag er still, während die Kameraden wutschreiend die Tischplatten hochrissen und sich dahinter verbargen. Aber es nützte ihnen nichts; solange Odysseus noch Pfeile hatte, erlegte er damit einen Freier nach dem anderen. Von der Wucht des Bogens geschnellt, durchschlugen die Geschosse die dicksten Tischplatten. Amphinomos, der sich mit dem Schwert bis zur Schwelle vorkämpfen konnte, sank, von Telemachos' Speer getroffen, zu Boden, und Nacht umfing ihm Augen und Seele.

Als die Pfeile verschossen waren, lehnte Odysseus den Bogen an den Türpfosten und wappnete sich mit Helm, Stierschild und Lanze. Furchtbar war seine Rache; wie Schnee an der Sonne, so schmolz der Haufen der Verräter zusammen, nicht einer der treulosen Fürsten entkam, zu hoch waren die Mauern des Hofes, zu wohlverschlossen die Tore. Ein grausiges Blutbad war angerichtet im Saal, Decke und Wände waren rot besprengt, ein Chaos von Tischen und Stühlen und kostbarem Geschirr, silbernen Krügen und goldenen Bechern bedeckte den Lehmboden, Blut und Wein rannen ineinander.

Als kein lebender Feind mehr zu sehen war, rief Odysseus nach der Wärterin Eurykleia. »Freue dich«, sagte er ernsthaft, »aber jauchze nicht; über Erschlagene soll kein Sterblicher jubeln. Diese hat das Gericht der Götter gefällt, nicht ich. Jetzt aber nenne mir unter allen Weibern im Palast jene, die sich treulos erwiesen!«

Eurykleia bezeichnete ihrem Herrn zwölf von den fünfzig Dienerinnen; die mußten in den Saal kommen und die Leichen über die Schwelle ins Freie schaffen. Dann befahl ihnen der Fürst, den Boden der Halle zu reinigen, allen Unrat vor die Tür zu schleppen und Stühle und Tische zu waschen. Als dies geschehen war, trieben Telemachos und die beiden Hirten sie in das Küchengewölbe, spannten ein Schiffsseil von einem Pfeiler zum anderen und erhängten daran die treulosen Mägde.

Nun ließ sich Odysseus von der alten Magd Eurynome ein warmes Bad bereiten, wusch und salbte sich und legte sein schönstes Gewand an.

Eurykleia hatte indessen die Fürstin geweckt, die, von Athene mit schützendem Schlummer beschenkt, das blutige Ringen und grausige Toben im Saal völlig verschlafen hatte. »Steh auf, Penelope«, rief Eurykleia, »Odysseus ist zurückgekehrt! Herrlicher als er auszog, kehrte er zurück; schon gestern erkannte ich ihn an der Narbe seines Fußes. Die Freier sind erschlagen, die Mägde bestraft — in der Halle sitzt der Held und erwartet dich!«

Penelope schwankte zwischen Hoffnung und Zweifel. Zu oft war sie von falscher Botschaft genarrt geworden, zu lange hatte sie um Odysseus geweint, als daß nicht Mißtrauen in ihrem Herzen aufkeimte bei allem, was den geliebten Gatten betraf. »Laß mich den schauen, der die Freier erschlug«, sagte sie ernst und schritt, gefolgt von der Dienerin, in den Saal hinab.

Da saß Odysseus, an die Säule gelehnt, und wartete auf ein Wort aus Penelopes Mund. Aber obgleich ihn die Königin erkannte, zweifelte sie dennoch, ob es nicht ein Trugbild sei, das sie täuschte. Schweigend ging sie zum Herd und setzte sich im Schein der Glut dem König gegenüber. Tiefe Stille herrschte im Saal, stumm im Dunkel wartete Telemachos der Dinge, die nun kommen sollten; Eurykleia war auf der Treppe zurückgeblieben.

Nach einer langen Weile endlich öffnete Odysseus die Lippen und sprach, während Athene ihn aus den Wolken herab mit Schönheit übergoß: »Wunderliche Frau, die du bist, dir müssen die Himmlischen das Gemüt verhärtet haben. Zwanzig Jahre war ich fern, die Freier erschlug ich und bin nun endlich daheim — du aber findest kein liebes Wort für mich nach all der Trübsal. So bin ich denn auch zu Hause ein Fremdling. Eurykleia! Bereite du mir ein Lager, auf dem ich mich einsam niederlege, denn diese da« — er zeigte auf Penelope — »hat ein Herz aus Eisen.«

Ein jäher Gedanke durchzuckte Penelopes Herz, ein Hoffnungsstrahl erleuchtete ihre Seele. Sie wandte sich an Eurykleia: »Wohl weiß ich, wie Odysseus aussah, als er Ithaka verließ, mich täuscht man nicht. So trage das Bett meines Gemahls, das er sich selbst gebaut hat, aus dem Schlafgemach hinaus und richte es mit Fellen, Kissen und Decken für diesen zu, der wohl ein Held, aber nicht Odysseus ist.«

Da fuhr Odysseus zornig auf: »Unmögliches verlangst du von deiner Dienerin! Mein Bett vermag kein Sterblicher von der Stelle zu rücken, und wenn er alle Jugendkräfte anspannte. Ich selber habe mir die Lade gezimmert, und es ist ein großes Geheimnis daran. Hier, wo heute dieser Palast steht, wuchs einst ein schattiger Olivenbaum wie eine Säule zum Himmel. Da ließ ich unser Königshaus so anlegen, daß der Stamm des Ölbaums mitten in unserem Schlafgemach zu stehen kam. Als nun die Kammer schön aus Steinen erbaut und die Decke aus bunten Hölzern zierlich gebildet war, hieb ich die Krone des Baums ab, schälte und glättete den Stamm und schnitzte daraus einen der vier Bettpfosten. Darum kann niemand mein Lager verrücken, ohne den Ölbaum von seiner Wurzel zu trennen.«

Penelopes Knie zitterten, und ihr Herz erbebte in süßem Schrecken, als sie Odysseus so reden hörte. Weinend stürzte sie ihm in die Arme und rief: »Du bist es, mein Geliebter, mein Gemahl. Zürne mir nicht, daß ich durch die Jahre der Trennung und Trauer so mißtrauisch wurde und so listig wie du, du Listenreichster von allen. Mein Befehl an Eurykleia war die Probe, die ich dir bereitete, um dich gewiß zu erkennen, denn niemand außer dir und mir und den Unsterblichen weiß um das Geheimnis des verwurzelten Bettes. An diesem Zeichen erkannte ich dich, und nun sind alle Zweifel geschwunden und alle Leiden zu Ende!«

Die halbe Nacht verging den Gatten unter beglücktem Gespräch und den Erzählungen des unendlichen Elends, das sie erduldet hatten, und Penelope legte sich erst zur Ruhe, als Odysseus ihr alles berichtet hatte, was sich in Troja zugetragen und wie er von dort über Inseln und Meere zu ihr zurückgefunden hatte.

Am anderen Morgen machte sich Odysseus mit Telemachos und den beiden treuen Hirten auf den Weg zu seinem alten Vater Laertes. Als sie dessen Landgut erreichten, hieß Odysseus seine Begleiter zurückbleiben und begab sich allein in den Obstgarten, wo Laertes eben die Erde um ein junges Bäumchen lockerte. Er war wie ein Knecht in einen schmutzigen Leibrock und zerschlissene Beinschäfte aus Ochsenleder gekleidet, denn er trauerte um seinen Sohn.

Lange betrachtete Odysseus, im Schatten eines Birnbaums stehend, den Vater. Dann trat er hinter ihn und sprach: »Alter, du scheinst ein guter Gärtner zu sein, gleichst aber dennoch einem König an Wuchs und Schönheit. Welchem Herrn dienst du denn? Bin ich hier wirklich auf Ithaka, wie man mir sagte? Aus Ithaka stammte mein liebster Gastfreund, den ich hatte, den suche ich hier. Er sagte mir, König Laertes sei sein Vater. Fünf Jahre ist es her, seit wir uns trennten, und sein Schiff war von glückbringenden Vögeln begleitet, es muß längst in der Heimat gelandet sein.«

Statt jeder Antwort sank der Greis, von Schmerz überwältigt, auf die Knie und streute Erde auf sein Haupt vor Trauer um den geliebten Sohn. Er weinte.

Da schwoll dem Odysseus das Herz, der Atem wollte ihm die Brust zersprengen: er umarmte und küßte den alten König und rief: »Ich bin es ja selbst, Vater, um den du weinst, ich, Odysseus, nach zwanzig Jahren heimgekehrt! Verzeih mir, daß ich dein Herz mit listiger Rede erprobte — um so größer ist meine Freude nun, da ich deine Trauer geschaut. Doch nun trockne die Tränen für immer!«

Laertes schwanden die Sinne vor Glück. Ohnmächtig ruhte er in den Armen des Sohnes. Als er wieder zu sich kam, begleitete ihn Odysseus zum Landhaus, wo sie mit dem Knecht Dolios und dessen Söhnen sich zu festlichem Schmaus setzten, an dem auch Telemachos und die Hirten teilnahmen. So war Odysseus nach langer Fahrt heimgekehrt und wieder Herr in seinem Eigentum.

Die wahre Geschichte der Helden

HISTORISCHE DATEN UND ERKLÄRUNGEN
ZU DEN GROSSEN GRIECHISCHEN SAGENSTOFFEN

AISCHYLOS ist der Name des ältesten der drei großen Tragiker des antiken ↗ Athen. Er lebte etwa 525/4–456/5 v. Chr. und war der Sohn des Euphorion, stammte also aus einer vornehmen Familie in Eleusis. Als Tragiker bildete er den Anfang einer ganzen Generation von Tragödiendichtern. In ausgeprägter Liebe zu seiner Heimat nahm Aischylos regen Anteil am politischen Leben seiner Heimatstadt Athen: Er kämpfte bei Marathon und Salamis, vielleicht auch bei Plataä und Artemision. Er soll Pindar gekannt haben und mit Ion von Chios bei den Isthmischen Spielen zusammengetroffen sein. Bestimmt zweimal ist er an den Hof Hierons I. von Syrakus gereist, einem der geistigen Zentren der damaligen Zeit. Der Grund, warum Aischylos in hohem Alter Athen verließ, ist unbekannt. Auf jeden Fall fuhr er nach der Aufführung der Orestie im Jahr 458 v. Chr. noch einmal nach Sizilien. Kurz darauf ist er dort in Gela gestorben. Wie ↗ Euripides also wurde Aischylos in der Fremde bestattet. Er hatte sich schon sehr früh tragischem Dichten zugewandt. Bereits 499/6 trat er gegen Choirilos und Pratinas auf, 484 errang er seinen ersten Sieg; 468 unterlag er, nun schon auf der Höhe seines Lebens, seinem Nachfolger ↗ Sophokles, der damals bei seinem ersten Auftritt auch den ersten Preis gewann. Im ganzen siegte Aischylos dreizehnmal, schrieb etwa 80 Dramen und dichtete neben Tragödien angeblich auch Elegien. Sein entscheidendes Verdienst betrifft die Entwicklung der Tragödie im allgemeinen: Aischylos hat den zweiten Schauspieler eingeführt, die Bedeutung des Chores zurückgedrängt und die Rede zum wichtigsten Element des Dramas erhoben. Er hat also die Möglichkeit des Dialogs zwischen zwei Personen geschaffen und dadurch der Tragödie den oratorienhaften Charakter zugunsten dramatischen Kolorits genommen. In seiner Spätzeit hat er das noch gesteigert, indem er nun auch seinerseits den dritten Schauspieler verwandte, also die Neuerung übernahm, die Sophokles eingeführt hat. Auch in bühnentechnischer Hinsicht war Aischylos ein radikaler Neuerer. Er schuf für seine Aufführungen prächtige Bühnenbilder, arbeitete mit verschiedenen szenischen Maschinen,

Apparaten und Geräten, gab den Schauspielern lange Gewänder, höhere Kothurne und auffällig bemalte Masken, erfand neue Tanzfiguren für den Chor und übte sie ihm selbst ein. Die hierin erkennbare Tendenz zum Monströs-Großartigen hat ihre Parallele in Aischylos' Sprache. Wie schon in der Antike bemerkt, kennzeichnet sie Erhabenheit und Pathos, Ehrwürdigkeit und Höhe des Stils. Sie ist damit der konsequente Ausdruck der hohen Gedanken des Dichters. Von seinen rund 80 Stücken sind neben Fragmenten nur 7 Tragödien erhalten, die schon in der Antike zu einer Auswahl zusammengefaßt worden waren. Alle 7 stammen aus der Reife- und Spätzeit des Dichters. Wie bei den beiden anderen großen Tragikern bleibt also auch bei Aischylos das Frühwerk unbekannt. Die erhaltenen Tragödien berichten über die Perserkriege, die ↗ Sieben gegen Theben, die Hiketiden, Agamemnon und Orestes, Prometheus und andere. Der Sicht des Aischylos stellt sich das tragische Geschehen so dar, daß der Mensch, dem unausweichlichen Zwang zum Handeln unterworfen, eben durch sein Handeln Schuld auf sich lädt und durch diese Schuld dem Leiden verfällt. Zu seinem Handeln aber treibt ihn nicht nur das göttliche Schicksal, sondern zugleich der eigene Wille, die freie Entscheidung zu seiner Tat. Die aus ihr resultierende Verschuldung jedoch, gottverhängt und menschgewollt in einem, hat einen bestimmten Sinn: durch das aus ihr entspringende Leiden kommt der Mensch zur Einsicht in das göttliche Weltgesetz. Dieser Einsicht stellt sich, rational nicht nachvollziehbar, das Geschehene als sinnvolles und gerechtes Geschehen dar. Darin aber zeigt sich Aischylos' Glaube, daß über und in allem Verfallensein des Menschen an Schuld und Leid letztlich ein gütiger Wille des höchsten Gottes, ↗ Zeus, waltet. Seine Gerechtigkeit vermag, wie die »Orestie« zeigt, die meist durch Geschlechter sich fortzeugende Verschuldung aufzulösen.

APOLLON ist der Name eines Sohns des ↗ Zeus und der Leto (Bild: Seite 172). Oft wurde dieser Gott auch Phöbos genannt. Einst erschien er als der echteste Olympier und Inbegriff des Hellenentums — heute wird er überwiegend als Einwanderer aus Kleinasien aufgefaßt. Denn noch in der ↗ »Ilias« des ↗ Homer kämpft er auf seiten der Trojaner gegen die Griechen. Auffallend ist die verhältnismäßig geringe Zahl von Apollon-Festen im Mutterland Hellas bei der so großen Verbreitung des Kults. Auch die mit der Ekstase verknüpfte Mantik und Apollons Mutter Leto, die anscheinend nur in Kleinasien selbständige Kulte besaß, deuten auf Kleinasien als Heimat des Gottes. Schließlich wurden auch Beziehungen Apollons zu den Hethitern und über diese weiter zu den Babyloniern beobachtet. Die Hellenen wurden schon in mykenischer Zeit mit Apollon bekannt. Sein Kult mit den vielen Reinigungen und Sühnungen, mit dem Orakelwesen und der Inspiration kam wahrscheinlich einem religiösen Bedürfnis entgegen. Jedenfalls breitete er sich von einigen wenigen Zentren (Klaros und Didyma in Kleinasien, ↗ Delphi, Delos) über ganz ↗ Griechenland aus. Unter den homerischen Göttern hat Apollon wohl die meiste geheimnisvoll göttliche Macht und ist vom Dichter am wenigsten vermenschlicht. Apollon war Heil- und Sühnegott. Die Pfeile seines Bogens brachten Krankheit und Tod. Der Gott übte aber auch die komplementäre Funktion des Arztes aus. An ihn richtete man Preislieder, die ursprünglich um Befreiung von Krankheiten baten. Diese Heilfunktion übernahm später Apollons Sohn Asklepios, der Gott der Ärzte. Eng verbunden mit dem Wesen des Heilgottes waren die Weissagungen und die Orakelstätten, die Apollon in großer Zahl besaß. Durch den Mund der von ihm inspirierten Seherin sprach der Gott zu den Gläubigen. Oft mußte Apollon von einem alten Orakel gewaltsam Besitz ergreifen, wie zum Beispiel in Delphi, was sich noch im Mythos widerspiegelt. Auch sonst verdrängte Apollon vielfach lokale Gottheiten und trat in Kult und Festesbrauch an ihre Stelle. Die Verehrung Apollons und der Besuch seiner Orakelstätten — vor allem Delphi und Delos — durch Festgesandtschaften aus ganz Hellas bildete ein einigendes Band für die stark zersplitterten griechischen Stadtstaaten. Unter seinen Schutz stellte sich die athenische Demokratie ebenso wie die spartanische Aristokratie. Die Verehrung Apollons als Helios, als Sonnengott, ist seit dem 6. vorchristlichen Jahrhundert nachweisbar. Die Griechen sahen in ihm jedoch nicht nur den Lichtgott, sondern den Garanten der sittlichen Ordnung und des edlen Maßes überhaupt. So wurde er von den Hellenen als Gott der Künste, insbesondere der Musik, und als Führer der Musen verehrt, er gilt auch als Vater des berühmten Sängers Orpheus. Schon in der »Ilias« schlägt Apollon zum Göttermahl die Leier, und die Musen singen unter seiner Führung. Die Verwandtschaft der Leier mit dem Bogen, beides Instrumente des Gottes, wurde bereits in der Antike empfunden. Von Apollon, dem »Ferntreffenden«, wie er in der »Ilias« heißt, stammt nicht nur der zielsichere Pfeil, sondern auch das »treffende« Lied — Platon war von der ethischen Wirkung der apollinischen Musik überzeugt.

ARCHÄOLOGIE oder Altertumskunde ist die Bezeichnung für jene Wissenschaft, die sich mit den nichtschriftlichen Kulturzeugnissen des Altertums befaßt und besonders die durch Ausgrabung gewonnenen Bodenfunde zur Architektur, Plastik, Malerei und Kleinkunst alter Kulturen erforscht. Die sogenannte klassische Archäologie wurde wissenschaftlich begründet durch Johann Joachim Winckelmann und sein Werk »Geschichte der Kunst des Altertums« (1764—68) und widmet sich der kunst- und kulturgeschichtlichen Erforschung der griechischen und römischen Antike. Seit dem 19. Jahrhundert haben sich die Arbeitsgebiete der klassischen Archäologie zunehmend erweitert, ihre Methoden verfeinert und spezialisiert. Besonders erfolgreich waren die Grabungen in den verschütteten Vesuvstädten Pompeji und Herculaneum, in ↗ Olympia, ↗ Mykene, ↗ Athen und ↗ Delphi. Durch ihre Arbeiten in ↗ Griechenland haben sich vor allem die Archäologen Heinrich ↗ Schliemann und Sir Arthur ↗ Evans hervorgetan. Aber auch andere Zweige der Archäologie sind überaus erfolgreich: Die orientalische Archäologie beschäftigt sich mit der Freilegung und Erforschung altorientalischer und ägyptischer Kulturdenkmäler. Die Anfänge der christlichen Archäologie gehen bis in das 16. Jahrhundert zurück; ihre Aufgabe sind Bergung und Erforschung der Bau- und Kunstdenkmäler des frühen Christentums. Man unterscheidet ferner die biblische, die indische, chinesische und amerikanische Archäologie. Die vorgeschichtliche Archäologie ist ein Sonderzweig der Altertumskunde.

ARGONAUTEN heißen die griechischen Helden, die auf dem Schiff Argo nach Kolchis fahren, um das Goldene Vlies zu holen. Über sie und ihren Anführer Jason sind in der Antike zahlreiche Sagen entstanden. Den Kern dieses Sagenguts dürfte eine alte Erzählung gebildet haben, derzufolge der junge Held Jason über das Meer nach Osten fuhr, um dort eine Braut und einen Goldschatz zu finden. An diese Erzählung knüpften sich später jene sagenhaften Episoden, die das Abenteuer zu einer Gemeinschaftsfahrt vieler Helden machten. Ursprünglich galt die Fahrt der Argonauten dem mythischen Land Aia, das nach alter Überlieferung am Okeanos liegen sollte. Die Ausdehnung des Weltbilds über den Raum des Schwarzen Meeres führte dann zur Lokalisierung des Zieles in Kolchis. Bei dem für die Griechen ehrenvollen Unternehmen wollte kein griechischer Stamm fehlen — so kam es zu der großen Zahl von Teilnehmern: In der Argonauten-Sage spiegelt sich die historische Wirklichkeit der griechischen Ausbreitung an den Küsten des Schwarzen Meeres. Einem unbekannt gebliebenen Epiker der Frühzeit verdankt die Sage ihre literarische Gestaltung, die den Stoff in die Weltliteratur eingehen ließ. Aus der Antike sind drei Argonauten-Epen erhalten geblieben: zwei griechische, und zwar die Dichtung »Argonautika« des Apollonios von Rhodos (vor 270 v. Chr.) und das in der späten Kaiserzeit entstandene Werk »Orphika Argonautika« aus dem Kreis der Orphik (3.–4. Jahrhundert n. Chr.), sowie die lateinische »Argonautica« des Valerius Flaccus (1. Jahrhundert n. Chr.). Spätere dramatische Bearbeitungen des Stoffes schufen vor allem der französische Dichter Pierre Corneille (»La toison d'or«, 1660) und der Österreicher Franz Grillparzer, dessen Bühnentrilogie »Das goldene Vließ« 1821 in Wien uraufgeführt wurde (Bild: Seite 101).

ATHEN ist der Name der heutigen Hauptstadt von ↗ Griechenland. Das alte Athen entstand um die von König Kekrops erbaute Akropolis (Bild: Seite 165), unter dem sagenhaften König ↗ Theseus soll Athen die Hauptstadt Attikas geworden sein. Nach dem letzten König Kodros (1068 v. Chr.) erhielt Athen in den 9 Archonten eine aristokratische Regierung, die von Solon 594—593 v. Chr. in eine demokratische umgewandelt wurde. Nach der »Tyrannei« des Peisistratos (561—527 v. Chr.) bildete Kleisthenes die Verfassung zur reinen Demokratie weiter. Obwohl während der Perserkriege zweimal zerstört, brachten die athenischen Erfolge Athen die Vorherrschaft zu Land und zur See. Das Zeitalter des Perikles, der 429 starb, stellte den Höhepunkt der Kultur und Macht Athens dar — in dieser Zeit wirkten zum Beispiel die drei großen Tragödiendichter ↗ Aischylos ↗ Sophokles und ↗ Euripides. Doch Athens Macht ging 431—404 v. Chr. im Peloponnesischen Krieg an ↗ Sparta verloren, 338 v. Chr. wurde die Stadt Beute der Mazedonier. Schließlich wurde Athen 86 v. Chr. von dem römischen Feldherrn Sulla erobert und war fortan ein Bildungszentrum für die Römer. Heute ist Athen, die einstige Stadt der Göttin Athene (Bild: Seite 309), der Mittelpunkt des geistigen und wirtschaftlichen Lebens Griechenlands. Die Stadt, die mit ihren Vororten 2 Millionen Einwohner hat, ist Sitz eines griechischen Metropoliten und eines katholischen Erzbischofs, besitzt eine Universität, die 1837 gegründet wurde, und einige Hochschulen. Wirtschaftlich wichtig für Athen sind der Schiffbau, Metall- und Textilindustrie und Erdölraffinerien. Athen war überdies 1896 der Austragungsort der ersten Olympischen Spiele der Neuzeit.

CHARON heißt in der griechischen Mythologie der Fährmann der Toten in der Unterwelt. Sofern die Leiber der Verstorbenen beerdigt sind, bringt er die Seelen über die Hades-Flüsse Acheron, Kokytos oder Styx zum Tor von Plutons Reich. Den ihm hiefür gebührenden Lohn, einen Obolos — eine griechische Silbermünze —, legte man den Toten unter die Zunge. Lebende durfte Charon nicht übersetzen — eine Ausnahme machte der Sänger Orpheus.

DELPHI heißt eine seit der Jungsteinzeit bestehende Kultstätte in der Landschaft Phokis an den Ausläufern des Parnassos (Bild: Seite 172). In mykenischer Zeit war Delphi ein Heiligtum und eine unbefestigte Stadt, hier fand der Kult einer Schlange (Python) mit einer Schlangenpriesterin (Pythia) und einem berühmten Orakel statt. Als ↗ Apollon nach ↗ Griechenland einwanderte, tötete er der Sage nach den Python, übernahm aber als Ablöser des Matriarchats die nun ihm dienende Pythia samt allen überkommenen Bräuchen, einschließlich des heiligen Nabelsteins, der Delphi zum Nabel, zur Mitte der Welt machte. Delphi nahm einen gewaltigen Aufschwung, und sein Orakel gewann für die damalige Zeit Weltgeltung. Die Fragesteller – es waren nur Männer zugelassen – badeten in der Quelle Kastalia, opferten und wurden dann in das Adyton geführt. Die Pythia thronte auf einem Dreifuß über einem Erdspalt, aus dem betäubende Dämpfe qualmten, und gab in Ekstase die Antwort, die von Priestern in Verse gebracht wurde. Sowohl Fälschungen als auch Bestechungen sind nachgewiesen, was jedoch die Bedeutung Delphis für Griechen und Nichtgriechen nicht minderte. Befragungen privater, militärischer und politischer Natur informierten die Priester über alles Geschehen in Griechenland. So konnten sie dieses Wissen nutzen. Immer war Delphi der Kopf und das Herz Hellas' und durch zahllose Weihgeschenke, Schatzhäuser und dergleichen der reichste Ort Griechenlands. Überdies war Delphi die Stätte der Pythischen Wettspiele. Der am Ende des 7. Jahrhunderts v. Chr. erbaute Apollon-Tempel brannte 548 v. Chr. ab, wurde 510 wieder errichtet, doch 373 durch ein Erdbeben und Brand vernichtet. Noch im 4. Jahrhundert v. Chr. folgte der Neubau, und zur Zeit des römischen Herrschers Nero zählte man 3500 Statuen im Tempelbezirk Delphis. Nach einer Spätblüte im 2. Jahrhundert v. Chr. unter Hadrian setzte aber der Verfall seit Kaiser Konstantin dem Großen und dem Wirken des Christentums ein. Im Jahr 392 n. Chr. wurde auch Delphi von dem allgemeinen Verbot heidnischer Opfer durch Kaiser Theodosius den Großen betroffen. Im 6. Jahrhundert n. Chr. wurde Delphi schließlich Bischofssitz und ist heute Ausgrabungsstätte. Französische Archäologen legten einen großen Bezirk mit Tempel, Theater, Schatzhäusern und einem Stadion frei.

EURIPIDES ist der Name des jüngsten der drei großen Tragiker des 5. Jahrhunderts v. Chr. in ↗ Athen. Er lebte von etwa 485/4 bis 407/6, nachdem er auf einem Gut seiner Eltern, des Vaters Mnesarchos und der Mutter Kleito, auf Salamis geboren wurde. Beide Eltern stammten aus dem Demos Phlya, mindestens die Mutter war vornehmer Abstammung. Dem Vater soll ein Orakel Siege des Sohnes prophezeit haben – so wurde Euripides früh im Pankration und Faustkampf geübt. Er wandte sich aber bald vom Sport ab und ausschließlich geistigem Tun zu. In erster Linie widmete er sich der Tragödiendichtung. Daneben soll er als Maler tätig gewesen sein und sich, noch jung, am Kultdienst des ↗ Apollon als Tänzer und Fackelträger beteiligt haben. Er soll Schüler des Anaxagoras, Prodikos und Protagoras und Freund des Sokrates gewesen sein. Daß er sich den mit diesen Namen bezeichneten geistigen Strömungen seiner Zeit nicht verschlossen hat, zeigt sein Werk. Vermutlich hat er die Genannten persönlich gekannt. Ebenso mag er Beziehungen zu Alkibiades gehabt haben.

Auf jeden Fall war er so ausschließlich dem geistigen Leben zugewandt, daß er, abseits von seiner Umwelt lebend, allgemein als mürrisch, stets in Gedanken vertieft und verschlossen galt. Zu dieser für den Intellektuellen typischen Einsamkeit paßt es, daß Euripides offenbar nie direkt für Athen politisch tätig war, also auch darin ganz im Gegensatz zu ↗ Aischylos und ↗ Sophokles stand. Daß er jedoch trotz der genannten Eigenschaften von seiner Umwelt geachtet wurde, zeigt das Grabgedicht, das Euripides sicher auf einen Auftrag hin für die vor Syrakus gefallenen Athener verfaßt hat. Bezeichnend allerdings ist wieder, daß er nach 408 v. Chr., kurz vor seinem Tod, Athen verließ und nach Pella an den Hof des Archelaos von Makedonien ging. Dort schrieb er neben seiner letzten Trilogie ein Drama zu Ehren seines Gönners mit dessen Namen als Titel. Bald darauf ist er in Pella gestorben: wie Aischylos fand Euripides seinen Tod in der Fremde. Aus Anlaß seines Todes trat Sophokles in Trauerkleidern auf und brachte Schauspieler und Chor unbekränzt auf die Bühne. Die Athener setzten ihm in seiner Heimatstadt ein Kenotaph. Euripides soll 92 Stücke verfaßt haben, 3 davon jedoch stammen nachweisbar nicht von ihm, nur 19 sind erhalten — 10 von ihnen standen in einer kommentierten antiken Auswahl, 9, durch Zufall aufbewahrt, stammen aus einer antiken, alphabetisch geordneten, scholienlosen Gesamtausgabe. Euripides erhielt nur fünfmal einen 1. Preis in den Theater-Festspielen. Die Personen seiner Stücke sind jedoch psychologisch meisterhaft durch große Lebensnähe gekennzeichnet, schon Sophokles urteilte, daß Euripides die Menschen darstellte, wie sie sind. Bei Euripides stehen erstmalig Frauen mit ihren Leidenschaften im Mittelpunkt der Tragödie. Außerdem behandelte er Fragen der Demokratie und das Verhalten gegenüber der Tradition. Er vertrat dabei stets moderne Ansichten, die seine Zeitgenossen zu heftigen Diskussionen anregten. Seine klare, geschliffene Sprache ist oft rhetorisch gefärbt. In den Chorliedern erzielte er durch neue Rhythmen und moderne, virtuose »Musik« starke Wirkungen. Die von Euripides erhaltenen Werke behandeln u. a. Sagenstoffe über die ↗ Sieben gegen Theben, ↗ Herakles, Elektra, Orestes, Thyestes und Iphigenie.

EVANS, SIR ARTHUR, ist der Name eines britischen Archäologen, der am 8. 7. 1851 in Nash Mills/Hertfordshire geboren wurde und am 11. 7. 1941 in Oxford starb (Bild: Seite 170). Er begann seine Forschungen 1893 auf der griechischen Insel ↗ Kreta; seine seit 1900 auf eigene Kosten unternommenen Ausgrabungen in ↗ Knossos führten ihn zur Aufdekkung des bedeutendsten Palastes der Insel aus dem 2. Jahrtausend v. Chr., des Hauptzentrums der minoischen Kultur. Die moderne ↗ Archäologie allerdings übt zum Teil sehr heftige Kritik an Evans' Arbeit.

GRIECHENLAND oder griechisch Héllas, amtlich Basíleion tês Hellados, ist der Name eines Staates im südöstlichen Europa, der heute 132 562 km² groß ist und von etwa 8,8 Millionen Einwohnern besiedelt wird. Griechenland, dessen Hauptstadt ↗ Athen ist und das vorwiegend von Landwirtschaft und Fremdenverkehr lebt, hat eine weit zurückreichende Geschichte. Durch die Ausgrabungen von ↗ Schliemann und ↗ Evans ist die griechische Frühzeit von 3000–1200 v. Chr. genauer umrissen worden. Das erste Zentrum dieser ägäischen Kulturepoche waren die Kykladen, doch wurden Gegenstände aus dieser Periode (3000–2300 v. Chr.) auch auf ↗ Kreta, in Mittelgriechenland und an der Westküste Kleinasiens (Schicht I und II in ↗ Troja) gefunden. Hauptsächlich verwendete man Steingeräte, daneben verarbeitete man schon Metalle wie Kupfer, Bronze und Gold. Die Sippen bewohnten gemeinsame Häuser, die Stammesältesten mächtige Paläste. Es ist noch nicht gelungen, diese Bevölkerung mit Sicherheit ethnisch zu bestimmen. In der Bronzezeit (2100–1400 v. Chr.) blühte Kreta auf. Das aus Spanien importierte Zinn wurde hier entweder nach Kleinasien weitergeschickt oder zum großen Teil auf der Insel selbst mit Kupfer aus Zypern zu Bronze verarbeitet. Daneben waren keramische Erzeugnisse, die nicht zuletzt durch die Töpferscheibe und durch verbesserte Brenntechnik ein hohes künstlerisches Niveau aufwiesen, ein begehrter Exportartikel. Aus Einzelstaaten entwickelte sich hier ein Gesamtreich mit der Hauptstadt ↗ Knossos, wo auf einer riesigen Grundfläche ein prachtvoller, dreistöckiger Palast stand. In der Verwaltung und in der Wirtschaft benutzte man bereits eine Linearschrift, deren jüngerer Typ B im Jahr 1952 von den Engländern Chadwick und Ventris entziffert wurde. Seitdem steht fest, daß es sich bei Linear B um griechische Wörter handelt. – Seit dem 3. Jahrtausend v. Chr. waren viehzüchtende indogermanische Stämme von der unteren Donau nach Nordgriechenland und Thessalien vorgedrungen und gingen hier zum Ackerbau über. Auch kannten sie bereits das Schmelzen von Kupfer. Während der Stamm der Dorer sich vermutlich in Epirus niederließ, eroberte der Stamm der Achäer von 2000 v. Chr. an Mittelgriechenland und die ↗ Peloponnes, wo er auf der Grundlage der Gentilordnung Fürstentümer gründete. Nach dem Hauptort ↗ Mykene in der Argolis bezeichnet man diese Periode (1700–1100 v. Chr.) als mykenische Kultur. Die Achäer übernahmen von der unterworfenen Bevölkerung, die auf der höheren Stufe der kretischen Kultur stand, eine bessere Technik der Metallbearbeitung, ertragreicheren Anbau in der Landwirtschaft und die kretische Schrift. Auch in ihrer Kunst wurden sie beeinflußt. Um 1400 v. Chr. eroberten sie Kreta und 200 Jahre später einige Inseln und die Nordostküste des Ägäischen Meeres, wie hethitische

Dokumente berichten. Daneben werden die Stämme der Ionier und Äoler erwähnt. Vermutlich sind diese Kriegszüge auch der historische Kern des Trojanischen Kriegs, der in der ↗ »Ilias« behandelt wird. — Unter dem Druck der Illyrer und Veneter drangen seit 1250 v. Chr. die kulturell rückständigen Dorer aus Albanien nach Süden vor und vernichteten auf dem Festland die Reiche der mykenischen Kultur. Dadurch verfielen Handel, Handwerk und Kunst, bis die aus Kleinasien übernommene Technik der Eisenbearbeitung einen Aufschwung der Produktivkräfte brachte. Seit dem 8. Jahrhundert v. Chr. bildete sich dann in Griechenland die Klassengesellschaft und damit der Staat heraus. Handel und Handwerk konzentrierten sich in Städten, wo mit Hilfe von Tyrannen vielfach die alte Gentilaristokratie entmachtet wurde. Zugleich setzte sich die auf Sklaverei beruhende Produktionsweise durch. Die einzelnen griechischen Städte gründeten an wichtigen Punkten der Handelswege Kolonien, so daß zu Ende des 6. Jahrhunderts v. Chr. am Schwarzen Meer, in Nordafrika und bis zur spanischen Ostküste hin überall selbständige griechische Niederlassungen bestanden. Infolge ihrer hohen gesellschaftlichen Entwicklung gelang es den Griechen, Anfang des 5. Jahrhunderts v. Chr. die Perser entscheidend zu besiegen. Dadurch blühte der griechische Handel und die griechische Kultur auf. Der ansteigende Bedarf der Gesellschaft an Produktionserzeugnissen konnte aber andererseits nur durch den Einsatz von mehr Sklaven befriedigt werden, was zu anhaltenden Kriegen und Auseinandersetzungen der einzelnen Städte führte. Athens Versuch, die Vorherrschaft über ganz Griechenland zu gewinnen, endete nach dem Peloponnesischen Krieg im Jahre 404 v. Chr. mit einer bedingungslosen Kapitulation. Aber auch alle anderen griechischen Städte, selbst das siegreiche ↗ Sparta waren durch diesen Krieg geschwächt, so daß sich der persische Königshof immer mehr in die griechische Politik einmischen konnte und die ionischen Städte ausgeliefert erhielt. Unter Epameinondas errang ↗ Theben vorübergehend die Vorherrschaft in Griechenland, doch durch die Zersplitterung und Uneinigkeit der Städte gelang es Philipp II. von Makedonien, mittels militärischer Macht und mit Hilfe von Bestechungsgeldern die Macht an sich zu reißen. Sein Sohn Alexander der Große eroberte ein riesiges Weltreich, das trotz seiner kurzen Dauer die Voraussetzung für die Epoche des Hellenismus schuf. Die Nachfolger Alexanders, die Diadochen, gründeten nach langwierigen Kämpfen selbständige Reiche. In den kleinasiatischen Gebieten herrschte eine zahlenmäßig geringe griechische Schicht über die einheimische Bevölkerung. Durch die neuerschlossenen Handelswege und Wirtschaftszentren verlor das griechische Mutterland jetzt aber immer mehr an Bedeutung. Der Achäische und der Ätolische Bund kämpften im 3. Jahrhundert v. Chr. um die Vorherrschaft, bis die Römer 215 v. Chr. begannen, Makedonien zu erobern, und sich in zunehmendem Maß in die Politik der griechischen Städte einmischten. Auf den Isthmischen Spielen verkündete 196 v. Chr. der Römer Flamininus die Freiheit aller Griechenstädte, doch war dies nur eine diplomatische Phrase. Nach einem erfolglosen Aufstand wurde Makedonien 148 v. Chr. römische Provinz, 146 v. Chr. schlug ein römisches Heer den Achäischen Bund und zerstörte Korinth. Die anderen griechischen Städte wurden dem römischen Statthalter von Makedonien unterstellt. Damit endete die politische Selbständigkeit Griechenlands. Bei der Teilung des Römischen Reichs 395 n. Chr. kam Griechenland an das oströmische Byzantinische Reich, das auch Griechisches Reich genannt wurde. Das Land wurde nun von Westgoten, Awaren, Bulgaren und Slawen überflutet; das Griechentum hielt sich aber in den Städten und besonders durch die Organisation der griechisch-orthodoxen Kirche, die 731 dem Patriarchen von Konstantinopel unterstellt wurde. Doch erst im 10. Jahrhundert begann eine wirtschaftliche Erholung. Im Anschluß an die Errichtung des Lateinischen Kaisertums in Byzanz (1204) gründeten französische Adelsgeschlechter und die Italiener zum Teil nur kurzlebige Herrschaften. Nach der Eroberung durch die Türken im Jahr 1461 wurde Griechenland eine Provinz der Sultane; Verwaltung und Grundbesitz gingen in die Hände der Türken über; das Griechentum wurde überall zurückgedrängt; bewaffnete Erhebungen schlugen fehl. Die Errichtung der Republik der Ionischen Inseln (1815), die von der Französischen Revolution ausgegangenen liberal-nationalen Ideen und die zunehmende innere Schwäche der Türkei fachten dann aber das nationalgriechische Freiheitsstreben an. 1821 brach der Aufstand aus, der zu einem Vernichtungskampf zwischen Griechen und Türken wurde. Trotz Anfangserfolgen und aller Tapferkeit wären die Griechen, uneinig untereinander, den Türken unterlegen, wenn diesen die Großmächte nicht in den Arm gefallen wären: Die englisch-französische Flotte vernichtete die türkische 1827 bei Navarino. Bereits 1822 hatte eine griechische Nationalversammlung die Unabhängigkeit erklärt; 1827 wurde Graf Capo d'Istrias zum Regenten gewählt, aber 1831 von einem Griechen ermordet. Die innenpolitischen Wirren machten eine Regierung unmöglich, so daß die Großmächte den Wittelsbacher Otto I. als König vorschlugen, den die griechische Nationalversammlung auch annahm, und der 1832–62 regierte. Die parlamentarische Demokratie erwies sich aber infolge der Parteigegensätze als ungeeignet, stabile Verhältnisse zu schaffen; hinzu kamen noch die Machenschaften der gegeneinander arbeitenden Großmächte. Otto schwankte zunächst zwischen England und Rußland und lehnte sich schließlich an Rußland an, woraufhin

England 1862 eine Militärrevolte unterstützte, die Otto stürzte. Nachfolger wurde der englandfreundliche Dänenprinz Wilhelm als Georg I., der 1863—1913 regierte. Unter der Regentschaft Konstantins I. suchte sich Griechenland aus dem Ersten Weltkrieg herauszuhalten, der Ministerpräsident Venizelos aber veranlaßte Konstantin zum Thronverzicht. 1924—35 wurde Griechenland Republik. Bis zur Regierungsübernahme General Metaxas' (1936), der die Diktatur einführte, kam es immer wieder zu Unruhen und Regierungswechsel. Im Zweiten Weltkrieg wurde Griechenland von den Deutschen besetzt und von den Engländern befreit. Die Wahlen im März 1946 brachten den Monarchisten den Sieg — König Paul I. folgte seinem Bruder Georg II. und regierte 1947—64. Wegen der Zypernfrage, die im Londoner Abkommen 1959 geregelt schien, begannen im Frühjahr 1964 erneut Auseinandersetzungen mit Großbritannien und besonders mit der Türkei. Nach dem Tod seines Vaters Paul I. gelangte 1964 Konstantin II. auf den griechischen Thron. Er verließ Griechenland aber Ende 1967, nach einem erfolglosen Versuch, die Militärregierung unter Oberst Papadopoulos zu stürzen. Diese im April 1967 errichtete Diktatur fiel jedoch wieder nach außenpolitischen Schwierigkeiten im Juli 1974.

HERA ist der Name der Schwester und Gemahlin des Göttervaters ↗ Zeus. Der freundlichen Seite der gnädig waltenden Himmelskönigin stehen aber auch wiederholt unversöhnlicher Haß und grausame Härte gegenüber, wie in der Verfolgung der Io und des ↗ Herakles. Im Kampf um ↗ Troja nimmt Hera für die Griechen Partei, nach dem Fall der Stadt verfolgt sie Äneas und die anderen trojanischen Flüchtlinge mit ihrem Haß bis nach Italien. Der Name der Hera bedeutet wahrscheinlich soviel wie »Herrin« und kennzeichnet sie als Schutzgöttin, sei es nun des Königs und der Stadt oder des ganzen Landes. Als persönliche Schutzgöttin eines Helden erscheint sie in der Sage über die ↗ Argonauten, wo Jason unter ihrem Schutz steht. Besonders aber war sie die Göttin der Ehe und wurde daher von den Frauen verehrt. Ihre Eifersucht und die Verfolgung der Söhne sterblicher Frauen des Zeus sind mythischer Ausdruck für den Schutz, den die Göttin der Ehe angedeihen läßt. Das Schicksal der Frau überhaupt und dessen Erfüllung sind der eigentliche Bereich der Göttin. In diesem Sinn erhielt sie den Beinamen Teleia (»die Erfüllung bringt«). In weiterer Folge wurde Hera von den Frauen auch als Geburtsgöttin angerufen und verehrt. Die Hauptkultstätte der Hera lag in Argos mit dem berühmten Heraion. Daher wurde die Göttin Argeia benannt, ein Beiname, der aus den Schriften des ↗ Homer bekannt und der auch für ↗ Sparta und Kos bezeugt ist. Ihr Kult erstreckte sich ferner unter anderem auf ↗ Olympia — hier war der älteste Tempel des heiligen Bezirks ein Hera-Tempel –, Korinth, Attika und die Inseln Euböa, Delos und besonders Samos. Die hochzeitlichen Bräuche wurden auf den Hera-Kult übertragen. So wurde etwa das Kultbild der Göttin als Braut gebadet, geschmückt und auf einem von Kühen gezogenen Wagen in festlichem Aufzug zum Brautgemach gefahren – das der Hera heilige Opfertier war die Kuh.

HERAKLES ist der Name einer Sagengestalt, die frühzeitig zum Lieblingshelden aller Peloponnesier und schließlich zum Nationalheros von ganz ↗ Griechenland wurde. Er ist ein Sohn des ↗ Zeus und der Alkmene, der Gemahlin des Amphitryon. An der Gestalt des Herakles und den ihn betreffenden Mythen wird die enge Verbindung griechischer Götter und Helden in der Sage besonders deutlich. Herakles, der die Beziehung zur Zeus-Gemahlin ↗ Hera schon im Namen trägt (»der durch Hera berühmte«), ist in seinem ganzen mythischen Lebenslauf von Zeus und Hera nicht zu trennen. Die Erzählung der »Zwölf Arbeiten« des Herakles geht vielleicht auf ein verlorenes episches Gedicht zurück, dessen Entstehung im ↗ Peloponnes anzunehmen ist. Der Rahmen der Handlung, die Stellung von scheinbar unlösbaren Aufgaben, die der Held aber doch meistert, entstammt offenbar der Sphäre des Märchens. Im einzelnen sind aber geschichtliche, mythische und märchenhafte Züge bei der Beliebtheit des Heros so zahlreich zusammengeflossen, daß eine Scheidung meist große Schwierigkeiten bereitet. Von dem Forscher Wilamowitz stammt die Vorstellung des Herakles als Urbild eines Mannes, der sich durch ein Leben voll Arbeit und Heldentaten im Dienste der Menschheit die Aufnahme in den Himmel und die Unsterblichkeit verdient. Hervorragende körperliche und charakterliche Eigenschaften befähigen Herakles zum strahlenden, ruhmreichen Sieger in allen Kämpfen, aber auch zum großen Nothelfer der Menschen. Andere Eigenschaften wiederum wurden in dem Bild des volkstümlichen Herakles hervorgehoben, wie wir ihn aus Komödie und Satyrspiel kennen: als roher Naturbursche ist er grobsinnlichen Genüssen hingegeben, er tritt vor allem als gewaltiger Esser und Trinker auf. Demgegenüber stellte die griechische Philosophie die ethische Seite des Herakles-Mythos in den Vordergrund. Der Sophist Prodikos formulierte die für diese Auffassung charakteristische Parabel von Herakles am Scheideweg: Der junge Heros, vor die Wahl gestellt, den verlockenden, bequemen Weg der Lust oder den schweren, mühevollen Weg der Tugend zu gehen, wählt die Bahn der Tugend, die ihn zur Unsterblichkeit führt. In diesem Sinn wurde Herakles später zu einem »Heiligen« der Kyniker. Der Herakles-Kult breitete sich aber auch über Italien aus und drang zu den romanisierten Kelten und Romanen. Der römische Hercules entstand im 3. vorchristlichen Jahrhundert aus der

Verschmelzung dreier rivalisierender Herakles-Heiligtümer. Der selbst weit gereiste Heros wurde zunächst für die griechischen Kaufleute in Rom, später aber in weitem Umkreis ein Gott des Handels und Verkehrs. Bei der Beliebtheit des Helden ist es nicht verwunderlich, daß er auf zahlreichen antiken Vasenbildern und Plastiken gezeigt wurde (Bilder auf den Seiten 102 und 103). Seit dem Zeitalter der Renaissance befaßten sich immer wieder große bildende Künstler mit Herakles und seinen sagenhaften Taten: Michelangelo, Cranach der Ältere, Tintoretto, Dürer, Rubens, Troger, Tiepolo und viele andere. In der Antike schrieben die Dichter ↗ Euripides und ↗ Sophokles Schauspiele über ihn, in der Neuzeit gestalteten etwa Wieland, Wedekind, Dürrenmatt und Zuckmayer den Herakles-Stoff. Der Komponist Händel schrieb ein Herakles-Oratorium, J. S. Bach eine Herakles-Kantate, ebenso gibt es zahlreiche Opern über den berühmten griechischen Helden, der in der Kunst bis heute unsterblich geblieben ist.

HOMER ist der Überlieferung nach der Name des ältesten epischen Dichters des Abendlandes, der wohl im 8. Jahrhundert v. Chr. gelebt haben mag. Er gilt als der Verfasser der beiden Epen ↗ »Ilias« und ↗ »Odyssee«, gelegentlich werden ihm noch weitere Epen und die sogenannten homerischen Hymnen zugeschrieben. Über seine Person und sein Leben gibt es kaum sichere Angaben. Die stets ionisch überlieferte Form seines Namens (homeros = Bürge,· Geisel) und die antike biographische Tradition lassen jedoch vermuten, daß Homer, der ursprünglich nach dem Fluß Meles bei Smyrna Melesigenes geheißen haben soll, aus dem Raum von Smyrna oder vielleicht aus Smyrna selbst stammte. Doch vier andere Städte erheben Anspruch darauf, seine Vaterstadt gewesen zu sein: Erythrai, Kolophon, Kyme und Phokaia. Der Dichter mag an den Adelshöfen verkehrt haben und hat möglicherweise die archaischen Fürstengeschlechter dadurch geehrt, daß er ihre Stammbäume darstellte. Sein eigentliches Wirkungsfeld scheint aber Chios, eine Insel vor der kleinasiatischen Küste, gewesen zu sein. Homers Grab soll auf der Insel Ios liegen. — Der Mangel an gesichertem Wissen führte schon früh zu phantasievollen Beschreibungen der homerischen Gestalt, die außer in sieben Biographien in einer Unzahl von Legenden und Anekdoten ihren Niederschlag bereits in der Antike fanden. Auf einer solchen Legende beruht auch die in klassischer Zeit geläufige Vorstellung, daß Homer ein blinder Sänger war — viele Künstler haben ihn so dargestellt (Bild: Seite 312).

ILIAS ist der Titel des Epos über die Stadt ↗ Troja, das als älteste, vollständig erhaltene Großdichtung am Anfang der europäischen Literatur steht. Es umfaßt rund 16 000 Hexameter und ist in 24 Bücher eingeteilt. Die Handlung der »Ilias« spielt sich während des zehnjährigen Kriegs um

Troja ab, der zur Eroberung der Stadt führt, doch erzählt der Dichter nicht das gesamte Kriegsgeschehen, sondern stellt nur einen Ausschnitt von 51 Tagen aus dem letzten Kriegsjahr dar, der durch ein persönliches Motiv bestimmt und begrenzt wird — durch den Zorn des Achilleus (Bilder auf den Seiten 275 und 276). Die Handlung des Epos vollzieht sich auf zwei Ebenen: dem menschlichen Tun steht das Handeln der Götter gegenüber — ihre Parteinahme, ihre Teilnahme am Kampf, ihr Eingreifen in einzelne Vorgänge. Diese Dichtung entstand etwa in der zweiten Hälfte des 8. Jahrhunderts v. Chr. und wird ↗ Homer zugeschrieben, der auch als Verfasser der ↗ »Odyssee« gilt. Doch schon früh wurde die Verfasserschaft Homers für alle unter seinem Namen überlieferten Werke angezweifelt. Bereits die Chorizonten warfen die Frage auf, ob nicht »Ilias« und »Odyssee« verschiedenen Dichtern zugeschrieben werden müßten. In der modernen Sprachwissenschaft wurde diese Ansicht zuerst in einer wenig beachteten Schrift des Abbé François Hédelin d'Aubignac (1604–1646) vertreten. Den Anlaß für einen heftigen, bis heute nicht beendeten Philologenstreit über dieses Thema gab F. A. Wolf im Jahr 1795. Von der Überzeugung ausgehend, daß der antike Dichter Peisistratos die verstreuten einzelnen Gesänge des Epos habe sammeln und redigieren lassen, behauptete Wolf, die »Ilias« sei von verschiedenen Dichtern verfaßt worden. Seit Wolf gibt es eine Fülle von aufgestellten Theorien zur Lösung der »homerischen Frage«, die sich vereinfacht in vier Gruppen einteilen lassen: Die »Liedertheorie« des Forschers Lachmann meint, die »Ilias« sei eine Sammlung einzelner Lieder, die dem dichtenden Volksgeist entstammten; die durch die Peisistratische Zusammenfassung entstandenen Veränderungen könnten durch Analyse rückgängig gemacht werden — A. Heusler wies hingegen nach, daß sich Heldenlied und Epos nicht nur durch den Umfang, sondern vor allem durch die kompositorische Anlage unterscheiden. Der »Entwicklungstheorie« von G. Herrmann zufolge gab es eine »Ur-Ilias« geringen Umfangs, die durch Hinzufügungen erweitert wurde, beziehungsweise gab es eine »Ur-Odyssee«, die möglicherweise von dem Dichter der »Ur-Ilias« verfaßt worden war. Die »Kompilationstheorie« von Kirchhoff indessen besagt, daß selbständige Epen-Teile von einem Kompilator oder Redakteur der »Odyssee« vereinigt worden seien, dessen Arbeit an den Widersprüchen im Epos kenntlich sei. Schließlich stellt die »Theorie der sogenannten Unitarier« fest, die »Ilias« sei das einheitliche Werk eines Dichters, der Homer gewesen sein könnte — diese Theorie wurde neuerdings durch die Strukturanalysen der Forscher Schadewaldt und Reinhardt bekräftigt, da strukturähnliche Szenen die Einheit der »Ilias« wie der »Oydssee« erkennen lassen. Wie aber alle diese Theorien auch lauten mögen — die Bedeutung der beiden immer wieder untersuchten Epen läßt sich schon daran erkennen, daß alle anderen Heldenepen jener antiken Jahrhunderte durch die gewaltige Wirkung von »Ilias« und »Odyssee« schließlich verdrängt wurden und nahezu in Vergessenheit gerieten. Seit dem 6. Jahrhundert v. Chr. zu Schulbüchern geworden, durch Sängervorträge überall im griechischen Sprachraum verbreitet, von vielen Gebildeten auswendig gelernt, sind die beiden Homer zugeschriebenen Epen von unabsehbarem Einfluß auf die griechische Sprache, Literatur und bildende Kunst gewesen, sie wurden prägendes Beispiel der griechischen Vergangenheit und Bildner des griechischen Selbstbewußtseins und galten in der ganzen Antike als die ersten und bedeutendsten griechischen Dichtungen. Während des Mittelalters trat dann im westlichen Europa — anders im oströmischen Bereich — das Interesse an Homers Dichtungen zurück, nur eine lateinische Kurzfassung der »Ilias« in etwa 1100 Hexametern wurde gelesen und häufiger zitiert. Erst die Renaissance brachte mit der Hinwendung zur Antike wieder neue Bemühungen um Homer, wobei vor allem Petrarca und Boccaccio zu nennen sind. Später, in der Zeit der Literaturtheorie des »Sturm und Drang«, wurde Homer neben Shakespeare zum Ahnherrn wahrer, unmittelbar aus der Anschauung der Wirklichkeit entsprungener Poesie. Zu den Bewunderern der »Ilias« gehörten damals insbesondere Lessing, Herder und Goethe, der sich selbst mit seinen hexametrischen Epen »Hermann und Dorothea« und »Reineke Fuchs« formal, mit seinem Fragment »Achilleis« auch stofflich in die Nachfolge Homers stellte. Die »klassische« Übersetzung von Johann Heinrich Voß aus dem Jahr 1793 machte die »Ilias« im deutschsprachigen Raum bis in die Gegenwart überaus populär. Der römische Dichter Vergil (70—19 v. Chr.) hat mit seiner »Äneis« gewissermaßen eine Fortsetzung der »Ilias« geschrieben.

ITHAKA hieß eine Insel zwischen Kephallenia und dem akarnanischen griechischen Festland — sie war das Heimatkönigreich des Helden ↗ Odysseus. Früher wurde Ithaka mit dem heutigen Ithaki gleichgesetzt, seit der Hypothese des Archäologen Dörpfeld, die noch immer als unentschieden gelten muß, auch mit der nördlich gelegenen Insel Leukas.

KENTAUREN ist die Bezeichnung für Wesen mit menschlichem Oberkörper und Pferdeleib: der Mensch, der noch halb im Tierischen, in den wilden, blinden Trieben verhaftet ist. Neben den ungebärdigen Kentauren, deren Kämpfe an die der Giganten erinnern, gibt es auch den edlen, göttlichweisen Kentauren Cheiron, einen Sohn des Kronos; er lebte der Sage nach in einer Höhle des Peliongebirges und war der Erzieher manches Helden, zum Beispiel des ↗ Herakles und des Jason, der aus der Sage über die ↗ Argonauten bekannt ist.

KNOSSOS hieß die Hauptstadt des minoischen ↗ Kreta, sie liegt 5 km südöstlich von Heraklion, der heutigen Inselhauptstadt. Knossos ist der bedeutendste Fundplatz der kretisch-mykenischen Kultur; die Ausgrabungen begannen 1900 unter dem Archäologen Sir Arthur ↗ Evans (Bilder auf den Seiten 170 und 171). Der älteste Palastbau stammt aus der Zeit um 2000 v. Chr., der jüngere entstand wohl um 1700 v. Chr. Umgeben ist der Herrschersitz, der der Sage nach König ↗ Minos gehörte, von palastartigen Villen. Die Anlage war um 1400 v. Chr. zerstört worden; erhalten blieben Reste von Fresken und Stuckreliefs sowie Tontafeln mit minoischer Schrift. Die während der Römerzeit an der Stelle errichteten Bauten — auch ein Theater — sind unbedeutend.

KRETA heißt eine Insel im östlichen Mittelmeer, die 8618 km² groß und heute von etwa einer halben Million Einwohner besiedelt ist. Kreta war Stätte der ältesten Hochkultur Europas, der kretisch-mykenischen Kultur. Eine Oberherrschaft scheint zumindest zeitweise ↗ Knossos ausgeübt zu haben — die Sagen von König ↗ Minos berichteten darüber. Durch seine Flotte wurde die Insel Beherrscherin des östlichen Mittelmeers; die wohl durch den Handel erzielten Reichtümer bildeten die Grundlage für die hohe Kultur und Zivilisation. Die Vorherrschaft über Kreta übernahm schließlich das griechische Festland, das einige Zeit zuvor der Insel tributpflichtig gewesen war — in den Sagen über ↗ Theseus haben diese historischen Ereignisse ihren Niederschlag gefunden. Seit 1200 v. Chr. wurde die Insel von den vom Norden her eingewanderten Dorern besetzt. In klassisch griechischer Zeit bildeten sich dann selbständige Stadtstaaten, die anscheinend durch eine gemeinsame Versammlung verbunden gewesen sind — 220 v. Chr. versuchten Knossos und Gortyn durch Anschluß an den Ätolischen Bund ganz Kreta unter ihre Herrschaft zu bringen. In den Jahren 69—67 wurde Kreta von den Römern wegen Beteiligung an der Seeräuberei unterworfen, 64 v. Chr. als römische Provinz eingerichtet. 395 n. Chr. kam die Insel zum Oströmischen Reich, 825—61 wurde sie von Arabern besetzt. Während des 4. Kreuzzugs war Kreta unter der Macht Venedigs, seit 1669 türkisch. Im 19. Jahrhundert nach Aufständen gegen die türkische Herrschaft erhielt Kreta 1897 auf Verlangen der europäischen Großmächte eine Selbstverwaltung unter türkischer Oberhoheit, die 1908 an ↗ Griechenland überging. Am 30. Mai 1913 kam Kreta endgültig zu Griechenland und wurde im Zweiten Weltkrieg 1941 von deutschen Luftlandetruppen besetzt, die sich auf West-Kreta bis 1945 hielten. Die Hauptstadt der Insel ist heute Heraklion.

METAMORPHOSEN ist ein aus dem Griechischen gebildetes Wort für »Verwandlungen« und der Titel eines epischen Sagengedichtes des römischen Dichters Publius Ovidius Naso, das in den Jahren 1 v. Chr. bis etwa 10 n. Chr. entstanden ist. Diese Dichtung in 15 Büchern zu je 700 bis 900 Hexameterversen enthält rund 250 Sagen aus der griechischen und italischen Mythologie; die Themen reichen von der Entstehung der Welt bis zur Verwandlung Caesars in einen Stern. Als stoffliche Hauptquelle kommen neben Schulkompendien und Katalogen besonders ↗ Homer, die alten Tragiker und Vergil in Betracht. Im Mittelalter, aus dem rund 150 Handschriften und Übersetzungen ins Deutsche und Griechische erhalten sind, gehörten die »Metamorphosen« zu den meistgelesenen Werken der Antike. Erst die Ästhetik des Irrationalismus legte die hochkünstlerische Formgebung als glatte Virtuosität aus; Goethe hegte jedoch eine gefühlsmäßige Bewunderung für das Werk. In dem vorliegenden Buch wurde der Titel der Dichtung dazu benutzt, einige in ihr wiedergegebene kleine Sagen vorzustellen und einige weitere kleine Sagen der griechischen Mythologie, die Ovid nicht bearbeitete, einzuordnen.

MINOS oder Minotauros ist der Name eines sagenhaften königlichen Wesens, das ursprünglich als Vollstier aufgefaßt und erst unter dem Einfluß orientalischer Vorbilder zu einem halbtierischen Mischwesen gemacht worden sein dürfte. Der Stier spielte in der minoischen Kultur eine große Rolle. Vielleicht entstand die Vorstellung vom menschenfressenden Minotauros aus den durch bildliche Darstellungen für ↗ Kreta bezeugten gefährlichen Stierkampfspielen, die sich als eine gemilderte Form eines alten Opfers an den Stiergott deuten lassen. Die Wohnstätte des Minotauros, das Labyrinth, dessen Name wohl mit der kretischen Doppelaxt, die mit labrys bezeichnet wird, zu verbinden ist, verdankt seine Entstehung attischer Phantasie, die durch die verwirrende Weiträumigkeit und unübersichtliche Anlage des Palastes zu ↗ Knossos beziehungsweise der dortigen Palastruine angeregt worden war. Der Sage nach wurde Minos von ↗ Theseus bezwungen (Bild: Seite 171). Den Palast zu Knossos hat der Archäologe ↗ Evans ausgegraben.

MYKENE heißen Burg und Stadt der peloponnesischen Argolis. Mykene, nach ↗ Homer die Residenz des Agamemnon, wurde angeblich von Perseus gegründet und nach den Perseiden von den Pelopiden beherrscht. Unter ihnen, sei es durch geistige Erbschaft, sei es durch kriegerische Eroberung (bei der der politische Eroberer kulturell erobert wurde), in der zweiten Hälfte des 2. Jahrtausends v. Chr., war die Stadt Mittelpunkt der mykenischen Kultur, die die kretisch-minoische fortsetzte und auf das ganze griechische Festland ausstrahlte. Nach der dorischen Wanderung setzte der Verfall ein, 468 v. Chr. wurde Argos zerstört. Durch die Ausgrabungen ↗ Schliemanns seit 1876 wurde Mykene zur archäologischen Sensation: hier wurde die mykenische Kultur entdeckt. Die Schachtgräber mit den reichen Goldfunden enthielten zwar nicht — wie Schliemann angenommen hatte — die Leichen Agamemnons und der Seinen, sondern entstammen den Anfängen der mykenischen Kultur, also der Zeit des 16. Jahrhunderts v. Chr.; die Kuppelgräber — das sogenannte Schatzhaus des Atreus — sind etwa 200 Jahre jünger, ebenso das berühmte Löwentor (Bild: Seite 273), die älteste griechische Monumentalplastik. 1951 wurden weitere 25 Schachtgräber in Mykene entdeckt.

ÖDIPUS ist der Name des Hauptheiden des thebanischen Sagenkreises. Er ist der Sohn des Laios, des Königs von ↗ Theben, und der Jokaste, die bei ↗ Homer Epikaste heißt. Seinen griechischen Namen Oidipus, das bedeutet »Schwellfuß«, erhielt er, weil ihm nach der Geburt die Füße durchstoßen wurden. Die Ödipus-Sage wird für einen vorgriechischen Mythos gehalten, der aus dem karisch-ägäisch-kleinasiatischen Raum stammte und in Böotien wegen der inneren Verwandtschaft dieses Landes und seiner Bewohner mit dem Orient besonders fest Wurzel geschlagen habe. Viele Motive der Sage weisen in den Bereich des Märchens. An der wichtigen Rolle, die der Orakelgott ↗ Apollon in der Ödipus-Sage spielt, erkennt man den Einfluß und die Regie der Priesterschaft ↗ Delphis. Da das Volk zur Erklärung lokaler Merkwürdigkeiten gerne berühmte Namen heranzog, kam es vor, daß von Heroen an mehreren Orten Grabstätten gezeigt wurden — so hatte Ödipus vier Gräber: in ↗ Sparta, auf dem Areopag in ↗ Athen, auf dem Kolonos Hippios bei Athen und in Eteonos in Böotien. Die zentralen Fragen der Ödipus-Sage betreffen Recht und Sitte innerhalb der Familie, den Kampf des Sohnes gegen den Vater, die Heirat zwischen Mutter und Sohn, den Kampf zwischen den feindlichen Brüdern. In Ödipus jedoch einen ursprünglichen Gott oder eine historische Gestalt sehen zu wollen, erscheint in gleicher Weise unbegründet. Von ↗ Sophokles sind zwei Ödipus-Tragödien erhalten: »Ödipus Tyrannos« (auch »König Ödipus« betitelt) enthüllt schrittweise die grauenvolle Wahrheit über das Leben des Helden; die Tragödie endet mit dem Abschied des blinden Ödipus von Theben (Bild: Seite 205). »Ödipus auf Kolonos« zeigt den Lebensabend des Helden. Als antike Quelle besitzen wir auch ein Ödipus-Drama des römischen Dichters Seneca. Zahlreiche andere Autoren haben sich bis in die Gegenwart des Stoffes angenommen, etwa Hans Sachs (1550), Corneille (1659), Voltaire (1718), Hofmannsthal (1906), Gide (1931) und vor allem Jean Cocteau, der zwei Ödipus-Dramen schrieb und 1953 auch einen Ödipus-Film gestaltete. Auf dem Gebiet der Musik sind vor allem die Opern »Ödipus« von Henry Purcell (1692), »Ödipus Rex« von Igor Strawinsky (1928) und »Ödipus der Tyrann« von Carl Orff (1959) zu nennen. Besonders die moderne Geisteswelt hat sich mit dem Ödipus-Stoff auseinandergesetzt; der von Sigmund Freud in die Psychoanalyse eingeführte Begriff »Ödipuskomplex« knüpft an die griechische Sage an und bezeichnet die ins Unterbewußte verdrängte Neigung des Sohns zur Mutter oder der Tochter zum Vater sowie den Drang, den gleichgeschlechtlichen Elternteil zu beseitigen.

ODYSSEE ist der Titel des Epos, das in 24 Büchern die abenteuerlichen Irrfahrten und die glückliche Heimkehr des Königs Odysseus besingt. Die Handlung spielt im zehnten Jahr nach der Eroberung der Stadt ↗ Troja, doch werden die rund ein Jahrzehnt umspannenden Ereignisse nicht fortlaufend berichtet, sondern mittels eines erzähltechnischen Kunstgriffs auf einen sehr kurzen Zeitraum zusammengedrängt. Das Epos umfaßt rund 12 000 Hexameterverse, entstand spätestens um 700 v. Chr. und ist somit nach der ↗ »Ilias« das zweitälteste Werk der abendländischen Literatur. Als Verfasser des Epos gilt ↗ Homer, doch bestehen ähnlich wie bei der »Ilias« verschiedenartigste Theorien zur Verfasserschaft. Die Wirkung der »Odyssee« auf die europäische Literatur ist unabsehbar. Schon in der Antike als Darstellung und Ausdruck griechischen Wesens zur Schullektüre erhoben, lieferte sie mehreren philosophischen Schulen einprägsames Anschauungsmaterial. Aristoteles und nach ihm die klassizistische Poetik nahmen an ihr Begriff und Gestalt des Epos überhaupt ab, so daß sie zum Ausgangspunkt der Gattung schlechthin wurde: Ihre strukturbildenden Momente der Abenteuerreihung und Sensationsmalerei lebten noch weiter in der Epik des Mittelalters und fanden später Eingang in den populären Abenteuerroman. In der deutschen Literatur spielte das Werk in der Epoche des Klassizismus eine entscheidende Rolle in der Diskussion um den Hexameter und die Erneuerung des Heldenepos; in diesem Zusammenhang entstanden zwei Versübertragungen, von Johann Heinrich Voß (1781) und Johann Jacob Bodmer (1788), deren erste auch durch die modernen Fassungen von Thassilo von Scheffer, Rudolf Alexander Schroeder und Wolfgang Schadewaldt nicht überholt ist. Seit der Schöpfung der »Odyssee« erfreute sich der Stoff bereits in der bildenden Kunst der Antike (Bilder auf den Seiten 310 und 311) und ferner in der Weltliteratur großer Beliebtheit. Über die Nausikaa-Episode schrieb schon ↗ Sophokles eine Tragödie, die allerdings verlorengegangen ist; das Satyrspiel »Kyklops« des ↗ Euripides mit dem Polyphem-Abenteuer ist erhalten. Nach zahlreichen Vorgängern der Vergangenheit wurden auch moderne Autoren vom Odysseus-Stoff inspiriert, so etwa James Joyce, der mit völlig neuen Mitteln vor 1921 seinen Roman »Ulysses« schrieb, und Niko Kazantzakis, dessen 1928 erschienenes neugriechisches

Epos »Odysseas« eine unmittelbare Fortsetzung des antiken Epos bietet. Neben etlichen musikalischen Verarbeitungen des Stoffes ragt die Oper »Die Heimkehr des Odysseus ins Vaterland« (1641) von Claudio Monteverdi hervor.

OLYMP ist der Name eines Berges an der Grenze von Thessalien und Makedonien. Mit 2911 m Höhe ist der Olymp der höchste und größte Berg ↗ Griechenlands und wohl deshalb in der Sage als Wohnsitz des Göttervater ↗ Zeus und der anderen antiken Götter gedacht.

OLYMPIA ist der Name eines uralten Kultorts in Elis, an der Westküste des ↗ Peloponnes. Hier befindet sich das legendäre Grab und der Altar des Pelops; doch aus wohl noch früherer Zeit stammt die Stätte einer Muttergottheit, aus der dann der Herakult im ältesten nachgewiesenen Tempel, dem Heraion, erwachsen sein könnte, in dem aber ↗ Zeus schon neben ↗ Hera verehrt wurde. Olympia war nie Stadt, sondern nur heiliger Bezirk mit sakralen und sportlichen Anlagen. Hier wurden jedes vierte Jahr die Olympischen Spiele gefeiert und 776 v. Chr. erstmals chronologisch genannt. Seitdem datiert die griechische Zeitrechnung nach Olympiaden, die durch Jahrhunderte in der griechischen Welt galt. Im ganzen verzeichnete die Antike 293 Olympische Spiele. Anfangs gab es nur einen Wettlauf, der ab 720 v. Chr. nackt durchgeführt wurde, da bei diesen uns bekannten 15. Spielen Orsippos seinen Lendenschurz verlor und trotzdem weiterlief. Seit 708 v. Chr. kam der Fünfkampf hinzu, seit 648 v. Chr. Wagen- und Pferderennen. Zunächst dreitägig gefeiert, nahmen die Spiele ab 468 v. Chr. fünf Tage in Anspruch: am ersten Tag fanden die Wagen- und Pferderennen statt, am zweiten der Fünfkampf, am dritten Tag folgten Opfer und Prozession, am vierten der Wettlauf und am fünften Faust- und Ringkampf und Pankration. Seit dem 5. Jahrhundert v. Chr. traten auch künstlerische Wettkämpfe hinzu, zum Beispiel mit Reden und Kunstausstellungen. Als Kämpfer waren nur freie Griechen zugelassen, später auch Makedonier und Römer; als Zuschauer auch Barbaren und Mädchen unter Aufsicht einer Priesterin, jedoch — bei Todesstrafe! — keine Frauen. Das Training dauerte 10 Monate, davon mindestens eines in Olympia selbst. Vor den Wettkämpfen wurde der olympische Eid auf die Kampfregeln abgelegt. Die Siegerpreise bestanden aus einem Ölzweig, seit 540 v. Chr. auch aus dem Recht, eine Porträtstatue in Olympia aufzustellen; häufig genossen die Sieger auch Steuerfreiheit in ihrer Heimatstadt. Im Jahre 394 n. Chr. wurden die Olympischen Spiele verboten; die ersten Spiele der Neuzeit wurden 1896 in ↗ Athen ausgetragen. — Archäologische Ausgrabungen in Olympia fanden 1875—1881 auf Initiative von Ernst Curtius statt, weitere folgten seit 1936 und nach dem

Zweiten Weltkrieg. Die älteste sportliche Anlage ist das Stadion, ein einfacher Erdwall mit marmornen Ablaufschwellen.

PELOPONNES heißt die südliche Halbinsel ↗ Griechenlands, die durch den Isthmus von Korinth mit dem Festland verbunden ist. Nur einige Gebirgstäler, zum Beispiel das des Eurotas, und die Randgebiete lohnten sich für Landwirtschaft, während die über 2000 m hohen Gebirge sehr wenig besiedelt waren. Nach der mykenischen Kulturepoche wurde das Gebiet von der Stadt ↗ Sparta beherrscht. Heute wird die 21 560 km^2 große Peloponnes von 1,1 Millionen Einwohnern besiedelt und stark aufgeforstet. Neben der Viehwirtschaft besonders wichtig ist der Anbau von Korinthen, Oliven und Feigen in den flachen Küstenregionen.

SCHLIEMANN, HEINRICH, ist der Name eines Altertumsforschers, der am 6. 1. 1822 in Neubukow/Mecklenburg geboren wurde und am 26. 12. 1890 in Neapel starb (Bild: Seite 274). Nach einer Jugend in Armut kam das Sprachgenie Schliemann — er beherrschte 26 Sprachen in Wort und Schrift — als Kaufmann in einem Amsterdamer Handelshaus rasch empor, gründete 1847 in Petersburg ein eigenes Großhandelshaus und erwarb ein ansehnliches Vermögen. 1858 bereiste er Europa und den Orient; seit 1863 widmete er sich ganz seinem Wunsch, die Stätten der griechischen Sage wiederzufinden und auszugraben. Nach einer Weltreise nahm er 1868 seinen ständigen Wohnsitz in ↗ Athen und führte 1870—82 Ausgrabungen im Hügel von Hissarlik, den er als die Stelle des alten ↗ Troja bestimmte — er entdeckte dort die Reste von mehreren Stadtanlagen, identifizierte aber fälschlich die zweitälteste statt der sechsten mit der homerischen Stadt. Seit 1876 folgten Grabungen in ↗ Mykene, wo er eine Schachtgräberanlage mit unermeßlich reichen Beigaben aufdecken konnte. Weitere Grabungen in Tiryns, Orchomenos und auf ↗ Ithaka waren weniger erfolgreich. Schliemann unternahm im Winter 1885/86 noch eine Reise nach Mittelamerika, 1886/87 und 1888 zwei weitere nach Ägypten, 1890 grub er nochmals in Troja. Von dem Glauben geleitet, daß die beiden ↗ Homer-Epen ↗ »Ilias« und ↗ »Odyssee« in allen Einzelheiten geschichtliche Quellen seien, hat Schliemann die vorhomerische Welt des 2. Jahrtausends v. Chr. wiederentdeckt und damit der frühgeschichtlichen Forschung in den Mittelmeerländern ein neues Aufgabenfeld erschlossen. Seinem Finderglück verdankt die ↗ Archäologie die Hebung der Goldschätze von Troja, die er dem Museum für Vor- und Frühgeschichte in Berlin schenkte, und des reichen Goldschmucks der Königsgräber von Mykene, der sich heute im Nationalmuseum in Athen befindet. Schliemanns Veröffentlichungen über seine Grabungen stießen zunächst auf Widerspruch und zum Teil auf heftige Kritik der Fachwelt, doch trug die Zusammenarbeit mit den Archäologen Virchow und Dörpfeld bald zu seiner Anerkennung bei.

SCHWAB, GUSTAV, wurde am 19. 6. 1792 in Stuttgart geboren, starb dort am 4. 11. 1850 und ist vor allem als Verfasser des Werkes »Die schönsten Sagen des klassischen Altertums«, das 1838–40 in drei Bänden erschien, in die Literaturgeschichte eingegangen. Seine zahlreichen Übersetzungen aus dem Griechischen und Lateinischen, seine deutschen Volksbücher, Gedichte und Romanzen, die zum Teil heute noch volkstümlich sind, wie etwa »Der Reiter und der Bodensee«, trugen ihm überdies schon zu Lebzeiten den Ruf eines Erneuerers alten Kulturguts ein; seine Sagenfassungen gelten als »klassisch« — auch die meisten der in dem vorliegenden Buch aufgenommenen Texte basieren auf seinen Nacherzählungen. Schwab, der mit mehreren Mitgliedern des »Schwäbischen Dichterkreises«, zu dem etwa Ludwig Uhland und Justinus Kerner zählten, befreundet war, wirkte als Professor und Pfarrer in Stuttgart und Umgebung und gab 1833–1838 mit Adalbert von Chamisso den »Deutschen Musenalmanach« heraus. Bereits als Student hatte er ein »Neues Allgemeines Commers- und Liederbuch« veröffentlicht, das erste dieser Art.

SIEBEN GEGEN THEBEN ist der Titel einer umfangreichen Sage, die in einem verlorengegangenen kyklischen Epos dargestellt war. Diesen Stoff, der zu jener Zeit bereits eine rund zweihundertjährige literarische Vorgeschichte hatte, führte ↗ Aischylos in die griechische Dramatik ein; seine Tragödie »Sieben gegen ↗ Theben« war das Schlußstück der thebanischen Trilogie, mit der er beim Tragikerwettkampf des Jahres 467 v. Chr. den ersten Preis gewann. In welchem Maß sich Aischylos in seinem Werk auf die im Epos vorgeformte Handlung stützte, wo und in welcher Weise er sie umgestaltete und anders akzentuierte, vielleicht unter Verwendung thebanischer Lokaltraditionen, läßt sich nicht mehr in allen Einzelheiten feststellen. Daß der Tragiker den Stoff aber neu strukturierte und den Gesetzen seiner Vorstellung vom Tragischen dienstbar machte, steht jedenfalls fest. Zu diesem Stoff erhalten geblieben sind überdies das Drama »Phönizierinnen« des ↗ Euripides und das lateinische Epos »Thebais« des Statius.

SOPHOKLES ist der Name eines Tragikers des antiken ↗ Athen (Bild: Seite 206). Er lebte etwa 497/6 bis 406/5 v. Chr., stammte aus dem attischen Demos Kolonos und war der Sohn des Sophillos. Da er also einer vornehmen Familie entsproß, genoß er eine gute Erziehung und war schon früh im Sport und musischen Unterricht erfolgreich: Bei Lampros in Musik unterrichtet, soll er, als schöner Jüngling bekannt, nach dem Sieg von Salamis als Ephebe mit seiner Leier den Päan angestimmt haben. Wie ↗

Aischylos nahm auch Sophokles aktiv am politischen Leben Athens teil: 443 v. Chr. wurde er zum Schatzmeister und 441 zusammen mit Perikles zum Strategen gegen Samos gewählt, 420 leitete er im staatlichen Auftrag die Einführung des Asklepioskults in Athen. Wegen dieser Tat heroisierten ihn die Athener nach seinem Tod und gaben ihm den Namen »Dexion«. Mit den Großen seiner Zeit ist Sophokles selbstverständlich zusammengekommen: mit Aischylos, Perikles, Herodot, Ion von Chios und vielleicht auch mit Sokrates. In seinem Wesen war er offenbar von solchem Zauber, daß er von allen geliebt und wegen seines Glücks gepriesen wurde. Er selbst liebte Athen so sehr, daß er es, von den politischen Aufträgen abgesehen, trotz zahlreicher Einladungen nach auswärts niemals verlassen hat. Daß Sophokles neben seinem Vorgänger Aischylos auch ↗ Euripides verehrte, zeigte er nach dessen Tod, da er ihn im Theater öffentlich betrauerte. Schon ein Jahr später weilte er selbst nicht mehr unter den Lebenden — er ist in hohem Alter in Athen gestorben. Neben Tragödien hat Sophokles Elegien, Päane und angeblich eine Prosaschrift über den Chor geschrieben. In der tragischen Dichtung hat er von Aischylos gelernt, sich ihm gegenüber aber durchaus kritisch verhalten. Außerdem ist er zunächst noch selbst als Schauspieler aufgetreten, hat dann aber als erster mit dieser Sitte seiner Vorgänger gebrochen. Beim Abfassen seiner Dramen soll er sich nach der Natur seiner Schauspieler gerichtet haben. Auch soll er Krummstab und weiße Schuhe eingeführt haben. Wichtiger ist, daß er die Zahl der Choreuten von 12 auf 15 erhöht und als erster Skenographie und einen dritten Schauspieler verwendet hat. Mit dieser Neuerung hat Sophokles die Voraussetzung für das Dreiergespräch geschaffen und so, das von Aischylos Begonnene fortsetzend, dem tragischen Spiel endgültig den für die Folgezeit bezeichnenden, überaus dramatischen Charakter verliehen. Im Jahr 468 v. Chr. hat Sophokles erstmalig aufgeführt und dabei zugleich seinen ersten Sieg errungen. Im ganzen siegte er achtzehnmal, wurde aber auch bei den anderen Aufführungen mindestens stets zweiter Sieger; verloren hat er nie. Er schrieb 123 Stücke, von denen neben Fragmenten nur 7 Tragödien erhalten blieben, die schon in der Antike zu einer Auswahl zusammengefaßt worden waren. Die Titel der erhaltenen Tragödien lauten: »Ajax«, »Die Trachinierinnen«, »Antigone« (Bilder: Seite 207), ↗ »Ödipus Tyrannos« (auch »König Ödipus« betitelt; Bild: Seite 205), »Elektra« (Bild: Seite 208), »Philoktet« und »Ödipus auf Kolonos«. Im Mittelpunkt der Tragödien steht oft der Konflikt zwischen Individuum und Gesellschaft. Dabei unterliegt der einzelne den Gesetzen, sophistische Ausflüchte können nicht helfen. Die feine Charakterzeichnung, die sprachliche Gewalt und die Dramatik der Szenen erschütterten und begeisterten das Publikum immer wieder – und haben selbst heute noch ihre Wirkung. Als moderner Übersetzer einiger Sophokles-Dramen hat sich Rudolf Bayr einen Namen gemacht.

SPARTA ist der Name einer griechischen Stadt auf dem ↗ Peloponnes am Fuß des Taygetos, die in der Antike Lakedämon hieß. Bei ↗ Homer ist Sparta Residenz des Menelaos; das Gebiet wurde gegen Ende des 2. Jahrtausends v. Chr. von Dorern besiedelt, die in Kämpfen mit den ansässigen Ureinwohnern einen Staat eigener Prägung entwickelten. Seine auf Lykurgos zurückgeführte Verfassung sah ein Doppelkönigtum vor, das nur in Kriegszeiten größere Bedeutung gewann; in den Händen der Gerusia, des Rat der Alten, ruhte die Gerichtsbarkeit, die Apella (Volksversammlung) wurde von allen über 30 Jahre alten Vollbürgern, den Spartiaten, gebildet. Bürger minderen Rechts waren die Periöken, und als völlig rechtlos galten die versklavten Heloten, die von den unterworfenen Ureinwohnern abstammten. Streng isolationistisch, war der stark in das Privatleben des einzelnen Bürgers eingreifende Staat vor allem auf die Entwicklung kriegerischer Tugenden ausgerichtet. Mit wachsender Macht zeigten sich Bestrebungen, die Isolation aufzugeben. In den Perserkriegen übernahm Sparta die Führung der Peloponnes und an der Seite ↗ Athens die Vorkämpferschaft für ganz ↗ Griechenland. Athens Aufstieg jedoch führte zur Rivalität, die offenbar wurde, als Sparta Athen im Jahre 462 v. Chr. durch Zurückweisung eines zur Niederwerfung eines Helotenaufstandes entsandten Hilfskorps brüskierte. Nach Hinauszögerung der Entscheidung durch Perikles brach 431 v. Chr. der Peloponnesische Krieg aus, der Athens Übermacht zerschlug. Doch auch Spartas Vormachtstellung war nicht von Bestand. 394 v. Chr. fügte der Athener Konon mit persischer Hilfe bei Knidos der spartanischen Flotte eine entscheidende Niederlage zu. Nach verlustreichen Kämpfen gegen den Achäischen Bund und Makedonien teilte Sparta das Schicksal Griechenlands, in römische Hand zu fallen. 395 n. Chr. wurde es schließlich von den Goten unter Alarich zerstört. 1249 trat an die Stelle des verfallenen Sparta das etwas westlich davon gegründete Mistra. Heute bringen Ausgrabungen der antiken Stadt einige Erfolge; das moderne Sparta ist ein landwirtschaftliches Zentrum mit rund 11 000 Einwohnern.

SPHINX ist die griechische Form eines nicht genau nachweisbaren ägyptischen Namens für ein Fabelwesen. Um der übermenschlichen Macht des altägyptischen Pharaos bildlichen Ausdruck zu verleihen, hatten nämlich die Ägypter die Sphinx ersonnen, eine Figur mit dem Kopf eines Menschen und dem Leib eines liegenden Löwen, in der sich menschliche Vernunft und tierische Kraft zum Sinnbild königlicher Macht verbanden. Die größte und berühmteste

Sphinx steht in Gise bei Kairo zu Füßen der Großen Pyramiden. Sie wurde etwa um 2600 v. Chr. aus einem gewachsenen Felsen herausgemeißelt, auf den die Bauarbeiter während der Steinbrucharbeiten gestoßen waren. Für die Griechen war die Sphinx dann so eindrucksvoll, daß sie ihre eigenen Legenden mit ihr verbanden. So saß die Tochter des Typhon und der Echidna, die Sphinx, vor ↗ Theben und tötete jeden, der ihr Rätsel nicht lösen konnte. Erst ↗ Ödipus gelang dies.

TANTALIDEN heißen die Nachkommen des ↗ Tantalos. Dieses Geschlecht, dem Pelops, Atreus, Thyestes, Agamemnon und Orestes angehörten, erlangte durch die zahlreichen Greueltaten seiner Mitglieder schon bei den antiken Griechen traurige Berühmtheit. Bereits in sehr alten Sagen haben die Tantaliden größere Bedeutung. Der Dichter ↗ Sophokles schrieb Schauspiele über Thyestes und Atreus, ↗ Euripides eines über Thyestes; von diesen Tragödien blieben allerdings nur Fragmente erhalten. Dagegen besitzen wir Senecas Thyestes-Drama vollständig. Das Motiv der Zerstückelung von Menschen und die kannibalische Mahlzeit, wie sie in der Tantalos-Sage und ähnlich in den Thyestes-Überlieferungen vorkommen, deutet vielleicht auf ehemalige Menschenopfer hin.

TANTALOS ist der Name des Königs von Sipylos; er ist ein Sohn des ↗ Zeus. Seine Freveltaten und der Fluch, der auf allen seinen Nachkommen, den ↗ Tantaliden, lastete, flößten den Menschen des Altertums Grauen ein, so daß der Dichter Goethe auf die Auskunft seiner Iphigenie, sie sei »aus Tantalos' Geschlecht«, den König Thoas sagen läßt: »Du sprichst ein großes Wort gelassen aus.« Wie diese Stelle aus Goethes Drama zum geflügelten Wort wurde, so auch die »Tantalosqualen« des Hungers, Dursts und der Todesangst. Es wäre jedoch irrig, in Tantalos nichts anderes als einen mutwilligen Gotteslästerer und Verbrecher zu sehen — die Gestalt hat tieftragische Züge, heißt es doch, Tantalos habe als Genosse, als Eingeweihter der Götter von deren Tisch Ambrosia entwendet und anderen Sterblichen von dieser Speise zu kosten gegeben. Wir haben es also mit einer Persönlichkeit zu tun, die durch ihren hohen Entwicklungsgrad den Versuchungen des Hochmuts und des Verrats an Unwürdige erlag und deshalb in den Abgrund der Schuld hinabstürzte. Der Dichter ↗ Sophokles schrieb eine Tragödie über Tantalos.

THEBEN ist der Name einer griechischen Stadt nordwestlich von ↗ Athen, die heute 13 000 Einwohner zählt. Als antike Hauptstadt Böotiens spielt Theben eine große Rolle in alten Sagen. Die vorindogermanischen Bewohner wurden um 2000 v. Chr. von einer ersten und um 1600 v. Chr. von einer zweiten Welle griechischer

Einwanderer verdrängt, die nach kretischem Muster um 1400 v. Chr. die prächtige Burg Kadmea erbauten. Von der Macht dieser mykenischen Siedlung zeugen kostbare Gefäße aus Gold und Edelstein, Gemälde, Inschriften und die Sagen von ↗ Ödipus und den ↗ Sieben gegen Theben; hier soll auch die Geburtsstätte des ↗ Herakles gewesen sein. Zwar wurde dieses Reich wie alle anderen der mykenischen Zeit zerstört, aber im 6. Jahrhundert v. Chr. besaß Theben wieder die Führung über die böotischen Städte. Bis zum Ende des Peloponnesischen Kriegs war Theben mit Athen verfeindet. Dann erhob es sich unter Pelopidas und Epameinondas gegen die Vorherrschaft ↗ Spartas und war 371–362 v. Chr. die erste Macht ↗ Griechenlands. 335 v. Chr. zerstörte aber Alexander der Große die Stadt außer den Tempeln und den Häusern von Pindar und Krates. Von Kassandros wieder aufgebaut und 146 v. Chr. von den Römern besetzt, blieb Theben fortan eine Kleinstadt. Ausgrabungen legten seit 1963 einen großen Palast aus mykenischer Zeit frei, in dem man kostbaren Goldschmuck, Tafeln mit Linearschrift B und Siegelzylinder mit assyrischer Keilschrift aus dem 13. vorchristlichen Jahrhundert fand. – Theben ist auch der Name einer oberägyptischen Stadt, die seit etwa 1500 v. Chr. Hauptstadt und religiöser Mittelpunkt des Pharaonenreichs war. Diese ägyptische Stadt ist nicht zu verwechseln mit der griechischen Stadt gleichen Namens.

THESEUS ist der Name eines attischen Nationalheros. Der Sage nach ist er der Sohn des Aigeus, des Königs von ↗ Athen, und der Aithra, der Tochter des Königs Pittheus von Troizen. Ihm schrieb man in der Antike den politischen Zusammenschluß der attischen Gemeinden zu, er soll auch die Staatsform der Demokratie begründet haben. Dies alles deutet darauf hin, daß Theseus jedenfalls ein König aus der Zeit war, als sich in Attika ein Staat herausbildete. Nachweisbar wurde er in Athen schon zur Zeit der Peisistratiden kultisch verehrt, einen Höhepunkt des Kultes in Attika brachten die Perserkriege, monumentale Theseus-Darstellungen wurden errichtet. Seit dem 6. Jahrhundert v. Chr. schließlich setzten die Athener ihren Stolz daran, ihre Stadt nach Theseus und sich selbst als Theseiden zu benennen: Athen bestimmte das Bild des »historischen« Theseus. Die frühesten Elemente der Theseus-Sage aber reichen in die minoisch-mykenische Zeit zurück. Aus ihr schöpften Dichter wie ↗ Euripides und ↗ Sophokles; zahlreiche Plastiken und Vasenbilder zeigten den Heros. Theseus wurde von Lykomedes ermordet und auf der Insel Skyros begraben – nach der Eroberung der Insel durch Kimon im Jahr 475. v. Chr. schaffte man seine mutmaßlichen Gebeine nach Athen, um sie im Theseion beizusetzen. Zum Andenken an Theseus' Rettertat auf ↗ Kreta (Bild: Seite 171) entsandten die Athener in Erfüllung eines Gelübdes alljährlich ein dem Apollon geweihtes bekränztes Schiff nach der dem Gott heiligen Insel Delos. Solange dieses unterwegs war — was bei widrigen Winden lange dauern konnte —, durfte in Athen kein Todesurteil vollstreckt werden; ein Gesetz, dem der zum Tod verurteilte Denker Sokrates eine längere Gnadenfrist verdankte, während der er mit seinen Schülern jene tiefsinnigen Gespräche führte, die Platon der Nachwelt überliefert hat. Der italienische Bildhauer Canova (1757-1822) schuf eine Marmorplastik »Theseus im Kampf mit den Kentauren«, die Kaiser Franz I. von Österreich 1819 in Rom ankaufte und für die er nach dem Vorbild des gleichnamigen antiken Tempels in Athen den Theseus-Tempel im Wiener Volksgarten bauen ließ. Die Gruppe wurde 1890 von dort in das Kunsthistorische Museum in Wien gebracht, wo sie im großen Treppenhaus steht.

TROJA — auch Ilion genannt — hieß eine alte Stadt im Nordwesten Kleinasiens in der Nähe des Meeres auf einem Hügel, der im Westen zum Fluß Skamandros, im Norden zum Simoeis abfällt. Das zehnte Jahr des Kampfes um diese Stadt steht im Mittelpunkt des Epos ↗ »Ilias« von ↗ Homer, während die Ereignisse davor und danach in zahlreichen nachhomerischen Epen dargestellt waren, wovon wir aber nur Inhaltsangaben und Fragmente besitzen. Nach antiken Quellen soll Troja im Jahr 1184 v. Chr. von den Griechen zerstört worden sein. Der Altertumsforscher ↗ Schliemann entdeckte 1868 das historische Troja auf dem Hügel Hissarlik und grub es während mehrerer Jahre aus. Damit wurde eine neue Epoche der ↗ Archäologie eingeleitet. Insgesamt fand man später neun Schichten, deren älteste in die Steinzeit (Ende des 4. vorchristlichen Jahrtausends) und deren jüngste in die römische Kaiserzeit gehört. Als das Homerische Troja nimmt man Schicht 6 (15.—12. Jahrhundert v. Chr.) an — Schliemann hatte irrtümlich die 2. Schicht aus dem 3. Jahrtausend dafür angesehen. Die amerikanischen Grabungen in den Jahren 1932—38 fanden mit verfeinerten Methoden insgesamt 30 Schichten und legen das Homerische Troja nunmehr in die Schicht VII A (Bild: Seite 274).

ZEUS ist der Name des höchsten Gottes der alten Griechen. Der Sage nach ist er der Sohn des Kronos und der Rheia und der Gemahl und Bruder der Göttin ↗ Hera. Er thront im ↗ Olymp, in heiterer, luftiger Höhe, den Menschen unerreichbar. Von dort sendet er Wetter und Wind, Sturm und Schneegestöber, vor allem aber Donner und Blitz. Als mächtigster Gott ist er unumschränkter Herr über Götter und Menschen, Gebete erhört er, Auflehnung bricht er mit Gewalt. In seinem Wesen vereinigt er höchste körperliche und geistige Kraft. Zeus erscheint aber auch als Hort und Inbegriff aller Rechtsordnung. Er ist Schwurgott, schützt Haus und Familie, Freundschaft und Ehe, das Gastrecht, die Schutzsuchenden und Landflüchtigen. Zeus ist ferner Schutzherr des griechischen Staates in allen Verfassungsformen. Er wacht über die internationalen Beziehungen und innerstaatlichen Verhältnisse. Der Name Zeus wird von einer indogermanischen Wurzel div- abgeleitet, die soviel wie »Himmel« bedeutet. Verschiedene Bezeichnungen des Himmelsgottes bei anderen indogermanischen Völkern sind mit dem Namen des griechischen Zeus in irgendeiner Form verwandt. Die kretische Geburtslegende des Zeus führt in vorgriechischen, und zwar minoischen Bereich. In einem zu Beginn unseres Jahrhunderts gefundenen Zeus-Hymnos wird er als alljährlich wiederkehrender Vegetationsgott angerufen, der Mensch und Vieh sowie den Feldern Fruchtbarkeit spenden soll. Den Ausgangspunkt für die Verehrung des Zeus in ↗ Griechenland bildete wahrscheinlich der Berg- und Wettergott. Man stellte sich vor, daß er auf einem der höheren Berge (Olymp, Ida auf ↗ Kreta, Helikon, Berg von Ägina) sitze und Wolken sammle, um aus ihnen Regen und Schnee, Donner und Blitz auf die Erde zu senden. Mit diesem in Griechenland mehrfach bezeugten Wettergott verband sich offenbar der von den einwandernden Hellenen mitgebrachte indogermanische Himmelsgott zu dem uns bekannten Olympier. Denn nach dem höchsten Berg Griechenlands, dem Olymp, nannte sich nun vornehmlich der höchste der griechischen Götter, und wir bezeichnen noch heute die bei ↗ Homer voll ausgebildete Religion des Zeus und seiner Götterfamilie als die olympische. Der homerische Zeus als Vater der Götterfamilie erinnert an die patriarchalischen Verhältnisse frühindogermanischer Zeit. Der machtvoll regierende Blitzgott und Götterkönig, der Siegbringer, wie ihn ebenfalls Homer schildert, trägt Züge des mykenischen Kriegsherrn. Man nimmt an, daß sein Bild in dieser Zeit geprägt wurde. Aus den zahlreichen Lokalkulten und dem Bestreben der hellenischen Adelsgeschlechter, ihre Abstammung auf den höchsten Olympier zurückzuführen, erklärt sich die Verbindung des Zeus mit so vielen göttlichen und menschlichen Frauen im griechischen Mythos. Verhältnismäßig spät übertrug man den Sitz des Zeus vom Olymp in den Himmel und schuf so einen allumfassenden Gott. Ihm stand Poseidon als Herr der Erde gegenüber, der er ursprünglich war, bis er, wahrscheinlich von den kleinasiatischen Ionern, zum Meeresgott gemacht wurde (Bild: Seite 65). So mußte Poseidon im Mutterland Hellas gelegentlich vor dem mächtigeren »Bruder« Zeus zurückweichen. Als universalem Gott eignen Zeus nun für die verschiedensten Funktionen zahlreiche Beinamen. Oft verblaßt der Name Zeus und scheint nur an Stelle eines allgemeinen Wortes für »Gott« zu stehen. Die Zeusfeste und -kulte der geschichtlichen Zeit sind aber nicht so zahlreich, wie man es bei dem höchsten Gott erwarten sollte. In manchen einzelnen Funktionen scheinen ihm Sondergötter den Rang abgelaufen zu haben, wie etwa ↗ Apollon in der Mantik und Demeter im Fruchtbarkeitskult. Trotzdem genoß Zeus wie kein zweiter Gott von allen hellenischen Stämmen Verehrung, die manchmal monotheistische Formen annahm.